Ensayo

Literatura

Umberto Eco, nacido en Alessandria, Piamonte, en 1932, fue, durante más de cuarenta años, titular de la Cátedra de Semiótica de la Universidad de Bolonia y director de la Escuela Superior de Estudios Humanísticos en la misma institución. Desarrolló su actividad docente en las universidades de Turín, Florencia y Milán, e impartió asimismo cursos en varias universidades de Estados Unidos y de América Latina. En 2013 fue nombrado doctor *honoris causa* por la Universidad de Burgos. Entre sus obras más importantes publicadas en castellano figuran: *Obra abierta, Apocalípticos e integrados, La estructura ausente, Tratado de semiótica general, Lector in fabula, Semiótica y filosofía del lenguaje, Los límites de la interpretación, Las poéticas de Joyce, Segundo diario mínimo, El superhombre de masas, Seis paseos por los bosques narrativos, Arte y belleza en la estética medieval, Sobre literatura, Historia de la belleza, Historia de la fealdad, A paso de cangrejo, Decir casi lo mismo, Confesiones de un joven novelista* y *Construir al enemigo*. Su faceta de narrador se inició en 1980 con *El nombre de la rosa*, que obtuvo un éxito sin precedentes. A esta primera novela siguieron *El péndulo de Foucault* (1988), *La isla del día de antes* (1994), *Baudolino* (2001), *La misteriosa llama de la reina Loana* (2004), *El cementerio de Praga* (2010) y *Número Cero* (2015). Murió en Milán el 19 de febrero de 2016.

Umberto Eco

De la estupidez a la locura
Crónicas para el futuro que nos espera

Traducción de
Helena Lozano Miralles y Maria Pons Irazazábal

DEBOLS!LLO

Papel certificado por el Forest Stewardship Council®

Penguin
Random House
Grupo Editorial

Título original: *Pape Satàn aleppe*

Primera edición en Debolsillo: enero de 2018
Sexta reimpresión: noviembre de 2023

© 2016, La nave di Teseo Editore, Milán
© 2016, 2018, Penguin Random House Grupo Editorial, S. A. U.
Travessera de Gràcia, 47-49. 08021 Barcelona
© 2016, Helena Lozano Miralles y Maria Pons Irazazábal, por la traducción
Diseño de la cubierta: Penguin Random House Grupo Editorial
Ilustración de la cubierta: © Gerard Dubois

Printed in Spain – Impreso en España

ISBN: 978-84-663-4220-9
Depósito legal: B-22.968-2017

Impreso en Liberdúplex S. L.

P 3 4 2 2 0 C

De la estupidez a la locura

La sociedad líquida

Como es bien sabido, la idea de modernidad o sociedad «líquida» se debe a Zygmunt Bauman. Al que desee entender las distintas implicaciones de este concepto le será útil leer *Estado de crisis*, obra en la que Bauman y Carlo Bordoni debaten sobre este y otros problemas.

La sociedad líquida empieza a perfilarse con la corriente llamada posmodernismo (término «comodín», que puede aplicarse a multitud de fenómenos distintos, desde la arquitectura a la filosofía y a la literatura, y no siempre con acierto). El posmodernismo marcó la crisis de las «grandes narraciones» que creían poder aplicar al mundo un modelo de orden; tenía como objetivo una reinterpretación lúdica o irónica del pasado, y en cierto modo se entrecruzó con las pulsiones nihilistas. No obstante, para Bordoni también el posmodernismo está en fase decreciente. Tenía un carácter temporal, hemos pasado a través de él sin darnos cuenta siquiera y algún día será estudiado como el prerromanticismo. Se utilizaba para señalar un fenómeno en estado de desarrollo y ha representado una especie de trayecto de la modernidad a un presente todavía sin nombre.

Para Bauman, entre las características de este presente en estado naciente se puede incluir la crisis del Estado (¿qué libertad de decisión conservan los estados nacionales frente al poder de las entidades supranacionales?). Desaparece una entidad que garantizaba a los individuos la posibilidad de resolver de una forma homogénea los distintos problemas de nuestro tiempo, y con su crisis se ha perfilado la crisis de las ideologías, y por tanto de los partidos, y en general de toda apelación a una comunidad de valores que permitía al individuo sentirse parte de algo que interpretaba sus necesidades.

Con la crisis del concepto de comunidad surge un individualismo desenfrenado, en el que nadie es ya compañero de camino de nadie, sino antagonista del que hay que guardarse. Este «subjetivismo» ha minado las bases de la modernidad, la ha vuelto frágil y eso da lugar a una situación en la que, al no haber puntos de referencia, todo se disuelve en una especie de liquidez. Se pierde la certeza del derecho (la magistratura se percibe como enemiga) y las únicas soluciones para el individuo sin puntos de referencia son aparecer sea como sea, aparecer como valor, y el consumismo. Pero se trata de un consumismo que no tiende a la posesión de objetos de deseo con los que contentarse, sino que inmediatamente los vuelve obsoletos, y el individuo pasa de un consumo a otro en una especie de bulimia sin objetivo (el nuevo teléfono móvil nos ofrece poquísimas prestaciones nuevas respecto al viejo, pero el viejo tiene que ir al desguace para participar en esta orgía del deseo).

Crisis de las ideologías y de los partidos: alguien ha dicho que estos últimos son ahora taxis a los que se suben un cabecilla o un capo mafioso que controlan votos, seleccionados con descaro según las oportunidades que ofrecen, y esto hace que la actitud hacia los tránsfugas sea incluso de comprensión y no ya de escándalo. No solo los individuos, sino la sociedad misma viven en un proceso continuo de precarización.

¿Hay algo que pueda sustituir esta licuación? Todavía no lo sabemos, y este interregno durará bastante tiempo. Bauman observa que (desaparecida la fe en una salvación que provenga de las alturas, del Estado o de la revolución) es típico del interregno el movimiento de indignación. Estos movimientos saben lo que no quieren, pero no saben lo que quieren. Y quisiera recordar que uno de los problemas que se les plantean a los responsables del orden público a propósito de los «bloques negros» es que no es posible etiquetarlos, como se hizo con los anarquistas, con los fascistas o con las Brigadas Rojas. Actúan, pero nadie sabe cuándo ni en qué dirección, ni siquiera ellos.

¿Hay algún modo de sobrevivir a la liquidez? Lo hay, y consiste justamente en ser conscientes de que vivimos en una sociedad líquida que, para ser entendida y tal vez superada, exige nuevos instrumentos. El problema es que la política y en gran parte la *intelligentsia* todavía no han comprendido el alcance del fenómeno. Bauman continúa siendo por ahora una *vox clamantis in deserto*.

[2015]

A paso de cangrejo

Católicos estilo libre y laicos santurrones

Cuando se habla de las grandes transformaciones espirituales que han marcado el final del siglo XX, siempre se cita la crisis de las ideologías, que es innegable y ha provocado una confusión de la distinción tradicional entre derecha e izquierda. Pero hay que preguntarse si la caída del muro de Berlín fue la causa del hundimiento, o tan solo una de sus consecuencias.

Pensemos en la ciencia: se pretendía que tuviera una ideología neutra, que fuera un ideal de progreso tanto para los liberales como para los socialistas (solo cambiaba la idea de cómo este progreso debía ser gestionado y a favor de quién, y sigue siendo ejemplar el *Manifiesto comunista* de 1848, que elogiaba con admiración las conquistas capitalistas y acababa más o menos con estas palabras: «Y ahora todo esto lo queremos nosotros»). Era progresista quien tenía fe en el desarrollo tecnológico, y reaccionario quien predicaba el retorno a la tradición y a la naturaleza incontaminada de los orígenes. Los casos de «revoluciones hacia atrás», como el de los ludistas, que pretendían destruir las máquinas, eran episodios marginales. No incidían a fondo en esta división neta entre ambas perspectivas.

La división empezó a resquebrajarse en el sesenta y ocho, cuando se confundían estalinistas enamorados del acero y hippies, operaístas que esperaban de la automatización el rechazo del trabajo y profetas de la liberación a través de las drogas de don Juan. Se rompió en el momento en que el populismo tercermundista se convirtió en bandera común tanto para la extrema izquierda como para la extrema derecha, y ahora nos encontramos con movimientos tipo Seattle, donde neoludistas, ecologistas radicales, ex operaístas, lumpen y vanguardias coinciden en el rechazo a la clonación, al Big Mac, a los transgénicos y a la energía nuclear.

Una transformación parecida se ha producido en la oposición entre el mundo religioso y el mundo laico. Desde hacía milenios la desconfianza hacia el progreso, el rechazo del mundo y la intransigencia doctrinal se relacionaba con el espíritu religioso; en cambio, el mundo laico contemplaba con optimismo la transformación de la naturaleza, la ductilidad de los principios éticos y el redescubrimiento afable de religiosidades «diferentes» y de pensamientos salvajes.

Desde luego no faltaban entre los creyentes las apelaciones a las «realidades terrenales», a la historia como marcha hacia la redención (piénsese en Teilhard de Chardin), mientras que abundaban los «apocalípticos» laicos, las utopías negativas de Orwell y de Huxley, o la ciencia ficción que nos mostraba los horrores de un futuro dominado por una alarmante racionalidad científica. Ahora bien, en último término correspondía a la prédica religiosa convocarnos al momento final de los novísimos y a la laica celebrar sus himnos a la locomotora.

El reciente congreso de los *papa boys* nos muestra, en cambio, el momento final de la transformación realizada por Wojtyla: una masa de jóvenes que aceptan la fe, pero que, a juzgar por las respuestas que daban estos días a quienes les entrevistaban, están muy lejos de las neurosis fundamentalistas, dispuestos a transigir con las relaciones prematrimoniales, los anticonceptivos, algunos incluso con las drogas y todos con las discotecas; mientras tanto, el mundo laico llora por la contaminación sonora y por un espíritu new age que parece unir a neorrevolucionarios, seguidores de monseñor Milingo y sibaritas adictos a los masajes orientales.

No hemos hecho más que empezar, pero seguro que veremos cosas alucinantes.

[2000]

¿Realmente hemos inventado muchas cosas?

El anuncio apareció probablemente en internet pero no sé dónde, porque a mí me llegó por correo electrónico. Se trata de una pseudopropuesta comercial que anuncia una novedad, el Built-in Orderly Organized Knowledge, cuyas siglas conforman el acrónimo BOOK, es decir, libro.

Sin hilos, sin batería, sin circuitos eléctricos, sin interruptor ni botón, es compacto y portátil y puede utilizarse incluso estando sentado delante de la chimenea. Está compuesto por una secuencia de hojas numeradas (de papel reciclable), cada una de las cuales contiene miles de bits de información. Estas hojas se mantienen unidas en la secuencia correcta gracias a un elegante estuche llamado encuadernación.

Cada página es escaneada ópticamente y la información se registra de manera directa en el cerebro. Hay un comando *browse* que permite pasar de una página a otra, hacia delante y hacia atrás, con un único movimiento del dedo. Una herramienta llamada «índice» permite encontrar al instante el tema deseado en la página exacta. Se puede adquirir un complemento opcional llamado «punto de libro», que permite volver a la página donde nos habíamos detenido, aunque el BOOK haya sido cerrado.

El anuncio termina con otras variadas explicaciones sobre este instrumento tremendamente innovador, y anuncia también la próxima comercialización del Portable Erasable-Nib Cryptic Intercommunication Language Stylus, PENCIL (es decir, lápiz). No se trata solo de un buen ejemplo de texto humorístico, sino que es también la respuesta a las numerosas preguntas angustiadas sobre la posibilidad de que desaparezca el libro ante el avance del ordenador.

Son muchos los objetos que desde que fueron inventados no han podido ser perfeccionados, como el vaso, la cuchara, o el martillo. Cuando Philip Stark quiso cambiar la forma del exprimidor creó un objeto de gran belleza, pero que deja caer las pepitas en el vaso, mientras que el exprimidor clásico las retiene junto con la pulpa. El otro día en clase me enfadé mucho con una máquina electrónica carísima que proyectaba mal las imágenes; el viejo retroproyector, por no hablar del antiguo epidiascopio, las proyecta mejor.

Mientras el siglo XX se acerca a su fin, deberíamos preguntarnos si en realidad en estos cien años hemos inventado muchas cosas nuevas. Todas las cosas que usamos cotidianamente fueron inventadas en el siglo XIX. Voy a enumerar algunas: el tren (aunque la máquina de vapor es del siglo anterior), el automóvil (con la industria del petróleo que presupone), los barcos de vapor con propulsión de hélice, la arquitectura de cemento armado y el rascacielos, el submarino, el ferrocarril subterráneo, la dinamo, la turbina, el motor diésel de gasolina, el aeroplano (el experimento definitivo de los hermanos Wright se llevaría a cabo tres años después de acabar el siglo), la máquina de escribir, el gramófono, el magnetófono, la máquina de coser, el frigorífico y las conservas en lata, la leche pasteurizada, el encendedor (y el cigarrillo), la cerradura de seguridad Yale, el ascensor, la lavadora, la plancha eléctrica, la pluma estilográfica, la goma de borrar, el papel secante, el sello de correos, el correo neumático, el váter, el timbre eléctrico, el ventilador, la aspiradora (1901), la hoja de afeitar, las camas plegables, el sillón de barbería y las sillas giratorias de oficina, el fósforo de fricción y los fósforos de seguridad, el impermeable, la cremallera, el alfiler imperdible, las bebidas gaseosas, la bicicleta con cubierta y cámara de aire, las ruedas con radios de acero y transmisión de cadena, el autobús, el tranvía eléctrico, el ferrocarril elevado, el celofán, el celuloide, las fibras artificiales, los grandes almacenes para vender todas estas cosas y —si me lo permiten— la iluminación eléctrica, el teléfono, el telégrafo, la radio, la fotografía y el cine. Babbage inventa una máquina calculadora capaz de hacer sesenta y seis sumas por minuto, y estamos ya en la senda de la computadora.

Claro que el siglo XX nos ha dado la electrónica, la penicilina y muchos otros fármacos que nos han prolongado la vida, los plásticos, la fusión nuclear, la televisión y la navegación espacial. Puede que me olvide de alguna cosas, pero también es cierto que las plumas estilográficas y los relojes más caros tratan hoy de reproducir los modelos clásicos de hace cien años, y en una antigua columna observaba que el último perfeccionamiento en el campo de las comunicaciones —que sería internet— supera a la telegrafía sin hilos inventada por Marconi mediante una telegrafía con hilos, lo que marca la vueltatrás) de la radio al teléfono.

Asistimos a un intento de desinventar al menos dos inventos típicos de nuestro siglo, los plásticos y la fisión nuclear, porque hemos caído en la cuenta de que contaminan el planeta. El progreso no consiste necesariamente en ir hacia delante a toda costa. He pedido que me devuelvan mi retroproyector.

[2000]

¡Atrás a todo vapor!

En una columna de hace algunos años decía que estamos asistiendo a una interesante regresión tecnológica. Ante todo, se había puesto bajo control la influencia perturbadora del televisor gracias al mando a distancia, mediante el cual el espectador podía trabajarse su zapeo y de este modo entrar en una fase de libertad creativa, denominada «fase de Blob». La liberación definitiva del televisor se produjo con la llegada del vídeo, con el que se completaba la evolución hacia el cinematógrafo. Además, con el mando a distancia se podía quitar por completo el volumen, volviendo a los fastos del cine mudo. Mientras tanto, al imponer una comunicación eminentemente alfabética, internet se cargaba la tan temida civilización de las imágenes. Llegados a ese punto, era posible eliminar incluso las imágenes, inventando una especie de caja que emitiera solo sonidos y que no requiriera ni siquiera el mando a distancia. Cuando escribía esto, yo pensaba que estaba bromeando, imaginándome el descubrimiento de la radio y, en cambio (inspirado sin duda por un numen), estaba vaticinando la llegada del iPod.

Claro que el estadio final se alcanzó cuando, al abandonar las transmisiones por éter, con las televisiones de pago se inició la nueva era de la transmisión por cable telefónico, pasando de la telegrafía sin hilos a la telefonía con hilos, fase completamente realizada por internet, que superaba a Marconi y volvía a Meucci.

Retomé esta teoría de una marcha atrás con mi libro *A paso de cangrejo*, en el que aplicaba esos principios también a la vida política (la verdad es que en otra columna reciente observaba que estamos volviendo a las noches de 1944, con patrullas militares por las calles y niños y maestras de uniforme). Pero ha sucedido algo más.

Todo aquel que haya tenido que comprarse un ordenador hace poco (en tres años se vuelven obsoletos) se habrá dado cuenta de que solo podía encontrar los que llevaban el Windows Vista incorporado. Pues bien, es suficiente leer en los diferentes blogs lo que piensan los usuarios del Vista (que no me atrevo a referir para no acabar en el juzgado) y lo que te dicen los amigos que han caído en esa trampa para hacerse el propósito (tal vez equivocado, pero absolutamente firme) de no comprarse un ordenador con el Vista. Lo malo es que si quieren un ordenador actualizado de proporciones razonables, no les queda más remedio que tragarse el Vista. La otra opción es replegarse en un clon del tamaño de un camión, ensamblado por un vendedor lleno de sus mejores intenciones, que todavía puede instalar el Windows XP y anteriores. En tal caso, su mesa de escritorio se parecerá a un laboratorio de la Olivetti con el Elea 1959.

Yo creo que los fabricantes de ordenadores se han dado cuenta de que las ventas disminuyen sensiblemente porque el usuario, con tal de no tener el Vista, renuncia a renovar el ordenador. Y entonces, ¿qué ha pasado? Para entenderlo tienen que buscar en internet «Vista downgrading» o semejantes. Ahí se les explica que, si han comprado un ordenador nuevo con el Vista, gastándose lo que se tienen que gastar, podrían saborear de nuevo la posibilidad de emplear el Windows XP (o versiones anteriores) mediante el desembolso de una suma extra (desembolso no tan sencillo, puesto que hay que pasar a través de un procedimiento que me he negado a entender) y tras muchas aventuras, podrían gozar de nuevo con la posibilidad de emplear el Windows XP o versiones anteriores.

El que usa el ordenador sabe qué es el *upgrading*: algo que te permite actualizar tu programa hasta el último perfeccionamiento. Por consiguiente, el *downgrading* es la posibilidad de reintegrar tu ordenador superavanzado a la feliz condición de los programas más viejos. Pagando, claro. Antes de que en internet se inventara este bellísimo neologismo, en un diccionario normal se leía que *downgrade* como sustantivo significa «cuesta abajo», «bajada», «rebaja», «versión reducida», mientras que como verbo quiere decir «bajar de categoría», «degradar», «restar importancia». Por lo cual, tras mucho trabajo y entregar cierta cantidad de dinero, se nos ofrece la posibilidad de desvirtuar y degradar algo por lo que habíamos pagado cierta suma. Parecería increíble si no fuera verdad (al respecto, Giampaolo Proni escribió un artículo muy gracioso en la revista online *Golem-L'indispensabile*) hay centenares de desgraciados en línea que están trabajando como locos y pagando lo que es debido para degradar su programa. ¿Cuándo llegaremos al estadio en que por una cantidad razonable nos cambien el ordenador por un cuaderno con tintero y cálamo con plumilla Perry?

Ahora bien, el tema no es solo paradójico. Hay progresos tecnológicos más allá de los cuales no se puede ir. No se puede inventar una cuchara mecánica cuando la de hace dos mil años sigue funcionando tan bien. Se ha abandonado el Concorde, que hacía el trayecto París-Nueva York en tres horas. No estoy seguro de que hayan hecho bien, pero el progreso también puede significar dar dos pasos atrás, como volver a la energía eólica como alternativa al petróleo y cosas por el estilo. ¡Tendamos al futuro! ¡Atrás a todo vapor!

[2008]

Renazco, renazco en 1940

La vida no es más que una lenta rememoración de la infancia. De acuerdo. Pero lo que convierte en dulce ese recuerdo es que desde la lejanía de la nostalgia nos parecen bellos hasta los momentos que entonces nos resultaban dolorosos, incluso cuando resbalabas en la acequia, te dislocabas un pie y tenías que quedarte quince días en casa enyesado con gasa empapada en clara de huevo. Recuerdo con ternura las noches pasadas en el refugio antiaéreo; nos despertaban en medio del sueño más profundo y nos arrastraban vestidos con pijama y abrigo hasta un subterráneo húmedo, hecho de hormigón armado e iluminado por bombillas de luz mortecina, donde jugábamos a perseguirnos mientras sobre nuestras cabezas se oían ruidos amortiguados de explosiones que no sabíamos si procedían de la artillería antiaérea o de las bombas. Nuestras madres temblaban de frío y de miedo, pero para nosotros era una extraña aventura. Así es la nostalgia. Estamos dispuestos a aceptar todo lo que nos recuerde los horribles años cuarenta, y ese es el tributo que pagamos por nuestra vejez.

¿Cómo eran las ciudades en aquella época? Tenebrosas de noche, cuando la oscuridad obligaba a los escasos transeúntes a utilizar lamparitas no de pilas sino de dinamo, como el faro de la bicicleta que se cargaba por fricción, accionando espasmódicamente con la mano una especie de gatillo. Más tarde se impuso el toque de queda y ya no se podía andar por la calle.

De día recorrían la ciudad unidades del ejército, al menos hasta 1943, mientras en ella estuvo acuartelado el Ejército Real, y con mayor intensidad en tiempos de la República de Salò, cuando circulaban continuamente por las ciudades manípulos y patrullas de marinos de la San Marco o de las Brigadas Negras, y por los pueblos más bien grupos de partisanos, armados unos y otros hasta los dientes. En esta ciudad militarizada en ciertas ocasiones se prohibían las reuniones, no obstante pululaban grupos de Balillas, Pequeñas Italianas de uniforme y escolares con delantales negros que salían de la escuela al mediodía, mientras las madres iban a comprar lo poco que se podía encontrar en las tiendas de alimentación; y si querías comer pan, no digo blanco sino que no fuera repugnante y hecho de serrín, tenías que pagar sumas considerables en el mercado negro. En casa la luz era débil, por no hablar de la calefacción, limitada a la cocina. Por la noche dormíamos con un ladrillo caliente en la cama y recuerdo con ternura hasta los sabañones. Hoy no puedo decir que todo esto haya regresado, desde luego no de manera íntegra. Pero comienzo a percibir su perfume. Para empezar, hay fascistas en el gobierno. No solo ellos: no son exactamente fascistas, pero qué más da, ya se sabe que la historia se repite dos veces, la primera en forma de tragedia y la segunda en forma de farsa. En aquellos tiempos aparecían en los muros manifiestos en los que se veía a un negro estadounidense repugnante (y ebrio) que tendía su mano ganchuda hacia una blanca Venus de Milo. Hoy veo por televisión rostros amenazantes de negros enflaquecidos que están invadiendo a miles nuestras tierras y, francamente, la gente a mi alrededor está más asustada que entonces.

Está volviendo el delantal negro en las escuelas, y no tengo nada en su contra, es mejor que la camiseta con la firma de algún pretencioso, pero empiezo a percibir un sabor a magdalena embebida en tila y, como Gozzano, tengo ganas de decir «renazco, renazco, en 1940». Acabo de leer en un periódico que el alcalde de Novara, de la Liga Norte, ha prohibido que de noche se reúnan en el parque más de tres personas. Estoy a la espera, con un estremecimiento proustiano, del retorno del toque de queda. Nuestros soldados están peleando en Asia (por desgracia, ya no en África) contra rebeldes de rostro coloreado más o menos orientales. Pero también veo unidades del ejército bien armadas y con camuflaje en las aceras de nuestras ciudades. El ejército, como entonces, no combate solo en las fronteras, sino que desempeña tareas policiales. Tengo la impresión de estar de nuevo en *Roma ciudad abierta*. Leo artículos y escucho discursos bastante similares a aquellos que leía entonces en *La Difesa della Razza*, que atacaban no solo a los judíos sino también a los gitanos, marroquíes y extranjeros en general. El pan está cada vez más caro. Nos advierten de que deberemos ahorrar en petróleo, limitar el derroche de energía, apagar los escaparates de noche. Disminuyen los automóviles y reaparecen los *Ladrones de bicicletas*. Como toque de originalidad, en breve el agua será racionada. Todavía no tenemos un gobierno en el Sur y otro en el Norte, pero hay quien está trabajando en esa dirección. Me falta un capo que abrace y bese castamente en la mejilla a las esplendorosas esposas campesinas, pero cada uno tiene sus gustos.

[2008]

Abajo «Itaglia»

En una columna de hace aproximadamente un año destacaba la aparición en internet de numerosos sitios anti-Resurgimiento y filoborbónicos. Leemos en los periódicos que un tercio de los italianos está a favor de la pena de muerte. Estamos volviendo al nivel de los estadounidenses (*fuck you Beccaria*), de los chinos y de los iraníes. Otro conmovedor retorno al pasado es la necesidad cada vez más urgente de reabrir los burdeles, pero no locales modernos adaptados a su función sino aquellas casas de antaño, con los inolvidables urinarios a la entrada y la madame que gritaba: «¡Chicos, a la habitación, no hay que estarse de brazos cruzados!». Por supuesto que si todo esto pudiese ocurrir a oscuras y tal vez con toque de queda, mucho mejor. A propósito, ¿el concurso para elegir *veline* no les recuerda el sueño recurrente de las coristas del inolvidable teatro de variedades?

A principios de los años cincuenta, Roberto Leydi y yo decidimos fundar una sociedad antipatriótica. Era una forma de bromear acerca de la educación que habíamos recibido durante la infausta dictadura, que nos había metido la patria hasta en la sopa, hasta la náusea. Además, estaban resurgiendo grupos neofascistas y, por último, la televisión disponía de un solo canal, en blanco y negro, y había que hacer algo para pasar las veladas. La sociedad antipatriótica adoptaba como himno propio la *Marcha de Radetzky* y se proponía, obviamente, revalorizar la dimensión moral de aquella nítida figura anti-Resurgimiento; se anunciaban referendos para la devolución de la región de Lombardía-Véneto a Austria, de Nápoles a los Borbones y, por supuesto, de Roma al Papa; además, se ofrecía la cesión de Piamonte a Francia y de Sicilia a Malta; había que derribar los monumentos a Garibaldi que se encuentran en muchas plazas de Italia y arrancar las placas de las calles que llevaran el nombre de Cavour o de varios mártires e irredentistas; en los libros escolares había que insinuar terribles dudas sobre la moralidad de Carlo Pisacane y de Enrico Toti. Y así sucesivamente.

La sociedad se disolvió cuando hicimos un descubrimiento tremendo. Para ser realmente antipatrióticos y desear la ruina de Italia sería necesario revalorizar al Duce, o sea, a aquel que de verdad había arruinado a Italia y, por tanto, nos habríamos convertido en neofascistas. Como esta decisión nos repugnaba, abandonamos el proyecto.

Entonces lo hacíamos para divertirnos, pero casi todo lo que imaginamos entonces se está produciendo, aunque ni por un momento se nos había pasado por la cabeza hacer con la bandera nacional lo que luego Bossi ha anunciado que pretende hacer, ni se nos había ocurrido la idea realmente sublime de honrar a los que mataron a los Bersaglieri en Porta Pia.

En aquella época gobernaban los democristianos, que procuraban mantener controlada a la Iglesia para proteger la laicidad del Estado, y el mayor gesto de neoclericalismo fue dar su apoyo a Togliatti en el famoso artículo 7 de la Constitución, que reconocía los Pactos de Letrán. Hacía ya años que se había disuelto el movimiento del qualunquismo, que durante un tiempo había propuesto ideas antiunitarias y había suscitado sentimientos de desconfianza contra una Roma corrupta y ladrona, o contra una burocracia estatal de holgazanes que chupaban la sangre de la gente buena y laboriosa. Ni en sueños hubiéramos creído que algún día los ministros de la República mantendrían estas posturas.

No se nos ocurrió la idea luminosa de que para vaciar de toda dignidad y poder real al Parlamento bastaba con hacer una ley por la que los diputados no fueran elegidos por el pueblo, sino nombrados antes de las elecciones por el jefe. Nos parecía que proponer un retorno gradual a la Cámara de los Fascios y de las Corporaciones era una idea más bien propia de la ciencia ficción.

Queríamos desmontar Italia, pero gradualmente, y pensábamos que se necesitaba al menos un siglo. Sin embargo, se ha conseguido mucho antes y, además de Italia, también se está desmontando Alitalia. Lo mejor de todo es que la operación no es el resultado del golpe de Estado de un grupito de avanzados, los pocos idealistas generosos que éramos, sino que se está realizando con el consenso de la mayoría de los italianos.

[2008]

Ser vistos

Saludar con la manita

Mientras estoy buscando información y hallando la confirmación en distintos autores acreditados sobre el calentamiento del planeta y la desaparición de las estaciones intermedias, me pregunto cómo reaccionará un día mi nieto, que no ha cumplido todavía dos años y medio, cuando oiga pronunciar la palabra «primavera» o lea en la escuela poesías que hablen de las primeras languideces otoñales. Y cuando sea mayor, ¿cómo reaccionará al escuchar las *Estaciones* de Vivaldi? Tal vez vivirá en otro mundo al que estará perfectamente adaptado y no sufrirá por la falta de primavera, ni por ver madurar las bayas por error en inviernos calurosísimos. En realidad, cuando yo era pequeño no tenía ninguna experiencia de dinosaurios y, sin embargo, conseguí imaginármelos. Tal vez la primavera es una nostalgia de anciano, como las noches pasadas en los refugios antiaéreos jugando al escondite.

A este niño que crece le parecerá natural vivir en un mundo donde el bien principal (ahora ya más importante que el sexo y el dinero) será la visibilidad. Donde para ser reconocidos por los demás y no vegetar en un espantoso e insoportable anonimato se hará cualquier cosa con tal de salir en la televisión, o en los medios que por entonces hayan sustituido a la televisión. Donde cada vez más madres integérrimas estarán dispuestas a contar los más sórdidos asuntos de familia en un programa lacrimógeno con tal de ser reconocidas al día siguiente en el supermercado y firmar autógrafos, y las jovencitas (como ya ocurre hoy) dirán que quieren ser actrices, pero no para convertirse en la Duse o la Garbo, no para recitar a Shakespeare o al menos para cantar como Josephine Baker vestida solo con plátanos en el escenario del Folies Bergère, y ni siquiera para brincar airosamente como las *veline* de antes, sino para ser azafatas de un concurso de televisión, pura apariencia sin ninguna formación artística.

Alguien le contará entonces a este niño (quizá en la escuela, junto a los reyes de Roma y la caída de Berlusconi, o en películas históricas tituladas *Érase una vez la Fiat*, que *Cahiers du cinéma* llamarán *prolet*, copiando el modelo de los «peplos») que desde la Antigüedad los seres humanos han deseado ser reconocidos por la gente que los rodeaba. Y algunos se esforzaban por ser amables camaradas nocturnos en el bar, otros por destacar en el fútbol o en el tiro al blanco en las fiestas patronales, o en explicar que habían pescado un pez enorme. Y las chicas querían que se fijasen en el gracioso sombrerito que se ponían el domingo para ir a misa, y las abuelas querían ser conocidas como la mejor cocinera o modista del pueblo. ¡Y ay si no hubiera sido así! Porque el ser humano, para saber quién es, necesita la mirada del otro, y cuanto más le ama y le admira el otro, más se reconoce (o cree reconocerse); y si en vez de un solo otro son cien o mil, o diez mil, mucho mejor, se siente completamente realizado.

De modo que, en una época de grandes y continuos desplazamientos, donde todos añoramos el pueblo natal y el sentimiento de arraigo, y el otro es alguien con el que nos comunicamos a distancia por internet, parecerá natural que los seres humanos busquen el reconocimiento por otras vías, y que la plaza del pueblo sea sustituida por la platea casi universal de la televisión o de lo que la haya reemplazado.

Sin embargo, lo que tal vez no lograrán recordar ni siquiera los maestros de escuela o quienes ocupen su lugar es que en aquel tiempo antiguo existía una distinción muy rígida entre ser famoso y estar en boca de todos. Todo el mundo quería ser famoso como el arquero más hábil o la mejor bailarina, pero nadie quería que hablaran de él por ser el cornudo del barrio, el impotente declarado o la puta más irrespetuosa. En todo caso, la puta pretendía hacer creer que era bailarina y el impotente mentía contando maravillas de sus aventuras sexuales. En el mundo del futuro (se parecerá al que ya se está configurando hoy) esta distinción habrá desaparecido; se estará dispuesto a hacer cualquier cosa con tal de que le «vean» y «hablen de él». No habrá diferencia entre la fama del gran inmunólogo y la del jovencito que ha matado a su madre a golpes de hacha, entre el gran amante y el ganador del concurso mundial de quién la tiene más corta, entre el que haya fundado una leprosería en África central y el que haya defraudado al fisco con más habilidad. Valdrá todo, con tal de salir en los medios y ser reconocido al día siguiente por el tendero (o por el banquero).

Si a alguien le parezco apocalíptico, que me diga qué sentido tiene ahora ya (incluso desde hace decenios) ponerse detrás del tipo del micrófono para que te vean saludar con la manita, o acudir al concurso televisivo La *zingara* seguros de no saber siquiera que una golondrina no hace verano. Qué más da, serán famosos.

No soy apocalíptico. Tal vez el niño del que hablo se hará seguidor de alguna secta cuyo objetivo sea el ocultamiento del mundo, el exilio en el desierto, la sepultura en el claustro o el orgullo del silencio. En realidad, ya ocurrió en el ocaso de una época en que los emperadores empezaron a nombrar senador a su caballo.

[2002]

Dios es testigo de que soy tonto...

La otra mañana, en Madrid, estaba almorzando con mi rey. No querría que me malinterpretasen; a pesar de mis firmes convicciones republicanas, hace dos años fui nombrado duque del Reino de Redonda (con el título de duque de la Isla del Día de Antes), y comparto esta dignidad ducal con Pedro Almodóvar, Antonia Susan Byatt, Francis Ford Coppola, Arturo Pérez-Reverte, Fernando Savater, Pietro Citati, Claudio Magris, Ray Bradbury y algunos otros, unidos todos en cierto modo por la característica común de caerle simpáticos al rey.

La isla de Redonda está en las Indias Occidentales, mide treinta kilómetros cuadrados (un pañuelo), está completamente deshabitada y creo que ninguno de sus monarcas ha puesto jamás el pie en ella. La conquistó en 1865 un banquero, Matthew Dowdy Shiell, que le pidió a la reina Victoria que la convirtiera en un reino independiente, cosa que su graciosa majestad hizo sin ningún problema porque no veía en ello la más mínima amenaza para el Imperio colonial británico. Durante varios decenios la isla tuvo distintos monarcas, que en algunos casos vendieron su título, provocando disputas entre pretendientes (si quieren saber toda la historia pluridinástica busquen Redonda en Wikipedia), y en 1997 el último rey abdicó a favor de un famoso escritor español, Javier Marías, quien empezó a nombrar duques a diestro y siniestro.

Esta es la historia, que por supuesto tiene algo de locura patafísica, aunque en resumidas cuentas convertirse en duque no es algo que ocurra todos los días. Sin embargo, la cuestión no es esta, sino que en el transcurso de nuestra conversación Marías dijo una cosa sobre la que vale la pena reflexionar. Hablábamos del hecho evidente de que hoy en día la gente está dispuesta a hacer cualquier cosa con tal de aparecer en la pequeña pantalla, aunque solo sea como el imbécil que saluda con la manita por detrás del entrevistado. Hace poco, en Italia, el hermano de una muchacha asesinada brutalmente, que apenas había sido objeto de la dolorosa atención de la crónica negra, fue a ver a Lele Mora para pedirle que le ofreciera un espacio en la televisión con el fin de explotar la trágica notoriedad que el suceso le había proporcionado, y sabemos que con tal de conseguir cierta fama hay quien está dispuesto a declararse cornudo, impotente o estafador; de hecho, los expertos en psicología criminalista no ignoran que lo que mueve a actuar al asesino en serie es el deseo de ser descubierto y de hacerse famoso.

¿Por qué esta locura, nos preguntábamos? Marías avanzó la hipótesis de que todo lo que sucede deriva del hecho de que los hombres ya no creen en Dios. Tiempo atrás, los hombres estaban convencidos de que todos sus actos tenían al menos un espectador, que conocía todos sus gestos (y sus pensamientos), y podía comprenderlos y, si hacía falta, condenarlos. Se podía ser un paria, un inútil, un pelagatos ignorado por sus semejantes, un ser que inmediatamente después de morir sería olvidado por todo el mundo, pero se tenía la sensación de que al menos Uno lo sabía todo de nosotros.

«Dios sabe cómo he sufrido», se decía la abuela enferma y abandonada por sus nietos; «Dios sabe que soy inocente», se consolaba el que había sido condenado de manera injusta; «Dios sabe todo lo que he hecho por ti», repetía la madre al hijo ingrato; «Dios sabe cuánto te quiero», gritaba el amante abandonado; «Solo Dios sabe lo que he pasado», se lamentaba el desgraciado cuyas desventuras no le importaban a nadie. Dios era siempre invocado como el ojo al que nada escapaba y cuya mirada daba sentido incluso a la vida más gris y anodina.

Una vez desaparecido, apartado este testimonio omnividente, ¿qué nos queda? El ojo de la sociedad, el ojo de los otros, al que hay que mostrarse para no caer en el agujero negro del anonimato, en el vórtice del olvido, aun a costa de elegir el papel del tonto del pueblo que baila en calzoncillos sobre la mesa del bar. La aparición en la pantalla es el único sucedáneo de la trascendencia, y es un sucedáneo al fin y al cabo gratificante: nos vemos (y nos ven) en un más allá, pero en cambio en ese más allá todos nos ven aquí, y aquí estamos también nosotros. ¡Qué suerte gozar de todas las ventajas de la inmortalidad (aunque sea bastante rápida y transitoria) y al mismo tiempo tener la posibilidad de ser celebrados en nuestra casa (en la tierra) por nuestra asunción al Empíreo!

El problema es que en estos casos se malinterpreta el doble significado del «reconocimiento». Todos aspiramos a que se nos «reconozcan» nuestros méritos, o nuestros sacrificios, o cualquier otra buena cualidad nuestra; pero cuando, tras haber aparecido en la pantalla, alguien nos ve en el bar y nos dice «Ayer le vi en la tele», simplemente «te reconoce», es decir, reconoce tu rostro, lo que es bastante diferente.

[2010]

¿Por qué solo la Virgen?

El viernes pasado, hablando con Stefano Bartezzaghi en una de las veladas organizadas por el diario *La Repubblica* en Bolonia, me extendí mucho sobre el concepto de reputación. Antes, la reputación solo era buena o mala, y cuando se corría el riesgo de ganarse una mala reputación (porque se entraba en quiebra o porque te llamaban cornudo) se expiaba con el suicidio o con un crimen de honor. Naturalmente, todo el mundo aspiraba a tener una buena reputación.

Pero desde hace un tiempo el concepto de reputación ha sido sustituido por el de notoriedad. Lo que importa es ser «reconocido» por nuestros semejantes, pero no en el sentido del reconocimiento como estima o premio, sino en el sentido más banal de que los otros, al verte por la calle, digan: «Mira, es él». El valor dominante es aparecer, y por supuesto la forma más segura es aparecer en televisión. Y no hace falta ser Rita Levi Montalcini o Mario Monti, basta con confesar en uno de esos programas lacrimógenos que el cónyuge te ha engañado.

El primer héroe de la aparición fue el imbécil que se colocaba detrás de los entrevistados y saludaba con la manita. Esto le permitía ser reconocido luego en el bar («¿Sabes que te vi en la televisión?»), pero estas apariciones duraban muy poco. Así que de manera gradual se fue aceptando la idea de que para aparecer de una forma constante y evidente había que hacer cosas que en otro tiempo hubieran causado una mala reputación. No es que no se aspire a la buena reputación, pero conseguirla es muy fatigoso, se tendría que realizar un acto heroico, haber ganado si no el Premio Nobel al menos el Strega, o haber pasado la vida curando leprosos, y no son actos que estén al alcance de cualquier ablandabrevas. Es más fácil convertirse en sujeto de interés, preferentemente morboso, si te has acostado por dinero con una persona famosa, o si te han acusado de desfalco. No estoy bromeando, basta con fijarse en la mirada orgullosa del corrupto o del sinvergüenza cuando aparece en el telediario, tal vez el día de la detención; por esos minutos de notoriedad vale la pena ir a la cárcel, mejor si el delito ha prescrito, y por eso el acusado sonríe. Desde hace decenios el hecho de aparecer esposado ya no le destroza la vida a nadie.

En resumen, el principio es: «Si aparece la Virgen, ¿por qué no yo?». Y se omite el hecho de no ser una virgen.

Esto es lo que comentábamos el viernes pasado, día 15, y justo al día siguiente *La Repubblica* publicaba un extenso artículo de Roberto Esposito («La vergogna perduta»), en el que reflexionaba también sobre los libros de Gabriella Turnaturi (*Vergogna. Metamorfosi di un'emozione*) y de Marco Belpoliti (*Senza vergogna*). En definitiva, el tema de la pérdida de la vergüenza está presente en distintas reflexiones sobre la moral de hoy.

¿Este frenesí del aparecer (y la fama a costa de lo que sea, incluso al precio de lo que antes era un baldón) nace de la pérdida de la vergüenza, ¿o es que se pierde el sentido de la vergüenza porque el valor dominante es el aparecer, aun a costa de abochornarse? Me inclino por la segunda tesis. El hecho de ser visto, de ser el tema de conversación es un valor tan dominante que se está dispuesto a renunciar a lo que antes se llamaba el pudor (el sentimiento celoso de la privacidad). Esposito observaba que también es signo de falta de vergüenza hablar en voz alta por el móvil en el tren, informando a todo el mundo de asuntos privados, que antes se susurraban al oído. No es que la persona que lo hace no se dé cuenta de que los otros lo están oyendo (en este caso solo sería un maleducado), sino que inconscientemente quiere que le oigan, aunque sus asuntos privados son del todo irrelevantes, pero, ¡ay!, no todo el mundo puede tener asuntos privados relevantes, como Hamlet o Anna Karénina, y por tanto basta con ser reconocido como chica de compañía o como moroso.

Leo que no sé qué movimiento eclesial quiere retornar a la confesión pública. ¡Pues claro! ¿Qué sentido tiene confiar las vergüenzas solo al oído del confesor?

[2012]

Tuiteo, luego existo

Yo no estoy en Twitter ni en Facebook. La Constitución me lo permite. Pero obviamente en Twitter existe una dirección mía falsa, como parece que también la hay de Casaleggio. En cierta ocasión me encontré con una señora que con una mirada llena de agradecimiento me comunicó que me seguía siempre en Twitter y que algunas veces había intercambiado mensajes conmigo con gran provecho intelectual. Intenté explicarle que se trataba de un falso yo, pero me miró como si le estuviera diciendo que yo no era yo. Si estaba en Twitter, existía. *Tuiteo ergo sum.*

No me preocupé de convencerla porque, fuera lo que fuese lo que la señora pudiera pensar de mí (y si estaba tan contenta era porque el falso Eco le decía cosas con las que estaba de acuerdo), la cosa no cambiaría la historia de Italia, y tampoco la del mundo, y ni siquiera cambiaría mi historia personal. Hace un tiempo, recibía regularmente por correo enormes dossieres de otra señora que afirmaba haberlos enviado al presidente de la República y a otros personajes ilustres para denunciar que la perseguían, y me los enviaba a mí para que los examinara porque, según afirmaba, todas las semanas en esta columna salía a defenderla. De modo que cualquier cosa que yo escribiera la entendía referida a su problema personal. Nunca la desmentí porque habría sido inútil, y esa paranoia tan peculiar no cambiaría la situación en Oriente Próximo. Con el tiempo, y al ver que no recibía respuesta, por supuesto dirigió su atención hacia otra persona cualquiera, y no sé a quién debe estar atormentando ahora.

La irrelevancia de las opiniones expresadas en Twitter es que habla todo el mundo, y entre este todo el mundo hay quien tiene fe en las apariciones de la Virgen de Medjugorje, quien va al quiromante, quien está convencido de que el 11 de septiembre fue una trama judía y quien cree en Dan Brown. Siempre me han fascinado los mensajes de Twitter que aparecen en la pantalla en los programas de Telese y Porro. Dicen de todo y más, cada uno lo contrario del otro, y en conjunto no transmiten la idea de lo que piensa la gente sino solo de lo que dicen algunos pensadores sin ton ni son.

Twitter es como el bar Sport de cualquier pueblo o suburbio. Habla el tonto del pueblo, el pequeño terrateniente que cree que le persigue Hacienda, el médico amargado porque no le han dado la cátedra de anatomía comparada en la gran universidad, el que está de paso y se ha tomado ya muchas copitas de grapa, el camionero que habla de prostitutas fabulosas en la vía de circunvalación, y (a veces) el que expone opiniones sensatas. Sin embargo, todo se acaba aquí, las charlas de bar nunca han cambiado la política internacional y solo preocupaban al fascismo, que prohibía hacer discursos de alta estrategia en el bar, pero en conjunto lo que piensa la mayoría de la gente es solo ese dato estadístico que aparece en el momento en que, tras haber hecho las oportunas reflexiones, se vota, y se vota teniendo en cuenta las opiniones expresadas por algún otro, olvidando lo que se ha dicho en el bar.

De modo que el cielo de internet lo surcan opiniones irrelevantes, porque además, si bien se pueden expresar ideas geniales en menos de ciento cuarenta caracteres (como «Ama a tu prójimo como a ti mismo»), para escribir *La riqueza de las naciones* de Adam Smith se necesitan más, y tal vez más aún para aclarar qué significa $E = mc^2$.

Y si esto es así, ¿por qué escriben mensajes en Twitter hombres importantes como Letta, que podrían simplemente entregarlos a la ANSA, la principal agencia de prensa italiana, y serían citados en periódicos y telediarios, con lo cual llegarían también a la mayoría que no está conectada a internet? ¿Y por qué el Papa manda escribir a algún seminarista con contrato temporal en el Vaticano breves resúmenes de lo que ya ha dicho *urbi et orbi* delante de millones y millones de telespectadores? Con franqueza, no acabo de entenderlo, alguien debe de haberles convencido de que todo vale con tal de fidelizar a una gran cantidad de usuarios de la Web. Tiene un pase en el caso de Letta y de Bergoglio, pero ¿por qué usan también Twitter los señores Rossi, Pautasso, Brambilla, Cesaroni y Esposito?

Tal vez para sentirse como Letta y el Papa.

[2013]

La pérdida de la privacidad

Uno de los problemas de nuestro tiempo, que (a juzgar por la prensa) obsesiona en cierto modo a todos, es el de la llamada *privacy* que, por decirlo de forma muy esnob, se puede traducir como «privacidad». Dicho llanamente significa que todo el mundo tiene derecho a ocuparse de sus asuntos sin que los demás, en especial las agencias vinculadas a los centros de poder, se enteren. Y existen instituciones creadas para garantizar a todos la privacidad (pero, por favor, llamándola *privacy*, de lo contrario nadie la toma en serio). Por eso nos preocupa que, a través de nuestras tarjetas de crédito alguien pueda saber qué hemos comprado, en qué hotel nos hemos hospedado y dónde hemos cenado. Por no hablar de las escuchas telefónicas cuando no son indispensables para identificar a un delincuente; recientemente, incluso Vodafone ha lanzado una advertencia sobre la posibilidad de que agentes más o menos secretos de cualquier nación puedan saber a quién llamamos y qué decimos.

Parece, pues, que la privacidad es un bien que queremos defender a toda costa, para no vivir en un mundo de Gran Hermano (el verdadero, el de Orwell), donde un ojo universal puede controlar todo lo que hacemos o incluso pensamos.

Pero la pregunta es: ¿realmente le importa mucho a la gente la privacidad? Antes, la amenaza a la privacidad era el chismorreo y lo que se temía del chismorreo era el atentado contra nuestra reputación, sacar a la calle los trapos sucios que debían ser legítimamente lavados en casa. Pero, tal vez a causa de la llamada sociedad líquida, en la que todo el mundo sufre una crisis de identidad y de valores, y no sabe dónde ir a buscar puntos de referencia que le permitan definirse, el único modo de conseguir reconocimiento social es «hacerse ver» a toda costa.

Y así, la señora que comercia con su cuerpo (y que antes procuraba ocultar su actividad a los padres o a los vecinos), hoy se hace llamar *escort* y asume alegremente su papel público presentándose incluso en televisión; los cónyuges, que antes ocultaban con celo sus desavenencias, acuden a los programas basura para representar entre los aplausos del público el papel del adúltero o el del engañado; nuestro vecino del tren cuenta por teléfono en voz alta lo que piensa de su cuñada o lo que ha de hacer su asesor fiscal; los investigados de toda clase, en vez de retirarse al campo hasta que la tormenta del escándalo se haya calmado, multiplican sus apariciones con una sonrisa en los labios, porque mejor es ladrón conocido que honrado por conocer.

Hace poco apareció en *La Repubblica* un artículo de Zygmunt Bauman en el que se destacaba que las redes sociales (en especial Facebook), que representan un instrumento de vigilancia del pensamiento y de las emociones ajenas, son utilizadas por distintos poderes con una función de control, gracias a la colaboración entusiasta de quien forma parte de ellas. Bauman habla de una «sociedad confesional que promueve la exposición pública de uno mismo al rango de prueba eminente y más accesible, además de verosímilmente más eficaz, de existencia social». En otras palabras, por primera vez en la historia de la humanidad, los espiados colaboran con los espías para facilitarles el trabajo, y esta entrega les proporciona un motivo de satisfacción porque alguien les ve mientras existen, y no importa si existen como criminales o como imbéciles.

También es cierto que, una vez que alguien puede saberlo todo de todos, cuando los todos se identifiquen con la totalidad de los habitantes del planeta, el exceso de información solo producirá confusión, ruido y silencio. Esto debería preocupar a los espías, porque a los espiados les encanta que al menos los amigos, los vecinos y quizá los enemigos conozcan sus secretos más íntimos, ya que es el único modo de sentirse vivos y parte activa del cuerpo social.

[2014]

Los viejos y los jóvenes

Los viejos y los jóvenes

Esperanza de vida

Quién sabe cuántos recuerdan aún el poema de De Amicis: «No siempre el tiempo borra la belleza / ni dejan marca lágrimas y afanes / mi madre ya ha cumplido los sesenta / y cuanto más la miro, más bella me parece». No se trata de un himno a la belleza femenina, sino a la piedad filial. Piedad que hoy debería situarse en la frontera de los noventa años, porque una señora de sesenta, si goza de buena salud, tiene una presencia vigorosa y activísima…, y, si además ha recurrido al cirujano plástico, aparenta veinte años menos. Por otro lado, recuerdo que cuando era niño me parecía que no era justo superar los sesenta años, porque después sería terrible sobrevivir achacoso, babeante y demente en un asilo para ancianos. Y cuando pensaba en el año 2000, me decía que sí, como atestigua Dante, podría vivir hasta los setenta y llegar al año 2002, pero la idea de alcanzar esa venerable edad era una hipótesis muy remota y poco frecuente.

En eso pensaba hace unos años, cuando coincidí con Hans Gadamer, ya centenario, que había llegado de lejos para asistir a un congreso y comía con apetito. Le pregunté cómo estaba y me respondió, con una sonrisa algo compungida, que le dolían las piernas. Me dieron ganas de abofetearlo por ese divertido descaro (de hecho, vivió aún dos años más en buenas condiciones).

Seguimos pensando que vivimos en una época en que la técnica da pasos agigantados todos los días y nos preguntamos qué pasará con la globalización, pero reflexionamos mucho menos sobre el mayor progreso de la humanidad (y en este campo la aceleración supera la de cualquier otra empresa), que es la prolongación de la esperanza de vida. En realidad, el hecho de que el hombre podría llegar a dominar la naturaleza ya lo había intuido vagamente el troglodita que consiguió producir el fuego de manera artificial, por no hablar de aquel otro antepasado nuestro, más desarrollado, que inventó la rueda. Que algún día construiríamos máquinas voladoras ya lo decían Roger Bacon, Leonardo y Cyrano de Bergerac; que conseguiríamos multiplicar nuestra velocidad de desplazamiento era evidente desde la invención de la máquina de vapor; que tendríamos luz eléctrica podía suponerse desde los tiempos de Volta. Pero durante siglos los hombres han soñado en vano con el elixir de la longevidad y con la fuente de la eterna juventud. En la Edad Media existían excelentes molinos de viento (que todavía sirven hoy para producir energía alternativa), pero la gente acudía en peregrinación a una iglesia para obtener el milagro de vivir hasta los cuarenta años.

Hace ya más de treinta años que pisamos la Luna y todavía no hemos logrado caminar sobre Marte, pero en la época del alunizaje una persona de setenta años ya había llegado al final de su vida, mientras que ahora (dejando aparte infarto y cáncer) existe una esperanza razonable de llegar a los noventa. En suma, el mayor progreso (si es que queremos hablar de progreso) se ha producido en el campo de la vida más que en el de la informática. Las computadoras ya las anunciaba la máquina calculadora de Pascal, que murió a los treinta y nueve años... y ya era una edad avanzada. Alejandro Magno y Catulo murieron a los treinta y tres años, Mozart a los treinta y seis, Chopin a los treinta y nueve, Spinoza a los cuarenta y cinco, Santo Tomás a los cuarenta y nueve, Shakespeare y Fichte a los cincuenta y dos, Descartes a los cincuenta y cuatro, y Hegel a la avanzadísima edad de sesenta y uno.

Muchos de los problemas a los que debemos enfrentarnos hoy dependen de la prolongación de la esperanza de vida. Y no hablo solamente de las pensiones de jubilación. También la enorme migración procedente del Tercer Mundo hacia los países occidentales se produce sin duda porque millones de personas esperan encontrar aquí comida, trabajo y todo lo que el cine y la televisión les prometen, pero también porque desean llegar a un mundo donde la vida es más larga, y escapar de otro donde se muere demasiado pronto. Sin embargo (aunque no tengo las estadísticas a mano), creo que el dinero invertido en investigaciones gerontológicas y en medicina preventiva es infinitamente menor que el que gastamos en tecnología bélica y en informática. Por no hablar de que sabemos muy bien cómo destruir una ciudad y cómo transportar información a bajo coste, pero todavía no tenemos ideas precisas sobre cómo conciliar el bienestar colectivo, el porvenir de los jóvenes, la superpoblación del mundo y la prolongación de la vida.

Un joven puede creer que el progreso es aquello que le permite enviar mensajitos con su móvil o volar a bajo coste a Nueva York, pero el hecho asombroso (y el problema irresuelto) es que debe prepararse, si todo va bien, para convertirse en adulto a los cuarenta años, cuando sus antepasados ya lo eran a los dieciséis.

Sin duda hay que dar gracias a Dios o a la fortuna por vivir más tiempo, pero debemos enfrentarnos a este problema como uno de los más dramáticos de nuestro tiempo, no como un hecho pacífico.

[2003]

¿Lo bello es feo y lo feo es bello?

Hegel señaló que el cristianismo introdujo el dolor y la fealdad en las representaciones artísticas, porque «no se puede representar con las formas de la belleza griega el Cristo flagelado, coronado de espinas..., crucificado, agonizante». Se equivocaba, porque el mundo griego no era tan solo el de las Venus de mármol blanco, sino también el del suplicio de Marsias, de la angustia de Edipo o de la pasión letal de Medea. En la pintura y en la escultura cristiana abundan los rostros desfigurados por el dolor, aunque sin llegar al sadismo de Mel Gibson. En cualquier caso, triunfa la deformidad, recordaba también Hegel (pensando en concreto en la pintura alemana y flamenca), cuando se muestra a los perseguidores de Jesucristo.

Recientemente, alguien me hizo notar que en una famosa pintura del Bosco sobre la pasión (ahora en Gante), entre otros horrendos torturadores aparecen dos que serían la envidia de muchas estrellas del rock y de sus jóvenes imitadores: uno de los personajes muestra un doble piercing en el mentón; el otro, el rostro perforado por varios adornos metálicos. Ahora bien, lo que pretendía el Bosco al pintar a estos dos seres era crear un especie de epifanía del mal (anticipando la afirmación lombrosiana de que quienes se hacen tatuajes o alteran sus propios cuerpos son criminales natos), y es posible que hoy día algunas personas sientan cierto desagrado ante la visión de jovencitos y jovencitas con bolitas en la lengua, pero sería un error, al menos desde un punto de vista estadístico, considerarlos genéticamente tarados.

Si pensamos además que muchos de estos jóvenes enloquecen ante la belleza «clásica» de George Clooney o de Nicole Kidman, es obvio que actúan como sus padres que, por un lado, compran coches y televisores diseñados según los cánones renacentistas de la divina proporción o llenan los Uffizi para experimentar el síndrome de Stendhal y, por el otro, disfrutan con las películas *gore*, donde hay sesos esparcidos por las paredes, compran dinosaurios y otros monstruitos para sus hijos y asisten admirados a los *happenings* organizados por artistas que agujerean sus propias manos, torturan sus extremidades o mutilan sus genitales.

No es que los padres y los hijos rechacen cualquier vínculo con la belleza y elijan solo lo que en los siglos pasados era considerado horrible. Esto es lo que ocurría en todo caso cuando los futuristas, para escandalizar a la burguesía, proclamaban: «Atrevámonos a utilizar la fealdad en literatura» y Palazzeschi (en *Il controdolore*, de 1913) insinuaba que, para educar sanamente a los niños en la fealdad, habría que darles, como juegos educativos, «muñecos jorobados, ciegos, cancerosos, cojos, tísicos, sifilíticos, que lloren mecánicamente, griten o giman, sufran epilepsia, peste, cólera, hemorragias, hemorroides, gonorrea y locura, se desmayen, y mueran entre estertores». Hoy disfrutamos en ocasiones de la belleza (clásica) y reconocemos a un niño guapo, un paisaje hermoso o una bella estatua griega, y otras veces nos proporciona placer lo que ayer era considerado intolerablemente feo.

La fealdad incluso es elegida en ocasiones como modelo de una nueva belleza, como ocurre con la «filosofía» *cyborg*. Si en las primeras novelas de Gibson (William Gibson, esta vez, y se ve que *nomina sunt numina*) un ser humano cuyos órganos habían sido reemplazados por aparatos mecánicos o electrónicos todavía podía representar una inquietante profecía, hoy en día algunas feministas radicales proponen superar las diferencias de género mediante la creación de cuerpos neutros, posorgánicos o «transhumanos», y Donna Haraway lanza como eslogan «Prefiero ser cyborg que diosa».

Para algunos, esto significa que en el mundo posmoderno toda oposición entre belleza y fealdad se ha disuelto. Tampoco es cuestión de repetir con las brujas de Macbeth «Lo bello es feo y lo feo es bello». Simplemente, los dos valores se habrían fusionado, perdiendo de este modo sus caracteres distintivos.

Pero ¿es así en realidad? ¿Y si algunos comportamientos de los jóvenes o de los artistas no fueran más que fenómenos marginales, celebrados tan solo por una minoría de la población mundial? En la televisión vemos niños que se mueren de hambre, convertidos en esqueletos de vientres hinchados, sabemos que existen mujeres violadas por los invasores, y seres humanos torturados, y por otro lado recordamos continuamente las imágenes no muy remotas de otros esqueletos vivientes destinados a las cámaras de gas. Podríamos decir que era ayer cuando vimos cuerpos destrozados por la explosión de un rascacielos o de un avión en pleno vuelo, y vivimos con el terror de que mañana pueda ocurrirnos también a nosotros. Todo el mundo sabe bien que estas cosas son feas, y ninguna conciencia de la relatividad de los valores estéticos puede persuadirnos de que las percibamos como objetos de placer.

Así que tal vez *cyborgs*, *gore*, la Cosa que viene de otro mundo y las películas de catástrofes no sean más que manifestaciones superficiales, realzadas por los medios de comunicación de masas, con las que exorcizamos una fealdad mucho más profunda que nos atormenta, nos aterroriza y quisiéramos desesperadamente ignorar, fingiendo que todo es mero fingimiento.

[2006]

Trece años mal empleados

El otro día en una entrevista me preguntaron (y lo hacen muchos periodistas) cuál era el libro que más había influido en mi vida. Yo sería un idiota (como muchos de los que contestan a esa pregunta) si a lo largo de mi vida un solo libro hubiera ejercido sobre mí un influjo más definitivo que otro. Hay libros que fueron decisivos para mis veinte años y otros que decidieron mis treinta, y todavía espero con impaciencia el libro que trastornará mis cien años. Otra pregunta imposible es «¿Quién le ha enseñado algo definitivo en su vida?». Nunca sé qué contestar (a menos que diga «mamá y papá»), porque en cada etapa de mi existencia alguien me enseñó algo. Podían ser personas que estaban a mi lado o algunos amados difuntos como Aristóteles, santo Tomás, Locke o Peirce.

En cualquier caso, ha habido enseñanzas no librescas de las que puedo afirmar con seguridad que me han cambiado la vida. La primera es la de la señorita Bellini, mi maravillosa profesora de sexto de primaria, que nos ofrecía consideraciones sobre palabras estímulo (como gallina o carguero), y a partir de ellas teníamos que preparar una reflexión o una fantasía para el día siguiente. Un día, presa de no sé qué demonio, le dije que desarrollaría allí mismo cualquier tema que me propusiera. Ella miró su mesa y dijo «bloc». A hechos consumados, podría haber hablado del bloc del periodista, o del diario de viaje de un explorador salgariano; el caso es que subí al estrado con jactancia y no pude abrir la boca. La señorita Bellini me enseñó entonces que nunca hay que presumir demasiado de las propias fuerzas.

La segunda enseñanza fue la del padre Celi, el salesiano que me enseñó a tocar un instrumento musical (y parece ser que ahora quieren hacerlo santo, pero no por esta razón; es más, el abogado del diablo podría usarla en su contra). El 5 de enero de 1945 fui a verlo y le dije tan campante: «Padre Celi, hoy cumplo trece años». «Pues muy mal empleados», me contestó él con tono arisco. ¿Qué quería decir con eso?, ¿que al llegar a esa venerable edad debía iniciar un severo examen de conciencia?, ¿que no debía esperar alabanzas por haber cumplido sencillamente con mi deber biológico? Quizá fuera una simple manifestación del sentido piamontés de la mesura, un rechazo de la retórica, quizá se trataba incluso de una afectuosa felicitación. Ahora bien, lo que yo creo es que el padre Celi sabía, y me enseñaba, que un maestro debe poner en aprietos a sus discípulos en todo momento, y no excitarlos más de lo debido.

Tras aquella lección, siempre he sido parco en elogios con quienes se los esperaban de mí, salvo casos excepcionales de hazañas inesperadas. Quizá con esta actitud he hecho sufrir a alguien, y si así es, he empleado mal no solo mis primeros trece años de vida sino también mis primeros setenta y seis. Decidí resueltamente que la forma más explícita de expresar mi aprobación era no dirigir reproches. Si no hay reproches, significa que lo has hecho bien. Siempre me han irritado expresiones como «el Papa bueno» o «el honesto Zaccagnini», que daban a entender que los demás pontífices no eran buenos y los demás políticos eran deshonestos. Juan XXIII y Benigno Zaccagnini hacían simplemente lo que se esperaba de ellos, y no hay razón para que hubiera que felicitarlos por eso.

Ahora bien, la respuesta del padre Celi también me ha enseñado a no enorgullecerme demasiado haga lo que haga, aunque considere que es lo justo, y sobre todo a no ir por el mundo presumiendo. ¿Significa esto que no hay que tender hacia lo mejor? Desde luego que no; pero de alguna forma, la extraña respuesta del padre Celi me remite a un dicho de Oliver Wendell Holmes Jr. que encontré en algún lugar: «El secreto de mi éxito es que de joven descubrí que no era Dios». Es muy importante entender que no se es Dios, dudar siempre de los propios actos, y considerar que no se han empleado bastante bien los años vividos. Es la única forma para intentar emplear mejor los que quedan.

Me preguntarán por qué se me ocurren tales consideraciones precisamente estos días: es que en Italia acaba de empezar la campaña electoral y en estos casos para tener éxito hay que portarse un poco como Dios, es decir, afirmar que lo que se ha realizado, como el creador tras la creación, era *valde bonum* y manifestar cierto delirio de omnipotencia declarándose absolutamente capaces de hacer cosas aún mejores (mientras que Dios se conformó con crear el mejor de los mundos posibles). Entiéndanme, no moralizo, ya que en una campaña electoral eso es lo que hay que hacer; ¿se imaginan a un candidato que les dijera a sus futuros votantes: «Sí, hasta ahora he hecho majaderías, y aunque no estoy seguro de hacerlo mejor en el futuro, les prometo que lo intentaré»? No lo elegirían. Por lo tanto, insisto, ningún falso moralismo. Es solo que al escuchar todos estos telemítines no puedo evitar pensar en el padre Celi.

[2007]

Érase una vez Churchill

He leído un suelto en el número de la revista *Internazionale* de primeros de marzo en el que se habla de una encuesta realizada en Gran Bretaña; según parece, una cuarta parte de los ingleses piensa que Churchill es un personaje de fantasía, y lo mismo sucede con Gandhi y Dickens. En cambio, muchos de los encuestados (aunque no se precisa cuántos) habrían incluido entre las personas que realmente existieron a Sherlock Holmes, Robin Hood y Eleanor Rigby.

Mi primer impulso sería no dramatizar. Ante todo, me interesaría saber a qué franja social pertenece esa cuarta parte de los encuestados que no tiene las ideas claras sobre Churchill y Dickens. Si hubieran entrevistado a los londinenses de los tiempos de Dickens, esos que se ven en los grabados de Doré que retratan las miserias de Londres o en las escenas de Hogarth, por lo menos tres cuartos de ellos, sucios, embrutecidos y hambrientos, no habrían sabido quién era Shakespeare. Tampoco me asombra que los encuestados crean que Holmes o Robin Hood existieron de verdad; en primer lugar, porque existe una industria holmesiana que promociona incluso una visita turística al pretendido piso de Baker Street en Londres; y, en segundo lugar, porque el personaje que inspiró la leyenda de Robin Hood existió de veras (lo único que lo vuelve irreal es que en la época de la economía feudal se robaba a los ricos para dárselo a los pobres, mientras que tras el advenimiento de la economía de mercado se roba a los pobres para dárselo a los ricos). Por otra parte, yo de niño creía que Buffalo Bill era un personaje imaginario hasta que mi padre me reveló que no solo había existido, sino que él en persona lo había visto cuando pasó con su circo por nuestra ciudad, en una época en que Buffalo Bill, para sobrevivir, vino a dar con sus huesos desde el mítico Oeste a la provincia piamontesa.

También es verdad, y lo notamos cuando se les pregunta a nuestros jóvenes italianos (por no hablar, por ejemplo, de los estadounidenses), que las ideas sobre el pasado, aun próximo, son muy vagas. Hemos leído sobre un test según el cual algunos piensan que Aldo Moro era un terrorista de las Brigadas Rojas, Alcide De Gasperi un jerarca fascista, el general Badoglio un partisano, etcétera. Entonces te dices que ha pasado mucho tiempo, ¿por qué deberían saber unos jóvenes de dieciocho años quién estaba en el gobierno cincuenta años antes de que ellos nacieran? Bueno, será que la escuela fascista nos hacía sudar tinta, pero el caso es que con diez años yo sabía que el primer ministro en los tiempos de la Marcha sobre Roma (veinte años antes) era Facta, y a los dieciocho sabía también quiénes habían sido Rattazzi o Crispi, que eran asunto del siglo anterior.

El hecho es que ha cambiado nuestra relación con el pasado, probablemente también en el colegio. Antes nos interesaba mucho el pasado porque las noticias sobre el presente no abundaban; baste pensar que un periódico lo contaba todo en ocho páginas. Con los medios de comunicación de masas se ha difundido una inmensa información sobre el presente; de hecho, en internet puedo encontrar noticias sobre millones de acontecimientos que están sucediendo en este momento (incluso los más irrelevantes). El pasado del que nos hablan los medios de comunicación de masas, como las vicisitudes de los emperadores romanos o de Ricardo Corazón de León, e incluso las de la Primera Guerra Mundial, pasan (a través de Hollywood e industrias afines) junto al flujo de información sobre el presente, y es muy difícil que un usuario de películas capte la diferencia temporal entre Espartaco y Ricardo Corazón de León. Del mismo modo, la diferencia entre lo imaginario y lo real queda nivelada o, en cualquier caso, pierde consistencia; y si no, díganme ustedes por qué un chico que ve películas en la tele debe considerar que Espartaco sí existió y Vinicio de *Quo Vadis* no; que la condesa de Castiglione era un personaje histórico mientras que Elisa di Rivombrosa no lo era; que Iván el Terrible era real y Ming el tirano de Mongo no, dado que se parecen muchísimo.

En la cultura estadounidense esta nivelación del pasado sobre el presente se vive con mucha desenvoltura y puede ocurrir que un profesor de filosofía les comente lo irrelevante que es saber lo que dijo Descartes sobre nuestra forma de pensar, ya que lo que nos interesa es qué están descubriendo las ciencias cognitivas hoy en día. Se está olvidando que, si las ciencias cognitivas han llegado a donde están, ha sido porque con los filósofos del siglo XVII se empezó un determinado discurso, pero lo peor es que se renuncia a extraer del pasado una lección para el presente.

Muchos piensan que el viejo dicho de que la historia es maestra de vida es una trivialidad de maestro propio de De Amicis, pero lo cierto es que si Hitler hubiera estudiado con atención la campaña de Rusia de Napoleón, no habría caído en la trampa en la que cayó, y si Bush hubiera estudiado bien las guerras de los ingleses en Afganistán en el siglo XIX (pero qué digo, bastaría la ultimísima guerra de los soviéticos contra los talibanes), habría planteado de forma distinta su campaña afgana.

Puede parecer que entre el necio inglés que cree que Churchill era un personaje imaginario y Bush que va a Irak convencido de lograr la victoria en quince días hay una diferencia abismal, pero no es así. Se trata del mismo fenómeno de ofuscamiento de la dimensión histórica.

[2008]

Cómo matar a los jóvenes y obtener un beneficio mutuo

En el último *Espresso* me entretenía imaginando algunas consecuencias, sobre todo en el terreno diplomático, del nuevo horizonte de la transparencia inaugurado por WikiLeaks. Eran fantasías con un vago matiz de ciencia ficción, pero partían del presupuesto innegable de que, si los archivos más reservados y secretos son ya accesibles, alguna cosa tendrá que cambiar, por lo menos en los métodos de archivo.

Así que, al empezar un nuevo año, ¿por qué no intentar alguna otra extrapolación de verdades innegables, aunque sea exagerando las cosas con visiones apocalípticas? Al fin y al cabo, san Juan consiguió con ello una fama inmortal y aún hoy, cuando nos sucede alguna desgracia, estamos tentados de decir que ocurre justamente lo que él había predicho. Me presento, pues, como candidato a segundo vidente de la isla de Patmos.

Al menos en Italia (y limitémonos a este país), el número de personas viejas es cada vez mayor que el de jóvenes. Antes, las personas morían a los sesenta años, hoy a los noventa, de modo que consumen treinta años más de pensión. Como es sabido, esta pensión deberán pagarla los jóvenes. Pero con unos viejos tan invasores y presentes, al mando de muchas instituciones públicas y privadas al menos hasta el inicio de su deterioro senil (y, en muchos casos, más allá), los jóvenes no encuentran trabajo y, por tanto, no pueden producir para pagar la pensión de los ancianos.

Con este panorama, aunque el país sacara al mercado obligaciones a un tipo de interés atractivo, los inversores extranjeros ya no se fiarían y faltaría dinero para las pensiones. Además, hay que tener en cuenta que, si los jóvenes no encuentran trabajo, han de ser mantenidos por los padres o por los abuelos jubilados. Tragedia.

Primera solución, y la más obvia. Los jóvenes deberán empezar a confeccionar listas de exterminio de ancianos sin descendencia. Aunque no será suficiente y, dado que el instinto de conservación es el que es, a los jóvenes no les quedará más remedio que eliminar también a los viejos con descendencia, es decir, a sus padres. Será duro, pero es cuestión de acostumbrarse. ¿Tienes sesenta años? No somos eternos, papi, te acompañaremos todos a la estación para tu último viaje a los campos de eliminación, con los nietecitos despidiéndote: «Adiós, abuelo». Si a los ancianos les diera por rebelarse, se pondría en marcha la operación «caza al viejo», con la ayuda de delatores. Si se hizo con los judíos, ¿por qué no con los jubilados?

Ahora bien, los ancianos no jubilados, que siguen estando en el poder, ¿aceptarán esta suerte alegremente? Ante todo, habrán evitado en su momento tener hijos para no traer al mundo a potenciales exterminadores, por lo que el número de jóvenes habrá disminuido más. Y al final estos viejos capitanes (y *cavalieri*) de industria, curtidos en mil batallas, se decidirán, aunque con gran dolor de su corazón, a liquidar a hijos y nietos. No enviándolos a campos de exterminio como habrían hecho con ellos sus descendientes, porque se trata de una generación que todavía conserva los valores tradicionales de la familia y de la patria, sino promoviendo guerras que, como se sabe, actúan de criba para las quintas más jóvenes y son, como decían los futuristas, la única higiene del mundo.

Tendremos, pues, un país casi sin jóvenes y con muchísimos ancianos, prósperos y lozanos, ocupados en erigir monumentos a los caídos y en honrar a quienes han entregado generosamente su vida por la patria. Pero entonces, ¿quién trabajará para pagarles la pensión? Los inmigrantes, que están ansiosos por conseguir la ciudadanía italiana, deseosos de dar el callo a bajo coste y en negro y predispuestos por antiguas lacras a morir antes de cumplir los cincuenta, dando paso a una nueva mano de obra más fresca.

Así, dentro de dos generaciones, decenas de millones de italianos «morenitos» garantizarán el bienestar de una élite de nonagenarios blancos de nariz colorada y de los más favorecidos (las señoras, con encajes y sombreritos con velo), que beberán whisky con soda en las galerías de sus propiedades coloniales, al borde de los lagos o junto a la costa, lejos de los miasmas de las ciudades, habitadas solo por zombis de color que se alcoholizarán con la lejía anunciada en televisión.

Respecto a esta convicción mía de que avanzamos a paso de cangrejo y de que el progreso coincide ya con la regresión, obsérvese que nos encontraremos en una situación parecida a la del Imperio colonial en la India, en el archipiélago malayo o en África central; y aquel que, gracias al desarrollo de la medicina, haya alcanzado la feliz edad de ciento diez años se sentirá como el rajá blanco de Sarawak, sir James Brooke, sobre el que fantaseaba leyendo de niño las novelas de Salgari.

[2011]

Pobres Bersaglieri

Me cuentan unos colegas que en un examen de final de ciclo, salió el tema, no sé cómo ni por qué, de la matanza de la estación de Bolonia y, ante la sospecha de que el examinando no sabía siquiera de qué se estaba hablando, se le preguntó si recordaba a quién había sido atribuida. Y el muchacho respondió: a los Bersaglieri.

Se podían esperar las respuestas más variadas, desde los fundamentalistas árabes a los Hijos de Satanás, pero la de los Bersaglieri era una respuesta realmente insólita. Me atrevo a pensar que en la mente del infeliz se agitaba la imagen confusa de un agujero conservado en la pared de la estación para recordar el suceso, y que la visión del boquete se cruzara con otra noción imprecisa, poco más que un *flatus vocis*, referente a la brecha de Porta Pia. Por otra parte, en el programa de televisión *Le Iene* del 17 de marzo de 2011, a la pregunta de por qué se había elegido esa fecha para celebrar los ciento cincuenta años de la unidad italiana, muchos parlamentarios y hasta un presidente regional dieron las respuestas más descabelladas: de los cinco días de Milán a la toma de Roma.

El caso de los Bersaglieri podría ser un buen ejemplo, entre muchos otros, de la difícil relación de muchísimos jóvenes con los hechos del pasado (y con los Bersaglieri). Hace un tiempo, unos jóvenes dijeron en una entrevista que Aldo Moro era el jefe de las Brigadas Rojas. Sin embargo yo, a los diez años, sabía que el primer ministro italiano en los tiempos de la marcha sobre Roma (diez años antes de mi nacimiento) había sido «el débil Facta». Claro que lo sabía porque en la escuela fascista me lo repetían todos los días, lo cual me hace pensar que, a su manera, la reforma Gentile era más consistente que la reforma Gelmini, aunque no estoy seguro de que toda la culpa sea de la escuela. Creo que las razones son otras y se deben a una forma continuada de censura que están sufriendo no solo los jóvenes sino también los adultos. No quisiera que la palabra censura evocara tan solo silencios culpables; existe una censura por exceso de ruido, como saben los espías o los criminales de las películas de misterio que, si han de confiar algún secreto, ponen la radio a todo volumen. Tal vez nuestro estudiante no era uno de esos a quienes se les había escatimado información, sino alguien a quien se le había dado demasiada, y ya no era capaz de seleccionar la que valía la pena recordar. Tenía nociones imprecisas acerca del pasado no porque no le hubiesen hablado de él, sino porque las noticias útiles y fiables habían sido confundidas y sepultadas entre un exceso de noticias irrelevantes. Y puede que el acceso incontrolado a las distintas fuentes nos impida distinguir las informaciones indispensables de las que son más o menos delirantes.

Actualmente se está discutiendo si es bueno o malo que se pueda imprimir y poner en circulación un libro sin la mediación de un editor. El argumento a favor es que en el pasado muchos escritores excelentes fueron ignorados por culpa de un injusto bloqueo editorial, y que la libre circulación de propuestas solo puede aportar un soplo de libertad. Pero sabemos muy bien que muchos libros han sido escritos por personajes más o menos excéntricos, como ocurre también con numerosos sitios de internet. Si no me creen, entren en nonciclopedia.wikia.com/wiki/Groenlandia, donde se dice: «Groenlandia es una isla situada en un punto del globo terrestre que, si existiera de verdad, confirmaría la hipótesis de que la Tierra es cuadrada. Es la isla más poblada del mundo en cuanto a hielo. [...] Además, es un estado de Europa, o al menos eso creo, no tengo ganas de consultar el atlas, de modo que dadlo por bueno. Se encuentra en el hemisferio boreal, en Boreas del Norte».

¿Cómo puede un muchacho decidir si el autor de esta información está bromeando, es un personaje excesivamente extravagante o en cierto modo dice la verdad? Lo mismo puede ocurrir con los libros. Es difícil que un editor acepte publicar este tipo de informaciones, si no es precisando en la portada o en la contraportada que se trata de una colección de paradojas divertidas. Pero ¿qué ocurrirá cuando no haya ningún intermediario que nos diga si el libro hay que tomarlo en serio o no?

[2011]

Una generación de alienígenas

Creo que Michel Serres es la mente filosófica más aguda que existe hoy en Francia, y como todo buen filósofo sabe rebajarse a reflexionar sobre la actualidad. Utilizo descaradamente (excepto algún comentario personal) un excelente artículo suyo publicado en *Le Monde* del 6-7 del pasado mes de marzo, en el que nos recuerda cosas que, en el caso de los lectores más jóvenes se refieren a sus hijos y en el caso de los más viejos, a sus nietos.

Para empezar, hay que tener en cuenta que estos hijos o nietos no han visto nunca un cerdo, una vaca o una gallina (recuerdo que hace ya treinta años, según una encuesta estadounidense, la mayoría de los niños de Nueva York creían que la leche que veían en envases de supermercado era un producto artificial, como la Coca-Cola). Los nuevos seres humanos ya no están acostumbrados a vivir en medio de la naturaleza y solo conocen las ciudades (recordaré que cuando van de vacaciones suelen vivir en lo que Augé ha definido como «no lugares», de modo que las colonias de vacaciones son exactamente iguales al aeropuerto de Singapur, y en cualquier caso les presenta una naturaleza arcádica y cepillada, artificial por completo). Se trata de una de las mayores revoluciones antropológicas después del Neolítico. Esos chicos viven en un mundo superpoblado, su esperanza de vida es de unos ochenta años y, debido a la longevidad de sus padres y abuelos, si esperan heredar alguna cosa no será ya a los treinta años, sino en el umbral de su vejez.

Los muchachos europeos no han conocido guerras desde hace más de sesenta años y, como se han beneficiado de una medicina avanzada, no han sufrido como sus antepasados, tienen padres más viejos que los nuestros (una gran parte, divorciados) y estudian en escuelas donde conviven con muchachos de otros colores, religiones y costumbres (y, se pregunta Serres, ¿durante cuánto tiempo podrán cantar aún *La Marsellesa*, que habla de la «sangre impura» de los extranjeros?). ¿Con qué obras literarias podrán deleitarse, teniendo en cuenta que no conocen la vida del campo, las vendimias, las invasiones, los monumentos a los caídos, las banderas desgarradas por las balas enemigas, la urgencia vital de una moral?

Se han formado con medios de comunicación concebidos por adultos que han reducido a siete segundos la permanencia de una imagen, y a quince segundos los tiempos de respuesta a las preguntas, y donde todavía ven cosas que en la vida diaria ya no ven, cadáveres ensangrentados, destrucción, devastación: «A los doce años los adultos les han forzado a ver veinte mil asesinatos». Son educados por la publicidad que se excede en el uso de abreviaturas y de palabras extranjeras que les hacen perder el sentido de la lengua materna, ya no conocen el sistema métrico decimal, puesto que se les prometen premios según las millas, la escuela ya no es el lugar de aprendizaje y, acostumbrados al ordenador, estos muchachos pasan buena parte de su vida en el mundo virtual. Escribir con un dedo en vez de hacerlo con toda la mano «no estimula las mismas neuronas o las mismas zonas corticales» (y, por último, son totalmente multitarea). Nosotros vivíamos en un espacio métrico perceptible y ellos viven en un espacio irreal, donde ya no hay ninguna diferencia entre cercanía y lejanía.

No me extenderé sobre las reflexiones de Serres acerca de las posibilidades de gestionar las nuevas exigencias de la educación. En cualquier caso, nos está hablando de un período semejante, aunque absolutamente a la inversa, al de la invención de la escritura y, siglos después, de la imprenta. Salvo que estas nuevas técnicas actuales cambian a gran velocidad y «al mismo tiempo el cuerpo se metamorfosea, cambian el nacimiento y la muerte, el sufrimiento y la curación, los oficios, el espacio, el hábitat, el ser-en-el-mundo». ¿Por qué no nos preparamos para esta transformación? Serres concluye que puede que los filósofos también tengan parte de culpa, ya que por su oficio deberían haber previsto los cambios en el conocimiento y en las prácticas, y no lo previeron lo suficiente, porque «ocupados en la política del día a día, no vieron venir la contemporaneidad». No sé si Serres tiene toda la razón, pero parte de razón sí la tiene.

[2011]

Online

Mis sosias en el correo electrónico

Estaba tratando de contactar por correo electrónico con un colega estadounidense y encontré en uno de los buscadores de internet un servicio que me proporciona las direcciones de las personas que se han registrado con su nombre. Escribí el nombre de mi colega y encontré diez direcciones distintas, una de ellas en Japón. ¿Era posible? Se me ocurrió entonces buscar mi nombre, y encontré veintidós direcciones. Reconocí dos, ya caducadas, en las que mi nombre no aparecía en la dirección sino que se proporcionaba al suscribirse. Las otras tenían un aspecto normal, como umbertoeco@hotmail.com, o umberto_eco@hotmail.com, pero me sorprendió (registrada a mi nombre) agartha2@hotmail.com.

Agartha es la capital del Rey del Mundo, una conocida fantasía ocultista que mencionaba en *El péndulo de Foucault*. Entonces lo entendí: es natural, la persona que se registra en un servicio de correo electrónico puede dar el nombre que quiera, puede adoptar el de un escritor que ha leído y, si lo desea, puede adoptar incluso el de Dante Alighieri. Sospechando con envidia que Dante era más popular que yo, me puse a buscarlo. Resultado: cincuenta y seis direcciones, entre las que se incluían dante@satanic.org, danteSB@yahoo.com, alighieri@vergil.inferno.it, belzebius@yahoo.it, divinpoeta@yahoo.it, mostromaldido@yahoo.it.

Me dediqué luego a buscar a un contemporáneo que pudiera suscitar algún delirio, y enseguida pensé en Salman Rushdie. Aparecían treinta y seis direcciones, entre las que no solo figuraban las más banales, como salman@netcom.com, salman@grex.com, salman.rushdie@safe.com, sino también otras mucho más inquietantes, satan@durham.ac.uk, love@iraq.com, atheist@wam.umd.edu, blasphem@aol.com, sephiroth@zombieworld.com, con cuyos destinatarios me daría miedo entrar en contacto. Pero el problema no está en las direcciones extravagantes, sino en las de apariencia normal. Nadie pensará que Dante pueda responder a un correo, pero ¿cuántas personas ingenuas podrían ponerse en contacto con salman.rushdie@safe.com, y recibir en su nombre una respuesta trágicamente comprometedora? Solo hay una solución: desconfiar de las direcciones de correo electrónico. De este modo un servicio que la red podría proporcionar con gran provecho pierde toda su eficacia. Es como si los listines telefónicos pudieran ser manipulados por cualquiera que se dedicara a poner el número de Bertinotti bajo el nombre de Berlusconi, o a asignar a una conocida artista de *striptease* la dirección de Vittorio Messori.

El principio de desconfianza está implícito en todo aquel que aborda la experiencia de un chat, puesto que todo el mundo sabe que un jovencito romántico puede mantener una correspondencia amorosa con una tal Greta Garbo, que resulta ser un sargento jubilado. Este principio se ha generalizado ahora oficialmente tras el caso reciente del virus I-Love-You. No solo hay que desconfiar de cualquier mensaje cuya procedencia exacta se desconozca, sino que también debemos recelar de los que provengan de nuestros corresponsales habituales, porque el virus podría habernos enviado en su nombre el mensaje letal.

Un periódico que por definición solo publicase noticias falsas no merecería ser comprado (a no ser como diversión) y tampoco pagaríamos un céntimo por un horario de trenes que nos indicara la salida de un tren para Battipaglia y nos condujera en realidad a Vitipeno. Los periódicos y los horarios de trenes suscriben con los usuarios un pacto de veracidad, que no puede ser violado salvo que se disuelva todo contrato social. ¿Qué sucederá si el instrumento principal de la comunicación del nuevo milenio no es capaz de establecer y hacer observar este pacto?

[2000]

Cómo elegir presidente

First good news. Como ya dije en el anterior *Espresso*, si entran en la página www.poste.it, se pueden registrar en un servicio que les permite enviar por ordenador una carta o un telegrama, el servicio de correos los sella y los entrega en la dirección correcta (coste de una carta, 1.700 liras), saltándose toda la secuencia de viajes en tren y espera en las estaciones. Enhorabuena (quién lo hubiera dicho) al servicio de correos italiano.

Now bad news. Es la historia de las elecciones estadounidenses, donde la maquinaria del recuento se ha revelado menos eficaz que el servicio de correos italiano. Sin embargo, hay una solución, y nos la había ofrecido el gran Isaac Asimov en un relato de los años sesenta («Sufragio universal», en *Con la Tierra nos basta*).

Limitándonos a lo más esencial, la historia cuenta que en el entonces remoto 2008 Estados Unidos comprendió que la elección se dirimía entre dos candidatos tan parecidos que las preferencias de los electores se distribuían casi *fifty-fifty*. Además los sondeos, realizados por ordenadores potentísimos, podían valorar infinitas variables y aproximarse casi de manera matemática al resultado real. Para tomar una decisión científicamente exacta, el inmenso ordenador Multivac (de una longitud de media milla y una altura equivalente a una casa de tres plantas, y en este caso la ciencia ficción no logró prever el progreso) solo debía tener en cuenta «algunas imponderables disposiciones de la mente humana».

Pero como en el relato se sobrentiende que en un país desarrollado y civilizado las mentes humanas son muy parecidas, Multivac solo tenía que hacer algunos test a un único elector. Por lo tanto, en cada elección el ordenador elegía un estado y un ciudadano de aquel estado, que se convertía así en el Elector, y sobre la base de sus ideas y de sus humores se elegía al presidente de Estados Unidos. Hasta el punto de que cada elección tomaba el nombre del único elector: voto Mac Comber, voto Muller, etcétera.

Asimov cuenta de una forma atractiva la tensión que se crea en la familia del preseleccionado (que además tiene la oportunidad de hacerse famoso, conseguir buenos contratos publicitarios y hacer carrera, como un superviviente de *Gran Hermano*), y es divertido el asombro de la niña, a la que el abuelo cuenta que antes votaba todo el mundo, y la pequeña no entiende cómo podía funcionar una democracia con millones y millones de electores, mucho más falibles que Multivac.

Ya Rousseau excluía la posibilidad de tener una democracia asamblearia excepto en un Estado muy pequeño, en el que todos se conozcan y se puedan reunir fácilmente. Pero incluso la democracia representativa, que convoca al pueblo a elegir a sus representantes cada cuatro o cinco años, está hoy en crisis. En una civilización de masas dominada por la comunicación electrónica, las opiniones tienden a nivelarse hasta el punto de que las propuestas de los distintos candidatos llegan a ser muy parecidas entre sí. Los candidatos son elegidos no por el pueblo, sino por una *nomenklatura* de los partidos, y el pueblo ha de elegir (como mal menor) entre dos personas (elegidas por otros) que se parecen como dos gotas de agua. Situación que recuerda bastante a la soviética, salvo que allí la *nomenklatura* elegía un solo candidato y los electores le votaban. Si los sóviets hubiesen propuesto a los electores no uno sino dos candidatos, la Unión Soviética habría sido semejante a la democracia estadounidense.

Sí, ya lo sé, en una democracia, tras el rito vano de las elecciones, los gobernantes son controlados además por la prensa, por los grupos de presión y por la opinión pública. Pero también se podría hacer lo mismo con el sistema propuesto por Asimov.

[2000]

El hacker es fundamental para el sistema

Los recientes incidentes de alcance mundial ocurridos en internet no deben sorprendernos. Sabemos que, cuanto más sofisticada es una tecnología, más se presta a un atentado. Era fácil solucionar el problema de un secuestrador en un avión de hélice con cabina no presurizada, se abría la ventanilla y ¡abajo! En un reactor intercontinental, incluso un loco con una pistola de juguete nos tiene a todos con el corazón en un puño.

El problema es más bien la aceleración del desarrollo tecnológico. Después de que los hermanos Wright intentaran el primer vuelo, pasaron decenios hasta que Bleriot, Von Richthofen, Baracca, Lindbergh y Balbo pudieron adaptarse a los sucesivos perfeccionamientos del medio. El automóvil que conduzco ahora ofrece unas prestaciones que el viejo Seiscientos con el que aprendí a conducir no podía ni imaginar, pero si hubiese tenido que empezar entonces con mi coche de ahora me habría estrellado. Por suerte, he crecido con mis coches y me he ido adaptando poco a poco al aumento de su potencia.

En cambio, con el ordenador me ocurre otra cosa: cuando aún no he tenido tiempo de aprender todas las posibilidades de la máquina y de un programa, ya sale al mercado un nuevo modelo y un programa más complejo. Y ni siquiera tengo la posibilidad de continuar con mi viejo ordenador, que posiblemente sería suficiente para mí, porque algunas de las mejoras indispensables solo funcionan en los nuevos ordenadores. Este ritmo acelerado se debe ante todo a exigencias comerciales (la industria quiere que nos deshagamos del viejo y compremos el nuevo, aunque no tengamos necesidad), pero también depende del hecho de que nadie puede impedir a un investigador descubrir un procesador más potente. Y lo mismo ocurre con los teléfonos móviles, grabadoras, PDA y otros instrumentos digitales.

Nuestro cuerpo no tendría tiempo de adaptar sus reflejos a automóviles que mejorasen sus prestaciones cada dos meses. Por suerte, los coches son muy caros y las autopistas son lo que son. Los ordenadores resultan cada vez más baratos y las autopistas por las que circulan sus mensajes no imponen restricciones. Por consiguiente, el último aparece siempre antes de que hayamos conseguido entender todo lo que se podía hacer con el anterior. Este drama no afecta solo al usuario corriente, sino también a quien debería controlar el flujo telemático, incluidos los agentes del FBI, los bancos e incluso el Pentágono.

¿Quién dispone de las veinticuatro horas del día para descifrar las nuevas posibilidades del propio ordenador? El hacker, que es una especie de estilita, de padre del desierto que dedica el día entero a la meditación (electrónica). ¿Habéis visto el rostro del último que se introdujo en el mensaje de Clinton? Todos son así, gordos, desmañados, mal desarrollados, han crecido delante de la pantalla. Como se han convertido en los únicos expertos totales de una innovación a un ritmo insostenible, tienen tiempo de entender todo lo que pueden hacer la máquina y la red, pero no de elaborar una nueva filosofía o de estudiar sus aplicaciones positivas, de modo que se dedican a la única acción inmediata que su inhumana competencia les permite: el pirateo, la alteración y la desestabilización del sistema global.

Es posible que muchos crean que al hacer esto actúan de acuerdo con el «espíritu de Seattle», esto es, que se oponen al nuevo Moloch. En realidad, acaban siendo los mejores colaboradores del sistema, porque para neutralizarlos habrá que innovar todavía más y con mayor celeridad. Es un círculo diabólico en el que el contestatario potencia aquello que cree destruir.

[2000]

¿Demasiado internet? Pero en China…

En los últimos diez días he participado en tres actos culturales distintos. Uno estaba dedicado a los problemas de la información, pero los otros dos trataban de otros temas. Pues bien, en los tres casos surgieron preguntas y acaloradas discusiones sobre internet. Habría sucedido lo mismo si hubiese participado en un congreso sobre Homero y, si no me creen, busquen en la red todo lo que se dice sobre Homero: encontrarán desde lo más maravilloso hasta lo más deplorable. Un congreso sobre Homero debería dedicarse hoy a publicar sus propios criterios de fiabilidad en los sitios dedicados al poeta, de lo contrario los estudiantes y estudiosos ya no sabrán a qué atenerse.

Voy a enumerar tan solo los aspectos más destacados de los debates a los que he asistido. Frente a la persona que celebraba internet como el logro de la democracia total en el mundo de la información, había otra que objetaba que hoy en día un muchacho puede encontrarse en la red con centenares de páginas racistas, descargar el *Mein Kampf* o *Los protocolos de los sabios de Sión*. Respuesta: si sales de aquí y vas a la librería ocultista de la esquina encontrarás de inmediato una edición de *Los protocolos*. Contrarrespuesta: sí, pero tienes que querer buscarlos, mientras que en la red te aparecen aunque estés buscando otra cosa. Contra-contrarrespuesta: pero al mismo tiempo te encuentras también con muchísimos sitios antirracistas, por tanto, la democracia de la red se compensa sola.

Intervención final: Hitler publicó y difundió *Mein Kampf* antes de que existiese internet, y al parecer no le fue del todo mal. Con internet nunca podría haber otro Auschwitz, porque todo el mundo se enteraría enseguida y nadie podría decir que no lo sabía.

Días después, escuché a un sociólogo chino hablando a favor de esta última tesis y contaba lo que ocurre en China con internet. Los usuarios no pueden acceder directamente a la Web, sino que han de pasar a través de centros estatales, que seleccionan la información. Se trataría, por tanto, de una situación de censura, aunque parece imposible censurar internet. Primer ejemplo: es cierto que los filtros estatales permiten, por ejemplo, entrar en el sitio A pero no en el sitio B. Ahora bien, cualquier buen navegador sabe que, una vez se ha entrado en A, con un poco de astucia se puede ir de A a B. Además, existe el correo electrónico: una vez que se ha permitido, la gente hace circular las noticias. Por último, están los *chat lines*. Al parecer, en Occidente participan en ellos sobre todo personas que tienen tiempo que perder y nada que decir, pero en China es distinto: allí la gente discute de política, cosa que no podría hacer en otro sitio.

La impotencia del Estado frente a la red es aún mayor. Los burócratas de la red no saben qué tienen que bloquear. Parece que hace un tiempo el *New York Times* llamó para protestar porque su sitio estaba bloqueado, mientras que el del *Washington Post* no. Los burócratas dijeron que lo mirarían, y al día siguiente respondieron que no se preocuparan porque habían bloqueado también el *Washington Post*. Anécdotas aparte, lo cierto es que (si recuerdo bien) no se puede acceder al sitio de la CBS, pero sí al de la ABC. Le pregunté el motivo al amigo chino: no hay razones convincentes, me respondió, los burócratas han de justificar lo que hacen y actúan un poco al azar. Conclusión: en la batalla entre el gobierno e internet, el que saldrá derrotado es el primero.

De vez en cuando hay alguna buena noticia.

[2000]

El libro de texto como maestro

La idea del gobierno (de momento en fase de propuesta) de sustituir los libros de texto por material obtenido directamente de internet (para aligerar las mochilas y para rebajar el coste de los libros escolares) ha suscitado diversas reacciones. Los editores de libros de texto ven en el proyecto una amenaza mortal para una industria que da trabajo a miles de personas. Aunque me siento solidario con los editores y los libreros, se podría decir que por las mismas razones hubieran podido protestar los fabricantes de carruajes, cocheros y mozos de cuadra ante la llegada del vapor, o (como en efecto hicieron) los tejedores ante la aparición de los telares mecánicos. Si la historia avanzara inevitablemente en la dirección pensada por el gobierno, esta fuerza trabajo debería reciclarse en otra actividad (por ejemplo, produciendo material de pago para internet).

La segunda objeción es que la iniciativa prevé un ordenador para cada alumno. Es dudoso que el Estado pueda cargar con el gasto, e imponérselo a los padres les obligaría a realizar un desembolso superior al de los libros de texto. Por otra parte, si hubiera solo un ordenador por clase, se reduciría la parte de investigación personal que podría ser el elemento atractivo de esta solución, y vendría a ser lo mismo que imprimir en la Imprenta del Estado miles de folletos y distribuirlos todas las mañanas, como se hace con los bocadillos en los comedores para pobres. No obstante, cabe responder, llegará el día en que habrá ordenadores para todos.

El problema es otro. El problema es que internet no está destinado a sustituir a los libros, no es más que un formidable complemento de los mismos y un incentivo para leer más. El libro continúa siendo el instrumento principal de la transmisión y la disponibilidad del saber (¿qué se estudiaría en una clase en un día de apagón eléctrico?) y los textos escolares representan la primera e insustituible ocasión para educar a los niños en la utilización del libro. Además, internet proporciona un repertorio extraordinario de información pero no los filtros para seleccionarla, y la educación no consiste solo en transmitir información, sino en enseñar los criterios para su selección. Esta es la función del maestro y es también la función de un manual escolar, que ofrece precisamente el ejemplo de una selección efectuada entre el maremágnum de toda la información posible. Y esto ocurre incluso con el peor de los textos (corresponderá al profesor criticar su parcialidad e integrarlo, pero utilizando un criterio de selección distinto). Si los chicos no aprenden esto, que la cultura no es acumulación de saber sino discriminación, no hay educación sino desorden mental.

Algunos alumnos entrevistados dijeron: «¡Qué buena idea!, así podré imprimir solo las páginas que me interesan sin tener que cargar con cosas que no he de estudiar». Craso error. Recuerdo que en la escuela rural que prácticamente solo estaba abierta en días alternos en el último año de la guerra, los maestros (los únicos de toda mi carrera de estudiante cuyo nombre no recuerdo) no me enseñaron gran cosa, pero yo por despecho repasaba mi antología, y en ella encontré por primera vez las poesías de Ungaretti, Quasimodo y Montale. Fue una revelación y una conquista personal. El libro de texto es útil precisamente porque permite descubrir también lo que el maestro no enseña (por pereza o por razones de tiempo) y que en cambio otra persona consideró fundamental.

Además, el libro de texto permanece como recuerdo punzante y útil de los años de escuela, mientras que los folios impresos para el uso inmediato, que se caen continuamente al suelo y que una vez subrayados casi siempre se tiran (si lo hacemos nosotros, los profesores, imagínense los estudiantes), no dejarían huellas en el recuerdo. Sería una pérdida total.

Desde luego, los libros podrían ser menos pesados y más baratos si renunciaran a tantas ilustraciones en color. Bastaría que el libro de historia explicase quién era Julio César y después sería ciertamente apasionante, si se dispone de un ordenador personal, activar Google Image y buscar imágenes de Julio César, reconstrucciones de la Roma de la época o diagramas que expliquen cómo estaba organizada una legión. Si además el libro proporcionase algunas direcciones de internet fiables, se podría buscar en ellas eventuales profundizaciones y el alumno se sentiría protagonista de una aventura personal. Eso sí, después el profesor debería ser capaz de enseñar a distinguir entre sitios serios y sitios chapuceros y superficiales. Libro e internet es sin duda mejor que libro y mosquete.

Por último, si bien no es conveniente abolir el libro de texto, internet podría sin duda sustituir a los diccionarios, que son los que pesan más en las mochilas. Descargar gratis un diccionario de latín, de griego o de cualquier otra lengua es una operación útil y rápida.

Pero todo debería girar siempre alrededor del libro. Es cierto que el presidente del Consejo dijo en cierta ocasión que no lee una novela desde hace veinte años, pero la escuela no debe enseñar a ser presidente del Consejo (al menos, no como este).

[2004]

Cómo copiar de internet

Un debate está agitando el mundo de internet a propósito de la Wikipedia. No sé hasta qué punto la redacción central controla las colaboraciones que llegan de todas partes, pero lo cierto es que cuando he tenido ocasión de consultarla sobre temas que conocía (para verificar una fecha o el título de un libro) la he encontrado siempre bastante bien hecha y documentada. Claro que lo de estar abierta a la colaboración de cualquiera presenta sus riesgos, y en ocasiones ha sucedido que algunas personas han visto cómo se les atribuían cosas que no habían hecho e incluso acciones reprobables. Por supuesto, protestaron y el artículo se corrigió. La entrada que me concierne contenía un dato biográfico impreciso, lo corregí y desde entonces la entrada ya no contiene ese error. Además, en el resumen de uno de mis libros estaba la que yo consideraba una interpretación incorrecta, dado que se decía que yo «desarrollo» cierta idea de Nietzsche mientras que, de hecho, la contesto. Corregí *develops* con *argues against*, y también esta corrección fue aceptada.

El asunto no me tranquiliza en absoluto. El día de mañana, cualquiera podría intervenir otra vez en ese artículo y atribuirme (por espíritu de guasa, por maldad, o por estupidez) lo contrario de lo que he dicho o hecho. Además, dado que en internet circula todavía un texto donde se dice que yo sería Luther Blissett, el conocido falsificador (e incluso años después de que los autores de la broma hicieran su buen *coming out* y se presentaran con nombre y apellido), yo podría ser tan socarrón como para dedicarme a contaminar las entradas que conciernen a autores que me resultan antipáticos, atribuyéndoles falsos escritos, un pasado pedófilo o vínculos con los Hijos de Satanás.

Además de un control de la redacción, alguien sugiere que actúa una suerte de compensación estadística, por lo cual una falsedad acaba detectándose antes o después. Esperemos que sea así, pero, como se ve, no tenemos la absoluta garantía de un sabio señor Treccani que escribe todas las entradas de su enciclopedia y asume su responsabilidad.

Por otra parte, el caso de la Wikipedia es poco preocupante con respecto a otro de los problemas cruciales de internet. Junto a sitios absolutamente dignos de confianza y elaborados por personas competentes, existen sitios de lo más postizos, obra de incompetentes, desequilibrados o incluso de criminales nazis, y no todos los usuarios de la red son capaces de distinguir si un sitio es fidedigno o no.

El asunto tiene una repercusión educativa dramática, porque a estas alturas ya sabemos que escolares y estudiantes suelen evitar consultar libros de texto y enciclopedias y van directamente a sacar noticias de internet; tanto es así que desde hace tiempo sostengo que la nueva y fundamental asignatura que habría que enseñar en el colegio debería ser una técnica de selección de las noticias de la red; el problema es que se trata de una asignatura difícil de enseñar porque a menudo los profesores están en la misma condición de indefensión que sus alumnos.

Además, muchos educadores se quejan de que si los chicos tienen que escribir el texto de un trabajo o incluso de una tesina universitaria copian lo que encuentran en internet. Deberíamos suponer que cuando copian de un sitio poco creíble el profesor se da cuenta de que están diciendo paparruchas, pero es obvio que sobre algunos temas muy especializados resulta difícil establecer enseguida si el estudiante dice algo falso. Pongamos que un estudiante elija hacer una tesina sobre un autor muy pero que muy marginal, que el profesor conoce de segunda mano, y le atribuya una determinada obra. ¿Sería capaz el docente de decir que ese autor nunca ha escrito tal libro? Solo lo podría hacer si por cada texto que recibe (y a veces pueden ser docenas y docenas de trabajos) consigue llevar a cabo un cuidadoso control sobre varias fuentes.

No basta: el estudiante puede presentar un trabajo que parece correcto (y lo es) pero que está directamente copiado de internet mediante un «copiar y pegar». Tiendo a no considerar trágico este fenómeno porque también copiar bien es un arte que no resulta fácil, y un estudiante que copia bien tiene derecho a sacar una buena nota. Por otra parte, los estudiantes podían copiar de un libro de la biblioteca también cuando no existía internet, y el asunto no cambiaba (salvo que implicaba más esfuerzo manual). Claro que un buen docente siempre se da cuenta cuando se copia un texto sin criterio y se huele el truco (repito, si se copia con discernimiento, hay que quitarse el sombrero).

Pues bien, considero que existe una forma muy eficaz de aprovechar pedagógicamente los defectos de internet. Planteen ustedes como ejercicio en clase, trabajo para casa o tesina universitaria el siguiente tema: «Encontrar sobre el argumento X una serie de elaboraciones completamente infundadas que estén a disposición en internet, y explicar por qué son infundadas». He aquí una investigación que requiere capacidad crítica y habilidad para comparar fuentes distintas, que ejercitaría a los estudiantes en el arte del discernimiento.

[2006]

¿Adónde enviamos a los poetas?

En el *Corriere della Sera* del pasado sábado se inició una polémica, que puede parecer la típica discusión de verano, pero que solo lo es en apariencia. Todo empieza con una entrevista de Nanni Balestrini en *Liberazione*, donde nuestro poeta, incapaz de dejar de provocar ni siquiera en la madurez y lamentando que las editoriales hayan dejado de publicar poesía, dice que por fortuna existe internet, que permite la libre circulación de todo tipo de poesías. Obviamente, Balestrini está pensando tanto en las páginas que seleccionan las obras de poetas conocidos como las que acogen a los principiantes, y admite que es difícil orientarse entre tanta abundancia, aunque indica algunas páginas fiables.

Tras preguntar a otros poetas y críticos, aportaron tres objeciones importantes. La primera (y me parece que es correcta) es que, aunque se han suprimido algunas colecciones de poesía, no es cierto que los editores hayan dejado de publicar poesía, y algunos de los poetas más conocidos (me refiero a los contemporáneos, no a los clásicos) venden hasta diez mil ejemplares. La segunda (también muy correcta) es que los poetas jóvenes que quieren darse a conocer disponen de otros canales alternativos como revistas, festivales y lecturas públicas. La tercera es que, como ha dicho un poeta laureado: «Si entras en internet a buscar poesía, encuentras mucho material inerte, expresión de emociones de los tontos del pueblo; los blogs por lo general son obra de exhibicionistas. Se encuentra el peor desecho, sin una orientación».

Esta tercera objeción no va desencaminada porque en internet realmente encuentras de todo, pero requiere alguna reflexión.

Fiel, por tanto, a las enseñanzas de método del Aquinate, tras haber escuchado las distintas tesis me propongo exponer mi *respondeo dicendum quod*. Sin duda, las colecciones de poesía y los otros lugares donde se encuentran y se escuchan quien escribe y quien lee poesía siguen siendo indispensables tanto para los jóvenes poetas como para los jóvenes lectores.

Para los primeros, porque hallan un lugar de confrontación donde son criticados, seleccionados y, todo hay que decirlo, invitados a cambiar de oficio si (como le ocurre a la gran mayoría de ese noventa por ciento de seres humanos alfabetizados que en algún momento han sentido la tentación de escribir poesías) se considera que les iría mejor dedicarse a otra cosa. Para los segundos, porque encuentran quien actúa como filtro y garantía. Es normal que un joven enamorado de la poesía acepte como versos buenos incluso los que no lo son, o que son simples calcos de otros versos buenos; en cambio, si busca poesía en una colección de cierto prestigio sabe que, en la medida en que podemos fiarnos del criterio que obedece al gusto, lo que lee ha sido aprobado por alguien que se supone tiene el olfato especialmente educado.

Recuerdo mis años de liceo en una ciudad de provincias, donde a lo sumo podía conseguir algunos libros de la colección Specchio de Mondadori, y leía todas las semanas *La Fiera Letteraria*. Había una sección en la que (del mismo modo que en otras revistas había un consultorio sentimental) se publicaban breves fragmentos de obras poéticas enviadas por los lectores, acompañadas de elogios, de palabras de aliento, de correcciones o de críticas terribles. Todo dependía del criterio poético de la época y del gusto del que emitía los juicios, pero para mí fue una gran lección crítica, una invitación a valorar el estilo y no los buenos sentimientos, cuyo primer resultado (del que las letras patrias deberían estar agradecidas a *La Fiera*) fue inducirme a arrojar a la papelera mis versos.

¿Es posible que existan en internet sitios que desempeñen esta misma función? Podría objetarse que por cada *Fiera Letteraria*, que era el único semanario de información sobre literatura y arte que un joven podía encontrar entonces en el quiosco, internet ofrece diez mil sitios análogos y, por tanto, surge asimismo en este caso el drama de la imposibilidad de seleccionar. Recuerdo que en mis tiempos también circulaban (gratis) revistillas de pago para poetas, pero en cierto modo (o por olfato o por consejo de alguien) entendí que era más de fiar *La Fiera* que los otros papeluchos. Y eso mismo podría suceder con la poesía en internet. Del mismo modo que tienen razón los que dicen que existen festivales y revistas, se presume que un poeta o un lector de poesía serios puedan recibir información adecuada para orientarse a sitios fiables.

¿Y los otros? ¿Y los «tontos del pueblo», y los navegadores compulsivos que no se separan del ordenador y no saben que existen revistas y festivales? A muerte, como ha ocurrido siempre incluso antes de internet, cuando una multitud de lemmings poéticos cayó en las fauces de la *vanity press* y de los falsos premios anunciados en los periódicos, y pasó a engrosar las filas de ese ejército subterráneo de autores que se autoeditan y que discurre en paralelo al mundo «oficial» de las letras, al que ignora y por el que es ignorado. Con la ventaja de que, al poder publicar en internet sus *samizdat*, los malos poetas no irán a engordar a los chacales de la poesía. Y con la posibilidad, puesto que la bondad del Altísimo es infinita, de que incluso en medio de ese fango infernal pueda nacer una flor.

[2006]

¿Para qué sirve el profesor?

En medio de la avalancha de artículos sobre el acoso en la escuela he tenido noticia de un episodio que yo no calificaría propiamente de *bullying*, sino a lo sumo de impertinencia, y además de impertinencia significativa. Se decía que, para provocar a un profesor, un estudiante le preguntó: «Perdone, pero en la época de internet, ¿usted para qué sirve?».

El estudiante decía una verdad a medias, que los mismos profesores llevan diciendo desde hace por lo menos veinte años, y es que antes la escuela debía ser sin duda un medio de formación, pero sobre todo debía transmitir nociones: las tablas de multiplicar en la primaria, la capital de Madagascar en la secundaria y las fechas de la guerra de los Treinta Años en el bachillerato. Con la aparición no digo de internet, sino de la televisión e incluso de la radio, y hasta del cine gran parte de estas nociones empezaron a ser asimiladas por los niños en el ámbito de la vida extraescolar.

De pequeño, mi padre no sabía que Hiroshima estaba en Japón ni que existía Guadalcanal, tenía una idea imprecisa de Dresde y solo sabía de la India lo que había leído en Salgari. Desde los tiempos de la guerra, yo aprendí esas cosas de la radio y de los mapas de los periódicos, mientras que mis hijos vieron en la televisión los fiordos noruegos, el desierto de Gobi, cómo las abejas polinizan las flores y cómo era un *Tyrannosaurus rex*; por último, un niño de hoy lo sabe todo sobre el ozono, sobre los koalas, sobre Irak y sobre Afganistán. Tal vez un niño de hoy no sepa explicar muy bien qué son las células madre, pero ha oído hablar de ellas, mientras que en mi época no nos lo explicaba ni siquiera la profesora de ciencias naturales. Si esto es así, ¿para qué sirven los profesores?

He dicho que el estudiante mencionado decía una verdad a medias, porque ante todo un enseñante además de informar debe formar. Lo que hace que una clase sea una buena clase no es que en ella se aprendan fechas y datos, sino que se establezca un diálogo constante, una confrontación de opiniones, una discusión sobre lo que se aprende en la escuela y lo que ocurre fuera de ella. Es cierto que lo que ocurre en Irak nos lo dice la televisión, pero por qué ocurre siempre allí desde los tiempos de la civilización mesopotámica, y no en Groenlandia, solo nos lo puede explicar la escuela. Y si alguien objetase que a veces también nos lo dicen en el programa *Porta a Porta* personas incluso acreditadas, entonces es la escuela la que debe debatir sobre *Porta a Porta*.

Los medios de comunicación de masas nos dan mucha información y nos transmiten incluso valores, pero la escuela debería saber debatir sobre el modo en que nos los transmiten, y valorar el tono y la fuerza argumentativa que se utilizan en el papel impreso y en la televisión. Y luego hay que comprobar las informaciones transmitidas por los medios; por ejemplo, ¿quién si no un profesor puede corregir los errores de pronunciación de ese inglés que todos creemos aprender de la televisión?

Pero el estudiante no le estaba diciendo al profesor que ya no lo necesitaba porque eran la radio y la televisión las que le contaban dónde está Tombuctú o las discusiones sobre la fusión fría, esto es, no le estaba diciendo que su función la desempeñaban ahora discursos aislados, que circulan a diario de manera casual y desordenada en los distintos medios, y que si sabemos mucho sobre Irak y poco sobre Siria depende de la buena o mala voluntad de Bush. Lo que le estaba diciendo el estudiante es que hoy existe internet, la Gran Madre de todas las enciclopedias, donde se puede encontrar Siria, la fusión fría, la guerra de los Treinta Años y la discusión infinita sobre el mayor de los números impares. Le estaba diciendo que las informaciones que internet pone a su disposición son inmensamente más amplias y a menudo más profundas que las que posee el profesor. Y omitía un punto importante: que internet le dice casi todo, salvo cómo buscar, filtrar, seleccionar, aceptar o rechazar todas esas informaciones.

Todo el mundo es capaz de almacenar nuevas informaciones, si tiene buena memoria. Pero decidir cuáles vale la pena recordar y cuáles no es un arte sutil. Esa es la diferencia entre los que han cursado estudios regulares (aunque sea mal) y los autodidactas (aunque sean geniales).

El problema dramático es sin duda que a veces ni siquiera el profesor sabe enseñar el arte de la selección, al menos no en cada capítulo del saber. Pero por lo menos sabe que debería saberlo y, si no es capaz de dar instrucciones precisas sobre cómo seleccionar, puede ofrecer el ejemplo de alguien que se esfuerza por comparar y juzgar en cada ocasión todo aquello que internet pone a su disposición. Y también puede escenificar diariamente el esfuerzo por reorganizar en un sistema lo que internet le transmite en orden alfabético, diciendo que existen Tamerlán y las monocotiledóneas pero no cuál es la relación sistemática entre estas dos nociones.

El sentido de esa relación solo puede ofrecerlo la escuela, y si no sabe cómo hacerlo tendrá que dotarse de los medios para ello. Si no es así, la tríada internet, inglés y empresa continuarán siendo únicamente la primera parte de un rebuzno de asno que no llega al cielo.

[2007]

Quinto poder

Estábamos acostumbrados a dos principios: uno se expresaba con un gracioso dicho siciliano *Megghiu cumannari c'a fottiri* que, traducido púdicamente vendría a decir «Mejor ejercer el poder que fornicar»; el otro era que los hombres poderosos, si querían mantener relaciones sexuales, se dirigían a la condesa Castiglione, a Mata Hari, a Sarah Bernhardt o a Marilyn Monroe.

Sorprende ahora que muchos hombres del mundo de la política o de los negocios se hayan dejado corromper, más que por obtener participaciones en el negocio del canal de Panamá, por disponer de los servicios de profesionales, competentes sin duda, pero con unas tarifas por prestación que no superan los mil euros, que es mucho para un trabajador temporal, pero mucho menos de lo que costaba en su tiempo la Pompadour. Y si sus gustos son diferentes, no apuntan al refinado Alcibíades, sino a un transexual marcado por mil lances en las callejuelas del Pireo.

Y no solo eso: parece que muchos buscan posiciones de poder, no porque las consideren mejores que las posturas sexuales, sino básicamente con el objeto de iniciarse en posturas sexuales inéditas. Pero ¡atención!, no es que los poderosos de antes fueran insensibles a los placeres de la carne. Sin duda, De Gasperi o Berlinguer nos habían acostumbrado a otra austeridad, Togliatti se había atrevido a lo sumo a divorciarse, y si una menor de edad lo llamaba «papi» es porque la había adoptado. Pero Julio César se acostaba indistintamente con centuriones, patricias romanas y reinas de Egipto, el Rey Sol tenía múltiples favoritas, Víctor Manuel II cortejaba a la bella Rosina y de Kennedy mejor no hablar. Sin embargo, estos grandes hombres parecían considerar que la mujer (o el efebo) era el reposo del guerrero, es decir, antes que nada había que conquistar la Bactriana, humillar a Vercingetórix, triunfar en mil batallas de los Alpes a las Pirámides o conseguir la unidad de Italia, y el sexo era un plus, como un martini auténtico tras una dura jornada de trabajo.

En cambio, los poderosos de hoy parece que ante todo aspiran a pasar una velada en compañía de *veline*, y al carajo las grandes empresas o la gran empresa.

Los héroes del pasado se excitaban leyendo a Plutarco, mientras que los de hoy se mueven por canales secundarios pasada la medianoche o navegan excitados por internet. He entrado en internet y he buscado padre Pío: 1.400.000 páginas. No está mal. He buscado Jesús: 4.830.000 páginas —el Nazareno todavía supera en prestigio al de Pietrelcina—. Luego he buscado «porno», y me he encontrado con 130.000.000 (digo ciento treinta millones) de páginas. Considerando que porno es más genérico que Jesús, he decidido comparar porno con religión: religión ofrece poco más de nueve millones de sitios, más del doble que Jesús, lo que me parece políticamente correcto, pero muy poco en relación con porno.

¿Qué podemos encontrar en estas ciento treinta millones de páginas porno? Se pueden encontrar, entre las distintas opciones, anal, asiático, latino, fetichismo, orgía, bisexual, *cunnilingus*, german [*sic*], lesbiana, masturbación, *voyeur* (se espía a uno que espía un encuentro carnal), y además las distintas formas de incesto: padre con hija, hermano y hermana, madre e hijo, padre, madre, hijo e hija juntos, madrastra e hijastro, aunque también nieto y abuela (*granny*) y MILF, que significa (véase Wikipedia) *mother I'd like to fuck*, esto es, el tipo de mamá con la que desearías tener relaciones, en general señoras atractivas entre treinta y cuarenta y cinco años (y piensen que Balzac titulaba *La mujer de treinta años* la historia de un declive femenino).

Hoy en día la pornografía puede ser un remedio para aquellas personas que por cualquier razón no pueden practicar el sexo, o sugerir a una pareja algo aburrida cómo dar vidilla a sus relaciones (y en este sentido tiene una función positiva), pero también puede excitar la fantasía de personas reprimidas y empujarlas a desahogar sus instintos a través de la violación, el acoso o el abuso. Además, la pornografía te convence de que una *escort* de mil euros puede hacer cosas que ni siquiera Friné habría imaginado.

Pero no pensemos solo en el treinta por ciento de italianos que utilizan internet; el otro setenta por ciento puede ver a diario en su televisor imágenes diez veces más seductoras que las que únicamente los comendadores milaneses podían procurarse en los años cuarenta, a un precio muy elevado y solo una vez al año, asistiendo al espectáculo de Wanda Osiris. Hoy, una persona corriente es provocada sexualmente con una intensidad mucho mayor que su abuelo. Piensen en un pobre párroco: antes solo veía a su ama de llaves y leía *L'Osservatore Romano*, hoy ve cómo se contonean muchachas ligeritas de ropa todas las noches. Y luego dicen que uno se vuelve pedófilo.

¿Por qué no pensar que esta insistente estimulación del deseo está actuando también sobre los responsables de la cosa pública, provocando una mutación de la especie y cambiando las finalidades de su acción social?

[2010]

Apostilla

Alguien dijo que el sociólogo es aquel que en un local de *striptease* no mira el escenario sino la platea. No tengo posibilidad de controlar la platea de las páginas porno y tampoco de controlar todo el escenario. El número de páginas porno, según distintas encuestas en internet, parece insondable. Leo en la Web que, según una encuesta de 2003, los sitios porno serían 260 millones, y me parece una exageración, a menos que consideren porno una página en la que aparece Carrol Baker medio desnuda. Seleccionando una página, tal vez la más visitada, he visto que hay 71 categorías y cada una contiene por término medio miles de vídeos. Teniendo en cuenta, además, que el sitio se renueva a diario (aunque se pueden recuperar los anteriores), podemos calcular que hay unos 170.000 vídeos. Puesto que desde esta página se puede acceder a otras 21, y considerando las repeticiones y el hecho de que algunas páginas son de dimensiones más modestas, he obtenido una cifra de 3.570.000. No son 260 millones, y tal vez son más de tres, pero estas son las dimensiones presumibles del fenómeno.

Como no he tenido tiempo de visitar tres millones de páginas porque *ars longa, vita brevis*, he cogido unas muestras, casi al azar, y he hecho una observación que no pretende tener validez científica pero que a mí personalmente me ha convencido. Tras aclarar de entrada que solo he examinado rostros femeninos (los masculinos son irrelevantes, porque en el caso de los varones la cámara enfoca sobre todo el aparato reproductor), he observado que la mayoría de las muchachas que participan en estos juegos eróticos, cuando abren la boca (y lo hacen a menudo, no solo para sonreír o rugir de placer) exhiben una dentadura muy imperfecta. Los incisivos suelen estar bien, pero aparecen caninos torcidos y minúsculos, por no hablar de los molares irregulares y de los llamativos empastes que se pueden entrever.

Lo primero que hace Hollywood cuando lanza una nueva actriz es arreglarle la dentadura. La operación es muy cara, y lo sabe bien incluso quien acude a un dentista en Bucarest. Por lo tanto, la mayoría de las muchachas que se exhiben, que por lo general son guapas o al menos monas, son de extracción social muy baja y no tienen dinero para ir al dentista. No creo que esperen conseguir la suma necesaria gracias a sus prestaciones, puesto que las cifras indican que la oferta es enorme y por tanto las ganancias no deben ser astronómicas (aunque la misma página dice que las más populares pueden cobrar hasta diez mil dólares al mes; no obstante, su presencia no dura mucho, y las verdaderas estrellas se cuentan con los dedos de una mano). Tal vez confían en que, si aparecen en la pantalla del ordenador, algún magnate de Hollywood repare en ellas y se ocupe de restaurar su dentadura. O tal vez no, saben que con dientes así no se va a Hollywood y se resignan a prestarse a juegos eróticos de tres al cuarto.

De todo esto sacamos una conclusión: que ese ejército infinito de fornicadores a tiempo completo procede del proletariado del sexo y, por tanto, todo el conjunto de la producción porno no es más que una forma de trata de blancas y explotación de personas en situación precaria y sin esperanza.

Hay que decirlo, porque muchas veces los visitantes se excitan pensando que las protagonistas hacen lo que hacen por descaro y atrevimiento, por gusto, por un desafío indecente, y esto las hace más deseables. Pero no: lo hacen por desesperación, sabiendo que con esos dientes no tienen futuro sino solo un presente infrarremunerado.

[2015]

Entre dogmatismo y falibilismo

En el *Corriere della Sera* del domingo pasado Angelo Panebianco escribía sobre los posibles dogmatismos de la ciencia. Estoy básicamente de acuerdo con él y solo quisiera destacar otro aspecto de la cuestión.

En síntesis, Panebianco dice que la ciencia es por definición antidogmática, porque sabe que avanza por tanteo y error y porque (añadiría con Peirce, quien inspiró a Popper) su principio implícito es el «falibilismo», que la lleva a estar siempre pendiente de corregir sus propios errores. Se vuelve dogmática en sus fatales simplificaciones periodísticas, que transforman en descubrimiento milagroso y verdad consolidada lo que no eran más que prudentes hipótesis de investigación. Pero también corre el peligro de volverse dogmática cuando acepta un criterio inevitable, es decir, cuando la cultura de una época está dominada por un «paradigma», no solo como el darwiniano o el einsteiniano, sino también el copernicano, al que se remiten todos los científicos justamente para acabar con la insensatez de quienes se mueven al margen de él, incluidos los dementes que todavía sostienen que el Sol gira alrededor de la Tierra. ¿Cómo resolvemos el hecho de que precisamente la innovación se produce justo cuando alguien logra cuestionar el paradigma dominante? Cuando la ciencia se enroca en un determinado paradigma, tal vez para defender cotas de poder adquiridas, excluyendo por loco o hereje a quien lo discute ¿no se comporta de manera dogmática?

La cuestión es dramática. ¿Los paradigmas tienen que ser siempre defendidos o siempre discutidos? Una cultura (entendida como un sistema de conocimientos, opiniones, creencias, costumbres y herencia histórica compartidos por un grupo humano concreto) no es solo una acumulación de datos, es también el resultado de su filtrado. La cultura es asimismo la capacidad de desprenderse de lo que no es útil o necesario. La historia de la cultura y de la civilización está hecha de toneladas de informaciones que han sido sepultadas. Es válido para una cultura lo que es válido para nuestra vida individual. En el cuento *Funes el memorioso*, Borges habla de un personaje que lo recuerda todo, cada hoja que ha visto en cada árbol, cada palabra que ha escuchado a lo largo de su vida, cada ráfaga de viento que le ha rozado, cada sabor que ha paladeado, cada frase que ha leído. Sin embargo, Funes es un completo idiota, un hombre bloqueado por su incapacidad de seleccionar y de desechar. Nuestro inconsciente funciona porque desecha. Luego, si se produce alguna confusión, hay que ir al psicoanalista para recuperar ese poco que servía y que desechamos por error. Pero por suerte todo lo demás ha sido eliminado y nuestra alma es exactamente el producto de la continuidad de esta memoria seleccionada. Si tuviésemos el alma de Funes seríamos personas sin alma.

Esto es lo que hace una cultura, y el conjunto de sus paradigmas es el resultado de la enciclopedia compartida, hecha no solo de lo que se ha conservado, sino también, por así decirlo, del tabú de lo que se ha eliminado. Luego se discute sobre la base de esta enciclopedia común. Pero para que la discusión sea comprensible para todos, hay que partir de los paradigmas existentes, aunque solo sea para demostrar que ya no se sostienen. Sin la negación del paradigma ptolemaico, que se mantenía como base, las tesis de Copérnico habrían resultado incomprensibles.

Internet es ahora como Funes. Como totalidad de contenidos disponibles de forma desordenada, sin filtro ni organización, permite a cada uno de nosotros construirse su propia enciclopedia, esto es, su libre y personal sistema de creencias, nociones y valores, en el que pueden concurrir, como sucede en la mente de muchos seres humanos, tanto la idea de que el agua es H_2O como la de que el Sol gira alrededor de la Tierra. Así que, en teoría, podrían llegar a existir seis mil millones de enciclopedias diferentes y la sociedad humana se reduciría al diálogo fragmentado de seis mil millones de personas cada una de las cuales hablaría una lengua distinta que solo entendería quien la hablara.

Por suerte, se trata tan solo de una hipótesis teórica, y lo es precisamente porque la comunidad científica cuida de que existan lenguajes comunes, sabiendo que para derribar un paradigma es necesario que haya un paradigma que derribar. Defender los paradigmas entraña sin duda el peligro de caer en el dogmatismo, pero el desarrollo del saber se basa en esta contradicción. Para evitar conclusiones apresuradas, coincido con lo que decía el científico citado al final por Panebianco: «No lo sé, es un fenómeno complejo, tengo que estudiarlo».

[2010]

Marina, Marina, Marina

He recibido el siguiente e-mail (*sic* no solo en cuanto a la gramática, sino también a la ortografía): «Tu eres el que quiero saber bien. Hola. Mi nombre es Marina, treinta años yo. He visto tu perfil y ha decidido presentaros. ¿Como estas haciendo? Tengo un estado de animo maravilloso. Estoy buscando un individuo para relacion serio, ¿que tipo de nexo estas buscando? Estoy muy interesado en conocerte, pero creo que sera mejor que tu y yo correspondera por e-mail. Si estais estimulados en hacer el conocimiento conmigo, esta es mi direccion e-mail: abhojiku@nokiamail. com. O bien a mi e-mail tu direccion e-mail te escribire una circular. Espero que no se puede partir sin la atencion y la carta me escribas. Estaria muy contento de recibir vuestra opinion. Veo la hora tu misiva en el mail. Tuya Marina».

La fotografía adjunta muestra una criatura con aspecto de Miss Universo, preparada para que la inviten a una cena elegante en Arcore, de modo que habría que preguntarse cómo una muchacha con las cualidades estéticas de la guapísima Marina tiene que rebajarse a buscar una relación «seria» en internet. Es posible que la fotografía se haya sacado de alguna página web (como las de los actores desconocidos que aparecen en el crucigrama inicial de *Settimana enigmistica*), y que detrás de Marina se oculte un personaje que podría interesar a Saviano, ¿quién sabe? Pero como los memos son legión, dejo en el mensaje su dirección para que se precipiten a mantener con ella una afectuosa amistad, y obviamente no respondo de las consecuencias. El número de clientes de la inolvidable Vanna Marchi, de los que recurren al horóscopo y de muchos votantes de las pasadas elecciones nos indica que Marina podrá contar con un buen porcentaje de devotos de lo virtual.

A propósito de lo virtual, mucha gente sabe (porque internet actúa como una caja de resonancia) que hace poco, en una falsa dirección mía de Twitter, anuncié la muerte de Dan Brown, mientras que en otra se anunció mi muerte y, aunque todos los órganos de información comprobaron que se trataba de disparates, algunos entendieron que yo (que todo el mundo sabe que soy un bromista) desde una dirección mía «auténtica» había enviado un «falso» mensaje. En resumen, los dioses ciegan a quienes quieren perderse en la red, y espero que Casaleggio (que parece tomarse en serio todo lo que hay en la red) se ponga en contacto con Marina para hacer una buena pareja.

A los educadores que quieran enseñar a los jóvenes cómo desconfiar de lo virtual les recomiendo el sitio http://piazzadigitale. corriere.it/2013/05/07/storyful-il-social-checking-anti-bufala, donde se enumeran distintos servicios antidisparate que están disponibles online (advierto que por fortuna internet proporciona, junto a las falsedades, los medios para desenmascararlas, basta con saber navegar bien).

Pero la idolatría de lo virtual mata a sus víctimas. Veamos una noticia aparecida la semana pasada. En Roma, un muchacho de veintitrés años sentado a horcajadas en el antepecho de la ventana de su habitación, en la novena planta de un edificio, amenaza con suicidarse clavándose un cuchillo en el vientre. Ni los padres, ni la policía ni los bomberos, que despliegan un enorme colchón hinchable al pie del edificio, consiguen hacerle desistir de su propósito. Hasta que el muchacho grita que quiere participar en un *reality show* y que lo lleven en una limusina. Los agentes recuerdan que cerca de allí hay una limusina utilizada el día antes para algún tipo de publicidad. Mandan llevarla hasta la casa y el muchacho accede a bajar.

Moraleja, la única cosa «real» que puede hacer desistir a un aspirante a suicida es la promesa de una realidad virtual. De acuerdo que el muchacho era un perturbado, pero esto no sirve de consuelo porque es razonable pensar que todos los que creen en los *reality shows* (o los que responderían a Marina, o que se toman en serio las páginas en las que se dice que el ataque a las Torres Gemelas fue obra de Bush y de los judíos) superarían fácilmente un test psiquiátrico. De modo que el problema de lo virtual no afecta (excepto en casos excepcionales) a los enfermos, sino a los sanos.

[2013]

Esos putos rayos cósmicos

Un amigo ha criticado mi columna anterior diciendo que hablar de los martini vesper de 007 mientras Italia se precipita a la ruina es actuar como la orquesta del *Titanic*, que siguió tocando mientras el transatlántico se hundía. Es cierto, pero creo que (si realmente ocurrió como se dice) los músicos del *Titanic* fueron los únicos profesionales serios en aquel desgraciado suceso, puesto que, mientras todos hacían una demostración de desbarajuste, pánico, insensatez y hasta egoísmo, ellos seguían el consejo de Nelson antes de Trafalgar: «Inglaterra espera que todos cumplan con su deber». En cualquier caso, para no dar la impresión de que me refugio en la torre de marfil de una indignación erudita y desolada, expongo dos reflexiones propiamente políticas y comprometidas.

Sobre la neolengua. Parece que los términos más recientes del lenguaje político son puta, puteros y a tomar por culo, y pido disculpas si mi obligación de cronista me obliga a utilizar expresiones muy distintas de las que usaba hace un tiempo, como convergencias paralelas, reacción al acecho y clase obrera.

Sin embargo, me sorprende el exceso de machismo por el que, tras utilizar Battiato (desde luego, sin medir las consecuencias) la palabra «puta» refiriéndose a algunos parlamentarios, todos se sintieron ofendidos por ese ataque vulgar a las diputadas o senadoras de sexo femenino. ¿Por qué al oír la palabra «puta» se pensó enseguida en una mujer? El término «puto» se utiliza ya normalmente para seres de sexo masculino y alguien puede designar con él a quien vende sus votos, cambia de chaqueta de la noche a la mañana, o afirma en la Cámara de Diputados que Ruby era en efecto la sobrina de Mubarak. Y tampoco creo que, si en un momento de ira por un experimento fallido, Zichichi dijera «Esos putos rayos cósmicos me están volviendo loco» quisiera necesariamente aludir al hecho de que tales simpáticas entidades tengan el sexo de Eva. Pero, ¡ay!, todos somos machistas, y pensamos que, excepto la madre, todas las putas son mujeres y por tanto todas las mujeres son putas.

Una reflexión sobre Twitter. En una era en que Twitter enloquece, lo utiliza incluso el Papa y un trino universal debería sustituir a la democracia representativa, siguen enfrentándose dos tesis opuestas. La primera es que Twitter induce a las personas a expresarse de una forma sentenciosa pero superficial, porque como es sabido para escribir la *Crítica de la razón pura* se necesitan más de ciento cuarenta caracteres. La segunda es que Twitter educa, en cambio, en la brevedad y en la concisión.

Permítanme que intente moderar ambas posturas. También se ha culpado a los SMS de que nuestros muchachos solo entiendan un lenguaje telegráfico (tipo «t echo de – bss»), olvidando que el primer telegrama fue expedido por Samuel Morse en 1844 y, sin embargo, tras años y años de «mamá enferma ven enseguida» o «muchas felicidades Caterina», mucha gente ha seguido escribiendo como Proust. La humanidad aprendió a enviar mensajes de pocas palabras, pero parece que en 1981 Marco Boato hizo un discurso en la Cámara de Diputados que duró dieciocho horas.

En cuanto a que Twitter educa en la esencialidad, me parece una exageración. Con ciento cuarenta caracteres ya se corre el riesgo de ser prolijo. Desde luego esta información «Al principio Dios creó el cielo y la tierra. La tierra era algo uniforme y vacío, las tinieblas cubrían el abismo, y el soplo de Dios aleteaba sobre las aguas» es digna del premio Pulitzer, porque en 158 espacios (y solo 129 caracteres) dice exactamente lo que el lector querría saber. Pero se pueden decir de forma mucho más breve cosas de gran agudeza («Perder a uno de los padres puede ser un accidente, perderlos a los dos es pura negligencia», «Perdona siempre a tu enemigo. No hay nada que le enfurezca más»), de enorme profundidad («Bienaventurados los pobres de espíritu porque de ellos será el reino de los cielos», «Vuestro hablar sea: al sí, sí; al no, no», «Lo que de esto excede, proviene del demonio», «El hombre es un animal racional mortal», «No hay que tomar el poder, basta con recogerlo», «Ser o no ser, esa es la cuestión», «De lo que no se puede hablar hay que callar», «Todo lo que es real es racional», «Gallia est omnis divisa in partes tres») o frases y conceptos que han marcado la historia de la humanidad, como «Obedezco», «Veni vidi vici», «Tiremm innanz», «Non possumus», «Lucharemos a la sombra», «¡Aquí se hace Italia o se muere!».

Parafraseando a Foscolo, usuarios de Twitter, os exhorto a la concisión.

[2013]

Sobre los teléfonos móviles

El móvil reconsiderado

A principios de los años noventa, cuando todavía pocas personas poseían teléfonos móviles, y aun así ya hacían que los viajes en tren resultaran inhumanos, escribí una columna bastante irritada. En síntesis, decía yo que el móvil debería permitirse solo a los que trasplantan órganos, a los fontaneros (en ambos casos personas que por el bien social deben poder ser localizadas en cualquier lugar e inmediatamente) y a los adúlteros. Para los demás el móvil era ante todo una señal de inferioridad social, sobre todo en esos casos en que los caballeros hablaban a voz en grito en trenes o aeropuertos de acciones, perfiles metálicos y créditos bancarios, que en otras condiciones habrían resultado imperceptibles; los poderosos de verdad no tienen móviles sino veinte secretarios que filtran sus llamadas, mientras que el que necesita el móvil es el manager intermedio que tiene que responder en cualquier momento al consejero delegado, o el pequeño hombre de negocios a quien el banco tiene que comunicarle que está en números rojos.

Desde entonces, la situación de los adúlteros ha cambiado dos veces: en una primera fase han tenido que renunciar a este reservadísimo instrumento, porque en cuanto lo compraban el cónyuge empezaba legítimamente a sospechar; en una segunda fase, la situación ha vuelto a invertirse, puesto que como todos tenían ya un móvil dejaba de ser un indicio irrefutable de relación adúltera. Ahora los amantes pueden usarlo, pero siempre con la condición de no tener relaciones con personajes en alguna medida públicos, pues en ese caso la comunicación seguramente será interceptada. Nada ha cambiado por lo que respecta a la inferioridad social (todavía no me constan fotos de Bush con un móvil en la oreja), pero es un hecho que el móvil se ha convertido en un instrumento de comunicación (excesiva) entre madres e hijos, de fraude en los exámenes escritos, de fotomanía compulsiva; las jóvenes generaciones están abandonando el reloj de pulsera porque miran la hora en el móvil; a eso hay que añadir el nacimiento de los sms, de la información periodística minuto a minuto, el hecho de que con el móvil puedes conectarte a internet y recibir correos electrónicos inalámbricamente, que en sus formas más sofisticadas funciona como un ordenador de bolsillo, y he aquí que estamos ante un fenómeno social y tecnológicamente fundamental.

¿Aún se puede vivir sin móvil? Puesto que «vivir para el móvil» implica una adhesión total al presente y un frenesí del contacto que nos priva de cualquier momento de reflexión solitaria, los que estiman la propia libertad (tanto interior como exterior) pueden valerse de muchísimos servicios que el instrumento permite, excepto el uso telefónico. A lo sumo, podemos encenderlo solo para pedir un taxi o comunicarle a la familia que el tren lleva tres horas de retraso, pero no para recibir llamadas (es suficiente tenerlo siempre apagado). Siempre que alguien critica esta costumbre mía, respondo con un argumento triste: cuando murió mi padre, hace más de cuarenta años (y por lo tanto, antes de la aparición de los móviles), yo estaba de viaje y lograron ponerse en contacto conmigo muchas horas después. Pues bien, esas horas de retraso no modificaron nada. La situación no habría cambiado aunque yo hubiera sido informado a los diez minutos. Esto quiere decir que la comunicación instantánea que permite el móvil tiene poco que ver con los grandes temas de la vida y de la muerte, no le sirve a quien lleva a cabo una investigación sobre Aristóteles y ni siquiera a quien se estruja el cerebro con la existencia de Dios.

El móvil, entonces, ¿carece de todo interés para un filósofo (como no sea para poder llevar en el bolsillo una bibliografía de tres mil títulos sobre Malebranche)? Pues no. Hay ciertas innovaciones tecnológicas que han cambiado tanto la vida humana que se han convertido en un argumento para la filosofía; basta con pensar en la invención de la escritura (desde Platón a Derrida) o en la introducción de los telares mecánicos (véase Marx). Curiosamente, ha habido poca filosofía sobre otros cambios tecnológicos que nos parecen muy importantes, por ejemplo, el automóvil o el avión (aunque se ha reflexionado sobre el cambio de la idea de velocidad). La razón es que el coche o el avión (si no somos taxistas, camioneros o pilotos) los usamos solo en ciertos momentos, mientras que la escritura y la mecanización de la mayoría de las actividades cotidianas han modificado de manera radical cada instante de nuestra vida.

Maurizio Ferraris le dedica ahora un libro titulado *¿Dónde estás? Ontología del teléfono móvil* a una filosofía del móvil. Quizá el título apunte a una diversión con sorna, pero Ferraris hace una serie de reflexiones muy serias a partir de ese objeto y nos hace entrar en un juego filosófico bastante intrigante. Los móviles están cambiando de manera radical nuestra forma de vivir, por lo que se han convertido en un objeto interesante «desde el punto de vista filosófico». Al adoptar también las funciones de una agenda palmar y de un pequeño ordenador con conexión a la red, el móvil es cada vez menos un instrumento de oralidad y más un instrumento de escritura y lectura. Como tal, se ha convertido en un instrumento omnímodo de registro, y ya veremos hasta qué punto palabras como «escritura», «registro» e «inscripción» aguzan las orejas de ese compañero de fatigas de Derrida que es Maurizio Ferraris.

Incluso para el lector que no es un especialista resultan apasionantes las primeras cien páginas de «antropología» del móvil. Hay una diferencia sustancial entre hablar por teléfono y hablar por el móvil. Por teléfono siempre podíamos preguntar si Fulanito estaba en casa, mientras que con el móvil (salvo en casos de robo) siempre sabemos quién responde, y que está (lo que cambia nuestra situación de «privacidad»). Ahora bien, si con el teléfono fijo siempre sabías dónde estaba el interlocutor, ahora tenemos el problema de dónde estará (lo curioso es que puede contestarnos «Estoy justo detrás de ti» y, si está abonado a una compañía de un país distinto, su respuesta estará dando media vuelta al mundo). Es más, no sé dónde está el que me contesta, pero la compañía telefónica sí sabe dónde estamos ambos, de modo que a una capacidad de sustraerse al control individual le corresponde una transparencia total de nuestros movimientos con respecto al Gran Hermano de Orwell.

Se pueden hacer varias reflexiones pesimistas (paradójicas, y por lo tanto creíbles) sobre el nuevo *Homo movilis* u *Homo cellularis*. Por ejemplo, cambia la dinámica misma de la interacción cara a cara entre Fulanito y Menganito, que ya no es una relación entre dos, porque el coloquio puede ser interrumpido por una intromisión móvil por parte de Zutanito, y entre Fulanito y Menganito la interacción se desarrollará de forma intermitente o se acabará del todo. Así pues, la principal herramienta de la conexión (el estar yo siempre presente a los demás, como los demás a mí) se convierte al mismo tiempo en la herramienta de la desconexión (Fulanito está conectado con todos menos con Menganito). Entre las reflexiones optimistas, me gusta la alusión a la tragedia de Zhivago, que después de muchos años vuelve a ver a Lara desde el tranvía, no consigue bajar a tiempo para alcanzarla y muere. Si ambos hubieran tenido un móvil, ¿cómo habría acabado su trágica historia? El análisis de Ferraris oscila (justamente) entre las posibilidades que abre el móvil y las castraciones a las que nos somete, ante todo la pérdida de la soledad, de la reflexión silenciosa sobre nosotros mismos, y la condena a una presencia constante del presente. No siempre la transformación coincide con la emancipación.

Ahora bien, al llegar a una tercera parte del libro, Ferraris pasa del móvil a una discusión sobre los temas que más le han apasionado en los últimos años, entre ellos una polémica con sus maestros originarios, de Heidegger a Gadamer y Vattimo, contra el posmodernismo filosófico, contra la idea de que no existen hechos sino solo interpretaciones, hasta una defensa ya plena del conocimiento como *adaequatio*, es decir, como «espejo de la naturaleza» (pobre Rorty). Naturalmente, con muchos matices, y siento no poder seguir paso a paso la fundación de una suerte de realismo que Ferraris denomina «textualismo débil».

¿Cómo se llega del móvil al problema de la Verdad? A través de una distinción entre objetos físicos (como una silla o el Mont

Blanc), objetos ideales (como el teorema de Pitágoras) y objetos sociales (como la Constitución o la obligación de pagar las consumiciones del bar). Los primeros dos tipos de objetos existen también fuera de nuestras decisiones, mientras que el tercer tipo se vuelve, digámoslo así, operativo solo tras un registro o inscripción. Una vez dicho que Ferraris intenta asimismo una fundación de alguna forma «natural» de estos registros sociales, he aquí que el móvil se presenta como el instrumento absoluto de cualquier acto de registro.

Sería interesante discutir muchos puntos del libro. Por ejemplo, las páginas dedicadas a la diferencia entre registro (constituye un registro un extracto del banco, una ley, cualquier recopilación de datos personales) y comunicación. Las ideas de Ferraris sobre el registro son muy interesantes, mientras que sus ideas sobre la comunicación siempre han sido un poco genéricas (para usar en su contra la metáfora de un libro suyo anterior, parece que las haya comprado en Ikea). Pero en el espacio de una columna, no se hacen reflexiones filosóficas en profundidad.

Algún lector se preguntará si de verdad era necesario partir del móvil para llegar a conclusiones que podían partir también de los conceptos de escritura y de «firma». Desde luego, el filósofo puede empezar su reflexión incluso a partir de un gusano para diseñar toda una metafísica, pero quizá el aspecto más interesante del libro no es que el móvil le haya permitido a Ferraris desarrollar una ontología, sino que su ontología le haya permitido entender y hacernos entender el móvil.

[2005]

Tragarse el móvil

La semana pasada leí en el periódico esta noticia extraordinaria: «Un inmigrante magrebí se traga un móvil en Roma y la policía lo salva». Es decir, que la policía pasa por allí ya entrada la noche, ve a un tipo tirado por los suelos escupiendo sangre, rodeado de compatriotas, lo sube al coche, lo lleva al hospital y allí le extraen un Nokia de la garganta.

Pues bien, me parece imposible que (aparte del hallazgo publicitario de Nokia) un ser humano, por muy alterado que esté, se pueda tragar un móvil. El periódico avanzaba la hipótesis de que el episodio se produjo durante un ajuste de cuentas entre camellos, y por lo tanto es más verosímil que el móvil se lo metieran en la boca a la fuerza, no como *delicatessen* sino como castigo (quizá el castigado había llamado a alguien y no debía hacerlo).

La piedra en la boca es un ultraje de origen mafioso y se suele hundir en las fauces del cadáver de alguien que ha revelado secretos a extraños (hay una película de Giuseppe Ferrara con ese título, *Il sasso in bocca*), y no hay nada sorprendente en que la práctica haya pasado a otros grupos étnicos. Por otra parte, la mafia es un fenómeno tan internacional que hace unos años, en Moscú, alguien le preguntó a mi traductora rusa cómo se decía «mafia» en italiano.

Ahora bien, esta vez no se trata de una piedra sino de un móvil y esto me parece extremadamente simbólico. La nueva criminalidad ya no es rural, sino urbana y tecnológica; es natural que los rituales mafiosos se «cyborgicen». No solo eso, sino que hundirle a alguien el móvil en la boca es como si le metieran los testículos, es decir, lo más íntimo y personal que posee, el complemento natural de su corporeidad, extensión de la oreja, del ojo y a menudo también del pene. Sofocar a alguien con su móvil es como estrangularlo con sus mismas vísceras. Toma, te ha llegado un mensaje.

[2008]

Una tarta de fresas y nata

Hace un tiempo, mientras intentaba hablar en la Accademia di Spagna en Roma, una señora me deslumbraba con una luz cegadora (para poder accionar bien su cámara fotográfica) y me impedía leer mis apuntes. Reaccioné con cierta irritación diciendo (como les digo a algunos fotógrafos indiscretos) que cuando yo trabajo deben dejar de trabajar ellos, por aquello de la división del trabajo; la señora apagó la cámara, pero con aire de haber sido víctima de un atropello. Precisamente la semana pasada, en San Leo, mientras se estaba presentando una excelente iniciativa del ayuntamiento para el redescubrimiento de los paisajes del Montefeltro que aparecen en las pinturas de Piero della Francesca, tres individuos me estaban deslumbrando con sus flashes y tuve que recordarles las reglas de la buena educación.

Obsérvese que en ambos casos los que me deslumbraban no eran huéspedes de *Gran Hermano*, sino presumiblemente personas cultas que acudían por voluntad propia a escuchar discursos de cierta altura. Sin embargo, es evidente que el síndrome del ojo electrónico les había hecho descender del nivel humano al que tal vez aspiraban: sin prestar apenas atención a lo que se decía, su único deseo era grabar el acto, tal vez para colgarlo en YouTube.

Habían renunciado a entender las explicaciones para dejar constancia en la memoria de su móvil de lo que habrían podido ver con sus propios ojos.

Este presencialismo de un ojo mecánico en detrimento del cerebro parece haber alterado mentalmente incluso a personas que de no ser por eso serían civilizadas. Saldrán del acto al que han asistido con algunas imágenes (cosa que estaría justificada si yo fuera una artista de *striptease*), pero sin ninguna idea de lo que allí se ha dicho. Y si, como imagino, van por el mundo fotografiando todo lo que ven, están condenados sin remedio a olvidar al día siguiente lo que han registrado el día antes.

He contado en varias ocasiones cómo dejé de hacer fotografías en 1960, tras una visita a distintas catedrales francesas que fotografiaba enloquecido. De regreso, me encontré con que tenía una serie de fotografías mediocres y no recordaba nada de lo que había visto. Tiré la cámara fotográfica y en los sucesivos viajes me limité a registrar mentalmente lo que veía. Como recuerdo, más para los demás que para mí, compraba excelentes postales.

Una vez —tenía once años— me sorprendió escuchar gritos en la vía de circunvalación de la ciudad donde nos habíamos refugiado. Desde lejos vi lo ocurrido: un camión había chocado contra un carro conducido por un campesino que viajaba con su esposa. La mujer había salido disparada, tenía la cabeza abierta y yacía en medio de un charco de sangre y sesos (en mi recuerdo, todavía horrorizado, era como si se hubiera espachurrado una tarta de nata y fresas), mientras el marido la estrechaba entre sus brazos gritando desesperadamente.

No me acerqué, estaba aterrorizado; no solo era la primera vez que veía sesos desparramados sobre el asfalto (y por suerte fue también la última), sino que asimismo era la primera vez que me enfrentaba a la muerte. Y al dolor, y a la desesperación.

¿Qué habría sucedido si hubiera tenido un móvil con cámara incorporada como tienen hoy todos los chicos? Tal vez lo habría grabado todo para mostrar a mis amigos que yo estaba allí, y luego habría colgado mi capital visual en YouTube, para delicia de otros adeptos a la *Schadenfreude*, esto es, al regodeo que se experimenta ante las desgracias ajenas. Y después, quién sabe, a base de ir grabando otras desgracias acabaría siendo indiferente al mal ajeno.

En cambio, lo he conservado todo en la memoria, y setenta años después aquella imagen sigue obsesionándome y enseñándome a no mostrarme indiferente ante el dolor ajeno. No sé si los chicos de hoy tendrán aún esta posibilidad de convertirse en adultos. Los adultos, con los ojos pegados al móvil, ya están perdidos para siempre.

[2012]

Evolución: todo con una sola mano

El otro día me crucé por la calle con cinco personas de ambos sexos: dos hablaban por teléfono, dos tecleaban frenéticas con grave peligro de tropezar y la última caminaba sujetando el objeto en la mano, lista para responder al mínimo sonido que le prometiera un contacto humano.

Un amigo mío, persona culta y refinada, se ha deshecho de su Rolex porque, según dice, puede leer la hora en la BlackBerry. La tecnología inventó el reloj de pulsera para que los seres humanos no tuviesen que ir por el mundo con una péndola a la espalda, o sacar cada dos minutos el reloj del bolsillo del chaleco, y en cambio mi amigo, haga lo que haga, tiene que ir siempre con una mano ocupada. La humanidad está atrofiando una de sus dos extremidades y, sin embargo, sabemos cuánto han contribuido a la evolución de la especie dos manos con pulgares prensiles. Pensé que, cuando se escribía con pluma de ave, se hacía con una sola mano, en cambio para escribir con el teclado del ordenador se necesitan dos, y por tanto el «telefonóforo» no puede utilizar el ordenador y el móvil a la vez, pero luego reflexioné que el *phone addict* ya no necesita el ordenador (objeto ya prehistórico) porque con el móvil puede conectarse a internet y enviar un SMS, ni ha de enviar correos electrónicos porque puede hablar directamente con la persona a la que pretende importunar o por la que desea ansiosamente ser importunado. Es cierto que sus lecturas de Wikipedia serán más fatigosas y, por tanto, rápidas y superficiales, y sus mensajes escritos más telegráficos (mientras que con el correo electrónico se podían escribir incluso las últimas cartas de Jacopo Ortis), pero el «telefonóforo» ya no tiene tiempo para recopilar informaciones enciclopédicas ni para expresarse de una forma articulada, porque mantiene conversaciones de cuya coherencia sintáctica nos informan ampliamente las lamentadas interceptaciones, de lo que se deduce que el *phone addict*, renunciando a toda forma de reserva, expone sus planes con puntos suspensivos y muletillas neandertalianas tipo «cojones» y «a tomar por culo».

Además, les ruego que recuerden la película *L'amore è eterno* de Verdone, en la que una jovencita convierte el acto sexual en una pesadilla porque, mientras se menea sobre el vientre del compañero, sigue contestando mensajes urgentísimos. Leí una entrevista que me hizo una periodista española (con aire de ser inteligente y culta) en la que observaba con estupor cómo en el transcurso de nuestra conversación en ningún momento la interrumpí para responder a una llamada del móvil, lo que le hizo pensar que yo era una persona sumamente educada. No lograba imaginar que o no tenía teléfono móvil o lo tenía siempre apagado, porque no lo utilizo para recibir mensajes no deseados sino solo para consultar la agenda.

[2013]

El teléfono móvil y la reina de Blancanieves

Caminaba por la acera y vi que en dirección contraria venía una señora con la oreja pegada al teléfono, y que por tanto no miraba al frente. Si no me apartaba, chocaríamos. Como en el fondo soy malo, me detuve bruscamente y me volví hacia el otro lado, como si estuviera mirando el final de la calle; de este modo la señora se estrelló contra mi espalda. Yo había tensado el cuerpo preparándome para el impacto y aguanté bien, ella se quedó descompuesta, se le cayó el teléfono, se dio cuenta de que había chocado con alguien que no podía verla y que era ella la que debía haberlo esquivado. Farfulló unas excusas, mientras yo le decía con humildad: «No se preocupe, son cosas que pasan».

Solo espero que el teléfono se le rompiera al caer al suelo, y aconsejo a quien se encuentre en una situación parecida que haga lo mismo que yo. Desde luego, a los adictos al teléfono habría que matarlos de pequeños, pero como no es fácil encontrar todos los días a un Herodes, es bueno castigarlos de mayores, aunque nunca entenderán en qué abismo han caído, y perseverarán.

Sé muy bien que sobre el síndrome del móvil se han escrito ya decenas de libros y que no habría nada más que añadir pero, si nos detenemos a reflexionar un momento, parece inexplicable que casi toda la humanidad haya sido presa del mismo frenesí y haya dejado de mantener relaciones cara a cara, de contemplar el paisaje y de reflexionar sobre la vida y sobre la muerte para dedicarse a hablar de manera compulsiva, casi siempre sin tener nada urgente que decir, consumiendo su vida en un diálogo entre invidentes.

Estamos viviendo en una época en que por primera vez la humanidad consigue realizar uno de los tres deseos convulsivos que durante siglos la magia ha tratado de satisfacer. El primero es el deseo de volar, pero volar elevándonos con nuestro cuerpo, agitando los brazos, no subiendo a una máquina; el otro es poder actuar sobre el enemigo o sobre la amada pronunciando palabras secretas o pinchando una figura de arcilla; el tercero es justamente comunicarnos a distancia, sobrevolando océanos y cadenas montañosas, teniendo a nuestra disposición un genio o un objeto prodigioso que de golpe pueda trasladarnos de Frosinone a Pamir, de Innisfree a Tombuctú, de Bagdad a Poughkeepsie, poniéndonos de inmediato en contacto con personas que están a miles de kilómetros de distancia. Y lo hacemos nosotros solos, personalmente, no como ocurre todavía con la televisión, en la que se depende de la voluntad de otro y no siempre se ve en directo.

¿Qué ha predispuesto a los hombres a las prácticas mágicas durante siglos? La prisa. La magia prometía que se podía pasar de golpe de una causa a un efecto sin los pasos intermedios: pronuncio una frase y transformo el hierro en oro, invoco a los ángeles y a través de ellos envío un mensaje. La fe en la magia no desapareció con la llegada de la ciencia experimental, porque el sueño de la simultaneidad entre causa y efecto se trasladó a la tecnología. Hoy en día, es la tecnología la que te lo da todo y de una forma inmediata (pulsas un botón de tu móvil y hablas al instante con Sidney), mientras que la ciencia avanza despacio, y su prudente lentitud no nos satisface porque querríamos tener el remedio contra el cáncer ahora, y no mañana, de modo que depositamos nuestra confianza en el médico santón, que nos promete la poción milagrosa que nos curará al instante sin tener que esperar años.

La relación entre entusiasmo tecnológico y pensamiento mágico es muy estrecha y va ligada a la confianza religiosa en la acción fulminante del milagro. El pensamiento teológico nos hablaba y nos habla de misterios, pero argumentaba y argumenta para demostrar hasta qué punto son concebibles, o bien insondables. En cambio, la fe en el milagro nos muestra lo numinoso, lo sagrado, lo divino, que aparece y actúa sin demora.

¿Es posible que exista una relación entre quien promete la curación inmediata del cáncer, el padre Pío, el teléfono móvil y la reina de Blancanieves? En cierto sentido sí. Por eso la señora de mi historia vivía en un mundo mágico, aunque encantada por una oreja y no por un espejo mágico.

[2015]

Sobre los complots

¿Dónde está la Garganta Profunda?

Como es sabido, sobre el 11 de septiembre circulan muchas teorías de la conspiración. Están las teorías extremas (que se encuentran en sitios fundamentalistas árabes o neonazis), según las cuales el complot lo habrían organizado los judíos, y a todos los judíos que trabajaban en las Torres Gemelas se les habría avisado el día anterior para que no se presentaran al trabajo —cuando se sabe que unos cuatrocientos ciudadanos israelíes o judíos estadounidenses figuraban entre las víctimas—; están las teorías anti-Bush, según las cuales el atentado lo habrían organizado para después invadir Afganistán e Irak; están las teorías que atribuyen el hecho a distintos servicios secretos estadounidenses más o menos desviados; está la teoría de que la conjura era de corte árabe fundamentalista, el gobierno estadounidense conocía los detalles con antelación, pero dejó que las cosas siguieran su curso con el fin de tener el pretexto para atacar Afganistán e Irak (un poco como se dijo de Roosevelt: que estaba enterado del inminente ataque a Pearl Harbor, pero no hizo nada para poner a salvo su flota porque necesitaba un pretexto para declararle la guerra a Japón); y, por último, está la teoría según la cual el ataque se debió sin duda a los fundamentalistas de Bin Laden, pero las diferentes autoridades encargadas de la defensa del territorio estadounidense reaccionaron mal y con retraso, demostrando así una espantosa incompetencia. En todos estos casos, los partidarios de por lo menos una de estas conspiraciones consideran que la reconstrucción oficial de los hechos es falsa, fullera y pueril.

Los que quieran hacerse una idea sobre estas distintas teorías de la conspiración pueden leer el libro que han escrito Giulietto Chiesa y Roberto Vignoli, *Zero. Perché la versione ufficiale sull'11/9 è un falso*, donde figuran algunos nombres de autores de renombre como el historiador Franco Cardini, el filósofo Gianni Vattimo, los escritores Gore Vidal y Lidia Ravera, junto a numerosos colaboradores extranjeros.

Ahora bien, los que quieran ver la otra cara de la moneda pueden darle las gracias a la misma editorial Piemme, porque con admirable ecuanimidad (y dando prueba de saber conquistar dos sectores opuestos del mercado) ha publicado un libro contra las teorías de la conspiración, *11/9. La cospirazione impossibile*, a cargo de Massimo Polidoro, con colaboradores de igual fuste como el matemático Piergiorgio Odifreddi o James Randi. El hecho de que yo también salga no es señal ni de alabanza ni de infamia mía, puesto que el editor me pidió volver a publicar en ese volumen una columna que no trataba propiamente del 11 de septiembre sino del eterno síndrome del complot. Aun así, ya que considero que nuestro mundo nació por azar, tampoco tengo dificultades en admitir que la mayor parte de los acontecimientos que lo han atormentado en el curso de los milenios, desde la guerra de Troya hasta nuestros días, son el resultado del azar o de la coincidencia de varias estupideces.

Por lo tanto, ya sea por naturaleza, por escepticismo o por prudencia, yo tiendo siempre a dudar de cualquier conspiración, porque considero que mis semejantes son demasiado estúpidos para concebir una a la perfección. Esto lo digo aunque —por razones sin duda anímicas y por un impulso incoercible— me siento propenso a considerar capaces de todo a Bush y a su administración.

No entro (también por razones de espacio) en los detalles de los argumentos utilizados por los partidarios de ambas tesis, que pueden parecer todos ellos convincentes, simplemente apelo a lo que llamo la «prueba del silencio». Podemos usar, por ejemplo, la prueba del silencio contra los que insinúan que el alunizaje estadounidense en la Luna es una falsificación televisiva. Si el vehículo espacial estadounidense no hubiera llegado a la Luna, había alguien que tenía la capacidad de controlarlo y tenía todo el interés en decirlo: ese alguien eran los soviéticos; de modo que si se callaron, eso es una prueba más que suficiente de que los estadounidenses llegaron de verdad a la Luna. Y punto.

Por lo que atañe a las conspiraciones y los secretos, la experiencia (también histórica) nos dice que: 1) si hay un secreto, aunque lo conozca una sola persona, esta persona, quizá en la cama con su amante, antes o después lo revelará (solo los masones ingenuos y los adeptos de algún rito templario de pega creen que hay un secreto que permanece inviolado); 2) si hay un secreto, habrá siempre una suma adecuada por la que alguien estará dispuesto a revelarlo (bastaron algunos centenares de miles de libras esterlinas en derechos de autor para convencer a un oficial del ejército inglés de contar todo lo que había hecho en la cama con la princesa Diana, y si lo hubiera hecho con la suegra de la princesa, habría bastado con doblarle la suma y semejante caballero lo habría contado igualmente). Ahora bien, para organizar un falso atentado contra las Torres Gemelas (para minarlas, para avisar a las fuerzas aéreas de que no intervinieran, para ocultar pruebas embarazosas, etc., etc.), se habría necesitado la colaboración si no de miles, por lo menos de centenares de personas. Las personas empleadas para estos menesteres no suelen ser caballeros, y es imposible que al menos uno de ellos no haya cantado por una suma adecuada. En fin, que en esta historia falta la Garganta Profunda.

[2007]

Conspiraciones y tramas

Hace poco se ha traducido al italiano el libro de Kate Tuckett *Conspiracy Theories*. El síndrome del complot es tan antiguo como el mundo, y quien ha trazado de forma soberbia su filosofía ha sido Karl Popper en un ensayo sobre la teoría conspirativa de la sociedad que se encuentra en *Conjeturas y refutaciones*.

Esta teoría, más primitiva que la mayoría de las diversas formas de teísmo, es afín a la teoría de la sociedad de Homero. Este concebía el poder de los dioses de tal manera que todo lo que ocurría en la llanura situada frente a Troya era solo un reflejo de las diversas conspiraciones del Olimpo. La teoría conspirativa de la sociedad es justamente una variante de este teísmo, de una creencia en dioses cuyos caprichos y deseos gobiernan todo. Proviene de la supresión de Dios, para luego preguntar: «¿Quién está en su lugar?». Su lugar lo ocupan entonces diversos hombres y grupos poderosos, grupos de presión siniestros que son los responsables de haber planeado la gran depresión y todos los males que sufrimos. [...] Cuando los teóricos de la conspiración llegan al poder se convierten en algo semejante a una teoría que explica las cosas que ocurren realmente. [...] Por ejemplo, cuando Hitler llegó al poder, como creía en el mito de la conspiración de los Sabios Ancianos de Sión, trató de desbaratar su conspiración con su propia contraconspiración.

La psicología de la conspiración surge porque las explicaciones más evidentes de muchos hechos preocupantes no nos satisfacen, y a menudo no nos satisfacen porque nos duele aceptarlas. Pensemos en la teoría del Gran Viejo tras el secuestro de Aldo Moro: ¿cómo es posible —nos preguntábamos— que un grupo de jóvenes que rondan los treinta años hayan podido concebir una acción tan perfecta? Detrás de ello debe de haber un cerebro más sabio. Sin pensar que en aquel momento otros treintañeros dirigían empresas, pilotaban Jumbos o inventaban nuevos dispositivos electrónicos. Así pues, el problema no era cómo era posible que esos treintañeros hubieran sido capaces de secuestrar a Aldo Moro en la via Fani, sino que esos treintañeros eran hijos de quienes especulaban sobre el Gran Viejo.

La interpretación recelosa nos absuelve de alguna manera de nuestras responsabilidades porque nos hace pensar que se oculta un secreto detrás de lo que nos preocupa, y que la ocultación de este secreto constituye una conspiración contra nosotros. Creer en la conspiración es un poco como creer que te curas gracias a un milagro, salvo que en este caso no se intenta explicar una amenaza sino un inexplicable golpe de suerte (véase Popper, su origen está siempre en el recurso a las intrigas de los dioses).

Lo bueno es que en la vida cotidiana no hay nada más transparente que la conspiración y el secreto. Un complot, si es eficaz, antes o después crea sus propios resultados y se vuelve evidente. Y lo mismo se puede decir del secreto, que no solo suele ser revelado por una serie de «gargantas profundas» sino que, se refiera a lo que se refiera, si es importante (tanto la fórmula de una sustancia prodigiosa como una maniobra política), antes o después sale a la luz. Si no sale a la superficie, es que los complots o los secretos o eran complots inútiles, o eran secretos vacíos. La fuerza del que anuncia que posee un secreto no está en ocultar algo, sino en hacer creer que hay un secreto. En ese sentido, secreto y conspiración pueden ser armas eficaces precisamente en las manos de los que no creen en ellos.

En su célebre ensayo *El secreto y las sociedades secretas*, Georg Simmel recordaba que «el secreto comunica una posición excepcional a la personalidad, ejerce una atracción social determinada, [...] independiente en principio del contenido del secreto, aunque, como es natural, creciente a medida que el secreto sea más importante y amplio. [...] El instinto natural de idealización y el temor natural del hombre actúan conjuntos frente a lo desconocido, para aumentar su importancia por la fantasía y consagrarle una atención que no hubiéramos prestado a la realidad clara».

Consecuencia paradójica: detrás de cada falsa conspiración, quizá se oculte siempre la conspiración de alguien que tiene todo el interés en presentárnosla como verdadera.

[2007]

Una buena Compañía

Cada vez que en esta columna he tratado el tema del síndrome del complot, he recibido cartas de personas indignadas que me recordaban que las conspiraciones existen de veras. Pues claro que sí. Hasta el día antes, cada golpe de Estado era un complot; se conspira para hacerse con una empresa comprando poco a poco las acciones, o para poner una bomba en el metro. Conspiraciones las ha habido siempre, algunas fracasaron sin que nadie se diera cuenta, otras tuvieron éxito, pero en general lo que las caracteriza es que siempre son limitadas en cuanto a finalidades y área de eficacia. En cambio, cuando citamos el síndrome del complot nos referimos a la idea de una conspiración universal (en ciertas teologías incluso de dimensiones cósmicas), por la que todos o casi todos los acontecimientos de la historia son obra de un poder único y misterioso que actúa en la sombra.

Este es el síndrome del complot del que hablaba Popper, y es una pena que el libro de Daniel Pipes *Conspiracy* (cuya traducción del subtítulo es «Cómo florece el estilo paranoico y de dónde viene»), de 1997, pasara casi inadvertido. El libro se abre con una cita de Metternich, a quien se le atribuye que, al enterarse de la muerte del embajador ruso, dijo lo siguiente: «¿Qué motivo tendría?».

Pues bien, el síndrome del complot sustituye los accidentes y las casualidades de la historia con un diseño, obviamente malvado y siempre oculto.

Soy lo bastante lúcido para sospechar, a veces, que quizá, de tanto quejarme de síndromes de complot, esté dando muestras de paranoia, en el sentido de que manifiesto un síndrome por el que creo que hay síndromes de complot por doquier. Para tranquilizarme, me basta siempre con hacer una rápida inspección en internet. Los conspiradores son legión y a veces alcanzan cimas de un exquisito e involuntario humor. El otro día me encontré con un sitio donde aparece un largo texto, *Le monde malade des jesuites* de Joël Labruyère. Como sugiere el título, se trata de una amplia reseña de todos los acontecimientos del mundo (no solo contemporáneo) que pueden atribuirse a la conspiración universal de los jesuitas.

Los jesuitas del siglo XIX, desde el padre Barruel hasta el nacimiento de *La Civiltà Cattolica* y las novelas del padre Bresciani, figuran entre los principales inspiradores de la teoría del complot judeo-masónico, y era justo que liberales, mazzinianos, masones y anticlericales les pagaran con la misma moneda dando vida, precisamente, a la teoría del complot jesuita, que llegó a ser popular no tanto gracias a panfletos o libros famosos (empezando por las *Cartas provinciales* de Pascal, *El jesuita moderno* de Gioberti o los escritos de Michelet y Quinet), sino a las novelas de Eugène Sue, *El judío errante* y *Los misterios del pueblo*.

Nada nuevo, por lo tanto; aunque el sitio de Labruyère lleva hasta el paroxismo la obsesión por los jesuitas. Enumero de manera sumaria porque el espacio de esta columna es el que es, mientras que la fantasía conspiradora de Labruyère es homérica. Así pues, los jesuitas siempre han querido constituir un gobierno mundial, controlando tanto al Papa como a los diferentes monarcas europeos; a través de los tristemente famosos Iluminados de Baviera (que los mismos jesuitas crearon y después denunciaron como comunistas) intentaron hacer caer a aquellos monarcas que habían proscrito a la Compañía de Jesús; fueron los jesuitas los que hicieron que se hundiera el *Titanic* porque a partir de ese accidente pudieron fundar el Banco de la Reserva Federal con la mediación de los caballeros de Malta, que están bajo su control (y no es una coincidencia que en el naufragio del *Titanic* murieran los tres judíos más ricos del mundo, Astor, Guggenheim y Strauss, que se oponían a que se fundara ese banco). Trabajando con el Banco de la Reserva Federal, los jesuitas financiaron posteriormente las dos guerras mundiales que sin duda reportaron solo beneficios para el Vaticano. En cuanto al asesinato de Kennedy (y Oliver Stone, claramente, está manipulado por los jesuitas), no debemos olvidar que la CIA nació como un programa jesuita inspirado en los ejercicios espirituales de Ignacio de Loyola, y que los jesuitas la controlaban a través del KGB soviético; se entiende, pues, que Kennedy fue asesinado por los mismos que hundieron el *Titanic*.

Por supuesto, son de inspiración jesuita todos los grupos neonazis y antisemitas; los jesuitas estaban detrás de Nixon y Clinton; fueron los jesuitas los que provocaron la matanza de Oklahoma City; por los jesuitas estaba inspirado el cardenal Spellman, que fomentaba la guerra de Vietnam, guerra que reportó al Banco de la Reserva Federal jesuita doscientos veinte millones de dólares. Naturalmente, en el cuadro no puede faltar el Opus Dei, que los jesuitas controlan a través de los caballeros de Malta.

Debo pasar por alto muchos otros complots. Y dejen ya de preguntarse por qué la gente lee a Dan Brown. Quizá es obra de los jesuitas.

[2008]

A ver si lo adivinas

Por lo general, adivinos y astrólogos utilizan expresiones ambiguas que se pueden aplicar a todos los casos. Aquel a quien se le dice «eres una persona apacible, pero que sabe hacerse valer» se complace al ver que se le reconocen estas dos virtudes, aunque sean mutuamente contradictorias. Por eso triunfan los magos. Pero ¿qué decir de los vaticinios puntuales que descaradamente (y con regularidad) son desmentidos por los hechos?

El CICAP, el Comité Italiano para el Control de las Afirmaciones sobre lo Paranormal, realiza todos los años un control de las previsiones astrológicas del año anterior.

El intérprete de Nostradamus Luciano Sampietro predijo un atentado mortal contra el Papa en 2009. Peter van Wood pronosticó (para 2009) en el periódico *Nero su Bianco* terremotos en Grecia, Croacia, Indonesia y Amsterdam, por fortuna ninguno en Italia. El mago Otelma anunció que en otoño peligraría la integridad física de Obama.

La sensible Teodora Stefanova advirtió en el periódico digital *Quotidianonet* de que el próximo secretario general de la OTAN sería Solomon Passy; el *Almanacco di Barbanera* avisó que China encontraría una solución para el conflicto del Tíbet; Johnny Traferri, alias el mago Johnny (*La Nazione*), predijo un atentado contra Obama en marzo, y añadió que «se producirán suicidios colectivos, incluso que se matará a un personaje importante de la televisión y en el deporte habrá que lamentar una pérdida terrible».

En cuanto a Italia, la astróloga Horus (*Venerdì di Repubblica*) anticipó que hacia finales de año se llevarían a cabo las importantes reformas tantas veces anunciadas; para Luisa De Giuli (TG COM, Mediaset online) en junio de 2009 los esfuerzos legislativos por reequilibrar los desequilibrios sociales empezarían a obtener resultados; para el astrólogo Mauro Perfetti (*Quelli che il calcio*) el Torino se salvaría de la serie B; para la astróloga Meredith Duquesne (*Le Matin* online) la historia de amor entre Carla Bruni y Sarkozy terminaría en septiembre de 2009 (aunque luego precisó: «No puedo afirmarlo: no soy una vidente». Menos mal).

Imaginen ahora que, cada vez que un médico receta una medicina, el enfermo muere. O que se sepa que un abogado pierde todas las causas. Nadie acudiría a consultarles. En cambio, todos podemos comprobar a final de año que los adivinos se han equivocado en casi todo y, sin embargo, se sigue leyendo a los astrólogos y pagando a los magos por sus predicciones del año siguiente. Es evidente que la gente no quiere saber, sino satisfacer la necesidad de creer, aunque crean cosas evidentemente equivocadas. ¿Qué podemos decir? Los dioses ciegan a quienes quieren perder. Y, a fin de cuentas, nuestra actitud hacia los magos y los astrólogos es un reflejo de la que tenemos con los políticos que aparecen en televisión.

Por supuesto, de vez en cuando los astrólogos aciertan, pero todos nosotros podríamos dedicarnos a su oficio si formulásemos predicciones como las siguientes, aparecidas todas ellas con regularidad en algún sitio: picos de extrema violencia por parte de fundamentalistas y terroristas, relaciones difíciles entre israelíes y palestinos, algunos escándalos por contrataciones en Italia, Rocco Buttiglione seguirá saliendo airoso pero cada vez con más dificultades, para Veltroni no será un camino de rosas, en cuanto a Leoluca Orlando hay quien está peor que él, Umberto Bossi tendrá que seguir vigilando su salud, si algo puede desgastar a Giulio Andreotti es el tiempo, respecto a Lamberto Dini, el tiempo lo dirá (este primor es de la astróloga Antonia Bonomi). La guinda final del mago Otelma: «Cada vez será más difícil encontrar aparcamiento».

Última noticia del CICAP. A la sensible Rosemary Altea, que hace años en el programa de Maurizio Costanzo puso a algunos desgraciados en contacto con sus queridos difuntos, su empleada Denise M. Hall le ha estafado doscientos mil dólares. ¿Cómo no lo previó? Nos recuerda el chiste de aquel que llama a una puerta en la que aparece escrito «adivino». Y una voz le pregunta desde dentro: «¿Quién es?».

[2010]

No crean en las coincidencias

Alguien ha escrito que los enemigos de Berlusconi eran (y son) dos, los comunistas y los magistrados, y que en las pasadas elecciones administrativas vencieron un (ex) comunista y un (ex) magistrado. Otros han observado que cuando Craxi en 1991, siendo presidente del Consejo, invitó a los italianos a ir a la playa en vez de a las urnas, el referéndum sobre el sistema electoral tuvo un éxito notable y a partir de entonces empezó el declive político de Craxi. Podríamos continuar: Berlusconi alcanza el poder en marzo de 1994 y en noviembre el Po, el Tanaro y muchos de sus afluentes se desbordan y devastan las provincias de Cuneo, Asti y Alessandria; Berlusconi regresa al poder en mayo de 2008 y antes de un año se produce el terremoto de L'Aquila.

Se trata de coincidencias divertidas, pero que no tienen ningún valor (excepto el paralelismo Berlusconi-Craxi). El juego de las coincidencias fascina desde tiempos inmemoriales a paranoicos y complotistas, pero con las coincidencias, y especialmente con las fechas, se puede hacer lo que se quiera.

En el atentado de las Torres Gemelas se identificaron numerosas coincidencias, y hace unos años en *Scienza e Paranormale* Paolo Attivissimo citó una serie de especulaciones numerológicas sobre el 11 de septiembre. Por citar solo algunas, New York City tiene 11 letras, Afghanistan tiene 11 letras, el nombre del terrorista que había amenazado con destruir las torres, Ramsin Yuseb, tiene 11 letras, George W. Bush tiene 11 letras, las dos Torres Gemelas formaban un 11, Nueva York es el undécimo estado, el primer avión que se estrelló contra las torres era el vuelo número 11, este vuelo llevaba 92 pasajeros y 9+2=11, el vuelo 77 que también se estrelló contra las torres llevaba 65 pasajeros y 6+5=11, la fecha 9/11 es igual al número de emergencias estadounidense, 911, cuya suma interna da 11. El total de las víctimas de todos los aviones estrellados fue 254, cuya suma interna da 11, el 11 de septiembre es el día 254 del calendario anual y la suma interna de 254 da 11.

Lamentablemente, New York solo tiene 11 letras si se añade City. Afghanistan tiene 11 letras, pero los terroristas no procedían de ese país sino de Arabia Saudí, de Egipto, del Líbano y de los Emiratos Árabes, Ramsin Yuseb tiene 11 letras pero, si en vez de Yuseb, se hubiese transcrito Yussef, el juego no habría funcionado, George W. Bush solo tiene 11 letras si se pone la *middle initial*, las torres dibujaban un 11 pero también un 2 en números romanos, el vuelo 77 no chocó contra una de las torres sino contra el Pentágono, y no llevaba 65 pasajeros sino 59, el número total de víctimas no fue 254 sino 265, etcétera.

¿Otras coincidencias que circulan por internet? Lincoln fue elegido al Congreso en 1846, Kennedy fue elegido en 1946; Lincoln fue elegido presidente en 1860, Kennedy en 1960. Las esposas de ambos perdieron un hijo mientras estaban en la Casa Blanca. Ambos fueron heridos en la cabeza por un sudista un viernes. El secretario de Lincoln se llamaba Kennedy y el secretario de Kennedy se llamaba Lincoln. El sucesor de Lincoln fue Johnson (nacido en 1808) y Lyndon Johnson, sucesor de Kennedy, había nacido en 1908.

John Wilkes Booth, que asesinó a Lincoln, había nacido en 1839, y Lee Harvey Oswald en 1939. Lincoln fue herido en el Ford Theater. Kennedy fue herido en un coche de la marca Lincoln fabricado por Ford.

A Lincoln le dispararon en un teatro y su asesino fue a esconderse en un almacén. El asesino de Kennedy disparó desde un almacén y fue a esconderse en un teatro. Tanto Booth como Oswald fueron asesinados antes del proceso.

La guinda (un poco vulgar) del pastel, pero que solo funciona en inglés: una semana antes de ser asesinado, Lincoln había estado *in* Monroe, Maryland. Una semana antes de ser asesinado, Kennedy había estado *in* Monroe, Marilyn.

[2011]

El complot sobre los complots

Massimo Polidoro, uno de los colaboradores más activos del CICAP (el Comité Italiano para el Control de las Afirmaciones sobre los Paranormal) y de la revista *Query*, publica *Rivelazioni. Il libro dei segreti e dei complotti* (2014), una de sus muchas obras sobre los distintos bulos que circulan por los medios de comunicación e incluso por las mentes de personas que consideramos normalmente responsables. Imagino que con un título tan atractivo Polidoro espera atraer a los apasionados de todo tipo de secretos, aquellos de los que John Chadwick, el que descifró la escritura micénica llamada lineal B, afirmaba: «El deseo de desvelar secretos está profundamente arraigado en la naturaleza humana: aun la mente menos curiosa se excita con la promesa de obtener conocimientos ocultos para los demás».

Desde luego, hay cierta diferencia entre descodificar una escritura que en el pasado tenía sentido para algunos y pensar que los estadounidenses no llegaron a la Luna, que el 11 de septiembre fue un complot de Bush o incluso de los judíos, o que existe un Código Da Vinci. Y precisamente a los adeptos a esta segunda secta se dirige Polidoro, y no solo por (legítimo) interés comercial: sus primeros capítulos, breves y escritos en un estilo amable, parece que van a satisfacer la curiosidad de los lectores, pero al final revelan que la existencia de un complot detrás del asesinato de Kennedy, la verdadera muerte de Hitler, los secretos de Rennes-le-Château y el matrimonio entre Jesús y Magdalena no son o no han sido más que patrañas.

¿Por qué tienen tanto éxito los bulos? Porque prometen un saber negado a los demás y por muchas otras razones por las que Polidoro se remite al célebre libro de Popper sobre la teoría social de la conspiración. Y cita los trabajos de Richard Hofstadter, quien considera que el gusto por los complots hay que interpretarlo aplicando las categorías de la psiquiatría al pensamiento social. Se trata de dos manifestaciones de paranoia. Ahora bien, el paranoico psiquiátrico cree que el mundo entero está conjurado contra él, mientras que el paranoico social cree que la persecución por parte de los poderes ocultos va dirigida contra su grupo, su nación y su religión. Diría que el paranoico social es más peligroso que el psiquiátrico, porque ve cómo sus obsesiones son compartidas por millones de personas y tiene la impresión de actuar contra el complot de forma desinteresada. Lo que explica muchas cosas que suceden hoy en el mundo, además de las muchas que han sucedido ya.

Polidoro cita también a Pasolini, para quien el complot nos lleva al delirio porque nos libera del peso de tener que enfrentarnos con la verdad. En realidad, la idea de que el mundo está lleno de complotistas no debería importarnos; si alguien cree que los estadounidenses no llegaron a la Luna, peor para él. Pero resulta que Daniel Jolley y Karen Douglas concluyen en estudios recientes que «las personas expuestas a informaciones que favorecen las teorías del complot tienen menos posibilidades de participar en política que las que están expuestas a informaciones que refutan las teorías de la conspiración». Si estamos convencidos de que la historia del mundo está dirigida por sociedades secretas, ya sean los Iluminados o el grupo Bilderberg, que van a instaurar un nuevo orden mundial, ¿qué puedo hacer yo? Me rindo y me adapto. Todas las teorías de la conspiración desvían la imaginación pública hacia peligros imaginarios y la apartan de las amenazas auténticas. Como sugirió Chomsky en cierta ocasión, imaginando casi un complot de las teorías del complot, las mayores beneficiarias de las fantasías sobre un presunto complot son precisamente las instituciones que la teoría del complot querría atacar. Y eso significa que, para creer que el que ordenó la destrucción de las Torres Gemelas fue Bush con el fin de justificar la intervención en Irak, sopesamos distintas teorías fantásticas y no analizamos las técnicas y las verdaderas razones por las que Bush intervino en Irak, y la influencia que en él y en su política tuvieron los *neocons*.

Lo cual nos llevaría a sospechar que fue el mismo Bush el que difundió las noticias sobre el complot de Bush contra las Torres Gemelas. Pero no seamos tan complotistas.

[2014]

Sobre los medios
de comunicación

La hipnosis radiofónica

En una columna anterior hablaba de las sensaciones que experimentaba un muchacho en las noches de guerra escuchando en Radio Londres las canciones y los mensajes para los partisanos. Esos recuerdos están grabados en mi memoria y en ella permanecen vívidos y mágicos. ¿Conservará un muchacho de nuestro tiempo recuerdos igualmente profundos de las telenoticias sobre la guerra del Golfo, o sobre Kosovo?

Me planteaba esta pregunta la semana pasada cuando, en el marco del Prix Italia, escuchamos fragmentos de programas radiofónicos de los últimos setenta años. La respuesta la proporcionaba una célebre distinción de Marshall McLuhan (anticipada además por muchos otros que habían escrito sobre la radio, de Brecht a Benjamin, de Bachelard a Arnheim) entre medios calientes y fríos. Un medio caliente te ocupa un único sentido, y no te deja espacio para interactuar, pues tiene un poder hipnótico. Un medio frío te ocupa varios sentidos, pero te acomete de una forma fragmentaria, y exige tu colaboración para completar, conectar y elaborar lo que recibes. De modo que para McLuhan son calientes una conferencia y una película, que sigues desde tu asiento y pasivamente, y son fríos un debate o una tertulia televisiva; es caliente una fotografía de alta definición, y frío un tebeo, que representa la realidad con trazos esquemáticos.

Cuando se retransmitió una de las primeras radiocomedias de la historia radiofónica, se invitó al público a escucharla a oscuras. Recuerdo algunas noches en que se retransmitía la comedia semanal y mi padre se sentaba en una butaca con las luces apagadas, la oreja pegada al altavoz, y escuchaba durante dos horas en silencio. Yo me acurrucaba sobre sus rodillas y, aunque no entendía casi nada de todo aquello, formaba parte del rito. Esa era la fuerza de la radio.

Adorno fue uno de los primeros en lamentar que la música, al llegar hasta nosotros con tanta abundancia a través de la radio, perdiera su función litúrgica para convertirse en pura mercancía. Pero Adorno estaba pensando en cómo se puede corromper el gusto de un melómano, no en cómo un adolescente puede introducirse en el mundo de la música. Recuerdo con qué intensidad escuchaba los sonidos cuando, gracias a la radio, descubrí la música clásica y, siguiendo las indicaciones del *Radiocorriere*, la sintonizaba en aquellos brevísimos momentos en que se retransmitía una polonesa de Chopin o incluso un solo movimiento de una sinfonía.

La radio de hoy todavía es así, ¿lo será también la de mañana? La radio se utiliza cada vez más como ruido de fondo, la comedia la vemos en la televisión y la música la bajamos de internet. La radio ya no tiene una función hipnótica para el que la escucha en la autopista (por suerte, porque de lo contrario nos estrellaríamos todos contra un TIR); más bien zapeamos, como con el mando de la televisión, ayudados por el hecho de que cada diez kilómetros se pierde la emisora y hay que buscar otra. Y escuchamos el parloteo de alguien que habla de asuntos irrelevantes con Jessica de Piacenza o Salvatore de Messina.

Por suerte, las radios son cada vez más baratas y más bonitas, parecen samuráis. Es cierto que se utilizan más para escuchar discos o casetes que para explorar (como hacíamos antes, y en onda corta) los sonidos que procedían de ciudades misteriosas llamadas Tallin, Riga o Hilversum. Pero la historia de los medios de comunicación no permite hacer profecías. Tal vez inesperadas innovaciones tecnológicas sitúen de nuevo la radio en el centro de nuestras experiencias más memorables, y quién sabe si estos fascinantes bibelots no nos reservan nuevas formas de «calor» de las que ahora no tenemos ni idea.

[2000]

¿Compraremos paquetes de silencio?

En uno de sus últimos artículos en *Panorama*, Adriano Sofri preveía que (puesto que del silencio es mejor olvidarse) la táctica del futuro sería el contrarruido, ruidos agradables para sobreponerlos a los desagradables. La idea recuerda el *Gog* de Papini, pero no estamos hablando de futuro, sino que está sucediendo ya ahora. Pensemos en las músicas de aeropuerto, suaves y dominantes, que sirven para mitigar el ruido de los aviones. Pero dos decibelios malos más un decibelio bueno no hacen un decibelio y medio sino tres decibelios. El remedio es peor que la enfermedad.

El silencio es un bien que está desapareciendo incluso de los lugares que le eran propios. No sé qué ocurre en los monasterios tibetanos, pero estuve en una gran iglesia de Milán en la que actuaban unos excelentes cantantes de góspel que, de forma gradual y con efectos de discoteca de Rímini, implicaron a los fieles en aquel cántico que tal vez fuera místico, pero que en cuanto a decibelios era propio de un círculo infernal. En un momento dado me marché murmurando *non in commotione, non in commotione, Dominus* (es decir, que es posible que Dios esté en todas partes, pero difícilmente lo encontraremos en medio del estruendo infernal).

Nuestra generación bailaba con la música susurrada de Frank Sinatra y de Perry Como, la actual necesita «éxtasis» para soportar los niveles sonoros del sábado por la noche. Escucha música en los ascensores, va a todas partes con los auriculares, la escucha en el coche (junto con el estruendo del motor), trabaja con música de fondo mientras por la ventana abierta le llega el ruido del tráfico. En los hoteles de Estados Unidos no hay habitación donde no retruene el ruido de automóviles ansiosos y ansiogénicos. Vemos a nuestro alrededor personas que, aterrorizadas por el silencio, buscan ruidos amigos en el móvil.

Es posible que las generaciones futuras estén mejor adaptadas al ruido, pero, por lo que sé de la evolución de las especies, en general esas readaptaciones requieren milenios, y por unos cuantos individuos que se adaptan son millones los que perecen en el camino. Después del agradable domingo del 16 de enero, cuando en las grandes ciudades la gente iba a caballo o en patines, Giovanni Raboni observó en el *Corriere* cómo los ciudadanos que circulaban por las calles disfrutaban de un silencio mágico repentinamente recuperado. Es cierto. Pero ¿cuántos se quedaron en casa irritados y con el televisor a todo volumen?

El silencio va a convertirse en un bien muy preciado, y de hecho solo está al alcance de las personas adineradas que pueden permitirse tener mansiones ocultas entre la espesura, o de místicos de los montes con saco de dormir que acaban embriagándose de los silencios incontaminados de las cimas, hasta el punto de enloquecer y precipitarse por las grietas, de modo que luego la zona resulta contaminada por el zumbido de los helicópteros de los socorristas.

Llegará el día en que quien no pueda resistir más el ruido podrá comprar paquetes de silencio, una hora en una habitación insonorizada como la de Proust, por el precio de una butaca en la Scala. Como rendija de esperanza, puesto que las astucias de la razón son infinitas, observo que, salvo para aquellos que utilizan el ordenador para bajarse música ensordecedora, todos los demás todavía pueden encontrar el silencio justamente frente a la pantalla luminosa, de día y de noche, anulando el audio.

El precio de ese silencio será renunciar al contacto con sus semejantes. Pero es lo que hacían los padres del desierto.

[2000]

Hay dos Grandes Hermanos

A finales de septiembre, se celebró en Venecia un congreso internacional sobre la privacidad. Por encima de las discusiones sobrevoló varias veces la sombra de *Gran Hermano*, pero Stefano Rodotà, garante de la protección de los datos personales, advirtió desde el comienzo que este programa no viola la privacidad de nadie.

No hay duda de que estimula el gusto voyeurístico de los espectadores, que disfrutan viendo a unos individuos que viven una situación antinatural y han de fingir cordialidad cuando en realidad se están matando unos a otros. Pero ya se sabe que la gente es mala, y siempre ha disfrutado viendo a los cristianos despedazados por los leones o a los gladiadores que entraban en la arena sabiendo que su supervivencia dependía de la muerte del compañero, y ha pagado por ver en la feria las deformidades de la mujer cañón, en el circo a los enanos recibiendo las patadas del payaso o en la plaza pública la ejecución de un condenado. Desde este punto de vista, *Gran Hermano* es más moral, y no solo porque no muere nadie y los participantes solo se exponen a sufrir algún trastorno psicológico, no más grave que el que les ha llevado a participar en el programa. El hecho es que los cristianos hubieran preferido estar rezando en las catacumbas, al gladiador le hubiera gustado ser un patricio romano, al enano tener el físico de Rambo, a la mujer cañón ser Brigitte Bardot y al condenado ser indultado. En cambio, los participantes de *Gran Hermano* lo hacen de manera voluntaria y estarían dispuestos incluso a pagar con tal de obtener lo que para ellos constituye el bien más preciado, o sea, la exposición pública y la notoriedad.

El aspecto antieducativo de *Gran Hermano* es otro: es justamente el título que alguien eligió para este programa. Es posible que muchos espectadores no sepan que *Big Brother* es una alegoría inventada por Orwell en su novela *1984*: el Gran Hermano era un dictador (cuyo nombre evocaba al Padrecito, es decir, a Stalin) que por sus propios medios (o con la ayuda de una reducida *nomenklatura*) podía espiar a todos sus súbditos minuto a minuto y dondequiera que estuviesen. Situación terrible que recuerda el panóptico de Bentham, donde los carceleros pueden espiar a los presos, que en cambio no pueden saber si son espiados, ni cuándo.

En el Gran Hermano de Orwell unos pocos espiaban a todos.

En cambio, en el de la televisión todos pueden espiar a unos pocos. De modo que nos acostumbraremos a considerar el *Gran Hermano* algo muy democrático y sumamente agradable y nos olvidaremos de que, mientras vemos el programa, tenemos a nuestras espaldas al verdadero Gran Hermano, ese del que se ocupan los congresos sobre la privacidad y que está constituido por distintos grupos de poder que controlan cuándo visitamos una página de internet, cuándo pagamos con la tarjeta de crédito en un hotel, cuándo compramos algo por correo, cuándo se nos diagnostica una enfermedad en el hospital e incluso cuándo circulamos por un supermercado vigilado por un circuito cerrado de televisión. Sabemos que, si estas prácticas no son controladas de manera rigurosa, se podría llegar a acumular una cantidad impresionante de datos que nos harían totalmente transparentes, privándonos de toda intimidad y reserva.

Mientras vemos *Gran Hermano* en la televisión, en el fondo somos como un cónyuge que, ligeramente avergonzado por un flirteo inocente en un bar, ignora que el otro mientras tanto le está poniendo los cuernos de una forma mucho más consistente. El título de *Gran Hermano* nos ayuda así a no saber, o a olvidar, que en ese mismo momento alguien se está riendo a nuestras espaldas.

[2000]

Roberta

Roberta y las clases dominantes. Para hacerse una idea de *Gran Hermano* basta, como me ha ocurrido a mí, con dos o tres noches del jueves, cuando se airean los trapos sucios. Para el resto intenté conectarme a internet y vi a un señor tatuado en calzoncillos friendo un huevo. Permanecí un ratito ante la pantalla y luego pensé que tenía cosas mejores que hacer. Pero de vez en cuando se captan jirones de psicología italiana media que pueden interesar al menos a los sociólogos. Veamos el caso de la famosa Roberta, juerguista y extrovertida, que ha sido repudiada por la Italia unida, convirtiendo la casa en un entierro de tercera.

En sus intentos desesperados por hacerse odiosa, Roberta osó afirmar que ella era socialmente superior a sus compañeros, por lo general unos brutos, porque a menudo cena con anticuarios. Como reacción, no solo sus compañeros de desventura, sino también los telespectadores activos la han considerado definitivamente miembro de las clases dominantes, y por tanto susceptible de ser castigada. Nadie se ha parado a pensar que los miembros de las clases dominantes no son los que van a cenar con los anticuarios (a menos que se trate del director de Christie's), sino aquellos que invitan al anticuario a su casa para que les examine un Rafael de un metro por ochenta o un icono ruso del siglo XI.

A estas clases hegemónicas pertenecen los que han encerrado a Roberta y a sus amigos con dos vueltas de llave en un apartamento que parece amueblado por el inspector Derrick.

Por qué nos parece bien que los artistas se droguen. Hace unas semanas alguien escribió a la sección de Montanelli en el *Corriere della Sera* preguntándole por qué nos escandalizamos tanto de que un ciclista o un futbolista tomen alguna sustancia estimulante, y en cambio siempre nos ha parecido fascinante que algunos grandes artistas fumaran opio o buscaran la inspiración en el LSD o la cocaína. A primera vista la pregunta parece razonable: si creemos que una victoria en una etapa lograda con la ayuda de sustancias químicas es inmerecida, ¿por qué deberíamos admirar una poesía que no nace del genio del poeta sino de una sustancia tal vez inyectada por vía intravenosa?

Sin embargo, esta diferencia entre severidad deportiva y tolerancia artística oculta (incluso para aquellos que no la perciben) una profunda verdad, y esta actitud instintiva de la opinión pública es más reveladora que cualquier teoría estética. Lo que provoca nuestra admiración en las competiciones deportivas no es que una pelota haya entrado en la portería o que una bicicleta haya llegado a la meta antes que otra (porque son fenómenos que la física explica a la perfección). Lo que nos interesa es admirar a un ser humano que sabe hacer esas cosas mejor que nosotros. Si las pelotas las lanzara un cañón, el fútbol dejaría de tener interés.

En cambio, en el arte admiramos sobre todo la obra, y solo de forma secundaria las cualidades físicas y psíquicas del que la ha realizado. Tanto es así que nos parecen de enorme belleza obras cuyo autor es una persona de moralidad más bien escasa, nos conmueven Aquiles y Ulises aunque ni siquiera sabemos si Homero existió realmente, la *Divina Comedia* sería aún más milagrosa si nos dijeran que la ha escrito un mono aporreando las teclas de un ordenador, apreciamos como obras de arte incluso algunos objetos que son producto de la naturaleza o de la casualidad, y nos emocionan las ruinas, que como tales no han sido programadas por un ser humano excepcional. Frente a la magia de la obra, estamos dispuestos a transigir con la forma en que la ha realizado el artista.

Y le aceptamos a Baudelaire todos sus paraísos artificiales con tal de que nos regale *Las flores del mal*.

[2000]

La misión de la novela policíaca

Bernard Benstock era un excelente especialista estadounidense en Joyce. Tras su muerte prematura, su mujer donó su colección joyceana a la Escuela Superior de Intérpretes y Traductores de Forlì. Este año se ha donado otra colección suya, en este caso de novela policíaca, constituida por casi setecientos volúmenes. La semana pasada, mientras recordábamos al amigo, nos preguntábamos por qué tantos pensadores, críticos y estudiosos en general sienten esa pasión por el género negro. Se puede replicar que a quien ha de leer libros que exigen mucha atención le gusta relajarse por la noche con lecturas más ligeras. Pero ¿por qué acostumbran a hacerlo con tanta devoción? En mi opinión, las razones son tres.

Una es estrictamente filosófica. La esencia de la novela policíaca es eminentemente metafísica, y no es casual que en inglés para designar este género se utilice la palabra *whodunit*, es decir, «¿quién lo hizo?», ¿cuál es la causa de todo esto? Era la pregunta que ya se planteaban los presocráticos y que no hemos dejado de plantearnos nunca. Incluso las cinco vías para la demostración de la existencia de Dios, que estudiamos en santo Tomás, eran una obra maestra de investigación policíaca: a partir de las huellas que encontramos en el mundo de nuestra experiencia, nos remontamos, rastreando con el olfato como un perro trufero, al principio de esa cadena de causas y efectos, o al primer motor de todos los movimientos...

Sin embargo, ya sabemos (desde Kant en adelante) que, si bien es lícito remontarse de un efecto a una causa en el mundo de la experiencia, el procedimiento resulta dudoso cuando se hace del mundo a algo que está fuera del mundo. Y este es el gran consuelo metafísico que nos proporciona la novela policíaca, donde la causa última y el motor oculto de todos los movimientos no está fuera del mundo de la novela sino dentro y forma parte de ella. Por eso la novela negra nos facilita todas las noches el consuelo que la metafísica (al menos a muchos) niega.

La segunda razón es científica. Muchos han demostrado que los métodos de búsqueda utilizados por Sherlock Holmes y sus descendientes son muy parecidos a los de la investigación, tanto en las ciencias naturales como en las humanas, donde se pretende encontrar la clave secreta de un texto o el primer antepasado de una serie de manuscritos. Holmes, que como es notorio era un grandísimo ignorante en casi todo, llamaba deducción a esa actividad adivinatoria tan solo en apariencia, y se equivocaba; Peirce la llamaba «abducción» y, con algunas diferencias, así era también la lógica de la hipótesis de Popper.

Por último, una razón literaria. Lo ideal es que todo texto sea leído dos veces, una para saber lo que dice y la otra para apreciar cómo lo dice (y de ahí la plenitud del goce estético). La novela policíaca es un modelo (reducido pero exigente) de texto que, una vez descubierto quién es el asesino, invita implícita o explícitamente a mirar hacia atrás, o bien para comprender cómo el autor nos ha llevado a elaborar hipótesis erróneas o para decidir que en el fondo no nos había ocultado nada, pero no habíamos sabido mirar con la atención del detective.

Una experiencia de lectura que nos divierte y al mismo tiempo nos proporciona un consuelo metafísico, una invitación a la búsqueda y un modelo de interrogación para obras de misterios mucho más insondables, y por tanto una buena ayuda para el destino del sabio.

[2001]

Los aliados de Bin Laden

El debate, no sobre la censura, sino sobre la prudencia de los medios de comunicación sacude a todo el mundo occidental. ¿Hasta qué punto, para dar una noticia, se pueden favorecer actos de propaganda, o incluso contribuir a divulgar mensajes codificados emitidos por los terroristas?

El Pentágono llama a la prudencia a periódicos y televisiones, y es obvio, porque a ningún ejército en guerra le gusta que se divulguen sus planes o las llamadas del enemigo. Los medios de comunicación, habituados a una libertad absoluta, no saben adaptarse a una economía de guerra, en la que (antes) el que divulgaba noticias perjudiciales para la seguridad nacional era fusilado. Es difícil salir de este enredo, pues en la sociedad de las comunicaciones, a la que se añade ahora internet, ya no existe el secreto.

En cualquier caso, el problema es más complejo. Cada acto terrorista (es una vieja historia) se ejecuta para lanzar un mensaje, un mensaje que cause terror, o como mínimo inquietud o desestabilización. Y siempre ha sido así, incluso con los terroristas que hoy llamaríamos «artesanales», los de hace un tiempo, que se limitaban a matar a un individuo o a poner una bomba en la esquina de la calle. El mensaje terrorista desestabiliza aunque el impacto sea mínimo, aunque la víctima sea poco conocida. Con mayor razón desestabiliza si la víctima es conocida y es símbolo de algo.

Véase el salto cualitativo realizado por las Brigadas Rojas cuando, de la muerte de periodistas o asesores del poder político, a fin de cuentas ignorados por la opinión pública, pasaron al secuestro, al doloroso cautiverio y posterior asesinato de Moro.

Ahora bien, ¿cuál era el objetivo de Bin Laden al atacar las Torres Gemelas? Ofrecer «el mayor espectáculo del mundo», jamás imaginado ni siquiera en las películas de catástrofes, transmitir la impresión visual del ataque a los símbolos mismos del poder occidental y demostrar que los principales santuarios de este poder podían ser violados. Bin Laden no pretendía causar un determinado número de víctimas (que para sus fines no fueron más que un valor añadido); con tal de que las Torres Gemelas fueran alcanzadas (y mucho mejor si se derrumbaban), estaba dispuesto a aceptar incluso la mitad de víctimas. No estaba haciendo una guerra, en la que el número de enemigos eliminados es importante, sino lanzando un mensaje de terror, y lo que contaba era la imagen.

Pero si el objetivo de Bin Laden era impresionar a la opinión pública mundial con aquella imagen, ¿qué ocurrió? Es evidente que los medios de comunicación se vieron obligados a informar de los hechos. Y también se vieron obligados a informar de las consecuencias: los servicios de socorro, los socavones, el *skyline* mutilado de Manhattan.

¿Realmente estaban obligados a repetir aquella noticia todos los días, y al menos durante un mes, con fotos, reportajes e infinitos y reiterados relatos de testimonios oculares, repitiendo a los ojos de todo el mundo la imagen de aquella herida? Es muy difícil responder. Los periódicos aumentaron las ventas gracias a aquellas fotos, las televisiones aumentaron el número de espectadores gracias a la repetición de aquellos reportajes, el propio público exigía volver a ver aquellas escenas terribles, ya fuera para alimentar su indignación o por una especie de sadismo inconsciente. Es posible que no se pudiera actuar de otro modo, y la emoción de los días posteriores al 11 de septiembre impidió a las televisiones y a la prensa de todo el mundo sellar cualquier compromiso de discreción, y nadie podía tomar la iniciativa de callar sin perder puntos frente a la competencia.

Lo cierto es que con esa actitud los medios de comunicación regalaron a Bin Laden miles de millones de dólares de publicidad gratuita, puesto que mostraron a diario las imágenes que él había creado precisamente con la intención de que todos las vieran, para consternación de los occidentales y para orgullo de sus seguidores fundamentalistas.

Además, el proceso continúa y Bin Laden sigue obteniendo beneficios con muy poco gasto, si se tiene en cuenta que los atentados con ántrax están produciendo un número de víctimas insignificante respecto al de las Torres Gemelas, pero causan un terror mucho mayor, porque hacen que todo el mundo se sienta amenazado, incluso los que no van en avión ni viven cerca de los símbolos del poder.

De modo que podríamos decir que los medios de comunicación, a la vez que lo reprobaban, se convirtieron en los mejores aliados de Bin Laden, que ganó así el primer asalto.

Para consolarnos de la consternación provocada por esta situación en apariencia irresoluble, recordemos que cuando las Brigadas Rojas apuntaron más alto con el secuestro y asesinato de Aldo Moro, el mensaje fue tan estremecedor que se volvió contra sus autores: en vez de la disgregación, produjo la alianza de las distintas fuerzas políticas y el rechazo popular, y a partir de ese momento comenzó el declive de los terroristas.

El futuro nos dirá si el espectáculo exhibido por Bin Laden, precisamente porque se ha pasado de la raya y ha ido mucho más allá de lo soportable, habrá puesto en marcha un proceso que será el comienzo de su ruina. En ese caso habrán vencido los medios.

[2001]

Ir al mismo sitio

Lo repetimos una y otra vez: estamos viviendo realidades virtuales. Conocemos el mundo a través de la televisión, que muchas veces no lo representa tal como es sino que lo reconstruye (reconstruía con fragmentos de archivo la guerra del Golfo) o incluso lo construye *ex novo* (*Gran Hermano*). Lo que vemos cada vez más son remedos de la realidad.

Sin embargo, la gente nunca había viajado tanto como ahora. Cada vez son más las personas, cuyos padres no habían ido más allá de la ciudad vecina, que me cuentan que han visitado lugares con los que yo, viajero compulsivo y hasta profesional, todavía me limito a soñar. No hay playa exótica ni ciudad remota que no conozca toda esa gente que pasa la Navidad en Calcuta y agosto en la Polinesia. ¿No deberíamos considerar esta pasión turística una forma de huida de la realidad virtual para ver «la cosa misma, *the real thing*»?

Ciertamente, el turismo, aunque poco atento, representa para muchos una manera de reapropiarse del mundo. La diferencia está en que antes la experiencia del viaje era decisiva, volvían distintos a como habían partido, en cambio ahora regresan sin sentirse mínimamente afectados por la turbación del país extranjero. Vuelven y solo piensan en las próximas vacaciones, no hablan de la luz nueva que les ha cambiado.

Tal vez se deba a que los lugares de la peregrinación real hacen hoy todo lo posible para parecerse a los lugares de las peregrinaciones virtuales. Me explicaba un experto que en un circo ambulante se pasan el día limpiando y maquillando al elefante (descuidado y cochino por naturaleza) para que por la noche se parezca en todo a los elefantes que los espectadores han visto en el cine o en fotografías. Igualmente, el lugar turístico solo aspira a ser semejante a la imagen de papel cuché que de él han ofrecido los medios. Por supuesto, es preciso que el turista sea conducido a los lugares adaptados a lo virtual y que no vea los otros, es decir, que visite los templos y los mercados, pero no las leproserías, las ruinas reconstruidas y no las saqueadas por los ladrones de tumbas. A veces se construye *ex novo* el lugar de peregrinaje, tal como los medios lo habían enseñado; todos hemos oído hablar de las visitas dominicales a un Mulino Bianco que era exactamente igual al de la publicidad, por no hablar obviamente de Disneylandia o de la Venecia reconstruida en Las Vegas.

Pero también ocurre que todos los lugares tienden hoy a parecerse, y en esto sí que interviene de verdad la globalización. Estoy pensando en algunos lugares mágicos de París como Saint-Germain, donde están desapareciendo poco a poco los viejos restaurantes, las librerías oscuras y las tiendecitas de los viejos artesanos, locales que son sustituidos por boutiques de modistos internacionales. Son las mismas que se puede encontrar en la Quinta Avenida de Nueva York, en Londres o en Milán. Las calles principales de las grandes ciudades se parecen mucho, porque en ellas encontramos las mismas tiendas.

Cabe replicar que, pese a que tienden a ser idénticas, las grandes ciudades mantienen su fisonomía porque en una está la torre Eiffel, en la otra la torre de Londres, en una el Duomo de Milán, en la otra San Pedro. Es cierto, pero se está afianzando la manía de iluminar torres, iglesias y castillos con luces de colores que eclipsan con su ostentación eléctrica las estructuras arquitectónicas, de modo que los grandes monumentos corren el riesgo de parecerse (al menos a los ojos del turista) porque todos se han convertido en meros soportes para iluminaciones de estilo internacional.

Cuando todo sea ya igual a todo, ya no se hará turismo para descubrir el mundo real, sino para encontrar siempre y dondequiera que vayamos aquello que ya conocíamos, y que habríamos podido ver perfectamente desde el televisor de casa.

[2001]

Mandrache, ¿héroe italiano?

Art Spiegelman vino a Milán a presentar su colección de bellísimas portadas del *New Yorker*. Spiegelman se hizo famoso con su formidable *Maus*, con el que demostró que los tebeos pueden hablar del Holocausto con la fuerza de una gran saga, pero sigue presente comentando los sucesos de nuestro tiempo con historias capaces de fusionar la actualidad y la polémica comprometida con amables reinterpretaciones de la historia incluso remota de los cómics. En resumen, lo considero un genio.

Vino a mi casa a tomar el aperitivo y le enseñé mi colección de tebeos antiguos, algunos originales deteriorados y algunas buenas reproducciones anastáticas, y se sorprendió al ver las portadas de los viejos álbumes Nerbini del Hombre Enmascarado, Mandrake, Cino e Franco y Gordon. El motivo de su asombro no fue tanto Flash Gordon, que también es un mito al otro lado del océano, sino los otros tres. Si examinan una buena historia del tebeo hecha en Estados Unidos, verán que en ella se menciona evidentemente al Hombre Enmascarado (The Phantom) y sus compañeros, pero con la ayuda de internet comprobarán que las grandes reinterpretaciones son sobre todo de Superman y de la brigada de los superhéroes como el Hombre Araña, y en aquel país se actualiza en clave posmoderna Batman o se redescubren (como hizo Spiegelman en un encantador librito) los orígenes del superhéroe más antiguo, Plastic Man. Intenten buscar Cino e Franco (serie que en el original se llamaba *Tim Tyler's Luck*); encontrarán muchísimas alusiones al bodrio o telefilme que se hizo de esta serie (como también se realizó una serie penosísima de Gordon, ahora objeto de culto *trash*), pero de sus tiras originales apenas se habla.

Según me decía Spiegelman, parece que el Hombre Enmascarado, Mandrake y socios son más populares todavía en Italia que en su país. Me preguntaba cuál era la razón, y yo le di mi explicación, que por otra parte es la de un testimonio histórico, que los vio nacer y llegar en las inverosímiles y chapuceras traducciones italianas casi inmediatamente después de su aparición americana (entre otras cosas, las portadas de algunos álbumes Nerbini llevaban como título *Mandrache*, tal vez para italianizarlo). Lo que ocurría era que, comparados con los tebeos del régimen (basta con citar a Dick Fulmine, a Romano il Legionario o a los adolescentes del *Corriere dei Piccoli*, que llevaban la civilización a Abisinia o realizaban hazañas portentosas con los falangistas contra los crueles milicianos rojos), Gordon descubría a los chicos italianos que se podía luchar por la libertad del planeta Mongo contra un despiadado y sanguinario tirano como Ming, que el Hombre Enmascarado combatía no contra la gente de color, sino junto a ellos para contener a los aventureros blancos, que existía una África inmensa por donde vagaba la Patrulla para detener a los traficantes de marfil, que había héroes que no llevaban camisa negra sino frac y se cubrían la cabeza con lo que Starace llamaba *tubi di stufa*, sombreros de copa, y muchas otras cosas, para acabar con el descubrimiento de la libertad de prensa a través de las peripecias de Mickey Mouse periodista, y antes de que (aunque en la posguerra) llegase a nuestras pantallas Humphrey Bogart diciendo por teléfono: «Es la prensa, nena» (en el original: «This is the power of the press, baby, and there is nothing you can do about it»). Cuando pienso en esos tiempos se me saltan las lágrimas; ¿para cuándo el retorno de Mickey Mouse periodista?

En aquellos años oscuros, los tebeos estadounidenses nos enseñaron algunas cosas y marcaron nuestra vida, incluso la adulta. Y puesto que estamos hablando de estos temas, permítanme que me anticipe con un consejo a los periódicos, revistas y programas de televisión. Cada año celebramos un aniversario: de un autor, de un libro o de un hecho memorable. Pues bien, preparémonos (y tenemos seis meses de tiempo) para celebrar el septuagésimo aniversario del fabuloso 1934.

En enero aparece en Estados Unidos la primera aventura de Flash Gordon y, como apéndice, Jim de la Jungla, con dibujos de Alex Raymond. Dos semanas después, del mismo autor, el Agente Secreto X-9 (¡con texto de Dashiell Hammett!). En octubre sale en Italia *L'Avventuroso*, con la primera aventura de Gordon, pero el héroe no figura como jugador de polo (demasiado burgués), sino como capitán de policía. Olvidemos que también en marzo salen los que en Italia se llaman Bob Star y la Radiopattuglia, pero en junio entra en escena Mandrake de Lee Falk y Phil Davis, y en agosto Li'l Abner de Al Capp (a Italia no llegará hasta la posguerra). En septiembre Walt Disney presenta al Pato Donald: ¡Donald cumple setenta años! En octubre se publica *Terry e i pirati* de Milton Caniff (que en Italia hará su tímida aparición los años siguientes, por capítulos, como apéndice en los Albi Juventus, con el título de *Sui mari della Cina*). El mismo año nace en Francia *Le Journal de Mickey*, con las historias de Mickey Mouse en francés.

Díganme si no fue un año interesante para nuestra nostalgia.

[2002]

Minculpop y ombligo

No sé si cuando aparezca esta columna todavía seguirá viva la polémica sobre la escuela para *veline* en Nápoles, pero el caso se presta a algunas consideraciones que sirven también para el futuro. En general, ser *velina* no es un oficio indecoroso y algunas *veline* han llegado a ser presentadoras o actrices de mediana categoría. En una sociedad del espectáculo es normal que una chica guapa se anime a emprender esta carrera.

Sin embargo, crear una escuela pública para *veline* es como crear una escuela pública para poetas. Si se imparte un curso con cien aspirantes a poeta y la providencia nos echa una mano, no es imposible que uno de los participantes acabe convirtiéndose en un poeta de verdad, pero sin duda los otros noventa y nueve se quedarán frustrados para toda la vida, maldiciendo el trabajo en un banco e inundando las editoriales de manuscritos regularmente rechazados. ¿Es impropia esta comparación? Suponiendo que cada cadena produzca cada noche dos programas en los que aparezcan dos *veline*, y suponiendo un total de diez cadenas por noche (dejando aparte las que se dedican a vender alfombras, ya que ser *velina* en ellas difícilmente permite alcanzar el éxito), podemos calcular que se utilizan cuarenta *veline* por noche. No se puede hacer un cálculo de doscientas ochenta *veline* por semana, porque al menos uno de los dos programas es diario (salen siempre las mismas chicas), por tanto multiplicamos veinte por siete, más veinte fijas, y nos da un total de ciento sesenta *veline*, que presumiblemente se mantienen en su puesto durante un año. ¿Tendrán las diplomadas de la escuela más oportunidades que los poetas, no los que alcanzan la cima, sino aquellos que al menos publican en revistas literarias de cierta categoría y escriben opúsculos en editoriales especializadas?

Además, un poeta que triunfa dura toda la vida, mientras que una *velina* que triunfa tiene pocos años de actividad por delante. Por último, teniendo en cuenta que no todas las diplomadas de esa escuela llegarán a ser *veline* de *Striscia la notizia*, existe un serio peligro de que la mayoría de ellas se conviertan en mano de obra barata para manifestaciones regionales y no vean cumplidos sus sueños de gloria.

Ha salido un folleto francés, *Premiers matériaux pour une théorie de la Jeune-Fille*, que considera no solo a las *veline*, sino en general a las chicas que se someten a los dictados de la moda (ombligo al aire, etc.) víctimas de una sociedad que las empuja a vender fuerza-seducción en lugar de fuerza-trabajo, nuevo opio de los pueblos. En *Panorama*, Giampiero Mughini hacía una reseña del libro con alegre escepticismo, ya que afirmaba que, en el fondo, estas imágenes invitaban al sueño de la belleza femenina «sin el que no hay vida», y concluía: «Gracias por existir, amadas narcisistas». Como no soy insensible a la fascinación de la belleza femenina, puedo entender el consuelo que a Mughini le proporcionan estas visiones. Asistir a una corrida de toros también proporciona una gran satisfacción, pero ¿hay alguien que piense en el toro? El problema no es Mughini, son las muchachas.

Algunos programas no podrían existir sin la presencia de bellezas semidesnudas contoneándose, otros, como ciertos concursos que me gustan (Amadeus y Scotti), podrían funcionar muy bien aunque al final no apareciera una *velina* sonriente junto a la desgraciada concursante derrotada, a menudo bastante menos agraciada. En ambos casos, hasta el más tenaz antifeminista deberá admitir que se trata de la utilización de mujeres-objeto. Vamos a dejarnos de historias, si fuesen mujeres-sujeto serían ellas las que hicieran las preguntas y Amadeus aparecería al final en calzoncillos. En cambio, Amadeus es el garante intelectual («¡No señora, la ipecacuana no es un reptil centroamericano!»), mientras que la muchacha está puesta allí para que a Mughini, como honestamente admite, le resulte grata su existencia.

Si este no es el papel de mujer-objeto, entonces la única mujer-objeto es la prostituta, y solo si está implicada en una red de tráfico de mujeres; en cuanto a lo demás, podemos dormir tranquilos. Pero si resulta que sí lo es, crear una escuela pública para animar a las muchachas a convertirse en mujeres-objeto no me parece una buena idea.

La última consideración es que nadie se ha preguntado por qué Ricci, en *Striscia la notizia*, bautizó como *veline* a sus muchachas (que por lo menos saben bailar y pronunciar alguna frase). La *velina* era el comunicado en papel de copia que el Ministerio de la Cultura Popular (MINCULPOP), el órgano de propaganda del régimen fascista, enviaba a los periódicos para comunicarles de qué tenían que hablar y de qué no. Puesto que *Striscia* nació como parodia de un telediario (luego se volvió más fiable que lo que parodiaba, pero esta es otra cuestión), es evidente que Ricci pensó con ironía en llamar *veline* a las musas de los dos presentadores. A partir de ahí, el nombre se consolidó, y ahora se utiliza como si significara, por decir algo, «velas pequeñas». En cualquier caso, no recordamos de qué infame episodio de censura nace.

Las *veline* del MINCULPOP servían para evitar que los italianos pensaran demasiado. No quiero decir que las *veline* con el ombligo al aire cumplan deliberadamente la misma función, aunque lo cierto es que un poco sí lo pienso.

[2003]

«¿El público le hace daño a la televisión?»

Me llama de Madrid el colega y amigo Jorge Lozano, que enseña semiótica y teoría de la comunicación en la Universidad Complutense.

Me dice: «¿Has visto lo que ha pasado aquí? Confirma todo lo que escribiste en los años sesenta. Estoy haciendo que mis estudiantes relean la ponencia que presentaste con Paolo Fabbri, Pier Paolo Giglioli y los demás en Perugia, en 1965; tu intervención de Nueva York de 1957, sobre la guerrilla semiológica, y ese ensayo tuyo de 1973 "¿El público le hace daño a la televisión?". Ya estaba escrito todo».

Es agradable que te declaren profeta, pero le hago notar a Lozano que por aquel entonces no hacíamos profecías, sino que poníamos en evidencia tendencias que ya existían. «Vale, vale —me dice Jorge—, pero los únicos que no han leído lo que escribisteis han sido precisamente los políticos.» Es posible. El asunto es el siguiente: en aquellos años sesenta y primeros de los setenta en varios ámbitos se decía que sin duda la televisión (y en general los medios de comunicación de masas) eran un instrumento muy poderoso capaz de controlar los que entonces se denominaban «mensajes», y que si estos se analizaban se podía ver cómo lograban influir en las opiniones de los usuarios e incluso forjar conciencias. Ahora bien, nosotros observábamos que lo que decían los mensajes de manera intencionada no era necesariamente lo que el público leía en ellos. Algunos ejemplos banales eran que la imagen de un desfile de vacas es «leída» de forma distinta por un carnicero europeo y por un brahmán indio, que la publicidad de un Jaguar despierta el deseo en un espectador acomodado y sentimientos de frustración en un desheredado. En definitiva, el mensaje apunta a producir determinados efectos pero puede chocar con situaciones locales, con otras disposiciones psicológicas, deseos, miedos y producir efectos bumerán.

Es lo que ha pasado en España. Los mensajes gubernamentales querían decir: «Creednos a nosotros, el atentado es obra de ETA», pero precisamente porque esos mensajes eran tan insistentes y perentorios la mayoría de los destinatarios leyeron «Tengo miedo de decir que ha sido al-Qaeda». Y aquí se introduce el segundo fenómeno, que por aquel entonces definimos como «guerrilla semiológica». Decíamos: si alguien tiene el control de las emisoras, no podemos ir a ocupar el primer asiento ante las cámaras de televisión, pero podemos ir a ocupar idealmente la primera silla ante cada televisor.

En otras palabras, la guerrilla semiológica tenía que consistir en una serie de intervenciones llevadas a cabo no allí donde el mensaje tiene su origen, sino donde llega, induciendo a los destinatarios a discutirlo, a criticarlo, a no recibirlo con pasividad. En los años sesenta, esta «guerrilla» se concebía todavía de forma arcaica, como operación de reparto de octavillas, organización de «teleclubes» siguiendo el modelo de los cineclubes, intervenciones repentinas en los bares donde la mayoría de la gente aún se reunía alrededor del único televisor del barrio. Pero en España, lo que le ha dado un tono y una eficacia muy distinta a esta «guerrilla» es que vivimos en la época de internet y de los teléfonos móviles. De esta forma la «guerrilla» no la han organizado grupos de élite, activistas de algún tipo o una «punta de diamante», sino que se ha desarrollado de manera espontánea, como una especie de tamtam, de transmisión boca a boca de ciudadano en ciudadano.

Según Lozano, lo que ha puesto en crisis al gobierno de Aznar ha sido un torbellino, un flujo imparable de comunicaciones privadas que ha adquirido dimensiones de fenómeno colectivo; la gente se ha movido, ha visto la televisión y leído los periódicos pero al mismo tiempo cada uno ha comunicado con los demás y se ha preguntado si lo que le decían era verdad. Internet ha permitido leer también la prensa extranjera: las noticias se cotejaban, se discutían. En pocas horas se ha formado una opinión pública que no pensaba y no decía lo que la televisión quería hacerle pensar. Ha sido un fenómeno de los que hacen época, me repetía Lozano, el público puede hacerle daño de verdad a la televisión. A lo mejor sobrentendía: «¡No pasarán!».

Cuando hace algunas semanas yo sugería en un debate que si la televisión la controla un único dueño, una campaña electoral pueden hacerla hombres sándwich que recorran las calles contándole a la gente lo que la televisión no dice, no estaba formulando una propuesta graciosa. Pensaba de verdad en la infinidad de canales alternativos que pone a nuestra disposición el mundo de la comunicación; podemos oponernos a una información controlada hasta con los mensajes del móvil, en lugar de transmitir solo «Te quiero».

Ante el entusiasmo de mi amigo, le contesto que quizá en Italia los medios de comunicación alternativa todavía no están tan desarrollados, ya que se hace política (porque de política se trata, y trágica) ocupando un estadio e interrumpiendo un partido de fútbol, y que aquí los posibles autores de una guerrilla semiológica están bastante ocupados en hacerse daño mutuamente en lugar de hacerle daño a la televisión. Claro que la lección española hay que meditarla.

[2004]

Ser testimonio de sí mismo

Cuando la publicidad nos dice que un determinado producto es el mejor de todos, desde luego no pretende que la gente lo crea. Lo que importa es que el espectador identifique el producto y lo reconozca cuando vaya a comprar. Si la publicidad no pretende ser creída, ¿de qué sirve el testimonial, es decir, el personaje célebre que aparece para garantizar la bondad del producto? En apariencia, su presencia debería confirmar que una persona simpática y/o autorizada también lo recomienda, y debería ser especialmente convincente si el que da testimonio pertenece a la misma área mercadotécnica del producto (un futbolista famoso resulta más creíble si da testimonio de unas botas de fútbol que de un agua mineral).

En cambio, hoy es frecuente que el futbolista anuncie un agua mineral, y la gente sabe muy bien que (a menos que se trate de una recomendación de utilidad pública) el testimonial cobra un dineral, y por tanto su testimonio no responde necesariamente al entusiasmo por el producto. La verdad es que no importa que el público crea en la buena fe del testimonio. Basta con que se sienta atraído por su aparición, y el mensaje adquiere visibilidad.

En la publicidad estadounidense, antes que en la nuestra, nació la figura del testimonio «interno»: el que garantiza el producto no es alguien de fuera (actor, científico, deportista) sino el propio fabricante (como si dijera: «Si esto lo fabrica alguien como yo, que soy como vosotros, debéis fiaros»). Pero la práctica es peligrosa: no quiero problemas y por tanto no daré nombres, pero recuerdo haber visto en un spot a un fabricante de aspecto tan desagradable que me llevó a plantearme si le compraría un coche de segunda mano.

Para evitar ese riesgo, la publicidad recordó que al público también le atraen figuras seductoras que no proceden de la vida real sino que son creadas por la propia publicidad (piénsese en Megan Gale), de modo que se puede presentar un fabricante «virtual», esto es, un actor que asegure ser el fabricante, que a su vez es garantía de sí mismo y de su producto. La versión claramente paródica de esta práctica (basada en una afortunada homonimia) nos la proporciona el famoso presentador Gerry Scotti, que anuncia el arroz Scotti hablando con un imaginario doctor Scotti, pero haciendo creer que el arroz tiene todas las agradables propiedades del Scotti visible y no del oculto.

Hablemos ahora del señor Giovanni Rana. ¿Quién es el señor Rana? Un fabricante de pasta que se ha hecho famoso porque anuncia personalmente sus pastas. El señor Rana representa el caso típico de «testimonio testimoniado», o más bien de testimonio que se autotestifica, porque por un lado al aparecer en el spot atestigua que es el señor Rana y, por el otro, en su condición de tal, da fe de la bondad de los productos Rana. ¿El garante de las pastas Rana es el verdadero señor Rana o un actor que lo interpreta? No creo que el público se plantee esta cuestión: el señor Rana de la televisión ya no es una persona que procede de la vida real, sino un personaje del imaginario publicitario.

Ahora veo en la televisión el anuncio de un producto (que no es una pasta, me parece que tiene algo que ver con teléfonos) en el que aparece como testimonial el señor Rana. Creo que es un fenómeno completamente nuevo. Al introducir en la ficción publicitaria A un personaje que procede de otra ficción publicitaria B, o sea, utilizando como testimonio para A un personaje que en B era testimonio de sí mismo, puede decirse que (parafraseando a Sraffa) se ha realizado una producción publicitaria por medio de la publicidad. Es como si apareciese Mickey Mouse para garantizar que el lobo feroz existe en realidad, o viceversa.

En todo este asunto una cosa está clara: fascinado por la aparición de ese problemático señor Rana, y por esa irrupción de un imaginario en el otro (como en la película *Loquilandia* donde, en medio de un baile, irrumpen por error unos indios a caballo procedentes de otra película), al final (como estoy demostrando) no recuerdo qué demonios se anunciaba en ese spot. Por otra parte, no se trata de un fenómeno inédito: ocurre cada vez con más frecuencia que, si el *sketch* es atractivo y hasta memorable (recordarán el famoso «Buonasera!»), se recuerda la situación cómica pero no el producto.

La cuestión es que para que el logotipo sea memorizado tiene que estar incluido en el eslogan final, y ha de ser eficaz y memorizable. Piensen en el «No Martini, no party», en la historia del niño que se equivoca con el nombre de Simmenthal o en el clásico spot con el inspector Rock («Yo también he cometido un error, ¡nunca he usado la brillantina Linetti!»).

¿Por qué otros publicistas (y sobre todo otros patrocinadores) son tan suicidas como para renunciar, en aras del eslogan, a la memorización del logotipo? Confieso que es un misterio que todavía no he logrado resolver.

[2005]

El crimen nuestro de cada día

Tengo la impresión de que si el huracán que ha destruido Nueva Orleans no hubiese encontrado una tierra excavada, nivelada, dragada, deforestada y saqueada, sus efectos habrían sido menos nefastos. Creo que en esto estamos todos de acuerdo. Las discrepancias surgen cuando se trata de establecer si un huracán aquí y un tsunami allá son consecuencia del calentamiento del planeta. Quiero aclarar de entrada que, aun no poseyendo un conocimiento científico sobre el tema, estoy convencido de que la alteración de muchas condiciones ambientales causa fenómenos que no se habrían producido si nos hubiésemos preocupado más por el destino del planeta, y por tanto estoy a favor del Protocolo de Kioto. Pero también creo que tornados ciclones y tifones los ha habido siempre; de lo contrario, no tendríamos las hermosas páginas de Conrad o películas muy famosas dedicadas a esos desastres.

Me atrevo, pues, a sugerir que en los siglos pasados hubo catástrofes terribles que mataron a decenas de miles de personas, y que tal vez ocurrieron en el mismo (muy breve) espacio de tiempo que el transcurrido entre el tsunami asiático y el Katrina estadounidense. De algunas hemos oído hablar, otras pocas quedaron registradas en la literatura, como los terremotos de Pompeya y de Lisboa, y sobre otras circularon noticias imprecisas y terroríficas, como de la erupción del Krakatoa, pero, en definitiva, es legítimo suponer que decenas y centenares de cataclismos han devastado costas y poblaciones lejanas mientras nosotros estábamos ocupados en otros asuntos. Lo que ocurre es que en el mundo globalizado la velocidad de las comunicaciones nos permite enterarnos de inmediato de cualquier suceso trágico, aunque se produzca en el rincón más remoto del planeta, y por eso tenemos la impresión de que ahora hay muchas más catástrofes que en el pasado.

Por ejemplo, creo que un espectador medio de televisión puede preguntarse qué virus misterioso induce a tantas madres a matar a sus hijos. Y es difícil culpar de eso al agujero de la capa de ozono. Debe de haber alguna otra razón oculta. En realidad hay algo más, pero está a la vista, no es secreto ni está oculto. Lo cierto es que a lo largo de los siglos el infanticidio ha sido siempre un deporte bastante popular, y los griegos ya iban al teatro a llorar por Medea quien, como todos sabemos, mató a sus hijos hace miles de años con el único propósito de fastidiar a su marido. Sin embargo, y tal vez esto nos sirva de consuelo, de los seis mil millones de habitantes del planeta, las madres asesinas han constituido siempre un porcentaje ínfimo, así que no debemos mirar con recelo a todas las señoras que pasan a nuestro lado empujando un cochecito de bebé.

Aun así, cualquiera que vea las noticias en la televisión tiene la impresión de que vivimos en un círculo infernal, donde no solo las madres matan a un hijo cada día, sino que también los niños de catorce años usan armas de fuego, los inmigrantes roban, los pastores cortan las orejas, los padres disparan contra sus familias, los sádicos inyectan lejía en las botellas de agua mineral y los sobrinos cortan cariñosamente en rebanadas a sus tíos. Por supuesto, todo eso es cierto, pero forma parte de la normalidad estadística, y nadie recuerda los felices y pacíficos años de la posguerra cuando la saponificadora de Correggio hervía a sus vecinos en un tanque para hacer jabón, Rina Fort destrozaba a martillazos la cabeza de los hijos de su amante y la condesa Bellentani alteraba la paz de las cenas de la alta sociedad a golpes de revólver.

Ahora, aunque es «casi» normal que de vez en cuando una madre mate a su hijo, es menos normal que tantos estadounidenses e iraquíes salten a diario por los aires. Sobre los niños muertos lo sabemos todo, en cambio sabemos muy poco sobre el número de adultos muertos. Lo cierto es que la prensa seria dedica unas páginas a la política, la economía y la cultura, otras a la bolsa de valores, a los anuncios clasificados, y a los obituarios, que eran la lectura preferida de nuestras abuelas y, excepto en el caso de sucesos realmente sensacionales, apenas dedica unas páginas interiores a la crónica negra. Antes se prestaba menos atención aún a la información de sucesos, de modo que los lectores sedientos de sangre tenían que comprar revistas especializadas como *Crimen*, y los chismes sobre personajes de la televisión quedaban relegados a las revistas ilustradas que se podían encontrar en las peluquerías.

En cambio, ahora nuestras telenoticias, después de informar sobre guerras, matanzas, ataques terroristas y asuntos similares, y tras algunas prudentes indiscreciones sobre la actualidad política, aunque sin alarmar demasiado a los telespectadores, comienzan la retahíla de delitos: matri-fratri-uxori-parri-infanti-cidios, asaltos, robos y tiroteos. Y para que al telespectador no le falte de nada, parece que las cataratas de los cielos se abren a diario sobre nuestro país y llueve como no lo había hecho nunca, de modo que en comparación el diluvio universal no fue más que un simple reventón de cañería.

Y es aquí donde encontramos algo oculto, o a la vista. Los directivos de nuestras Tele Niágara, para no comprometerse demasiado con noticias política y económicamente peligrosas, han optado por el canal Crimen. Una buena secuencia de cabezas cortadas mantiene a la gente tranquila y le impide tener extrañas ideas.

[2005]

Quizá Agamenón era peor que Bush

Voy sentado en el tren leyendo el periódico cuando un señor sentado a mi lado empieza a charlar conmigo: «Hay que ver, ¿ha leído usted en qué tiempos vivimos? Seguro que ha leído hoy lo de ese que ha matado a su mujer que estaba embarazada. ¿Y lo de esos otros dos que hace algunos meses se cargaron a toda la familia de al lado porque tenían un poco alto el volumen de la radio? ¿Y lo de la prostituta rumana que le clavó el paraguas en el ojo a una chica por una pelea de nada? ¿Y cuántas madres en los últimos tiempos han matado a sus hijos? ¿Y ese que acabó con su hija (cómo no, emigrante y encima musulmán) para impedirle que se casara con un cristiano? Y bueno, si nos remontamos a hace algunos años, ¿recuerda a aquella chica que liquidó a su madre y a su hermano pequeño? ¿Y los que secuestraron al hijo del vecino y luego lo mataron porque lloraba? Pero ¿qué está pasando?».

Le comento que, sin duda, no lo sabe todo. Si hubiera leído con atención lo que he leído yo (posiblemente en internet), se daría cuenta de que la lista no acaba ahí.

¿No había leído la historia aquella de Piacenza? Un tal Menini, para congraciarse con uno que debía asegurarle éxito a su empresa, le entrega a su hija, sabiendo perfectamente que es un tipo sin escrúpulos y que se la despachará, y luego se va tan campante a su viaje de negocios. Mientras tanto, como el marido está lejos, un prometedor gigoló, un tal Egidi, se dedica a consolar a la señora. Menini, se convierte en su amante, prácticamente se instala en su casa; cuando el señor Menini regresa de su viaje, el tal Egidi lo mata, por supuesto con la colaboración de la señora. Le echan la culpa a no se sabe quién, en el funeral se hartan de llorar, pero Menini hijo no se lo traga; tras regresar del extranjero, donde realizaba un Erasmus, mata al tal Egidi y luego, como no le parece suficiente, se carga también a su madre (y, entre otras cosas, su hermana intenta salvarlo, dándoles indicios falsos a los investigadores). «Qué fuerte, qué fuerte», suspira el señor.

¿Y lo de la señora Medi de Molfetta? El marido la deja plantada, y ella para vengarse, como sabe que está loco por sus hijos, va y los mata. «La verdad es que ya no hay religión, se queda en nada eso de cortarse los testículos para darle un disgusto a la mujer, mire usted que cargarse a la sangre de su sangre para darle un disgusto al marido —se queja mi vecino de asiento—, ¿serán madres, semejantes mujeres? Yo digo que es la influencia de la televisión, y de esos programas violentos que hacen los comunistas.»

Insisto. Pues a lo mejor el señor no ha leído la historia del tal Croni de Saturnia que primero, no sé si por asuntos de herencia o de qué, el caso es que ese sí que le corta los testículos a su padre y luego —como no quiere tener hijos, y con razón, vista su experiencia filial— hace abortar a su mujer y se come a los pobres fetos. Dice el señor: «Seguro que pertenecía a una secta satánica, quizá de joven se dedicaba a tirar piedras a la autopista desde los puentes, y seguro que en su pueblo todo el mundo lo consideraba un caballero. Pero claro, mire usted, si es que justo en el periódico que está leyendo no hay más que elogios del aborto y del matrimonio entre travestis…».

Hombre, mire, le digo, la mayor parte de los delitos sexuales se dan hoy en día dentro del núcleo familiar. Habrá oído lo de ese Lay de Battipaglia; su hijo lo mató y luego se arrejuntó con la madre hasta que esta no pudo aguantar más y se mató también ella. Y en una ciudad que no queda muy lejos, unos tales hermanos Tiesti primero mataron a su hermanastro por interés, luego uno de los dos se convirtió en el amante de la mujer del otro y el otro, para vengarse, le mató a los hijos, los asó a la parrilla y se los sirvió para comer, y el otro se los tragó sin saber qué estaba comiendo.

«Jesús, Jesús —dice mi interlocutor—, pero ¿eran italianos o inmigrantes?» No, no, le respondo; he hecho un poco de trampas con los nombres y los lugares. Eran todos griegos, y las historias no las he leído en el periódico, sino en el diccionario de mitología. El señor Menini era Agamenón, que sacrificó su hija a los dioses para tener éxito en la expedición de Troya; el joven Egidi que lo mató era Egisto, y la mujer infiel era Clitemnestra, que a su vez fue asesinada por su hijo Orestes. La señora Medi era Medea, el señor Croni era Cronos, para los romanos Saturno. El señor Lay era Layo, asesinado por Edipo, y la mujer incestuosa era Yocasta; y para acabar, los hermanos Tiesti eran Tiestes, que se comió a sus hijos, y su hermano Atreo. Y estos son los mitos que fundaron nuestra civilización, no solo las bodas de Cadmo y Harmonía.

El asunto es que entonces se escribía una tragedia, o de vez en cuando un poema sobre estas historias, mientras que hoy en día los periódicos están atentos a cualquier hecho de crónica y llenan con sangre dos o tres páginas. Si además calculamos que hoy somos seis mil millones mientras que entonces la población del mundo se limitaba a algunas decenas de millones, salvando las proporciones, antaño se mataban más que hoy. Por lo menos en la vida de cada día, excluyendo las guerras. Y quizá Agamenón era incluso peor que Bush.

[2007]

¡Fuera las calles!

Es cierto que en verano, y especialmente en torno a la segunda quincena de agosto, hay pocas noticias que comentar, excepto algunas matanzas en Georgia que tienen menos interés que las Olimpíadas. No obstante, estas últimas semanas me ha llamado la atención la recuperación de un tema que me atrevería a calificar de eterno. En algún sitio se ha vuelto a discutir por qué se quería dedicar una calle a algún personaje comprometido con el fascismo, o a figuras controvertidas como Bettino Craxi, o suprimir el nombre de otra calle, tal vez en Romaña, donde en los pueblos pequeños sorprende la abundancia de calles Karl Marx y calles Lenin. Francamente, el asunto resulta ya insoportable y solo hay una manera de zanjarlo: una ley que prohíba poner a una calle el nombre de una persona que no lleve muerta al menos cien años.

Por supuesto, con la ley de los cien años, aparte de a Karl Marx, habrá quien en 2045 dedique una calle a Benito Mussolini; ¡paciencia!, nuestros nietos, ya cuarentones (por no hablar de los posibles bisnietos), tendrán ideas confusas acerca del personaje. Los buenos católicos romanos pasean hoy con tranquilidad por via Cola di Rienzo, sin saber que no solo tuvo también su piazzale Loreto, sino que los que le dedicaron una calle tan importante fueron los masones post-Resurgimiento para fastidiar al Papa.

Además, hay que considerar, al menos por respeto a las personas difuntas, que poner el nombre de alguien a una calle es el modo más fácil de condenarlo al olvido público y a un clamoroso anonimato. Excepto casos aislados, como Garibaldi o Cavour, nadie sabe quiénes son los personajes que dan nombre a una plaza o a una calle y, si alguna vez se supo, en la memoria colectiva el personaje ha acabado convirtiéndose simplemente en una calle. En mi ciudad natal, he pasado mil veces por via Schiavina sin preguntarme nunca quién era el personaje (ahora sé que era un analista del siglo XIX), por via Chenna (ahora sé quién era porque tengo en casa sus obras sobre las diócesis de Alessandria, 1875), por no hablar de Lorenzo Burgonzio (me entero por internet de que fue el autor de *Le notizie istoriche in onore di Maria Santissima della Salve*, Vimercati Editore, 1738).

Desafío a los milaneses que viven en via Andegari, Cusani, Bigli o Melzi d'Eril a que me digan quiénes eran los que merecieron tal honor; tal vez alguna persona culta sabe que Francesco Melzi d'Eril fue vicepresidente de la República italiana en la época napoleónica, pero creo que el ciudadano de a pie que no sea un historiador apenas tiene noticia de las familias Cusani, Bigli o Andegari (algunos sostienen incluso que el nombre procede de la palabra celta *andeghee*, que significa «espino blanco»).

No solo la toponimia condena a la *damnatio memoriae*, sino que puede suceder que el nombre de un personaje respetable vaya asociado a una calle de mala fama y en ese caso el nombre del infeliz será utilizado por los siglos de los siglos como referencia obscena. Si evoco la ciudad de Turín de mi época universitaria, recuerdo que via Calandra se relacionaba con malicia (y para los biempensantes, tristemente) a dos casas de tolerancia, cuando la intención era honrar a Edoardo Calandra, respetable escritor del siglo XIX. Y la piazza Bodoni, que también honraba a un gran tipógrafo y albergaba el insigne conservatorio, era punto de encuentro nocturno de homosexuales (piensen por un momento lo que esto significaba en los años cincuenta), de modo que el topónimo designaba por metonimia (continente por contenido) a quien se dedicaba a placeres muy alejados de la tipografía y de la música clásica. Por no decir que en Milán el burdel más frecuentado por la soldadesca estaba en via Chiaravalle, y nadie podía pronunciar sin una sonrisa burlona el nombre de la noble y famosa abadía.

En vista de esto, ¿qué nombres ponemos a las calles? Los que administran los asuntos públicos deberán hacer un esfuerzo de imaginación porque no podrán pescar en el repertorio familiar de los Bottai o de los Italo Balbo, sino que deberán redescubrir, por ejemplo, a Salvino degli Armati, probable inventor de las gafas, o a Bettizia Gozzadini (primera mujer que fue profesora de la Universidad de Bolonia medieval) o incluso a Uguccione della Faggiola y Facino Cane, que no eran precisamente unos santos, pero tampoco Balbo lo era. Por otra parte, Nueva York sobrevive perfectamente con calles que solo tienen números, lo que no difiere mucho de cuando en Milán se bautizaba una calle con el nombre de via Larga. Y en las cien ciudades de Italia hay preciosas subidas del Grillo, calles dell'Orso («del oso») o della Spiga («de la espiga»), del Colle («de la colina»), y podría añadirse via dei Tigli («de los tilos», en Berlín hay una), via degli Ontani («de los alisos»), y así podríamos seguir con la botánica.

[2008]

Barcos y tetas

Pensamiento número uno. Estoy en París cenando con unos amigos franceses y uno de los comensales comenta que la televisión italiana es todo un espectáculo, porque en cualquier programa, que no tiene por qué ser necesariamente de variedades, aparecen hermosas muchachas medio desnudas, aunque sea un programa de información o un concurso. Todos abren los ojos como platos (¿es posible que existan televisiones así?), y uno afirma que tendrá que incluir en su suscripción las televisiones italianas. Otro dice que ahora entiende por qué los italianos se lo perdonan todo a los políticos que se relacionan con chicas jóvenes. Han sido educados así. Me mosqueo un poco, la verdad. No todos somos maníacos sexuales.

Dos días después, me encuentro en la estación de Roma Termini, donde retruenan unos enormes cubos publicitarios de la TTTLines Nápoles-Catania. Se entrevén las rutas de esta compañía, pero sobre todo una serie de muchachas, todas de espalda y bastante ligeritas de ropa para que se note su gracia calipigia. Un eslogan de gran tamaño, tal vez por temor a que los traseros no atraigan suficientemente la atención, reza: «Tenemos las popas más famosas de Italia». Al que no entiende el chiste habrá que explicarle que el texto, con un brillante doble sentido, alude tanto a la parte posterior de los barcos como a las delanteras de las chicas. ¿Tendrían razón mis amigos franceses?

Pregunta: «¿Permitirían que educara a su hijo el jefe de prensa de la TTTLines?». Temo que muchos italianos responderían que sí, esperando que sus hijitos se convirtieran en avispados varoncitos, los mejor dotados de Italia.

Pensamiento número dos. La Liga Norte ha presentado en el Senado un proyecto de ley que prevé imponer el estudio de los dialectos locales en la enseñanza obligatoria. A este proyecto se opone naturalmente Alianza Nacional, porque de lo contrario se llamaría Alianza Regional. En el *Corriere* del 31 de mayo aparecía un excelente artículo de Dario Fo escrito en su *grammelot* personal, que con un poco de buena voluntad podría tomarse por el paduano oficial (si es que ha existido alguna vez); si bien al final se añade la traducción en correcto toscano, de lo que se deduce que Fo se está burlando de esas reivindicaciones.

En mi opinión, algo habría que hacer para que los niños del mañana puedan disfrutar de *Misterio bufo*. Pero como la madre de los memos no deja de engendrar, parece que asimismo hay un proyecto para que el Resurgimiento se estudie desde el punto de vista regional, es decir, que a los turineses se les hablará de Cavour y de Garibaldi mientras que a los napolitanos tan solo de Franceschiello, Fra Diavolo y el cardenal Ruffo. Es justo que a los turineses y a los ligures también se les explique que, en Bronte, Nino Bixio no se portó demasiado bien, pero educar a los meridionales en el culto al bandidaje post-Resurgimiento sería como mantenerlos fuera de la historia. Asimismo, enseñar solo el dialecto a los niños de Gemonio les impediría emigrar de mayores a otras regiones, o incluso al extranjero. Una canallada cometida con unos inocentes que no tienen por qué pagar la cortedad de miras de sus padres.

Tullio De Mauro ha repetido mil veces que el gran mérito de la televisión de los años cincuenta fue la difusión en toda la península de un italiano estándar, de modo que quienes se habían quedado al margen del progreso porque solo hablaban el dialecto pudieron integrarse en la fase del llamado milagro económico italiano. Sin embargo, también ha dicho que era una lástima que en ese proceso de estandarización lingüística se perdieran por completo las propias raíces. En mi ciudad natal se representa todos los años *Gelindo*, un cuento de Navidad en dialecto, entrañable y divertido, pero desde hace unos años la continuidad del espectáculo está en peligro por dos motivos: a causa de la inmigración es difícil encontrar jóvenes que conozcan el dialecto, y más difícil aún es conseguir nuevos espectadores que lo entiendan. Sería una gran lástima que una tradición tan hermosa se perdiera.

Por eso no vería con malos ojos que, una vez asegurado a todos los chicos un buen conocimiento de la lengua nacional, se dedicara una hora a la semana al dialecto local. Sería sumamente educativo para todos los niños que todavía están en contacto con el dialecto (podrían comparar el léxico y la sintaxis con los de la lengua italiana), pero podrían surgir problemas en una escuela de Milán, donde la mayoría son chinos o rumanos. Que se haga (de forma opcional) en horario extraescolar, y a lo mejor divierte incluso a los chinos.

Hace tiempo, vendía encendedores en Milán un negro más negro que el carbón, que se acercaba a los transeúntes en un milanés purísimo, lamentándose de los *brütt terùn*, inmigrantes procedentes del sur de Italia, que circulaban por las calles. Un hijo de mala madre, desde luego, pero hacía excelentes negocios.

Proletarios de todo el mundo, el estudio de las lenguas os hará libres.

[2009]

Alto medio bajo

En el suplemento cultural del diario *La Repubblica* del pasado sábado, Angelo Acquaro y Marc Augé, con ocasión de la aparición del libro de Frédéric Martel *Cultura Mainstream: Cómo nacen los fenómenos de masas*, retomaban (a propósito de las nuevas formas de globalización de la cultura) un tema que se plantea de vez en cuando, aunque siempre desde distintos puntos de vista, y que es cuál sería ahora la línea divisoria entre alta cultura y baja cultura.

Si a un joven que escucha indistintamente Mozart y música étnica la distinción puede parecerle extraña, recordaré que el tema era objeto de vivas discusiones a mediados del siglo pasado, y que Dwight Macdonald en un espléndido y muy aristocrático ensayo de 1960 («Masscult y Midcult») identificó no dos, sino tres niveles de cultura. La cultura alta estaba representada, para entendernos, por Joyce, Proust y Picasso, mientras que la llamada *Masscult* se manifestaba en toda la pacotilla hollywoodiense en las portadas del *Saturday Evening Post* y en el rock (Macdonald era de esos intelectuales que no tenían televisor en casa, mientras que los más abiertos a lo nuevo lo tenían en la cocina).

Pero Macdonald también esbozaba un tercer nivel, la *Midcult*, una cultura media representada por productos de entretenimiento, que incluso tomaban prestadas características propias de la vanguardia, pero que era fundamentalmente *kitsch*. Entre los productos *Midcult*, Macdonald mencionaba, referidos al pasado, a Alma Tadema y Rostand y, referidos a su época, a Somerset Maugham, el último Hemingway y Thorton Wilder; y quizá habría citado muchísimos éxitos editoriales de Adelphi que, junto a testimonios de la más alta cultura, alinea a autores como Maugham, justamente, Marai y el sublime Simenon (Macdonald habría clasificado al Simenon-no-Maigret como *Midcult* y al Simenon-Maigret como *Masscult*).

Pero la división entre cultura popular y cultura aristocrática es menos antigua de lo que se cree. Augé cita el caso de los funerales de Hugo a los que asistieron centenares de miles de personas (¿Hugo era *Midcult* o cultura alta?), y hasta los vendedores de pescado del Pireo acudían a presenciar las tragedias de Sófocles. Cuando se publicó la novela de Manzoni *Los novios*, aparecieron muchísimas ediciones pirata —signo de su popularidad—, y recordemos al herrero que deformaba los versos de Dante, haciendo enojar al poeta, pero demostrando al mismo tiempo que su poesía la conocían hasta los analfabetos.

Es cierto que los romanos abandonaban una representación de Terencio para ir a ver los osos, pero en realidad también hoy muchos intelectuales selectos renuncian a un concierto para ver un partido. El hecho es que la distinción entre dos (o tres) niveles de cultura no es clara hasta que las vanguardias históricas se proponen como objetivo provocar al burgués, y eligen como valor la no legibilidad, o el rechazo de la representación.

¿Se ha conservado esta fractura hasta nuestros tiempos? No, porque músicos como Berio o Pousseur se han tomado muy en serio el rock y muchos cantantes de rock conocen la música clásica más de lo que se cree; el pop art alteró los niveles, la primacía de la ilegibilidad corresponde hoy día a muchos cómics extremadamente refinados y mucha música de los *spaghetti western* es reinterpretada como música de concierto. Además, basta con presenciar una subasta nocturna en televisión para ver cómo espectadores sin duda no sofisticados (quien compra un cuadro a través de la televisión sin duda no pertenece a la élite cultural) adquieren telas abstractas que sus padres habrían definido como pintadas con la cola de un burro y, como dice Augé: «Entre alta cultura y cultura de masas siempre se produce un intercambio subterráneo, y muy a menudo la segunda se nutre de la riqueza de la primera» (aunque yo agregaría: «y viceversa»).

En todo caso, la distinción de los niveles ya no se establece hoy teniendo en cuenta los contenidos o la forma artística sino la manera de disfrutarlos. Quiero decir que la diferencia ya no está entre Beethoven y «Jingle Bells». Beethoven, que se convierte en timbre para móviles o en música de aeropuerto (o de ascensor), se escucha con inatención, como diría Benjamin, y por tanto acaba pareciéndose mucho (para quien lo usa así) a una simple melodía publicitaria. En cambio, un *jingle* nacido para anunciar un detergente puede llegar a ser considerado y apreciado por sus recursos rítmicos, melódicos o armónicos. Más que el objeto, lo que cambia es la mirada: la mirada comprometida y la mirada inatenta, y para una mirada (u oído) inatentos se puede proponer incluso Wagner como banda sonora para *L'Isola dei Famosi*. Mientras que los más refinados se retirarán para escuchar en un viejo disco de vinilo «Non dimenticar le mie parole».

[2010]

«Intelectualmente hablando»

Una noche de la semana pasada, en Jerusalén, un periodista italiano me comunicó que había llegado a Italia una nota de agencia informando de que en la rueda de prensa de la mañana yo había afirmado que Berlusconi era como Hitler, y que algunos autorizados representantes de la mayoría ya se habían pronunciado sobre esta «delirante» declaración, que en su opinión ofendía a toda la comunidad judía [*sic*]. La cual sin duda estaba muy atareada en otros asuntos, porque a la mañana siguiente varios diarios israelíes ofrecían crónicas extensas de aquella rueda de prensa (el *Jerusalem Post*, muy amablemente, le dedicaba parte de la primera página y casi toda la tercera), pero no mencionaban en absoluto a Hitler, sino que comentaban los temas reales que se habían debatido.

A ninguna persona sensata, por muy crítica que sea con Berlusconi, se le ocurriría compararlo con Hitler, teniendo en cuenta que Berlusconi no ha desencadenado un conflicto mundial de cincuenta millones de muertos, no ha aniquilado a seis millones de judíos, no ha cerrado el Parlamento de la República de Weimar, no ha organizado divisiones de camisas pardas ni SS, etcétera. Entonces, ¿qué ocurrió aquella mañana?

Muchos italianos no saben hasta qué punto nuestro presidente del Consejo está desacreditado en el exterior, de modo que cuando hay que responder a preguntas de los extranjeros, a veces se tiende a defenderlo por razones patrióticas. Un inoportuno pretendía que yo dijese que, como Berlusconi, Mubarak y Gadafi se habían resistido a dimitir, y que Berlusconi era el Gadafi italiano.

Obviamente, le respondí que Gadafi era un tirano sanguinario, que disparaba contra su pueblo y que había llegado al poder mediante un golpe de Estado, mientras que Berlusconi había sido elegido de manera legal por una buena parte de los italianos (y añadí: «desgraciadamente»). Y entonces dije bromeando que, si había que establecer de manera forzosa algún paralelismo, debía compararse a Berlusconi con Hitler, solo porque ambos habían sido elegidos legalmente. Reducida al absurdo esta ingenua hipótesis, volvimos a hablar de cosas serias.

Cuando el colega italiano me informó del comunicado de la agencia, comentó: «Mira, el periodista ha de sacar la noticia aunque esté oculta». No estoy de acuerdo, el periodista ha de dar la noticia cuando existe, pero no debe crearla. Esto también es una muestra del provincianismo que domina en nuestro país, al que no le interesa si en Calcuta se debate sobre el destino del planeta, sino solo si en Calcuta alguien ha hablado a favor o en contra de Berlusconi.

Un aspecto curioso del asunto, como vi más tarde al volver a casa, es que en todos los periódicos en los que se habló del tema mis presuntas declaraciones, entrecomilladas, procedían todas del comunicado de agencia original, en el que se decía que yo había definido mi trivial alusión a Hitler como «una paradoja intelectual», o que había utilizado el paralelismo «intelectualmente hablando». Es posible que en estado de embriaguez llegara a comparar a Berlusconi con Hitler, pero ni siquiera en el máximo nivel de alcoholemia utilizaría expresiones disparatadas como «paradoja intelectual» o «intelectualmente hablando». ¿A qué se opone la paradoja intelectual? ¿A la manual, a la sensorial, a la rural? No pretendo que todo el mundo conozca al dedillo la terminología de la retórica o de la lógica, pero sin duda «paradoja intelectual» es una expresión de analfabeto y quien pretende que otros digan cosas «intelectualmente hablando» está hablando de manera pedestre. Esto significa que el entrecomillado del comunicado era la consecuencia de una burda manipulación de otra persona.

Sobre la base de un material tan evidentemente malintencionado se montó una virtuosa campaña de indignación, como suele hacerse para difamar al que no ama a nuestro primer ministro y lleva calcetines turquesa. Sin que nadie apuntara, por lo menos, que es imposible comparar a Berlusconi con Hitler, porque Hitler fue notoriamente monógamo.

[2011]

Investigados y groseros

En alguna antigua columna recuerdo haber lamentado la mala costumbre de las películas y los telefilmes que vemos en la pequeña pantalla de mostrarnos parejas en la cama que, antes de dormir, 1) hacen el amor, 2) se pelean, 3) ella dice que le duele la cabeza, 4) se vuelven con desgana cada uno de su lado y se duermen. Nunca, repito, nunca aparece al menos uno de los dos leyendo un libro. Y luego nos lamentamos de que la gente que actúa siguiendo los modelos de la televisión no lea nunca.

Pero hay algo peor. ¿Qué ocurre si irrumpe en su casa un comisario o un oficial de los carabineros y empieza a hacerle preguntas, que a veces ni siquiera son comprometidas? Si es usted un delincuente empedernido y ahora desenmascarado, un mafioso fichado o un asesino en serie neurótico tal vez responderá con insultos y risotadas o se tirará al suelo fingiendo un ataque epiléptico. Ahora bien, si es usted una persona normal y sin antecedentes penales, invitará al funcionario a sentarse, responderá de manera cortés a sus preguntas, quizá con un puntito de preocupación, pero mirándole educadamente a los ojos. Si es un poco culpable, procurará aún más no irritarle.

¿Qué ocurre, en cambio, en los telefilmes policíacos (que, ya lo advierto de entrada para no pasar por un moralista aristocrático, sigo siempre con interés, sobre todo los franceses y alemanes en los que, salvo *Cobra 11*, no hay excesiva violencia ni explosiones con tetranitratoxicarbono)? Lo que ocurre siempre (fíjense en lo que digo: siempre) es que, cuando el policía entra y empieza a hacer preguntas, el ciudadano sigue con sus cosas, se asoma a la ventana, acaba de cocinar los huevos con tocino, ordena la habitación, se cepilla los dientes y poco falta para que vaya a orinar, firma la correspondencia, corre a contestar al teléfono, en definitiva, se mueve como una ardilla que hace lo posible para dar la espalda al interrogador, y al poco rato le dice con malos modos que se vaya porque tiene mucho que hacer.

¿Es así como hay que actuar? ¿Por qué los directores de los telefilmes se obstinan en inculcar en la mente de los espectadores la idea de que a los agentes de policía hay que tratarlos como si fueran inoportunos vendedores de aspiradoras? Me dirán que el interrogado descortés hace que aumente el deseo de venganza del espectador, que luego disfrutará viendo cómo triunfa el detective humillado, y es cierto. Pero ¿y si luego muchos espectadores con pocas luces se enfrentan a la primera ocasión con malos modos a los carabineros creyendo que es la moda? ¿Tal vez al que compra los telefilmes no le preocupan estas minucias, porque hoy en día personas mucho más importantes que esos criminales de poca monta interrogados por Siska nos han enseñado que puedes negarte a presentarse ante un tribunal?

Lo cierto es que el director de series sabe que, si el interrogatorio dura más de unos segundos, no pueden mantener a dos actores de frente, y hay que animar la escena como sea. Y para animarla hacen que el interrogado se mueva. ¿Y por qué el director no puede resistir, y hacer que el espectador resista también, durante unos minutos la presencia de dos personas que se miran a la cara, especialmente si discuten de asuntos que tienen un gran interés dramático? Porque para hacerlo el director tiene que ser como mínimo Orson Welles y los actores tienen que ser Anna Magnani, el Emil Jannings de *El ángel azul*, o el Jack Nicholson de *El resplandor*, gente que aguanta el primer y primerísimo plano, y expresa su estado de ánimo con una mirada, un pliegue de la boca. Ingrid Bergman y Humphrey Bogart, en *Casablanca*, podían hablar muchos minutos sin que Michael Curtiz (que tampoco era Eisenstein) se permitiera siquiera un plano americano, pero si hay que rodar un episodio (y a veces dos) a la semana, el productor no puede permitirse contratar siquiera a Curtiz, y en cuanto a los actores, ya podemos dar gracias si, como ocurre en las series policíacas alemanas, dan lo mejor de sí mismos cuando comen perritos calientes mientras van de un ordenador a otro.

[2012]

¿Agitado o mezclado?

Leo, en una carta de *Sette* dirigida a Antonio D'Orrico, que, como ya había destacado el propio D'Orrico, en una reciente traducción de *Vive y deja morir* James Bond pide un martini con Martini «rojo». Es una herejía hablar de un martini con vermut dulce, y en una traducción italiana anterior se hablaba de ginebra y Martini & Rossi, que es otra cosa. Es cierto que, según algunas crónicas antiguas, los primeros martinis creados en América en el siglo XIX se hicieron con dos onzas de «Martini and Rosso» italiano, una onza de ginebra Old Tom, una pizca de marrasquino y algún otro ingrediente que suscita el horror de cualquier persona bien educada. Pero, si bien el Martini Rojo apareció en 1863, según otros expertos el cóctel martini se popularizó inicialmente con la forma actual no utilizando el vermut Martini sino el Noilly Prat, y el nombre de Martini se habría relacionado con el cóctel originario o bien debido al nombre de una localidad californiana (Martinez), o bien al nombre Martinez de un barman. En resumen, sobre este complejísimo asunto véase el fundamental *Martini Straight Up*, de Lowell Edmunds.

¿Y qué es lo que bebe James Bond? En realidad, bebe de todo, y es famoso el comienzo de *Goldfinger* que reza así: «Con dos bourbons dobles en el cuerpo, James Bond estaba sentado en la sala de embarque del aeropuerto de Miami reflexionando sobre la vida y la muerte». Ahora bien, el primer martini que bebe 007, en *Casino Royale*, es el que pasaría a la historia como el martini vesper: «Vierta tres partes de Gordon, una de vodka y media de Kina Lillet en la coctelera. Agítela hasta que esté bien helado, y luego añada una larga cáscara de limón». El Kina Lillet es otro tipo raro de vermut seco, y Bond también se toma un martini vesper en la película *Quantum of Solace*.

En realidad, Bond suele beber el martini tal como lo conocemos ahora, pero cuando lo pide siempre especifica *shaken, not stirred*, lo que significa poner los ingredientes en una coctelera y agitarla (como se hace con otros cócteles), pero no mezclarlos en una batidora. Ahora bien, desde los tiempos de Hemingway sabemos que para hacer un buen martini se vierte una parte de Martini seco en la coctelera llena de hielo, se añade la ginebra, se mezcla y después se filtra en la clásica copa triangular, rematándolo con una aceituna. No obstante, los expertos precisan que, después de haber vertido el Martini y haberlo agitado bien, hay que poner un colador y vaciar todo el líquido de la coctelera para que quede solamente una pátina de vermut que dé sabor a los cubitos. Solo entonces se echa la ginebra y, por último, se cuela la ginebra bien fría simplemente impregnada del sabor del vermut seco. La proporción ideal de ginebra y vermut varía de un experto a otro, incluida la versión que solo permite que pase un rayo de luz a través de la botella del vermut antes de tocar el hielo. En la versión que en Estados Unidos se llama *Gin Martini on the rocks* se vierte en el vaso también el hielo, pero los sibaritas se horrorizan ante esta posibilidad.

¿Por qué un entendido como Bond quiere el martini agitado y no *mixed*? Algunos sostienen que al agitar la coctelera se introduce más aire en la mezcla (lo que se llama *bruising the drink*) y eso mejora el sabor. Personalmente, no creo que un caballero como Bond prefiriera el martini agitado. De hecho hay sitios en internet que afirman que, si bien la frase aparece en las películas, no lo hace nunca en las novelas (como tampoco sir Arthur Conan Doyle escribió jamás la célebre frase «Elemental, mi querido Watson»), excepto a propósito del discutido martini vodka. No obstante, confieso que, si hubiese tenido que revisar la obra completa de Fleming, quién sabe cuándo habría escrito esta columna.

[2013]

Demasiadas fechas para Nero Wolfe

Por razones exclusivamente de estado de ánimo, he dedicado los dos meses anteriores a Navidad a releer (o a leer *ex novo*) las ochenta historias de Nero Wolfe y, al sumergirme en ese amable universo, se me han planteado algunos problemas que ya habían obsesionado a los seguidores de Rex Stout. El primero es ¿en qué número estaba o está la famosa casa de piedra arenisca de la calle Treinta y cinco Oeste? En 1966, la Wolfe Pack (una asociación de apasionados de las historias de Nero Wolfe) exhortó a la ciudad de Nueva York a poner una placa conmemorativa en el número 454, pero en sus novelas Stout menciona distintos números —en *Sobre mi cadáver*, el 506; en *Demasiados clientes*, el 618; en *La muerte entre orquídeas*, el 902; en *La base del prisionero*, el 914; en *La bombonera roja*, el 918; en *El conferenciante silencioso*, el 922; en *Muerte de una entretenida*, el 939, etcétera.

Sin embargo, esta no es la única duda que plantea la serie: se nos dice, por ejemplo, que Wolfe, de origen montenegrino, había nacido en Trenton y se había marchado a Montenegro siendo un muchacho; no obstante, en varias ocasiones Wolfe menciona el hecho de haber adquirido la nacionalidad estadounidense bastante tarde, de modo que no habría nacido en New Jersey. Probablemente, nació en 1892 o 1893. Pero si así fuese, en su última historia, que es de 1975, tendría ya ochenta y tres años, y en cambio se mantiene tan joven como en la primera, que es de 1934. Por no hablar de Archie Goodwin, que según distintos indicios habría nacido en 1910 o 1912, y que en las historias que se desarrollan en la época de la guerra de Vietnam o más tarde debería tener casi sesenta años; sin embargo, su aspecto sigue siendo el de un *playboy* de unos treinta años capaz de seducir a atractivas veinteañeras, y de tumbar con un directo magistral a individuos mucho más robustos que él.

En resumen, un autor que sabía describir en cada libro sin el menor error la distribución de la casa de Wolfe, los alimentos que comía, las diez mil orquídeas que cultivaba, especie por especie, ¿no pensó nunca en tener un fichero general (fiable en cuanto a los datos biográficos) de sus personajes? La explicación ha de ser otra.

En muchas sagas populares los personajes no tienen edad ni envejecen nunca. No tiene edad Superman, ni la tenía la Pequeña Huérfana Annie (sobre cuya eterna infancia se han hecho muchas parodias), ni la tuvo nunca el Hombre Enmascarado, novio de Diana Palmer durante casi cincuenta años. Eso permitía a sus creadores mantenerlos en un eterno presente. Es lo que les sucede a Wolfe y a Goodwin, eternamente jóvenes. Pero al mismo tiempo las historias de Stout son muy precisas en los pormenores, el trasfondo histórico (Wolfe y Archie participan como agentes del gobierno en la Segunda Guerra Mundial y se enfrentan al macartismo), los detalles casi obsesivos de las calles, de las esquinas, de las tiendas, de los trayectos en taxi, etcétera. ¿Cómo se pueden mantener en una eternidad inmóvil hechos que requerían referencias continuas a momentos históricos y a ambientes precisos? Confundiendo las ideas al lector.

Al hacer desfilar ante los ojos de la memoria un torbellino de fechas discordantes y anacronismos insoportables para el que lo lea con una calculadora en la mano, Stout pretendía, mientras fingía un realismo exasperado, que viviéramos una situación casi onírica. Quiero decir que tenía una idea original de la ficción literaria, y es significativo que empezara su carrera de escritor, aunque con escaso éxito, como un narrador casi experimental, con *How Like a God*. Y conocía los mecanismos de la recepción: no presumía que sus lectores hicieran como yo y leyeran su obra completa de golpe, sino que sabía que leían un libro suyo prácticamente cada año, y que por tanto había cierta confusión cronológica en su memoria. Jugaba con el recuerdo fiel (y la espera) de las situaciones recurrentes (manías de Wolfe, mecanismos de las veladas en las que se cerraban los casos, estancias en la cocina) y con el olvido de los grandes acontecimientos. En realidad, podemos releer muchas veces estas historias con el placer de encontrar siempre los mismos elementos invariables, pero habiendo olvidado lo más importante: quién es el asesino.

[2014]

El tiempo y la historia

Si no les gusta la telebasura, no es indispensable pasar la velada jugando al rami. Pueden mirar RAI Storia, que es el mejor canal de la RAI, especialmente recomendable para los jóvenes, para no perder la memoria de lo que hemos sido. El programa que sigo casi todas las noches es *Il Tempo e la Storia*, presentado por Massimo Bernardini. Si acortaran la presentación, sería mejor (entre el comienzo de la presentación y el comienzo del programa da tiempo de ir al baño), pero aun así no hay que perdérselo.

Hace unos días, el capítulo estuvo dedicado a la educación de los niños y jóvenes en el régimen fascista (GIL, hijos de la loba, pequeñas italianas, lictoriales, textos escolares, etc.). En cierto momento, se planteó una pregunta: ¿esta educación totalitaria de una generación modeló de manera profunda el carácter de los italianos? Era imposible no recordar la observación de Pasolini de que el carácter nacional había sido influido más por el neocapitalismo a partir de la posguerra que por la dictadura. Sobre este tema hablaron Bernardini y la historiadora Alessandra Tarquini, pero se extendieron más sobre la influencia del fascismo que sobre la del capitalismo.

No hay duda de que (dejando al margen los extremismos neofascistas) algunos restos de la herencia fascista se mantienen en el carácter nacional y reaparecen de vez en cuando; por ejemplo, el racismo, la homofobia, el machismo encubierto, el anticomunismo y la preferencia por las derechas, aunque estas actitudes ya eran propias de la Italia prefascista. Creo, no obstante, que Pasolini tenía razón: el carácter nacional ha sido más influido por la ideología consumista, por los sueños del liberalismo y por la televisión, y no pretendo molestar a Berlusconi, que en todo caso ha sido hijo y no padre de esta ideología, nacida quizá con los chicles de los libertadores, con el Plan Marshall y con el auge económico de los años cincuenta.

¿Qué es lo que pedía (e imponía) el fascismo a los italianos? Creer, obedecer y luchar, practicar el culto a la guerra, incluso el ideal de la bella muerte, saltar a través de aros de fuego, tener el mayor número de hijos posible, considerar la política el fin primordial de la existencia y creer que los italianos son el pueblo elegido. ¿Se han mantenido estos rasgos en el carácter italiano? Ni en sueños. Es más, curiosamente se encuentran en el fundamentalismo musulmán, como observaba en el *Espresso* de la semana pasada Hamed Abdel-Samad. Es ahí donde encontramos el culto fanático a la tradición, la exaltación del héroe y el «viva la muerte», la sumisión de la mujer, el sentido de la guerra permanente y el ideal del Libro y el fusil. Los italianos apenas han asimilado estas ideas (excepto los terroristas de derechas y de izquierdas, pero incluso estos están más dispuestos a que mueran los otros que a sacrificarse como kamikazes), y prueba de ello es el desarrollo de la Segunda Guerra Mundial. Paradójicamente, el enfrentamiento voluntario con la muerte solo se dio en un momento final y trágico, entre las últimas ráfagas de Salò y los partisanos. Una minoría.

En cambio, ¿qué ha propuesto el neocapitalismo en sus distintas variantes hasta el berlusconismo? Adquirir, como si fuera un derecho y aunque sea a plazos, coche, nevera, lavadora y televisión, considerar la evasión fiscal una necesidad totalmente humana, dedicar las veladas al entretenimiento, hasta la contemplación de bailarinas semidesnudas (y, llevando las cosas al extremo, a la pornografía dura al alcance de un clic), no preocuparse demasiado por la política votando cada vez menos (en el fondo es el modelo estadounidense), limitar el número de hijos para no tener problemas económicos, en resumen, procurar vivir de forma placentera evitando sacrificios excesivos. La mayor parte de la sociedad italiana se ha adaptado con entusiasmo a este modelo. Y quienes se sacrifican yendo a ayudar a los desesperados del Tercer Mundo siguen siendo una reducida minoría. Gente que, como dicen muchos, se lo ha buscado, en vez de quedarse en casa viendo la televisión.

[2015]

Distintas formas de racismo

Filosofar en femenino

La antigua afirmación filosófica según la cual el hombre es capaz de pensar el infinito mientras que la mujer al infinito le da sentido se puede leer de muchas maneras; por ejemplo, puesto que el hombre no sabe hacer hijos, se consuela con las paradojas de Zenón. Ahora bien, basándose en afirmaciones de este tipo se ha difundido la idea de que la historia (por lo menos hasta el siglo XX) nos ha dado a conocer a grandes poetisas y a narradoras superlativas, así como a científicas de varias disciplinas, pero no a mujeres filósofas ni a mujeres matemáticas.

Durante mucho tiempo la convicción de que las mujeres no tenían aptitudes para la pintura, a no ser por las habituales Rosalba Carriera o Artemisia Gentileschi, se ha basado en distorsiones de este tipo. Es natural que, mientras la pintura consistía en frescos de iglesias, subirse a un andamio con faldas no era algo decente, ni tampoco un oficio de mujer dirigir un taller con treinta aprendices; pero en cuanto se pudo hacer pintura de caballete aparecieron las mujeres pintoras. Es algo así como decir que los judíos han sido grandes en muchas artes pero no en pintura, hasta que apareció Chagall. Es verdad que la cultura judía era eminentemente auditiva y no visual, y que no debía representarse a la divinidad mediante imágenes, pero hay una producción visual de indudable interés en muchos manuscritos hebreos. El problema es que en los siglos en que las artes figurativas estaban en manos de la Iglesia era difícil que un judío se sintiera alentado a pintar vírgenes y crucifixiones; sería como asombrarse de que ningún judío haya llegado a ser Papa.

Las crónicas de la Universidad de Bolonia citan a profesoras como Bettisia Gozzadini y Novella d'Andrea, tan bellas que tenían que dar clase detrás de un velo para no turbar a los estudiantes, pero no enseñaban filosofía. En los manuales de filosofía no encontramos a mujeres que enseñaran dialéctica o teología. Eloísa, brillantísima e infeliz alumna de Abelardo, tuvo que conformarse con convertirse en abadesa.

Sin embargo, tampoco hay que tomarse a la ligera el problema de las abadesas, y a ello le ha dedicado muchas páginas una mujer filósofa de nuestro tiempo como Maria Teresa Fumagalli. Una abadesa era una autoridad espiritual, organizativa y política, además de desempeñar funciones intelectuales importantes en la sociedad medieval. Un buen manual de filosofía tiene que incluir entre los protagonistas de la historia del pensamiento a grandes místicas como Catalina de Siena, por no hablar de Hildegarda de Bingen que con sus visiones metafísicas y sus perspectivas sobre el infinito sigue siendo un hueso duro de roer todavía hoy en día.

La objeción de que la mística no es filosofía no es sostenible, porque las historias de la filosofía reservan espacio a grandes místicos como Seuse, Tauler o Eckhart. Y decir que gran parte de la mística femenina se centraba más en el cuerpo que en las ideas abstractas sería como decir que de los manuales de filosofía debe desaparecer, por ejemplo, Merleau-Ponty.

Las feministas eligieron hace ya tiempo como heroína a Hipatia que, en la Alejandría del siglo V, era maestra de filosofía platónica y de matemáticas avanzadas. Hipatia se ha convertido en un símbolo, pero por desgracia de sus obras solo ha quedado la leyenda, porque se perdieron como se perdió también ella, hecha literalmente pedazos por una turba de cristianos exacerbados, solivianados según algunos historiadores por aquel Cirilo de Alejandría al que se le hizo santo, aunque no por eso. Ahora bien, ¿Hipatia era la única?

Hace menos de un mes se publicó en Francia un librito, *Histoire des femmes philosophes*. Si nos preguntamos quién es el autor, Gilles Ménage, descubrimos que vivía en el siglo XVII, era un latinista preceptor de madame de Sévigné y de madame de Lafayette y su libro, que apareció en 1690, se titulaba *Historia mulierum philosopharum*. Conque Hipatia no era la única: aunque esté dedicado sobre todo a la edad clásica, el libro de Ménage nos presenta una serie de figuras apasionantes: Diotima la socrática, Arete la cirenaica, Nicarete la megárica, Hiparquía la cínica, Teodora la peripatética, Leoncia la epicúrea, Temistoclea la pitagórica. Hojeando los textos antiguos y las obras de los padres de la Iglesia, Ménage encontró citadas a sesenta y cinco filósofas, si bien su concepto de filosofía era bastante amplio. Si tenemos en cuenta que en la sociedad griega la mujer estaba confinada entre las cuatro paredes del hogar, que los filósofos preferían entretenerse con mozalbetes antes que con buenas mozas, y que para disfrutar de notoriedad pública la mujer tenía que ser cortesana, se entiende el esfuerzo que tuvieron que hacer aquellas pensadoras para poder afirmarse. Por otra parte, a Aspasia se la recuerda como cortesana, aunque de calidad, olvidando que era experta en retórica y filosofía y que (Plutarco fue testigo) Sócrates la frecuentaba con interés.

He hojeado por lo menos tres enciclopedias filosóficas de hoy en día y de estos nombres (salvo Hipatia) no he encontrado ni rastro. No es que no existieran mujeres que filosofaban. Es que los filósofos han preferido olvidarlas, quizá tras haberse apropiado de sus ideas.

[2003]

¿Dónde está el antisemitismo?

Una serie de hechos recientes (no solo atentados, sino también sondeos preocupantes) ha vuelto a situar en primer plano la cuestión del antisemitismo. Es difícil diferenciar la oposición a la política de Sharon (en la que coinciden muchos judíos) del antiisraelismo, y a este del antisemitismo, pero la opinión pública y los medios de comunicación tienden a meterlo todo en el mismo saco. Además, parece que la opinión pública occidental se basa en dos ideas consoladoras: el antisemitismo es una cuestión árabe y, en cuanto a Europa, afecta a un sector muy restringido de cabezas rapadas neonazis.

Europa nunca ha sabido distinguir muy bien entre antisemitismo religioso, popular y «científico». El antisemitismo religioso ha sido sin duda el responsable del antisemitismo popular: afirmar que los judíos eran el pueblo deicida justificó muchos pogromos, porque además era difícil para una parte de los pueblos europeos asimilar a los judíos de la diáspora decididos a conservar sus tradiciones. En un mundo de analfabetos, los seguidores del culto al Libro, y por tanto de la lectura, parecían intelectuales peligrosos que hablaban una lengua desconocida. Por antisemitismo «científico» entiendo aquel que sostiene, con argumentos histórico-antropológicos, la superioridad de la raza aria sobre la judía y la teoría política del complot judío para la conquista del mundo cristiano, cuya máxima expresión son *Los protocolos de los sabios de Sión*. Y este es un producto también de la intelectualidad laica europea.

En el mundo árabe no existe antisemitismo teológico, porque el Corán reconoce la tradición de los grandes patriarcas de la Biblia, desde Abraham hasta Jesucristo. En la época de su expansión, los musulmanes fueron bastante tolerantes con los judíos y con los cristianos; considerados ciudadanos de segunda clase, mientras pagaran sus tributos podían seguir practicando su religión y comerciando con sus productos. El antisemitismo islámico, al no ser religioso, es hoy de naturaleza exclusivamente étnico-política (los motivos religiosos sirven de refuerzo, no son la base). Si los sionistas del siglo XIX hubieran establecido el nuevo estado de Israel en Utah, los árabes no serían antisemitas. No querría que se me malinterpretase: por razones históricas y religiosas los judíos tenían todo el derecho a optar por Palestina, su penetración fue pacífica durante un siglo, es legítimo que permanezcan en ese territorio porque se lo han ganado con su trabajo. Ahora bien, el antisemitismo árabe es territorial, no teológico.

Más grave es, en cambio, la responsabilidad europea. El antisemitismo popular apoyado por el antisemitismo religioso ha provocado matanzas aunque siempre locales y no programadas. El auténtico antisemitismo «científico» nace a finales del siglo XVIII y en el XIX, y no en Alemania sino en Italia, en cierto modo, y en la Francia legitimista. Es en Francia donde se afirman las teorías del racismo, esto es, de las raíces étnicas de la civilización, y es entre Francia e Italia donde se elabora la teoría del complot judío, responsable primero de los horrores de la Revolución francesa y luego de una trama dirigida a someter la civilización cristiana. La historia ha probado que *Los protocolos* fueron obra de jesuitas legitimistas y servicios secretos franco-rusos, y solo más tarde fueron asumidos como obra indiscutible de los zaristas reaccionarios y de los nazis. La mayor parte de las páginas árabes antisemitas que encontramos en internet están basadas en este antisemitismo «científico» europeo.

El honorable Fini está haciendo todo lo posible para eliminar el antisemitismo de la historia pasada de su partido político, y eso le honra. Pero si van ustedes a cualquier librería especializada encontrarán, junto a libros de ocultismo sobre el Santo Grial, los discursos de Mussolini y *Los protocolos*. Una curiosa mezcolanza de la que se servía un ideólogo de nuestra derecha como Evola, cuya presencia en esas librerías es una constante.

Por supuesto, existen también organizaciones terroristas que, independientemente de Fassino o de D'Alema, se proclaman «comunistas». Pero la izquierda italiana se ha ganado a pulso, con sus propios muertos, el derecho a diferenciarse de estas franjas extremistas, apoyando al Estado contra la deriva terrorista. El que lo mete todo en un mismo saco es Berlusconi que, por mucha que sea su eficacia política, no tiene autoridad cultural ninguna. ¿Ha hecho lo mismo la derecha de Fini? ¿Está dispuesta a decir que Evola si no era un estúpido simpático, discutible desde un punto de vista científico pero de agradable lectura, era un furibundo antisemita y no renunció a serlo ni siquiera después de la guerra? ¿Quién tiene que ocuparse de desmantelar, en la escuela y en la educación permanente de los adultos, las locuras del antisemitismo «científico» del que era cómplice, en los delirantes ejemplares de *La Difesa della Razza*, el honorable Almirante?

Es un deber y una necesidad defendernos del terrorismo árabe. Pero combatiendo, al menos en el ámbito de una educación permanente, a los enemigos que tenemos en nuestra propia casa y que son los inspiradores del antisemitismo árabe.

[2003]

¿Quién ha dicho que hay que cubrirse con un velo?

Sobre el velo se ha dicho todo y todo lo contrario. La postura defendida por Prodi me parece muy sensata: si por velo se entiende esa especie de pañuelo que deja el rostro al descubierto, que lo lleve quien quiera (además, si no suena irreverente una opinión estética desapasionada, suaviza las facciones y hace que todas las mujeres parezcan vírgenes de Antonello da Messina). Otra cosa es esa forma de cubrirse que impide ser identificado, porque la ley no lo permite. Por supuesto, esta prohibición podría dar pie a otras discusiones, porque entonces habría que prohibir también las máscaras de carnaval (y si recuerdan *La naranja mecánica*, con una máscara divertida se pueden cometer crímenes atroces). Pero digamos que estos son problemas marginales.

Si consideramos que un signo es aquello que está en lugar de otra cosa en algún aspecto o facultad, el velo musulmán es un fenómeno semiótico, como lo son los uniformes, cuya función primaria no es proteger el cuerpo de la intemperie, y las tocas (algunas, sumamente graciosas) de las monjas. Por eso el velo suscita tantas polémicas y, en cambio, nunca hemos discutido sobre los pañuelos con que antes se cubrían la cabeza nuestras campesinas, que no tenían ningún valor simbólico.

El velo se critica porque se utiliza para afirmar una identidad. Ahora bien, ostentar una identidad o pertenencia no está prohibido; lo hace el que lleva el distintivo de un partido, el hábito de capuchino o una túnica naranja y la cabeza rapada. En todo caso, sería interesante preguntar si las muchachas musulmanas están obligadas a llevarlo porque se lo impone el Corán. Hace poco, se publicó *L'Islam*, obra de Gabriele Mandel Khân, vicario general para Italia de la hermandad sufí Jerrahi Halveti, que me parece una excelente introducción a la historia, teología, usos y costumbres del mundo musulmán. En esta obra se especifica que el velo que cubre el rostro y el cabello es una costumbre preislámica, impuesta a veces por razones climáticas, pero no está prescrito en la sura 24 del Corán, citada siempre en estos casos, que solo invita a cubrir el seno.

Temiendo que la traducción de Mandel fuese un poco moderna-moderada, busqué en internet el Corán en la traducción italiana de Hamza Piccardo, revisada en su doctrina por la Unión de Comunidades y Organizaciones Islámicas de Italia, y en él encontré el pasaje entero: «Y di a las creyentes que bajen la vista con recato, que sean castas y no muestren más adorno que los que están a la vista, que cubran su escote con el velo y no exhiban sus adornos sino a sus esposos, a sus padres, a sus suegros, a sus propios hijos, a sus hijastros, a sus hermanos, a sus sobrinos carnales, a sus mujeres, a sus esclavas, a sus criados varones fríos, a los niños que no saben aún de las partes femeninas». Por último, por afán de escrupulosidad, consulté el Corán en la traducción clásica (editado por la BUR) de Alessandro Bausani, gran iranista, y encontré la misma prescripción con apenas algunas variantes «y que se dejen caer el tocado sobre el escote».

Para una persona como yo, que no sabe árabe, tres testimonios de procedencia diversa son suficientes. El Corán invita simplemente al pudor, y si hubiese sido escrito hoy en Occidente, invitaría a cubrirse también el ombligo, pues ahora es en Occidente donde se practica la danza del vientre por las calles.

De modo que ¿quién invitaba a las mujeres a cubrirse con el velo? Mandel no puede ocultar cierta satisfacción al revelar que era san Pablo (Primera Carta a los Corintios), aunque Pablo limitaba esta obligación a las mujeres predicadoras y profetas. Y también, mucho antes del Corán, Tertuliano (que era un montanista heterodoxo, aunque seguía siendo cristiano) en su obra *De cultu feminarum*:

Debéis gustar tan solo a vuestros maridos. Y cuanto más les gustéis, menos ocupadas estaréis en gustar a los otros. No os preocupéis, benditas, ninguna mujer es fea para su marido. [...] Todo marido exige el tributo de la castidad, pero no desea la belleza, si es cristiano. [...] No os digo esto para sugeriros un aspecto exterior grosero y salvaje, ni pretendo convenceros de que está bien ir desaliñadas y sucias, sino que (os aconsejo) la mesura y el justo límite en el cuidado del cuerpo. [...] En efecto, pecan contra Él aquellas mujeres que se torturan la piel con arcillas perfumadas, manchan sus mejillas de rojo y se alargan los ojos con tizne. [...] Dios ordena que os cubráis con el velo, a fin de que, según creo, no se vean las cabezas de algunas.

Esta es la razón de que en toda la historia de la pintura tanto la Virgen como las piadosas mujeres vayan cubiertas con velo, como tantas graciosas musulmanas.

[2006]

Judíos, masones y radical chic

Mientras escribo, todavía sigue vivo el debate periodístico sobre el caso del padre Gelmini, y ante todo me gustaría decir que no tengo gran interés en saber si las acusaciones que se le formulan son justas o no, porque errar es humano, tanto si el que yerra es un sacerdote como si es un magistrado, y además se trata de cuestiones personales. Por otra parte, admito que los acusadores no solo son presidiarios o personas con antecedentes penales, sino que proceden del mundillo de la droga y, si bajo el efecto de la droga una persona puede imaginarse que es atacado por un monstruo con ojos de insecto, también puede imaginarse que es besado por un sacerdote de ochenta años, porque el horror (como sabía Lovecraft) no tiene límites.

Sin embargo, el aspecto más interesante del asunto es la afirmación (que fue desmontada en dos días) de que las acusaciones provenían de un círculo judío y radical chic. Luego, y ante la reacción judía, el padre Gelmini se desdijo, y apuntó hacia los masones: los masones son como el Opus Dei o los jesuitas, cuanto menos alboroto a su alrededor mejor; de modo que no hicieron demasiado caso de la acusación, porque además nadie ha matado nunca a seis millones de masones (a lo sumo se fusiló a algún carbonario en la época del Resurgimiento), y por tanto los masones en estas cuestiones son menos quisquillosos que los judíos.

Aparecieron de inmediato algunos artículos (recuerdo los de Serra y de Battista) que destacaban que en la mención del padre Gelmini se percibían ecos (conscientes o inconscientes) de antiguas polémicas clericales, y que este era el aspecto más triste del asunto. De hecho, es más que sabido que la idea del complot judeo-masónico, antes de alimentar *Los protocolos de los sabios de Sión*, había nacido en ambientes jesuitas y había estado presente en toda la polémica anti-Revolución francesa, primero, y anti-Resurgimiento, después.

Pero como hasta el propio Vaticano había renunciado ya desde entonces al complot judeo-masónico, parecía que esta imagen había quedado sepultada en polvorientas bibliotecas de seminarios diocesanos, cediendo el *copyright* a Adolf Hitler y a Bin Laden. Y hete aquí que un sacerdote de nuestros días y que presumiblemente estudió en el seminario en los años treinta (después de la Conciliación) demuestra haber conservado en los rincones más profundos del alma recuerdos al menos verbales del monstruo que había obsesionado a sus maestros más ancianos.

En 1992, un pobre cardenal, que no pensaba ni remotamente en los judíos sino que estaba atacando a la mafia, la definió como «sinagoga de Satanás». ¡La que se armó! De inmediato se inició una polémica, en la que yo también participé con dos columnas. El que justificaba el uso de esta expresión recordaba que en los diccionarios «sinagoga» significa también reunión, asamblea, encuentro, y que ya se mencionaba en el Apocalipsis. Lo cierto es que no solo en el Apocalipsis el término aparece en un contexto antijudío, sino que su uso corriente se debe a un libro publicado en 1893 por monseñor Meurin, *La Synagogue de Satan*, en el que se demostraba que la masonería, secta de adoradores de Lucifer, estaba impregnada de cultura judía (como también, y en esto Meurin era muy generoso, las obras de Hermes Trismegisto, los agnósticos, los adoradores de la serpiente, los maniqueos, los templarios y los caballeros de Malta) y que a través de ella los judíos pretendían conquistar el mundo.

Ahora, después del libro endemoniado de Meurin (que en su época tuvo mucho éxito) ya no se puede utilizar impunemente la expresión «sinagoga de Satanás», como tampoco se puede enarbolar una bandera con la esvástica afirmando que no es más que un venerable e inocente símbolo astral de orígenes prehistóricos.

En una de mis columnas anteriores destacaba que, por un lado, están apareciendo encarnizadas polémicas anticlericales y antirreligiosas y, por otro, resurge la polémica anticlerical y sanfedista contra el mundo moderno y (en nuestro país) contra los mitos del Resurgimiento y la ideología del Estado unitario. Un paso de cangrejo, sin duda... Aunque tal vez me equivocaba y no se trata de un regreso paradójico a polémicas ya fenecidas, sino de un regreso totalmente natural de algo reprimido, de algo que siempre estuvo ahí y de lo que no se hablaba solo por educación. El que ha sido educado en el temor al complot judío no lo olvida nunca, aunque solo sea a través de frases hechas y aunque una pátina de puesta al día cultural permita añadir expresiones como «radical chic». En resumen, parece que hay quien nunca ha dejado de leer (aunque sea de noche) las novelas del padre Bresciani.

En todo este asunto el único aspecto que me ha sorprendido es que el padre Gelmini, en sus confusas citas, haya implicado también a los masones. Menudo concepto del agradecimiento, teniendo en cuenta que (me atengo a lo que manifestado por él mismo) ha sido generosamente financiado por Silvio Berlusconi, ex miembro de la P2, tarjeta 1816, código E.19.78, grupo 17, expediente 0625.

[2007]

Las contradicciones del antisemita

Daniel Barenboim ha pedido a un gran número de intelectuales de todo el mundo que firmen un manifiesto sobre la tragedia que se está produciendo en Palestina. La solicitud a primera vista es casi obvia, y en el fondo pide que se busque por todos los medios posibles una mediación enérgica. Lo significativo es que la idea parta de un gran artista israelí; señal de que las mentes más lúcidas y reflexivas de Israel piden que se renuncie a preguntarse de qué lado está la razón o el error, y se creen las condiciones para la convivencia entre los dos pueblos. Si es así, podría entenderse que se produzcan manifestaciones de protesta política contra el gobierno israelí; el problema es que estas manifestaciones suelen estar marcadas por el antisemitismo. Si no son los propios manifestantes los que manifiestan abiertamente su antisemitismo, son los periódicos en los que leo, como si fuese la cosa más obvia del mundo, «manifestación antisemita en Amsterdam» y otras lindezas por el estilo. La cosa resulta ya tan normal que lo que parece anormal es considerarla anormal. Ahora bien, preguntémonos si consideraríamos antiaria una manifestación política contra el gobierno de Merkel, o antilatina una manifestación contra el gobierno de Berlusconi.

Una columna no es el lugar adecuado para tratar el milenario problema del antisemitismo, de sus reapariciones ocasionales y de sus distintas raíces. Una actitud que persiste a lo largo de dos mil años tiene algo de fe religiosa, de credo fundamentalista, y podría definirse como una de las muchas formas de fanatismo que han contaminado nuestro planeta durante siglos y siglos. Si tanta gente cree en la existencia del demonio que conspira para inducirnos a la condenación, ¿por qué no habría que creer en el complot judío para conquistar el mundo?

Me gustaría hacer una aclaración sobre el hecho de que el antisemitismo, como todas las posturas irracionales y ciegamente fideístas, vive de contradicciones, no las percibe pero incluso se alimenta de ellas sin problema. Por ejemplo, en los clásicos del antisemitismo del siglo XIX aparecían dos lugares comunes, que se utilizaban según las ocasiones: uno es que el judío, por el hecho de vivir en lugares estrechos y oscuros, era más sensible que los cristianos a infecciones y enfermedades (y por tanto, peligroso), el otro es que por razones misteriosas se mostraba más resistente a la peste y a otras epidemias, además de ser en extremo sensual y terriblemente fértil, y en consecuencia era peligroso como invasor del mundo cristiano.

Había otro lugar común ampliamente tratado tanto por la derecha como por la izquierda, y tomo como modelos un clásico del antisemitismo socialista (Toussenel, *Les juifs, rois de l'époque*, de 1847) y un clásico del antisemitismo católico legitimista (Gougenot des Mousseaux, *Le Juif, le judaïsme et la judaïsation des peuples chrétiens*, de 1896). En ambos se destaca que los judíos nunca se dedicaron a la agricultura, de modo que permanecieron aislados de la vida productiva del Estado en el que residían; en compensación, se dedicaron por entero a las finanzas, esto es, a la posesión de oro, porque, al ser nómadas por naturaleza y dispuestos a abandonar el Estado que les albergaba arrastrados por sus esperanzas mesiánicas, podían llevarse consigo sus riquezas con facilidad. Sin embargo, otros testimonios antisemitas de la época, incluso los tristemente famosos *Protocolos*, les acusaban de atentar contra la propiedad agrícola para apoderarse de los campos.

Hemos dicho que el antisemitismo no teme las contradicciones. Pero es un hecho que una característica destacada de los judíos israelíes es que han cultivado sus tierras de Palestina con métodos muy modernos construyendo granjas modélicas, y que si luchan es precisamente para defender un territorio en el que viven de forma estable. Y es justo esto lo que el antisemitismo árabe les reprochará, hasta el punto de considerar como objetivo principal la destrucción del Estado de Israel.

En resumen, para el antisemita, si el judío está de paso en su casa le molesta, si se queda quieto en la suya propia también le molesta. Por supuesto, sé muy bien cuál es la objeción: el lugar donde está Israel era territorio palestino. Pero no fue conquistado violentando y diezmando la población autóctona, como se hizo en América del Norte, o incluso destruyendo algunos estados gobernados por su monarca legítimo, como en América del Sur, sino mediante lentas migraciones y asentamientos a los que nadie se opuso.

En cualquier caso, si molesta el judío que, cada vez que criticas la política de Israel, te acusa de antisemitismo, una sensación mucho más inquietante producen aquellos que convierten cualquier crítica a la política israelí en antisemitismo.

[2009]

Malditos rumanos

El Ministerio del Interior ha emitido unos comunicados embarazosos en los que se afirma que los responsables del 60,9 por ciento de los casos de violación son ciudadanos italianos (los sociólogos sabían además que la gran mayoría de las violaciones se producen en el seno de la familia, y han hecho bien Berlusconi, Casini, Fini y otros en divorciarse, para evitar situaciones tan dramáticas). Por lo demás, teniendo en cuenta que los rumanos están de moda, parece que solo son culpables en el 7,8 por ciento de los casos, mientras que un 6,3 por ciento se lo adjudican los marroquíes (que, como nos enseñaron Moravia y Sophia Loren, ya representaron su papel hace más de sesenta años).

Que no nos cuenten más historias. ¿Qué pasa entonces con las rondas? ¿Se las hacemos a los de Bérgamo? Conviene recordar la nefasta participación de los rumanos, inmediatamente después de la guerra, en la matanza de Villarbasse, aunque por suerte todavía existía la pena de muerte y fueron justamente fusilados La Barberu, Johann Puleu, Johan L'Igntolui y Franzisku Sapuritulu. Rumana era sin duda Leonarda Cianciullui, la saponificadora y, como se deduce del nombre claramente extranjero, rumana debía de ser Rina Fort, la autora de la matanza de via San Gregorio en 1946. Por no hablar del origen rumano de la condesa Bellentani (Eminescu, de soltera) que en 1948 disparó contra su amante en Villa d'Este.

No era rumana Maria Martirano, pero sí lo era el sicario Raoul Ghianu que, por encargo de Giovanni Fenarolu, la mató en 1958 (todos recordarán el crimen de via Monaci) y rumano era el maestro Arnaldu Graziosul, que en 1945 se dice que mató a su mujer en Fiuggi. Rumano era el Petru Cavalleru que junto con su banda llevó a cabo un audaz y sangriento robo en Milán, y rumanos eran los miembros de la desdichada banda de via Osoppo, Aunque nunca fueron descubiertos, rumanos eran los asaltantes de la Banca dell'Agricoltura (sin duda eran rumanos Fredu y Venturu) y los autores de la matanza en la estación de Bolonia. Rumanos fueron los sospechosos de corrupción de juicios como el Previtului y el Berluschescu, rumano era el muchacho Masu que en 1991 mató a sus padres y los dos muchachos Erika (típico nombre de emigrante) y Omar (¡rumano y además musulmán!) que mataron a su madre y hermano en Novi Ligure.

Rumana era sin sombra de duda la señora Franzonescu de Cogne, los esposos de Erba Olindu y Roza, rumanos eran tanto Sindoara y Calvuli como sus asesinos, rumanos los banqueros que recientemente han provocado la ruina de tantos ahorradores, rumanos los Bambini di Satana, rumanos los miserables que tiraban piedras desde los puentes de la autopista, rumanos los sacerdotes pedófilos, rumano el asesino del comisario Calabresi, rumanos los secuestradores y asesinos de Moro, Casalegno, Bachelet, Tobagi y otros, rumanos los asesinos de Pecorelli y la banda del Uno Bianca y, para acabar, rumanos los asesinos de Mattei, del bandido Giuliano, de Pisciotta, de Mauro De Mauro, de los hermanos Roselli y de Matteotti.

Rumanos eran Giuliano y los autores de la matanza de Portella delle Ginestre, los culpables del caso Wilma Montesi (¿recuerdan al siniestro Piccionului?), los autores de las muertes de Reggio Emilia y los golpistas de Piano Solo; rumanos eran los compañeros de merienda del monstruo de Scandicci, los autores de los atentados a Falcone y a Borsellino y de la matanza de piazza della Logia en Brescia, de la matanza del Italicus y de la de Ustica y del asesinato de Pasolini (tal vez también rumano); rumanos los que dispararon a Montanelli, los comandos de via Fani y los asesinos de Coco, Occorsio, Alessandrini, Guido Rossa, Peppino Impastato, Pippo Fava, Piersanti Mattarella, Giorgio Ambrosoli, Ezio Tarantelli, Salvo Lima, el padre Pino Puglisi, Ilaria Alpi, Massimo d'Antona y Carlo Giuliani; rumanos eran evidentemente el que atentó contra el Papa (agente de la asociación Lupu Grigiu) y los asesinos de Dalla Chiesa y su esposa, rumano el secuestrador de Emanuela Orlandi. Rumanos, por último, todos los pertenecientes al clan de Timisoara, Badalamentu, Provenzanul, Liggiu, Bontadeu y Rijnara, rumanos los estranguladores nazifascistas Tutu y Concutellului, sin duda seguidores de la Guardia de Hierro de Codreanu.

Estos rumanos han destruido la imagen de un país de personas honestas, temerosas de Dios, ajenas a la violencia, respetuosas de las diferencias étnicas, religiosas y políticas. Menos mal que finalmente hemos caído en la cuenta de que los culpables eran ellos. Ahora con una buena organización de rondas por parte de miembros de la Liga por fin podremos restablecer la ley y el orden en este desgraciado país nuestro.

[2009]

¡Qué vergüenza, no tenemos enemigos!

Ya he contado en esta columna mis aventuras con los taxistas. Estas aventuras son más interesantes en Nueva York que en cualquier otro lugar del mundo, y eso por tres razones. En primer lugar, porque los taxistas son de diversa procedencia, lengua y color; llevan una placa con su nombre, y es divertido averiguar en cada ocasión si el conductor es turco, maliense, griego, judío, ruso, etcétera. Muchos están permanentemente conectados a su radio, una emisora que habla en su lengua y difunde sus canciones, y a veces ir del Village a Central Park es como hacer un viaje a Katmandú.

En segundo lugar, el oficio de taxista no es vitalicio, sino provisional; por eso encontramos al volante de un taxi a un estudiante, a un empleado de banca en paro o a un inmigrante recién llegado. En tercer lugar, los taxistas se van sucediendo por grupos étnicos: en un momento dado son mayoritariamente griegos, luego paquistaníes, puertorriqueños, etcétera. Esto permite reflexionar sobre las oleadas migratorias y sobre el éxito de las distintas etnias; cuando un grupo desaparece de los taxis significa que las cosas le van bien en otro sector, se corre la voz y todos entran en el negocio de los estancos o de las verdulerías, se trasladan a otra zona de la ciudad y escalan un peldaño social.

De modo que, al margen de las diferencias psicológicas individuales (está el histérico, el muy expresivo, el comprometido políticamente, el antitodo, etc.), el taxi es un excelente observatorio sociológico.

La semana pasada me topé con un individuo de color, con un nombre de difícil pronunciación, que me aclaró que era paquistaní. Me preguntó de dónde venía (en Nueva York siempre se llega de otro sitio), le respondí que era italiano, y empezó a hacerme preguntas. Parecía muy interesado en Italia, aunque luego me di cuenta de que era porque no sabía nada, no sabía con exactitud dónde estaba, ni qué lengua se hablaba (por lo general, cuando a un taxista se le dice que en Italia se habla italiano, siempre se muestra sorprendido, porque cree que en todas partes se habla inglés).

Le hice una rápida descripción de la península con montañas en el centro y muchas bellas ciudades. Me preguntó cuántos éramos y se extrañó de que fuéramos tan pocos. Luego quiso saber si éramos todos blancos o mestizos, y traté de explicarle que era un país en su origen enteramente blanco, pero que ahora había algunos negros, aunque en todo caso menos que en Estados Unidos. También quería saber cuántos paquistaníes había y le disgustó saber que tal vez había algunos pero menos que filipinos o africanos, y debió de preguntarse por qué su gente evita ese país.

Cometí el error de decirle que también hay unos pocos indios, y me miró con rencor; había hecho mal en juntar dos pueblos tan distintos y en mencionarle a gente tan desagradablemente inferior.

Por último me preguntó quiénes eran nuestros enemigos. En respuesta a mi «¿Perdone?», aclaró con paciencia que quería saber con qué pueblos estábamos actualmente en guerra por reivindicaciones territoriales, odios étnicos, violaciones de fronteras, etcétera. Le dije que no estábamos en guerra con nadie y me replicó pacientemente que quería saber quiénes eran nuestros enemigos históricos, aquellos que nos matan a nosotros y nosotros los matamos a ellos. Le repetí que no teníamos enemigos, que la última guerra había sucedido hacía más de cincuenta años y sin saber con exactitud quiénes eran los enemigos y quiénes los aliados. No se quedó satisfecho; sin duda estaba convencido de que yo mentía. ¿Cómo es posible un pueblo sin enemigos?

La cosa acabó aquí, me bajé del taxi dejándole dos dólares de propina para compensarle de nuestro indolente pacifismo, y luego me ocurrió ese fenómeno que los franceses llaman *esprit d'escalier*, que consiste en que, apenas llegas a la escalera después de haber hablado con alguien, ves con claridad cuál es la respuesta exacta que deberías haberle dado, la frase que un momento antes no se te ocurrió.

Debería haberle dicho que los italianos no tienen enemigos. No tienen enemigos externos y en cualquier caso nunca están de acuerdo en determinar cuáles son, porque están continuamente enzarzados en guerras internas. Los italianos se hacen la guerra entre sí, a veces ciudades contra ciudades, herejes contra ortodoxos; luego clase contra clase, partido contra partido, corriente de partido contra corriente del mismo partido, región contra región y, por último, gobierno contra magistratura, magistratura contra poder económico, televisión pública contra televisión privada, aliados de coalición contra aliados de la misma coalición, departamento contra departamento, periódico contra periódico.

No sé si lo habría entendido, pero al menos yo no hubiera hecho el ridículo de pertenecer a un país sin enemigos.

[2009]

¿Boicoteamos a los latinistas israelíes?

En enero de 2003, me lamentaba en una columna de que la revista inglesa *The Translator*, dirigida por Mona Baker, prestigiosa editora de una *Encyclopedia of Translation Studies*, hubiese decidido (para protestar contra la política de Sharon) boicotear las instituciones universitarias israelíes, y por tanto hubiese pedido a dos investigadores israelíes que formaban parte del comité directivo de la revista que presentaran su dimisión. Por cierto, los dos estudiosos mantenían una actitud de clara oposición a la política de su gobierno, pero esto a Mona Baker le traía sin cuidado.

Advertía que hay que distinguir entre la política de un gobierno (o incluso entre la Constitución de un Estado) y las inquietudes culturales de un país. Ponía de relieve implícitamente que considerar a todos los ciudadanos de un país responsables de la política de su gobierno era una forma de racismo. Entre el que mantiene esta actitud y el que afirma que, como algunos palestinos cometen atentados terroristas, hay que bombardear a todos los palestinos, no hay diferencia alguna.

Se ha presentado en Turín un manifiesto de la Italian Campaign for the Academic & Cultural Boycott of Israel en el que, para censurar la política del gobierno israelí, se afirma que «las universidades, los académicos y los intelectuales israelíes, en su casi totalidad, han desempeñado y desempeñan un papel de sostén a sus gobiernos y son cómplices de sus políticas. Las universidades israelíes son asimismo los lugares donde se llevan a cabo algunos de los proyectos de investigación más importantes, con fines militares, sobre nuevas armas basadas en la nanotecnología y en sistemas tecnológicos y psicológicos de control y opresión de la población civil».

En consecuencia, se pide que se abstengan de participar en cualquier forma de cooperación académica y cultural, de colaboración o de proyectos conjuntos con las instituciones israelíes; que apoyen un boicot global a las instituciones israelíes en el ámbito nacional e internacional, incluida la suspensión de todas las formas de financiación y de subsidios a estas instituciones.

No comparto en absoluto la política del gobierno israelí y he seguido con mucho interés el manifiesto de muchísimos judíos europeos en contra de la expansión de los asentamientos israelíes (manifiesto que, debido a las polémicas que ha suscitado, muestra que en el mundo judío, dentro y fuera de Israel, existe una viva discusión sobre estos temas). Pero me parece falaz la afirmación de que «los académicos y los intelectuales israelíes, en su casi totalidad, han desempeñado y desempeñan un papel de sostén a sus gobiernos», porque todos sabemos cuántos intelectuales israelíes han mostrado y siguen mostrando su disconformidad en estas cuestiones.

¿Debemos abstenernos de invitar a un congreso de filosofía a todos los filósofos chinos porque el gobierno de Pekín censura Google?

Puedo entender que (para dejar de lado el embarazoso tema israelí) si se tiene conocimiento de que los departamentos de física de la Universidad de Teherán o de Pyongyang colaboran de manera activa en la construcción de la bomba atómica de esos países, los departamentos de física de Roma o de Oxford prefieran cortar toda relación institucional con esos centros de investigación. Pero no entiendo por qué habría que cortar las relaciones con los departamentos de historia del arte coreano o de literatura persa antigua.

Veo que ha participado en la nueva llamada al boicot mi amigo Gianni Vattimo. Supongamos (¡absurdamente!) la hipótesis de que en algunos países extranjeros se extiende la voz de que el gobierno de Berlusconi atenta contra el sagrado principio de la división de poderes deslegitimando la magistratura, y lo hace con el apoyo de un partido claramente racista y xenófobo. ¿Le gustaría a

Vattimo que, pese a mostrar su disconformidad con este gobierno, las universidades estadounidenses dejaran de invitarle como *visiting professor*, y que unos comités especiales para la defensa del derecho procedieran a eliminar todas sus obras de las bibliotecas estadounidenses? Creo que clamaría contra la injusticia, y afirmaría que esto es como juzgar a todos los judíos responsables del deicidio solo porque el Sanedrín estaba de malhumor aquel Viernes Santo.

No es verdad que todos los rumanos sean violadores, todos los sacerdotes pedófilos y todos los estudiosos de Heidegger nazis. Por tanto, cualquier postura política, cualquier oposición al gobierno no debe implicar a todo un pueblo y a toda una cultura. Y esto vale sobre todo para la república del conocimiento, donde la solidaridad entre estudiosos, artistas y escritores de todo el mundo siempre ha sido una manera de defender los derechos humanos más allá de las fronteras.

[2010]

Subjuntivos y actos de violencia

Hace quince días protesté contra una invitación a boicotear las instituciones académicas y a los intelectuales israelíes, firmada también por mi amigo Gianni Vattimo. Yo no cuestionaba la posibilidad de manifestar las diferencias con la política del gobierno israelí, sino que decía que no se puede sostener, como hacía el manifiesto, que «los académicos y los intelectuales israelíes, en su casi totalidad, han desempeñado y desempeñan un papel de sostén a sus gobiernos». Todos sabemos cuántos intelectuales israelíes muestran su disconformidad en estas cuestiones.

Recibo una amable carta de Vattimo y también otros mensajes de lectores que comparten sus ideas. Escribe Vattimo: «Me siento como aquel a quien se critica el uso indebido de un subjuntivo —entiendo hasta qué punto las palabras y la sintaxis son importantes para un experto en semiótica como tú— en una discusión sobre los actos de violencia en la Diaz…, (residencia de algunos manifestantes contra la cumbre del G8 en julio del 2001, que fue asaltada violentamente por la policía). La pregunta esencial era: ¿cuántos intelectuales de tu talla o inferiores se han posicionado públicamente sobre la matanza de Gaza? ¿Y cuántos protestan ahora por la detención de Chomsky en la frontera?».

Pero es que, a propósito de los actos de violencia de la Diaz, yo no criticaba a Vattimo que utilizara mal los subjuntivos, sino que quisiera condenar como represalia a todos los policías italianos. Idea que, me imagino, debería rechazar cualquier persona dotada de sentido común. Si por los errores de uno se condena a toda una profesión, o incluso a un pueblo, tal vez no se considerará un acto de antisemitismo, pero sí de racismo. La pregunta esencial que menciona no se refería a por qué no se habla de Gaza (hecho atroz) o de la execrable prohibición de paso a Chomsky (que, entre otras cosas, se había pronunciado contra el boicot). La pregunta esencial se refería al boicot.

Las cartas que he recibido se esfuerzan por enumerarme toda clase de argumentos en contra de la política del gobierno israelí, olvidando que yo mismo he dicho que no la comparto. Pero lo que preguntaba en mi artículo es si, sobre la base de un rechazo a la política de un gobierno, se puede excluir de la comunidad intelectual internacional a todos los estudiosos, científicos y escritores del país donde ese gobierno está gobernando.

Al parecer, mis objetores no ven ninguna diferencia entre ambos problemas. Vattimo, por ejemplo, para subrayar que en la idea del boicot hay antisionismo pero no antisemitismo, me escribe: «¿Serían antisemitas los muchos judíos antisionistas que sienten su religiosidad judía amenazada precisamente por esta política de prepotencia?». Y esta es justo la cuestión. Si se admite, y sería difícil no hacerlo, que hay muchos judíos (también en Israel, téngase en cuenta) que rechazan la política de prepotencia de su gobierno, ¿por qué anunciar un boicot global que también los incluye?

Estos días se han producido dos malas noticias. Una es que en las escuelas de los extremistas religiosos israelíes se han prohibido las tragedias de Sófocles, *Anna Karénina*, las obras de Bashevis Singer y la última novela de Amos Oz. En esta decisión nada tiene que ver el gobierno, es cosa de los talibanes locales, y sabemos que talibanes los hay en todas partes (había incluso talibanes católicos que ponían a Maquiavelo en el índice). Entonces (segunda mala noticia) ¿por qué los boicoteadores turineses se comportaron como talibanes cuando protestaron porque se quería dar el premio del Salone del Libro (como luego se dio) a Oz? En resumen, a Amos Oz no lo quieren en Mea Shearim (el barrio de los fundamentalistas de Jerusalén) y tampoco lo quieren en Turín (ciudad sagrada de la Síndone). ¿Adónde tiene que ir ese judío errante?

Vattimo insiste en decir que ser antisionista no es ser antisemita. Le creo. Sé muy bien que, cuando hace dos años afirmó que estaba a punto de creer en *Los protocolos de los sabios de Sión*, lo único que pretendía era provocar con una de esas ocurrencias en las que es maestro, porque ninguna persona sensata y culta puede leer *Los protocolos* y creer que aquel conjunto de autodenuncias que se contradicen entre sí sea una obra auténtica (y que los sabios de Sión fueran tan gilipollas). Vattimo habrá visto que en internet, junto a las páginas donde se condena su ocurrencia, hay muchísima gente que se regocija. Cualquier frase extremista siempre corre el riesgo de suscitar el consenso de los descerebrados.

Pero Vattimo (¡y cómo le entiendo!) no sabe renunciar a las ocurrencias y concluye: «¿Ahmadineyad como amenaza de destrucción de Israel? ¿Alguien lo cree de verdad?». Bien, seré un sentimental, pero a mí un tipo que pretende hacer desaparecer una nación de la faz de la tierra un poco de miedo sí me da. Por las mismas razones por las que me preocupo por el futuro de los palestinos.

[2010]

Maridos de esposas ignoradas

La *Enciclopedia delle donne* (www.enciclopediadelledonne.it) registra un gran número de mujeres, desde Catalina de Siena a Tina Pica, y son muchísimas las injustamente olvidadas; por otra parte, desde 1690, Gilles Ménage nos hablaba en su historia de las mujeres filósofas de Diotima la socrática, Arete la cirenaica, Nicarete la megárica, Hiparquía la cínica, Teodora la peripatética (en el sentido filosófico del término), Leoncia la epicúrea y Temistoclea la pitagórica, de las que sabemos muy poco. Es justo que muchas de ellas hayan sido sustraídas al olvido.

No obstante, lo que en realidad se echa en falta es una enciclopedia de las esposas. Se dice que detrás de cada gran hombre hay una gran mujer, desde Justiniano y Teodora hasta Obama y Michelle (es curioso que no sea cierta la afirmación inversa, tómense como ejemplo las dos Isabel de Inglaterra); pero. en general, de las esposas no se habla. Desde la Antigüedad clásica, se dedica más atención a las amantes que a las esposas. Clara Schumann y Alma Mahler fueron noticia por sus amoríos extra y posmatrimoniales. Básicamente, la única esposa que siempre se cita por su condición de tal es Jantipa, y solo para hablar mal de ella.

Ha llegado a mis manos una obra de Pitigrilli, escritor que henchía sus relatos de citas eruditas, equivocando a menudo los nombres (Yung en vez de Jung) y más a menudo aún las anécdotas, que sacaba de vete a saber dónde. En esta página, Pitigrilli recuerda la advertencia de san Pablo: *melius nubere quam uri*, «más vale casarse que abrasarse» (un buen consejo para los curas pedófilos), pero observa que la mayoría de los grandes, como Platón, Lucrecio, Virgilio, Horacio y otros, eran solteros. Aunque eso no es cierto, o al menos no del todo.

Puede ser verdad en el caso de Platón, del que sabemos por Diógenes Laercio que solo escribía epigramas para hombres jóvenes muy apuestos, aunque tenía como alumnas a dos mujeres, Lastenia y Axiotea, y decía que el hombre virtuoso debe casarse. Probablemente tenía en cuenta el infeliz matrimonio de Sócrates. Aristóteles se casó primero con Pitias, y tras su muerte se unió a Erpilis, no se sabe muy bien si como esposa o como concubina, pero vivió con ella *more uxorio*, hasta el punto de recordarla con afecto en su testamento, además de tener con ella un hijo, Nicómaco, el que dio nombre a una de sus Éticas.

Horacio no tuvo esposas ni hijos, pero a juzgar por sus escritos sospecho que se permitió algunas aventurillas. En cuanto a Virgilio, parece que era demasiado tímido para declararse, aunque se rumorea que tuvo una relación con la esposa de Vario

Rufo. En cambio, Ovidio se casó tres veces. De Lucrecio nada nos dicen las fuentes antiguas; de un dato recogido por san Jerónimo podemos deducir que se suicidó tras enloquecer al beber un filtro de amor (si bien el santo tenía interés en declarar loco a un ateo peligroso), y a partir de este hecho la tradición medieval y humanística fantaseó con la existencia de una misteriosa Lucilia, no sabemos si esposa o amante, maga o mujer enamorada que había pedido el filtro a una hechicera; también se decía que Lucrecio se había suministrado el bebedizo él mismo, pero en cualquier caso Lucilia no sale demasiado bien parada. A menos que tuviese razón Pomponio Leto al decir que Lucrecio se habría suicidado porque estaba infelizmente enamorado de un tal Asterisco [*sic*].

Siglos más tarde, Dante siguió soñando con Beatriz pero se casó con Gemma Donati, aunque nunca habla de ella. Todos piensan que Descartes era soltero (ya que murió muy joven tras una vida muy agitada), pero tuvo una hija, Francine (muerta a los cinco años) de una doncella llamada Helena Jans van der Strom, a la que conoció en Holanda, que fue su compañera durante unos años y a la que solo reconoció como sirvienta. Ahora bien, en contra de ciertos rumores difamatorios, Descartes reconoció a la hija y, según otras fuentes, tuvo además otros amoríos.

En resumen, dando por supuesto que eran célibes los religiosos y algunos personajes más o menos abiertamente homosexuales como Cyrano de Bergerac (siento informar de algo tan atroz a los admiradores de Rostand) o Wittgenstein, solo de Kant podemos afirmar con toda seguridad que se mantuvo soltero. De manera sorprendente, incluso Hegel estaba casado; de hecho, parece que fue un mujeriego, con un hijo ilegítimo, y un tragaldabas.

Por su parte, Karl Marx estaba profundamente apegado a su esposa, Jenny von Westphalen.

Queda un problema por dilucidar: ¿qué influencia tuvieron Gemma sobre Dante o Helena sobre Descartes, por no hablar de las muchísimas esposas que la historia ignora? ¿Y si todas las obras de Aristóteles en realidad las hubiera escrito su esposa Erpilis? Nunca lo sabremos. La historia, escrita por los maridos, ha condenado a las esposas al anonimato.

[2010]

El regreso del tío Tom

El lector que en una gris mañana de este mayo lluvioso se encontrase, abandonado en un tren y sin la cubierta ni las primeras páginas, este libro (¿novela?) de Furio Colombo, se preguntaría por qué el autor ha decidido convertirse en un nuevo Dickens, con sus chiquillos macilentos expuestos a terribles castigos corporales, por qué quiere recordar las vicisitudes del pobre Rémi de *Sin familia* en la guarida del señor Garofoli, por qué ha imitado las vicisitudes de los «pobres negros» de la ya insoportable *La cabaña del tío Tom* o, peor aún, se ha decidido a presentar como actuales las historias del profundo Sur de Estados Unidos, en el que los «pobres negros, sí patrón» eran expulsados de los transportes públicos. Vamos, querido Colombo, vivimos en otros tiempos ¡por suerte!

Sin embargo, nuestro lector se sorprendería si encontrase el libro completo, con cubierta y prólogo, viera que se titula *Contro la Lega* (por solo 9 euros un cúmulo de horrores que haría empalidecer a Stephen King) y que no contiene historias inventadas sino un detallado resumen de episodios de racismo y persecución perpetrados en distintos ayuntamientos administrados por el conocido partido. Son episodios que Colombo, como diputado, ha intentado denunciar muchas veces en el Parlamento, recibiendo en una ocasión, del diputado de la Liga Brigandì, como razonado contraargumento: «¡Cara de culo!» [*sic*].

En este libro, que por desgracia no es una novela, se cuenta «una historia italiana, donde los carabinieri y la policía municipal destruyen con palas los campamentos nómadas entre las dos y las tres de la madrugada, aterrorizando a los niños», y donde en la escuela los niños gitanos, pese a ser ciudadanos italianos, son colocados en clases separadas y, como se les considera extranjeros, se quedan en ayunas a la hora del almuerzo. El libro empieza con la historia de la familia Karis: el padre, ciudadano italiano desde hace generaciones, vivía en Chiari y recogía chatarra, y una desconsiderada administración de centroizquierda le había asignado una casa prefabricada de tres habitaciones; pero la posterior administración padana en 2004 (alcalde el senador Mazzatorta) recuperó el terreno porque «había cambiado el plan urbanístico», la casa de los Karis fue derribada, el ayuntamiento anuló la residencia, los niños ya no podían ir a la escuela y toda la familia se vio obligada a vivir en una caravana; de modo que, ante este inaceptable caso de nomadismo, los policías golpeaban de noche el vehículo con mazos de hierro si el padre se había detenido a descansar o a hacer pipí.

El libro habla de toda clase de inmigrantes. En Termoli, la guardia urbana detiene a un vendedor ambulante, le golpea y le encierra en el portamaletas del coche patrulla. En Parma, unos agentes de paisano detienen a Emanuel Bonsu, un joven negro que se dirigía a la escuela nocturna, le golpean repetidamente y tardan mucho en darse cuenta de que no estaba vendiendo droga como habían sospechado. En un autobús de Varese, un chico de catorce años obliga a una muchacha de su misma edad cubierta con velo a que le deje el sitio, la chica se niega y entonces él y sus compañeros la emprenden a patadas y puñetazos. En Bérgamo, en un autobús, una pasajera grita que le han robado el móvil, el inspector decide que el ladrón ha de ser forzosamente un muchacho negro; el autobús se detiene, se obliga al muchacho a desnudarse y el móvil no aparece (sin duda, el ladrón era otro), pero le encuentran setenta euros encima; el inspector le quita el dinero y la señora, agradecida, se los queda como compensación.

Apenas hemos llegado a la página 11 de esta no-novela y en los capítulos siguientes se narran distintos casos, desde las sevicias de que fueron objeto en Libia unos desgraciados a quienes unos militares italianos detuvieron en el mar y devolvieron a los torturadores de Gadafi, hasta los insultos a Gad Lerner llamándole «narizotas», en un crescendo de agradables y novelescas atrocidades.

Es curioso que los italianos se estén escandalizando por cuatro diamantes y dos o tres diplomas comprados (¿acaso licenciarse en Albania no es señal de escaso racismo?) mientras desde hace años permiten que ocurran todas estas cosas que el libro cuenta descarnadamente.

[2012]

Proust y «los boches»

Malos tiempos para quien cree en la Unión Europea: empezando por Cameron que convoca a sus compatriotas a decidir si todavía la quieren (o la han querido alguna vez), por Berlusconi que un día se declara europeísta y al día siguiente, si no invoca visceralmente a los viejos fascistas, lo hace a quien cree que volviendo a la lira las cosas irían mejor, y acabando por la Liga y su provincianismo hipoeuropeo, podríamos decir que los huesos de los padres fundadores de Europa se estremecen en la tumba.

Todo el mundo debería saber que en la Segunda Guerra Mundial murieron 41 millones de europeos (digo solo europeos, sin contar a los norteamericanos y a los asiáticos) aniquilándose unos a otros, y que desde entonces, exceptuando el trágico episodio de los Balcanes, Europa ha vivido sesenta y ocho (repito, 68) años de paz. Si se explicase a los jóvenes que los franceses podrían enrocarse hoy en la línea Maginot para resistir frente a los alemanes, que los italianos querrían aniquilar Grecia, que Bélgica podría ser invadida y que los aviones ingleses podrían bombardear Milán, estos jóvenes (que tal vez se preparan para una estancia de un año en cualquier otro país del continente gracias al programa Erasmus, y que tal vez al final de esta experiencia encontrarán a un alma gemela que habla otra lengua, y sus hijos crecerán bilingües) creerían que estamos inventando una novela de ciencia ficción. Tampoco los adultos son conscientes de que hoy atraviesan sin pasaporte fronteras que sus padres o sus abuelos cruzaron con un fusil en la mano.

¿Realmente la idea de Europa no consigue atraer a los europeos? Bernard-Henri Lévy ha lanzado recientemente un apasionado manifiesto para recuperar una identidad europea, *Europe ou chaos?*, que comienza con una amenaza inquietante: «Europa no está en crisis, se está muriendo. No Europa como territorio, naturalmente, sino Europa como idea. Europa como sueño y como proyecto». El manifiesto ha sido firmado por António Lobo Antunes, Vassilis Alexakis, Juan Luis Cebrián, Fernando Savater, Peter Schneider, Hans Christian Buch, Julia Kristeva, Claudio Magris, Gÿorgy Konrad y Salman Rushdie (que no es europeo, pero que en Europa encontró su primer refugio al comienzo de su persecución). Como yo también lo he firmado, me encontré con algunos de los firmantes hace unos diez días, en el Théâtre du Rond-Point en París, para debatir sobre estos temas. Una de las cuestiones que surgió en primer lugar, y con la que estoy totalmente de acuerdo, es que existe una conciencia de la identidad europea, y cité algunos pasajes de *El tiempo recobrado* de Proust. Nos encontramos en París, durante la Primera Guerra Mundial. Por la noche, la ciudad teme las incursiones de los zepelines y la opinión pública culpa de todas las atrocidades a los aborrecidos *boches*. Pues bien, en estas páginas proustianas se respira un aire de germanofilia que se refleja en las conversaciones entre los personajes. Charlus es germanófilo, aunque su admiración por los alemanes parece estar menos relacionada con afinidades culturales que con sus preferencias sexuales: «"Nuestra admiración por los franceses no debe hacernos menospreciar a nuestros enemigos. Y no sabe usted qué soldado es el soldado alemán, no le ha visto desfilar a paso de revista, al paso de la oca." Y volviendo al ideal de virilidad que me esbozara en Balbec [...], añadió: "Mire, ese soberbio mocetón que es el soldado *boche* es un ser fuerte, sano, que no piensa más que en la grandeza de su país: *Deutschland über Alles*"».

Dejemos ahora el personaje de Charlus, aunque en sus discursos germanófilos encontramos ya ciertas reminiscencias literarias, y hablemos mejor de Saint-Loup, un soldado valeroso que perderá la vida en combate. «[Saint-Loup] para hacerme comprender ciertos contrastes de sombra y de luz que habían sido "el encanto de su madrugada" [...] no dudaba en aludir a una página de Romain Rolland, hasta de Nietzsche, con esa independencia de las personas del frente que no temían, como los de la retaguardia, pronunciar un nombre alemán. [...] Saint-Loup me hablaba de una melodía de Schumann, daba el título en alemán y no andaba con rodeos para decirme que cuando, al amanecer, oyó un primer gorjeo en la orilla de aquel bosque, sintió el mismo arrobo que si le hubiera hablado el pájaro de aquel "sublime Siegfried" que esperaba oír de nuevo después de la guerra.»

O incluso: «Me enteré de la muerte de Robert de Saint-Loup, caído a los dos días de volver al frente, cuando protegía la retirada de sus hombres. No hubo hombre con menos odio que él a un pueblo. [...] Las últimas palabras que oí salir de su boca, seis días antes, eran las que comienzan un *lied* de Schumann y que me tarareaba en mi escalera, en alemán, tanto que, a causa de los vecinos, le hice callar».

Y Proust se apresura a añadir que toda la cultura francesa no se privaba de estudiar la cultura alemana, ni siquiera entonces, aunque tomando ciertas precauciones: «Un profesor escribía un libro notable sobre Schiller y se comentaba en los periódicos. Pero, antes de hablar del autor del libro, se hacía constar, como una autorización de la censura de imprenta, que había estado en el Marne, en Verdún, que había sido citado cinco veces, que había perdido dos hijos en la guerra. Consignado esto, se alababa la claridad, la profundidad de su obra sobre Schiller, que se podía calificar de gran obra con tal de decir en lugar de "ese gran alemán", "ese gran *boche*"».

Esto es lo que constituye el fundamento de la identidad cultural europea, un extenso diálogo entre las literaturas, las filosofías, las obras musicales y teatrales. Nada que pueda borrarse, a pesar de la guerra, y sobre esta identidad se fundamenta una comunidad que resiste a la mayor de las barreras: la del idioma.

Si bien no hay duda de que este sentido de la identidad europea es muy fuerte entre las élites intelectuales, ¿lo es también entre la gente corriente? Y me puse a reflexionar sobre el hecho de que todavía hoy en cada uno de los países europeos se homenajea (en la escuela y en las celebraciones públicas) a los héroes propios, que son personas que han matado valientemente a otros europeos, empezando por aquel Arminio que exterminó las legiones de Varo, pasando por Juana de Arco y el Cid Campeador (porque los musulmanes contra los que luchaba eran europeos desde hacía siglos), hasta los distintos héroes del Resurgimiento italianos y húngaros y nuestros caídos contra el enemigo austríaco. ¿Nadie oye nunca hablar de un héroe europeo? ¿Es que no los ha habido nunca? ¿Y quiénes eran Byron o Santorre di Santarosa, que fueron a luchar por la libertad griega, o los muchos Schindler que salvaron la vida de miles de judíos sin preocuparse de cuál era su nacionalidad, para acabar con los héroes no guerreros, como fueron De Gasperi, Monnet, Schuman, Adenauer, Spinelli? Y si fuéramos a buscar por los rincones de la historia encontraríamos otros héroes de los que hablar a los niños (y a los adultos). ¿Es posible que no haya un Astérix europeo del que podamos hablar a los europeos de mañana?

[2013]

De «Maus» a «Charlie»

Considero a mi amigo Art Spiegelman un genio. Su *Maus* sigue siendo uno de los textos literarios (aunque en forma de tebeo) más importantes sobre el Holocausto. Sin embargo, en esta ocasión no estoy de acuerdo con él. Se le pidió una portada para un número del *New Statesman* sobre la libertad de pensamiento, y la portada que fue publicada por otros periódicos es preciosa (una mujer ferozmente amordazada). Pero Spiegelman pidió a la revista que asimismo incluyera una caricatura suya de Mahoma y, cuando los editores se negaron, Spiegelman también retiró la portada.

Sobre los sucesos de *Charlie Hebdo* ha habido mucha confusión (no le dediqué al asunto ninguna columna porque inmediatamente después del drama había entregado dos entrevistas y la columna habría aparecido quince días más tarde, pero me causó un profundo dolor, porque además conservaba una simpática caricatura que Wolinski, muerto en la matanza, me había dedicado en los tiempos en que nos encontrábamos en el bar con la redacción de la revista *Linus*).

Vuelvo ahora a la cuestión. Creo que estaban en juego dos derechos y dos deberes. Pensando en el papa Francisco, que dijo que si alguien ofendiera a su madre le daría un puñetazo (lo que creó una gran incomodidad a muchos), querría recordar que no dijo que lo mataría. Sabía que hay un mandamiento que prohíbe matar, y por tanto no podía hacer más que condenar la acción de los terroristas que, junto con sus aliados degolladores del ISIS, representan la nueva forma de nazismo (racismo, eliminación de quienes son de otra etnia, proyecto de conquista del mundo). Había que condenar la matanza y manifestarse, como se hizo, para defender la libertad de expresión.

Hay que defender la libertad de pensamiento incluso de los que no piensan como nosotros (Voltaire nos lo enseñó). Pero si los periodistas de *Charlie* no hubiesen sufrido la terrible venganza que han sufrido y no se hubiera producido la matanza, todo el mundo habría tenido derecho a criticar sus caricaturas, no solo de Mahoma, sino también de Jesús y de la Virgen, muy parecidas a las que en el siglo XIX difundía Leo Taxil representando a la Virgen embarazada de una paloma y a José cornudo.

Existe un principio ético por el que no deberíamos ofender las susceptibilidades religiosas de otras personas, y por eso la gente blasfema en su casa, no en la iglesia. Deberíamos abstenernos de hacer caricaturas de Mahoma no por temor a las represalias, sino porque (y pido disculpas si la expresión parece demasiado suave) es «descortés». Y tampoco deberíamos hacer caricaturas de la Virgen, aunque los católicos no parecen dispuestos (como no lo están al menos por ahora) a aniquilar a quienes lo hacen. He estado navegando por internet y he visto que ninguno de los sitios que protestan por la censura de *New Statesman* ha reproducido el dibujo de Spiegelman. ¿Por qué? ¿Por respeto a los demás o por miedo?

En los sucesos de *Charlie* estaban en juego dos principios fundamentales, pero ha sido difícil mantenerlos separados ante el horror perpetrado por quien estaba equivocado. Era perfectamente legítimo defender el derecho a la libre expresión, aun cuando la expresión concreta fuese descortés, declarando «Je suis Charlie». Sin embargo, si yo fuese *Charlie*, no andaría por ahí burlándome de la sensibilidad musulmana ni de la cristiana (ni de la budista, si se diera el caso).

Si los católicos se molestan cuando se ofende a la Virgen, hay que respetar sus sentimientos, y en todo caso escribir un prudente ensayo histórico para poner en duda la Encarnación. Pero si los católicos disparasen contra los que ofenden a la Virgen, habría que combatirlos con todos los medios a nuestro alcance.

Nazis y antisemitas de todas las especies difundieron terribles caricaturas de los «infames judíos», y la cultura occidental aceptó estas injurias respetando la libertad de quien las difundía. Pero cuando de la caricatura se pasó a la matanza, todo el mundo se alzó en su contra. Es decir, se respetó la libertad de Drumont (en el siglo XIX) de ser ferozmente antisemita, pero los verdugos nazis fueron colgados en Nuremberg.

[2015]

Del odio y la muerte

Del odio y el amor

En los últimos tiempos he escrito sobre el racismo, sobre la construcción del enemigo y sobre la función política del odio hacia el Otro o el Distinto. Creía haberlo dicho todo, pero en una reciente discusión con mi amigo Thomas Stauder (y se trata de una de esas ocasiones en las que ya no recuerdas qué dijo uno y qué dijo el otro, el caso es que las conclusiones coincidían) se insinuó un elemento nuevo, o por lo menos, nuevo para mí.

Con una ligereza un poco presocrática, tendemos a entender odio y amor como dos opuestos que se contraponen de manera simétrica, como si lo que no amamos lo odiáramos y viceversa. Sin embargo y obviamente, entre los dos polos hay un sinfín de matices. Incluso cuando usamos los dos términos de forma metafórica, el hecho de que me guste la pizza pero no enloquezca por el sushi no significa que lo odie; sencillamente, me gusta menos que la pizza. Y tomando los dos términos en su sentido propio, que yo ame a una persona no significa que odie a todas las demás, pues opuesta al amor puede estar muy bien la indiferencia (amo a mis hijos y me resultaba indiferente el taxista que me llevaba en su coche hace dos horas).

Ahora bien, lo cierto es que el amor aísla. Si amo con locura a una mujer, pretendo que ella me ame a mí y no a otros (por lo menos no en el mismo sentido); una madre ama con pasión a sus hijos y desea que ellos la amen de forma privilegiada a ella (madre solo hay una), y no sentiría jamás que ama con la misma intensidad a hijos ajenos. Así pues, el amor es a su manera egoísta, posesivo, selectivo.

Es verdad, el mandamiento del amor impone amar a nuestro prójimo como a nosotros mismos (a todos, a seis mil millones de prójimos), pero este mandamiento, básicamente, nos recomienda que no odiemos a nadie y no pretende que amemos a un esquimal desconocido como a nuestro padre o a nuestro nieto. El amor privilegiará siempre a mi nietecito contra un cazador de focas. Y aunque no piense (como pretende la conocida leyenda) que no me importa nada que muera un mandarín en China (sobre todo si ello podría serme de algún provecho) y sepa que las campanas siempre doblan también por mí, está claro que me afectará más la muerte de mi abuela que la del mandarín.

En cambio, el odio puede ser colectivo, y debe serlo para los regímenes totalitarios; por lo cual, de pequeño, la escuela fascista me pedía que odiara a «todos» los hijos de Albión, y Mario Appelius profería cada noche por la radio su «Dios maldiga a los ingleses». Y eso es lo que quieren las dictaduras y los populismos, y a menudo también las religiones en su versión fundamentalista, porque el odio por el enemigo une a los pueblos y los hace arder a todos en un idéntico fuego. El amor calienta mi corazón en lo tocante a pocas personas; mientras que el odio calienta mi corazón, y el corazón del que es de mi bando, en lo tocante a millones de personas, a una nación, a una etnia, a gente de color y de lengua distintas. El racista italiano odia a todos los albaneses o a los rumanos o a los gitanos; Umberto Bossi, de la Liga Norte, odia a todos los italianos del Sur (y encima, recibe un sueldo pagado también con los impuestos de los meridionales, lo que es una obra maestra cabal de la malevolencia, donde al odio se une el placer del agravio y del escarnio); Silvio Berlusconi odia a todos los jueces y nos pide que hagamos lo mismo, y que odiemos a todos los comunistas, aun a costa de ver comunistas donde ya no los hay.

Por lo tanto, el odio no es individualista sino generoso, filantrópico, y abraza en un mismo arrebato a inmensas multitudes. Solo en las novelas se nos dice lo bello que es morir de amor; pero en los periódicos, por lo menos cuando yo era niño, se representaba como bellísima la muerte del héroe que lo alcanzaba en el trance de arrojar una bomba contra el odiado enemigo.

Por eso la historia de nuestra especie siempre ha estado más marcada por el odio, por las guerras y por las matanzas que por los actos de amor (menos cómodos y a menudo agotadores, cuando quieran extenderse más allá del ámbito de nuestro egoísmo). Nuestra propensión hacia las delicias del odio es tan natural que a los caudillos de pueblos les resulta fácil cultivarlo, mientras que al amor nos invitan solo seres adustos que tienen la nauseabunda costumbre de besar a los leprosos.

[2011]

¿Dónde ha ido la muerte?

Le Magazine Littéraire francés dedica su número de noviembre a «Lo que la literatura sabe de la muerte». He leído con interés los artículos, pero me ha decepcionado que, a fin de cuentas, entre lo mucho que no sabía, me repitieran un concepto sabido y resabido: que la literatura siempre se ha ocupado de la muerte, naturalmente junto al amor. Los artículos de la revista francesa hablan con sutileza de la presencia de la muerte tanto en la narrativa del siglo pasado como en la literatura gótica prerromántica. Pero también se habría podido examinar la muerte de Héctor y el luto de Andrómaca, o los sufrimientos de los mártires en muchos textos medievales. Por no decir que la historia de la filosofía empieza con el más consabido ejemplo de premisa mayor de un silogismo: «Todos los hombres son mortales».

El problema me parece más bien otro, y quizá dependa del hecho de que hoy se leen menos libros: nosotros, los contemporáneos, nos hemos vuelto incapaces de llegar a pactos con la muerte. Las religiones, los mitos, los ritos antiguos hacían que la muerte fuera algo familiar, aun siendo siempre temible. Las grandes celebraciones funerarias, los gritos de las plañideras, las grandes misas de réquiem nos acostumbraban a aceptarla. Los sermones sobre el infierno nos preparaban para la muerte, y todavía en mi infancia se me invitaba a leer las páginas sobre la muerte de *El joven preparado para la práctica de sus deberes* de don Bosco, que no era solo el cura alegre que hacía jugar a los niños, sino que tenía una imaginación visionaria y llameante. Don Bosco nos recordaba que no sabemos dónde nos sorprenderá la muerte: si en nuestra cama, en el trabajo, o por la calle, por la rotura de una vena, un catarro, un ímpetu de sangre, una fiebre, una herida, un terremoto, un rayo, «quizá nada más acabar de leer esta consideración». En ese momento sentiremos la cabeza oscurecida, los ojos doloridos, la lengua seca, las fauces angostadas, el pecho oprimido, la sangre helada, la carne consumida, el corazón traspasado. De ahí la necesidad de practicar el ejercicio de la buena muerte:

> Cuando mis pies ya inmóviles me adviertan de que mi carrera en este mundo está próxima a su fin. […] Cuando mis manos trémulas y entorpecidas no puedan ya estrecharos, ¡oh, bien mío crucificado! Y contra mi voluntad os dejen caer sobre el lecho de mi dolor. […] Cuando mis ojos llenos de tinieblas y desencajados ante el horror de la cercana muerte. […] Cuando mis labios fríos y temblorosos. […] Cuando mis mejillas pálidas y amoratadas inspiren lástima y terror a los que me rodeen y mis cabellos húmedos con el sudor de la muerte erizándose en la cabeza anuncien mi próximo fin. […] Cuando mi imaginación, agitada por horrendos y espantosos fantasmas, quede sumergida en congojas de muerte. […] Cuando haya perdido ya el uso de todos los sentidos […] Jesús misericordioso, tened piedad de mí.

Puro sadismo, se dirá. Ahora bien, ¿qué enseñamos hoy a nuestros contemporáneos? Que la muerte se consuma alejada de nosotros en el hospital, que no solemos seguir ya el féretro al cementerio, que ya no vemos a los muertos. ¿Ya no los vemos? Los vemos sin parar, salpicando sesos en las ventanillas de los taxis, saltando por los aires, estrellándose contra la acera, cayendo al fondo del mar con los pies en un cubo de cemento, dejando rodar sus cabezas por el empedrado; claro que no somos nosotros, y tampoco nuestros seres queridos, son los actores. La muerte es un espectáculo, incluso en los episodios en los que los medios de comunicación nos cuentan el caso de la joven violada de verdad o víctima del asesino en serie. No vemos su cadáver desgarrado, porque sería una forma de recordarnos la muerte, y nos dejan ver solo a los amigos llorando mientras llevan flores al lugar del delito y, con un sadismo mucho peor, llaman a la puerta de la madre para preguntarle: «¿Qué sintió cuando mataron a su hija?». No se escenifica la muerte sino la amistad y el dolor materno, que nos tocan de forma menos violenta.

De este modo, la desaparición de la muerte de nuestro horizonte de experiencia inmediato hará que estemos mucho más aterrorizados cuando el momento se aproxime, ante ese acontecimiento que aun así nos pertenece desde nuestro nacimiento, y con el cual el hombre sabio llega a pactos durante toda su vida.

[2012]

El derecho a la felicidad

A veces abrigo la sospecha de que muchos de los problemas que nos afligen —me refiero a la crisis de valores, a la claudicación ante las seducciones de la publicidad, a la necesidad de salir en la televisión, en fin, todo eso de lo que solemos quejarnos en columnas como esta— se deben a la infeliz formulación de la Declaración de Independencia de Estados Unidos del 4 de julio de 1776, en la cual, con masónica confianza en las «magníficas suertes progresivas», los Padres Fundadores establecieron que a todos los hombres se les reconoce el derecho «a la vida, a la libertad y a la búsqueda de la felicidad».

A menudo se ha dicho que era la primera afirmación del derecho a la felicidad en la historia de las leyes fundadoras de un Estado, contra la mención del deber a la obediencia u otras severas imposiciones de semejante índole y, a primera vista, se trataba efectivamente de una declaración revolucionaria. Lo que pasa es que ha dado pie a equívocos por razones, osaría decir, semióticas.

La literatura sobre la felicidad es inmensa, empezando por Epicuro y quizá antes, aunque por sentido común me parece que ninguno de nosotros sabe decir qué es la felicidad. Si se entiende como un estado permanente, la idea de una persona que es feliz toda su vida, sin dudas, dolores o crisis esa vida, efectivamente, parece corresponder a la de un idiota, o a lo sumo, a la de un personaje que viva aislado del mundo, sin aspiraciones que vayan más allá de una existencia sin sobresaltos; me vienen a la cabeza Filemón y Baucis. Pero también ellos, poesía aparte, algún momento de turbación debieron de tener, cuando menos a causa de una gripe o de un dolor de muelas.

La cuestión es que la felicidad como plenitud absoluta, quisiera decir exaltación, embelesamiento y arrobo, es un algo muy transitorio, episódico, de breve duración; es el alborozo por el nacimiento de un hijo, por el amado o por la amada cuando nos revela que corresponde a nuestro sentimiento, la euforia cuando te toca la lotería, alcanzas una meta (el Oscar, la Copa de Liga), incluso ese instante durante una excursión al campo; pero todos ellos son, precisamente, momentos transitorios después de los cuales llegan los momentos de temor y temblor, dolor, angustia o, por lo menos, preocupación.

La idea de felicidad nos hace pensar siempre en nuestra felicidad personal, raras veces en la del género humano; es más, con frecuencia nos sentimos inducidos a preocuparnos muy poco por la felicidad ajena para perseguir la nuestra. Incluso la felicidad amorosa coincide a menudo con la infelicidad de otro, rechazado, de quien nos preocupamos muy poco, saciados con nuestra conquista.

De esta idea de felicidad está imbuido el mundo de la publicidad y del consumo, en el que cualquier propuesta se presenta como un llamamiento a una vida feliz, la crema reafirmante para la cara, el detergente que por fin quita todas las manchas, el sofá a mitad de precio, el licor para después de la tormenta, la carne enlatada alrededor de la cual se reúne la familia feliz, el coche bonito y económico y una compresa que les permitirá entrar en un ascensor sin preocuparse por el olfato ajeno.

Raramente pensamos en la felicidad cuando votamos o mandamos un hijo al colegio, sino solo cuando compramos cosas inútiles, y pensamos que así hemos satisfecho nuestro derecho a la consecución de la felicidad.

¿Cuándo pasa lo contrario, esto es, que nos preocupamos por la felicidad ajena puesto que no somos animales sin corazón? Cuando los medios de comunicación nos presentan la infelicidad de los demás: negritos que mueren de hambre devorados por las moscas, enfermos de males incurables, poblaciones destruidas por los tsunamis. Entonces estamos incluso dispuestos a versar un óbolo y, en los mejores casos, a destinar una parte de nuestros impuestos.

Y es que la Declaración de Independencia debería haber dicho que a todos los hombres se les reconoce el derecho-deber de reducir la tasa de infelicidad en el mundo, incluida por supuesto la nuestra, y de esta manera muchos estadounidenses habrían entendido que no deben oponerse a los cuidados médicos gratuitos. Pero claro, se oponen porque les parece que esta idea extravagante perjudica su derecho personal a su personal felicidad fiscal.

[2014]

Nuestro París

La noche de la matanza parisina me quedé pegado a la televisión, igual que muchas otras personas. Como conocía bien el mapa de París, intentaba entender dónde se estaban desarrollando los acontecimientos, y calculaba si en los aledaños vivía algún amigo, lo alejados que estaban esos lugares de mi editorial, o del restaurante adonde voy habitualmente. Me tranquilizaba al pensar que estaban lejos, todos en la orilla derecha, mientras que mi personal universo parisino está en la orilla izquierda.

Eso no disminuía el horror y la consternación, pero era como saber que no te habías montado en el avión que acababa de estrellarse quién sabía dónde. Y aquella noche todavía no se había empezado a pensar que ese horror podría suceder también en nuestras ciudades. Era una tragedia, y no se pregunten por quién doblan las campanas; claro que era una tragedia ajena, en resumidas cuentas.

Aun así, empecé a experimentar un vago malestar cuando me dije que ese nombre, Bataclan, me sonaba de algo. Por fin me acordé: fue allí, en efecto, donde hace casi diez años se presentó una novela mía, con un maravilloso concierto de Gianni Coscia y Renato Sellani. Así pues, era un lugar donde yo había estado y donde aún podría estar. Luego —bueno, no luego, sino casi inmediatamente— reconocí la dirección de boulevard Richard Lenoir: ¡era donde vivía el comisario Maigret!

Me dirán que ante acontecimientos tan espantosamente «reales» no es lícito que entre en escena el imaginario. Pues no. Y esto explica por qué la matanza parisina tocó el corazón de todos nosotros, aunque hayan acaecido tremendas matanzas en otras ciudades del mundo. Resulta que París es la patria de muchísimos de nosotros precisamente porque en nuestra memoria se funden la ciudad real y la ciudad imaginaria, como si ambas nos pertenecieran, o hubiéramos vivido en ambas.

Hay un París tan real como el Café de Flore, el París, qué sé yo, de Enrique IV y de Ravaillac, el de la decapitación de Luis XVI, el del atentado de Orsini a Napoleón III, o el de la entrada de las tropas del general Leclerc en 1944. Aunque también con respecto a estos hechos, seamos francos, ¿recordamos más el acontecimiento (en el que no hemos participado) o su representación novelesca y cinematográfica?

Hemos vivido el París liberado en las pantallas con ¿*Arde París?*, tal y como vivimos un París más remoto viendo *Les enfants du Paradis*; tal y como, cuando entramos de noche (realmente) en la place des Vosges, sentimos un estremecimiento que solo hemos experimentado ante muchas pantallas; tal y como revivimos el universo de Édith Piaf, aunque nunca la conocimos; y tal y como lo sabemos todo de la rue Lepic porque nos lo contó Yves Montand.

Paseamos en la realidad a lo largo de las orillas del Sena, deteniéndonos ante los puestos de los *bouquinistes*, pero también en ese caso revivimos muchos paseos románticos sobre los que hemos leído y, mirando Notre-Dame de lejos, no podemos dejar de pensar en Quasimodo o en Esmeralda. Pertenece a nuestra memoria el París del duelo de los mosqueteros en los Carmelitas Descalzos, el París de las cortesanas de Balzac, el París de Lucien de Rumbempré y de Rastignac, de Bel Ami, de Fréderic Moreau y madame Arnoux, de Gavroche en las barricadas, de Swann y de Odette de Crécy.

Nuestro París «verdadero» es (ya solo imaginado) el de Montmartre en los tiempos de Picasso y Modigliani, o de Maurice Chevalier, y añadámosle también *Un americano en París* de Gershwin y su dulzona pero memorable evocación con Gene Kelly y Leslie Caron, y también el París de Fantômas huyendo por las cloacas y, cabalmente, el del comisario Maigret, con quien hemos vivido todas sus nieblas, todos sus *bistrots*, todas sus noches en el Quai des Orfèvres.

Debemos reconocer que mucho de lo que hemos entendido sobre la vida y sobre la sociedad, sobre el amor y la muerte, nos las ha enseñado este París imaginario, ficticio y aun así tan real. Y por lo tanto han herido nuestro hogar, un hogar en el que hemos vivido más tiempo que en nuestro domicilio. Claro que todos estos recuerdos nos hacen concebir esperanzas, porque aún «la Seine roule roule...».

[2015]

Entre religión y filosofía

Cada vidente ve lo que sabe

El otro día, mientras leía el documento de sor Lucía sobre el tercer secreto de Fátima, notaba yo un aire familiar. Luego lo entendí: ese texto, que la buena monja escribió en 1944, siendo ya una monja adulta, y no cuando era una pequeña analfabeta, está entretejido de citas muy reconocibles del Apocalipsis de san Juan.

Así pues, Lucía ve a un ángel con una espada de fuego que parece querer incendiar el mundo. El Apocalipsis habla de ángeles que derraman fuego en el mundo en el versículo 8.9, a propósito del ángel de la segunda trompeta. Es verdad que este ángel no tiene una espada llameante, pero ya veremos después de dónde sale, quizá, esa espada (aparte de que la iconografía tradicional es bastante rica en arcángeles con espadas flamígeras).

Luego Lucía ve también la luz divina como en un espejo; aquí la sugerencia no procede del Apocalipsis, sino de la Primera Carta de san Pablo a los Corintios (las cosas celestes las vemos ahora *per speculum* y solo después las veremos cara a cara).

Después aparece un obispo vestido de blanco; es uno solo, mientras que en el Apocalipsis aparecen siervos del señor con blancas vestiduras, consagrados al martirio y en diferentes momentos (en 6.11, en 7.9 y en 7.14), pero bueno.

Entonces los obispos y los sacerdotes suben una montaña empinada, y ya estamos en Apocalipsis 6.15, en el que son los poderosos de la tierra los que se esconden entre las cavernas y las peñas de un monte. Luego el Santo Padre llega a una ciudad «medio en ruinas» y encuentra en su camino las almas de los cadáveres; la ciudad se menciona en Apocalipsis 11.8, cadáveres incluidos, mientras se derrumba y cae en la ruina en 11.13 y, una vez más, en forma de Babilonia, en 18.19.

Sigamos: al obispo y a muchos otros fieles los matan soldados con flechas y armas de fuego y, si sor Lucía innova en lo referente a las armas de fuego, en el versículo 9.7 langostas con corazas de guerrero llevan a cabo matanzas con armas puntiagudas con el clangor de la quinta trompeta.

Por último, se llega a los ángeles que derraman sangre con una regadera (en portugués *regador*) de cristal. Pues bien, el Apocalipsis abunda en ángeles que derraman sangre, pero en 8.5 lo hacen con un incensario, en 14.20 la sangre rebosa de un lagar y en 16.3 se vierte de una copa.

¿Por qué una regadera? He pensado que Fátima no está muy lejos de esas Asturias donde en la Edad Media nacieron las espléndidas miniaturas mozárabes del Apocalipsis, reproducidas más de una vez. Y ahí aparecen ángeles que dejan caer sangre a chorros de copas con hechura imprecisa, justamente como si regaran el mundo. Que haya influido en la memoria de Lucía también la tradición iconográfica lo sugiere ese ángel con la espada de fuego del principio, porque en esas miniaturas a veces las trompetas que empuñan los ángeles se presentan como aceros escarlata.

Lo interesante es que, si no nos limitáramos a los resúmenes de los periódicos, y leyéramos todo el comentario teológico del cardenal Ratzinger, podríamos observar cómo este buen hombre, mientras se esfuerza en recordar que una visión privada no es materia de fe y que una alegoría no es un vaticinio que debe tomarse al pie de la letra, trae a la memoria explícitamente las analogías con el Apocalipsis.

Ratzinger también aclara que, en una visión, el sujeto ve las cosas «con las modalidades de representación y conocimiento que le son accesibles», por lo que «la imagen puede llegar solamente según sus medidas y posibilidades». Lo cual, dicho un poco más laicamente (pero Ratzinger dedica el párrafo a la «estructura antropológica» de las revelaciones), significa que, si no existen arquetipos junguianos, cada vidente ve lo que su cultura le ha enseñado.

[2000]

Las raíces de Europa

Las crónicas veraniegas han estado animadas por la discusión sobre la oportunidad de mencionar en una Constitución europea los orígenes cristianos del continente. Quienes exigen la mención se apoyan en el hecho, sin duda obvio, de que Europa nació en una cultura cristiana, incluso antes de la caída del Imperio romano, por lo menos desde los tiempos del edicto de Constantino. Así como no se puede concebir el mundo oriental sin el budismo, tampoco se puede concebir Europa sin tener en cuenta el papel de la Iglesia, de sus varios reyes cristianísimos, de la teología escolástica o de la acción y del ejemplo de sus grandes santos.

Los que se oponen a la mención tienen en cuenta los principios laicos sobre los que se rigen las democracias modernas. Los que la quieren recuerdan que el laicismo es una conquista europea muy reciente, herencia de la Revolución francesa: nada que ver con las raíces que se hunden en el monacato y en el franciscanismo. Los que se oponen piensan sobre todo en la Europa del mañana, que se apresta sin remedio a convertirse en un continente multiétnico, y donde una mención explícita de las raíces cristianas podría bloquear tanto el proceso de asimilación de los recién llegados como reducir otras tradiciones y otras creencias (que incluso podrían llegar a ser de una conspicua entidad) a culturas y cultos minoritarios tan solo tolerados.

Así pues, como se ve, esta no es solo una guerra de religión, porque implica un proyecto político, una visión antropológica, y la decisión de delinear la fisonomía de los pueblos europeos sobre la base de su pasado o sobre la base de su futuro.

Ocupémonos del pasado. Europa, ¿se ha desarrollado solo sobre la base de la cultura cristiana? No estoy pensando en los aportes enriquecedores de los que se ha beneficiado la cultura europea en el curso de los siglos, empezando por las matemáticas indias, la medicina árabe o incluso los contactos con el Oriente más remoto, no solo desde los tiempos de Marco Polo sino desde los de Alejandro Magno. Toda cultura asimila elementos de culturas cercanas o lejanas, pero luego se caracteriza por la manera en que se apropia de ellos. No es suficiente decir que debemos el cero a los indios o a los árabes, si luego fue en Europa donde se afirmó por primera vez la idea de que la naturaleza está escrita en caracteres matemáticos. Nos estamos olvidando de la cultura grecorromana.

Europa ha asimilado la cultura grecorromana tanto en el plano del derecho como en el del pensamiento filosófico, e incluso en el plano de las creencias populares. El cristianismo ha englobado, a menudo con gran desenvoltura, ritos y mitos paganos y en la religiosidad popular sobreviven formas de politeísmo. No solo fue el mundo renacentista el que se pobló de Venus y Apolos y redescubrió el mundo clásico, sus ruinas y sus manuscritos, también la Edad Media cristiana construyó su teología sobre el pensamiento de Aristóteles, redescubierto a través de los árabes, y si ignoraba en su mayor parte a Platón, no ignoraba el neoplatonismo que tanto influyó en los padres de la Iglesia. No se podría concebir a Agustín, máxima figura entre los pensadores cristianos, sin la asimilación del pensamiento platónico. La noción misma de imperio, sobre la que se ha desarrollado el choque milenario entre Estados europeos, y entre Estados e Iglesia, es de origen romano. La Europa cristiana elevó el latín de Roma a lengua de los ritos sagrados, del pensamiento religioso, del derecho, de las disputas universitarias.

Por otra parte, tampoco es concebible una tradición cristiana sin el monoteísmo judío. El texto sobre el que se funda la cultura europea, el primer texto que el primer impresor pensó en imprimir, el texto con cuya traducción Lutero prácticamente fundó la lengua alemana, es la Biblia. La Europa cristiana nació y creció cantando los salmos, recitando a los profetas, meditando sobre Job o sobre Abraham. Es más, el monoteísmo judío fue el único aglutinante que permitió un diálogo entre el monoteísmo cristiano y el monoteísmo musulmán.

Pero el asunto no acaba aquí. En efecto, la cultura griega, al menos desde los tiempos de Pitágoras, no se podría pensar sin tener en cuenta la cultura egipcia, y en el magisterio de los egipcios o de los caldeos se inspiró el más típico de los fenómenos culturales europeos, es decir, el Renacimiento. El imaginario europeo se ha alimentado de Nefertitis, misterios de las pirámides, maldiciones del faraón y escarabajos de oro desde los primeros desciframientos de los obeliscos hasta Champollion, desde el estilo imperio hasta las fantasías new age, modernísimas y sobremanera occidentales.

Yo no vería inoportuno en una Constitución una referencia a las raíces grecorromanas y judeocristianas de nuestro continente, unido a la afirmación de que, precisamente en virtud de esas raíces, así como Roma abrió su propio panteón a los dioses de cualquier raza y colocó en el trono imperial a hombres con la piel negra (y no olvidemos que san Agustín nació en África), el continente está abierto a la integración de cualquier otro aporte cultural y étnico, considerando esta disposición a la apertura una de sus características culturales más profundas.

[2003]

El loto y la cruz

He seguido con interés la discusión abierta por el cardenal Ratzinger sobre la oportunidad (o no) de permitirles a los religiosos católicos ayudarse en la meditación y la ascesis con técnicas corpóreas de inspiración oriental. Desde luego, sin ir a incomodar las técnicas respiratorias de los hesicastas de los primeros siglos, la oración misma del último de los devotos tiene en cuenta la función que los ritmos y las posturas del cuerpo pueden desempeñar cuando disponen la mente a la meditación. Sin embargo, las técnicas de meditación oriental tienden a usar el cuerpo para provocar una especie de anonadamiento de la sensibilidad y de la voluntad, en el que se olvida el cuerpo, y con él el dolor y las miserias de nuestra naturaleza material. En este sentido, tales técnicas se acercan mucho a esa búsqueda de supresión de la turbación y del dolor que caracterizaba a la ataraxia clásica y pagana.

A este respecto no podemos no estar de acuerdo con el cardenal Ratzinger. El cristianismo se funda sobre la idea de un Hijo de Dios que, hijo del hombre, muestra que el camino para la redención del mal pasa a través de la cruz. Para el cristianismo, el dolor no puede ser olvidado; es más, es un instrumento fundamental de perfección interior.

No quisiera que se me malinterpretara. Lo que digo no tiene nada que ver con una polémica que ha estallado hace poco en altos niveles sobre si el cristiano debe preocuparse o no de disminuir el dolor del mundo. Basta con leer unas pocas páginas del Evangelio para darse cuenta de que el cristianismo tiene el deber de aliviar el dolor de los demás. Pero debe saber encararse al propio dolor. El cristiano debe sacrificarse para que los demás no sufran y debe hacer todo lo que esté en su mano para que la parte de dolor que entristece el mundo se reduzca todo lo posible. Tanto que hay que reducir también el propio, en la medida en que se pueda hacer sin perjudicar a nadie, y por lo tanto bien recibida es la misma medicina si alivia nuestros padecimientos (suicidio y masoquismo son pecado). Pero, visto que (por el pecado original, y de todos modos por la imperfección de este mundo sublunar) una cuota de dolor resulta ineluctablemente no eliminable, el cristiano debe sacar el máximo partido moral y ascético del dolor que lo espera.

En un mundo ideal, si de ti dependiera, nadie debería sufrir; pero como tu buena voluntad no puede eliminar la presencia del mal en el mundo, debes saber aceptar y sacarle partido a esa parte de dolor que la vida te ofrecerá. Pienso en el reciente y hermosísimo libro de Luigi Pareyson *Filosofia della libertà,* en el que, tras algunas páginas de alta tensión metafísica sobre el terrible problema de si el Mal se anida, de manera paradójica, en la esfera misma de lo Divino, se celebra el dolor libremente asumido y no rehuido como el medio que tenemos a disposición para superar el Mal.

No es necesario ser confesionalmente cristianos para aceptar esta perspectiva, pues ha impregnado de sí el pensamiento occidental; las páginas más elevadas de poetas y filósofos no creyentes (pensemos tan solo en Leopardi) nacen de este *ethos*. A este *ethos* le resulta por completo ajena, sin duda, la atracción de muchas doctrinas orientales. No estaría de acuerdo con el cardenal Ratzinger si sobre estas bases él quisiera prohibir practicar a los laicos y a los no cristianos las formas de ascesis que prefieran. Así como no quiero pronunciarme sobre las garantías que ofrecen esos religiosos católicos cuando le recuerdan al cardenal que adoptar la posición del loto no significa olvidar el misterio de la cruz. Se trata de hechos internos de la Iglesia. Claro que el debate nos implica a todos, por ese tanto por el que no podemos no decirnos cristianos, como recordaba Benedetto Croce.

Hace poco en la televisión (en el *Maurizio Costanzo Show*), un filósofo afirmaba que para salir de la crisis del mundo occidental debemos reencontrar la espiritualidad musulmana (el filósofo pronosticaba, con una infeliz metáfora mussoliniana, «la espada del islam»). No excluyo que muchos puedan encontrar la solución a sus problemas incluso en el totemismo de las tribus indias. Claro que, tal como somos, filosofía incluida, nos hemos formado en el marco de la cultura judeocristiana. Cambiar de piel le puede resultar cómodo a un terrorista arrepentido, pero los filósofos deciden sus propias conversiones pensando dentro de la piel en la que han nacido.

[2005]

¿Relativismo?

Es posible que la culpa no la tenga la zafiedad de los medios de comunicación sino la gente, que habla pensando solo en cómo referirán esos medios lo que dicen; el caso es que tienes la impresión de que ciertos debates (incluso entre personas que presumiblemente no están en ayunas de filosofía) se desarrollan a garrotazos, sin sutileza, usando términos delicados como si fueran piedras. Un ejemplo típico en Italia es el debate que opone, por un lado, a los denominados *teocons*, que acusan al pensamiento laico de «relativismo»; y, por el otro, a algunos representantes del pensamiento laico, que tildan a sus adversarios de «fundamentalismo».

¿Qué quiere decir «relativismo» en filosofía? ¿Que nuestras representaciones del mundo no apuran su complejidad sino que son siempre visiones desde un determinado punto de vista, cada uno de los cuales contiene su germen de verdad? Ha habido y hay filósofos cristianos que han sostenido esta tesis.

¿Que estas representaciones no hay que juzgarlas en términos de verdad sino en términos de correspondencia a exigencias histórico-culturales? Lo sostiene en su versión del «pragmatismo» un filósofo como Rorty.

¿Que lo que conocemos es relativo a la manera en que el individuo lo conoce? Estamos en el viejo y querido kantismo. ¿Que toda proposición es verdadera solo dentro de un determinado paradigma? Se llama «holismo». ¿Que los valores éticos son relativos a las culturas? Se empezó a descubrirlo en el siglo XVII. ¿Que no hay hechos sino solo interpretaciones? Lo decía Nietzsche. ¿Se piensa en la idea de que, si Dios no existe, todo está permitido? Es el nihilismo dostoievskiano. ¿Se piensa en la teoría de la relatividad? No bromeemos.

Debería estar claro que si alguien es un relativista en el sentido kantiano no lo es en el sentido dostoievskiano (el buen Kant creía en Dios y en el deber); el relativismo nietzscheano tiene poco que ver con el relativismo de la antropología cultural, porque el primero no cree en los hechos y el segundo no los pone en tela de juicio; el holismo a la Quine está firmemente anclado a un sano empirismo que deposita mucha confianza en los estímulos que recibimos del ambiente, etcétera, etcétera.

En fin, parece ser que el término «relativismo» puede ser referido a formas de pensamiento moderno a menudo en contraste recíproco; a veces se consideran relativistas a pensadores anclados a un profundo realismo, y se dice «relativismo» con la vehemencia polémica con que los jesuitas decimonónicos hablaban de «veneno kantiano».

Ahora bien, si todo esto es relativismo, entonces solo dos filosofías escapan por completo a esta acusación, y son cierto neotomismo radical y la teoría del conocimiento de Lenin de *Materialismo y empiriocriticismo*. Extraña alianza.

[2005]

El azar y el diseño inteligente

La semana pasada Eugenio Scalfari certificó el regreso de un tema que parecía viejo y enterrado (o limitado a la *Bible belt* estadounidense, el área de los estados más retrógrados y aislados del mundo, aferrados a su fundamentalismo salvaje, que solo Bush consigue tomarse en serio, quizá con fines electorales): han vuelto las polémicas sobre el darwinismo, y han estado a punto de afectar incluso a los proyectos de reforma de nuestra escuela, me refiero a la escuela italiana y católica.

Insisto sobre lo de «católica» porque el fundamentalismo cristiano nace en los ambientes protestantes y se caracteriza por la decisión de interpretar literalmente las Escrituras. Para que haya interpretación literal de las Escrituras, es necesario que puedan ser libremente interpretadas por el creyente, y eso es típico del protestantismo. No debería existir un fundamentalismo católico porque, para los católicos, la interpretación de las Escrituras está mediada por la Iglesia.

Ahora bien, ya en los tiempos de los padres de la Iglesia, y aún antes con Filón de Alejandría, se desarrolló una hermenéutica más blanda, como la de san Agustín, que estaba dispuesto a admitir que la Biblia a menudo hablaba mediante metáforas y alegorías, y por lo tanto puede suceder muy bien que los siete días de la creación hayan sido incluso siete milenios. Y la Iglesia ha aceptado fundamentalmente esta posición hermenéutica.

Nótese que, una vez que se admite que los siete días de la creación son un relato poético que puede ser interpretado más allá de la letra, el Génesis parece darle la razón a Darwin: primero acontece una especie de big bang con la explosión de la luz, luego los planetas toman forma y en la Tierra se suceden grandes alteraciones geológicas (las tierras se separan de los mares), entonces aparece la vegetación, los frutos y las simientes; por último, las aguas comienzan a pulular de seres vivos (la vida empieza a surgir del agua), se levantan en vuelo los pájaros, y solo en ese momento aparecen los mamíferos (resulta imprecisa la posición genealógica de los reptiles, pero no se puede pretender demasiado del Génesis). Solo al final, y en el colmo de este proceso (también después de los grandes monos antropomorfos, me imagino) aparece el hombre. El hombre, que —no lo olvidemos— no es creado de la nada, sino del barro, es decir, de materia anterior. Más evolucionista (pero sin excluir la presencia de un Creador) no se podría ser.

¿Qué ha pretendido siempre la teología católica para no identificarse con un evolucionismo materialista? No solo que todo ello sea obra de Dios, sino que en la escala evolutiva se haya verificado un salto cualitativo, cuando Dios insufló en un organismo vivo un alma racional inmortal. Y solo en este punto se funda la batalla entre materialismo y espiritualismo.

Un aspecto interesante del debate que se desarrolla en Estados Unidos sobre lo que se debe enseñar en las escuelas es que junto a la «hipótesis» darwinista (no olvidemos que, en el curso de su proceso, Galileo consiguió salir indemne admitiendo que la suya era una hipótesis y no un descubrimiento) no se habla tanto de creación divina como de diseño inteligente para no dar la impresión de que se opone una creencia religiosa a una teoría científica. O sea, se sobrentiende, nosotros no queremos imponeros la presencia embarazosa de un Yahvé barbudo y antropomorfo, solo queremos que aceptéis que, si ha habido un desarrollo evolutivo, no sucedió de forma casual sino siguiendo un plan, un proyecto, y ese proyecto no puede sino depender de alguna forma de Mente (es decir, que la idea del diseño inteligente podría admitir incluso un Dios panteísta en lugar de un Dios trascendente).

Lo que me parece curioso es que no se considera que un diseño inteligente no excluye un proceso casual como el darwinista, que se desenvuelve, por decirlo de alguna manera, por ensayo y error, de modo que sobreviven únicamente los individuos que mejor se adaptan al ambiente en el curso de la lucha por la vida. Pensemos en la idea más noble que tenemos de «diseño inteligente», es decir, la creación artística. Miguel Ángel nos dice en un célebre soneto que el artista, cuando se halla ante un bloque de mármol, no tiene en la mente desde el principio la estatua que saldrá, sino que procede por ensayos, interrogando las resistencias de la materia, intentando quitar lo «sobrante» para hacer aflorar poco a poco la estatua de la ganga material que la aprisiona. Que la estatua exista, y sea precisamente el Moisés o un Esclavo, el artista lo descubre solo al final de ese proceso de ensayos continuos.

Un diseño inteligente puede manifestarse, pues, también a través de una serie de aceptaciones y repulsas de lo que el azar ofrece. Por supuesto, hay que decidir si antes está el diseñador, capaz de elegir y rechazar, o el azar, que aceptando y rechazando se manifiesta como la única forma de inteligencia, lo que sería como decir que es el Azar que se hace Dios. Y no es una cuestión de poca monta. Solo es un poco más compleja filosóficamente de como nos la plantean los fundamentalistas.

[2005]

El reno y el camello

Estas semanas prenavideñas ha arreciado la polémica sobre los belenes. Por un lado, algunas grandes cadenas de distribución han suprimido la venta de material para belenes porque (se dice) nadie lo pide ya; de ahí el desdén de muchas almas pías que, en lugar de indignarse con sus semejantes que se desinteresan por esa tradición, se han indignado con los comerciantes (e incluso con una gran cadena que, como se ha sabido después, jamás había vendido figuritas para el belén). Por el otro, se ha sacado la conclusión de que el desapego se debe al exceso de lo *politically correct*, citando el ejemplo de muchas escuelas en donde ya no ponen el belén para no ofender la sensibilidad de los niños de otra religión.

Por lo que atañe a las escuelas, aunque el fenómeno fuera limitado, sería una mala señal, porque la escuela no debe borrar las tradiciones, sino más bien respetarlas todas. Si la escuela quiere lograr que convivan pacíficamente niños de etnias distintas, debe permitirle a cada uno entender las tradiciones de los demás. Por lo tanto en Navidad debería haber un belén y en las efemérides importantes para otras religiones o grupos étnicos, la exhibición de sus símbolos y sus sistemas rituales. De este modo, los niños descubrirían la pluralidad de las diferentes tradiciones y creencias, cada uno participaría de alguna manera en la fiesta de los demás, un pequeño cristiano comprendería qué es el Ramadán y un pequeño musulmán aprendería algo sobre el nacimiento de Jesús.

En cuanto al hecho de que ya no se vendan figuritas, tengo la impresión de que se trata de un montaje periodístico. En San Gregorio Armeno, en Nápoles, siguen vendiéndose las figuritas más increíbles; hace dos años pasé por la planta dedicada a los productos de belén de La Rinascente de Milán y estaba atestada de gente; un semanario ha hecho una encuesta entre hombres políticos y resulta que cuanto más de izquierdas y anticlericales son, más cariño le tienen al belén. Lo que hace pensar que el belén es un símbolo apreciado por los laicos, mientras que los que van a misa se han convertido al árbol, poniendo a Papá Noel en el lugar del Niño Jesús o de los Reyes Magos, que en mis tiempos se encargaban de los regalos, y por eso los chicos de entonces celebraban con tanto alborozo al rey del cielo que bajaba de las estrellas para ocuparse de sus juguetes.

Ahora bien, el tema es aún más confuso. Se suele pensar que el árbol y Papá Noel representan una tradición protestante sin recordar, sin embargo, que Santa Claus era un santo católico, san Nicolás de Bari (su nombre nace de un acortamiento de Nicholas o Nikolaus). En cambio, el árbol perenne es una herencia pagana, porque recuerda la fiesta precristiana del solsticio invernal, la Yule, y la Iglesia fijó la Navidad en esa misma fecha precisamente para asimilar y domesticar tradiciones y celebraciones previas. Una última ambigüedad: el neopaganismo consumista ha desacralizado por completo el árbol, que se ha vuelto un mero objeto de decoración de temporada, como la iluminación de las ciudades. Niños y padres se divierten colgando bolas de colores, pero sin duda yo me divertía más cuando ayudaba a mi padre, que empezaba a construir el belén a principios de diciembre, y era una fiesta ver manar fuentecillas y cascadas en virtud oculta de un aparato para hacer enemas.

De hecho, la práctica del belén se está perdiendo porque su preparación cuesta trabajo e inventiva (todos los árboles navideños se parecen, mientras que los belenes son siempre distintos), y si se pasan las veladas haciendo belenes se corre el riesgo de no ver esos espectáculos televisivos que tan importantes son para la protección de la familia, ya que nos avisan siempre de que se requiere la presencia de los padres para que los niños puedan ver mujeres desnudas y sesos desparramados.

Recordando que mi padre, tan devoto del belén, era un socialista de los de Saragat, blandamente deísta y moderadamente anticlerical, considero que olvidar el belén es malo también para los que no creen y quizá sobre todo para ellos. En efecto, para inventar un belén, hacía falta un personaje como san Francisco, cuya religiosidad se expresaba ante todo hablando a lobos y pájaros: el belén es lo más humano y menos trascendente que se podía inventar para recordar el nacimiento de Jesús. En ese sagrado diorama, nada, salvo la estrella cometa y dos angelitos que sobrevuelan el portal, remite a sutilezas teológicas, y cuanto más se puebla el belén, más se celebra la vida de todos los días, ayudando a los pequeños a entender cómo era la vida cotidiana en los tiempos pasados, y tal vez a sentir nostalgia por una naturaleza aún no contaminada.

Mientras la tradición laica y consumista del árbol evoca supersticiones incluso un poco nazis que se pierden en la noche de los tiempos, la tradición religiosa del belén celebra un ambiente laico y natural, con sus casitas sobre las colinas, las ovejas, las gallinas, los herreros y los carpinteros, las aguadoras, el buey, el burro y el camello, que pasará ágilmente por el ojo de la aguja, mientras que los que ponen regalos demasiado caros bajo el árbol no entrarán en el reino de los cielos.

[2006]

Esta boca no es mía…

Creo que ya han pasado quince años desde que escribía que Europa, al cabo de algunas décadas, se convertiría en un continente multicolor, pero que el proceso costaría lágrimas y sangre. No era un profeta, sencillamente una persona con sentido común que a menudo acude a la historia, convencido de que, si aprendes lo que pasó, con frecuencia entiendes lo que podría suceder. Sin pensar en los atentados terroristas, me basta con ver lo que agita los ánimos estos días. En Francia, un profesor de bachillerato escribe cosas muy críticas sobre la religión musulmana y corre peligro de muerte. En Berlín se quita de la programación un *Idomeneo* de Mozart donde en la escena se ven las cabezas cortadas no solo de Jesús y Buda (y pase), sino también de Mahoma. No hablo del Papa, que en el fondo, a su edad, debería entender que hay cierta diferencia entre la lección universitaria de un profesor cualquiera y el discurso de un Pontífice transmitido por todas las televisiones, y que por lo tanto tal vez debería haber sido más cauto (claro que los que han tomado una cita histórica como pretexto para intentar desencadenar una nueva guerra de religión no están entre aquellos con los que yo quisiera salir a cenar).

Sobre el caso del profesor francés ha escrito un buen artículo

Bernard-Henri Lévy (véase el *Corriere della Sera* del 4 de octubre): podemos estar en total desacuerdo con lo que piensa, pero debemos defender su derecho a expresar una opinión libre en materia religiosa y no podemos aceptar chantajes. Sobre el caso del *Idomeneo*, el ex embajador Sergio Romano escribe en ese mismo número del *Corriere* lo que intento retomar con términos míos, de los cuales no es responsable: si un director loco por estar a la última pone en escena una ópera de Mozart introduciendo en ella las cabezas cortadas de algunos fundadores de religiones, cosa que a Mozart ni se le habría ocurrido, lo menos que se puede hacer es correrlo a patadas, pero por razones estéticas y filológicas, como a patadas habría que tratar a esos directores que representan el *Edipo rey* con los personajes en traje de raya diplomática. El mismo día en que todos esos artículos aparecían en el *Corriere*, en otro periódico italiano, *La Repubblica*, un músico insigne como Daniel Barenboim, aun preguntándose con sensatez si de verdad estaba en el espíritu mozartiano aventurarse en esa puesta en escena, apelaba a los derechos del arte.

Creo que mi amigo Daniel estaría de acuerdo en deplorar que hace años se criticara (o prohibiera) la puesta en escena de *El mercader de Venecia* de Shakespeare porque se inspiraba ciertamente en un antisemitismo común a su época (y antes aún, a partir de Chaucer), pero que nos muestra en Shylock a un caso humano y patético. Pues bien, he aquí ante qué nos encontramos: ante el miedo de hablar. Y recuerdo que estos tabúes no se les pueden atribuir exclusivamente a los fundamentalistas musulmanes (que en cuanto a susceptibilidad no bromean), sino que empezaron con la ideología de lo políticamente correcto, inspirada de por sí en el sentido del respeto hacia todos, pero que a estas alturas impide contar, por lo menos en Estados Unidos, chistes no digo ya de judíos, musulmanes o minusválidos, sino de escoceses, genoveses, belgas, policías, bomberos, basureros y esquimales (que no deberíamos llamarlos así, pero si los llamamos como ellos quisieran, nadie entendería de quiénes hablamos).

Hace unos veinte años, daba clases en Nueva York; para mostrar cómo se analiza un texto elegí, casi por casualidad, un relato en el que (en una sola línea) un marinero con un lenguaje soez definía la vulva de una prostituta «grande como la misericordia de...» —y pongo los puntos suspensivos en lugar del nombre de una divinidad—. Al final, se me acercó un estudiante sin duda musulmán que de manera respetuosa me regañó por haberle faltado al respeto a su religión. Le respondí, obviamente, que yo solo había citado una vulgaridad ajena, pero que en cualquier caso le pedía disculpas. Al día siguiente introduje en mi discurso una alusión poco respetuosa (aunque graciosa) a un personaje insigne del panteón cristiano. Todos se echaron a reír, y él se unió a la hilaridad general. Al finalizar la clase, lo tomé del brazo y le pregunté por qué le había faltado el respeto a mi religión. Y luego intenté explicarle la diferencia entre hacer una alusión jocosa, tomar el nombre de Dios en vano y proferir blasfemias, invitándolo a una mayor tolerancia. Las disculpas las pidió él; yo confío en que entendiera. Lo que tal vez no entendiera es la extremada tolerancia del mundo católico; en una «cultura» de la blasfemia, donde un creyente timorato de Dios puede definir al ente supremo con adjetivos que no se pueden repetir, ¿quién podría escandalizarse ya de nada?

Claro que no todas las relaciones educativas pueden ser pacíficas y civiles como las que tuve con mi estudiante. Para lo demás, mejor no decir esta boca es mía. Pero ¿qué sucederá en una cultura en la que, por temor a meter la pata, ni siquiera los estudiosos osarán referirse ya (lo digo por decir) a un filósofo árabe? Derivaría en una *damnatio memoriae*, se borraría una respetable cultura distinta a través del silencio. Y no favorecería ni al conocimiento ni a la comprensión recíprocas.

[2006]

Idolatría e iconoclasia ligera

¿Vivimos en una civilización de imágenes en la que se ha perdido la cultura alfabética o vuelve a triunfar el alfabeto en internet? ¿Dónde colocamos la televisión, los DVD, los videojuegos? De hecho, la relación de los seres humanos con las imágenes siempre ha sido bastante tormentosa, como nos recuerda Maria Bettetini en su *Contro le immagini. Le radici dell'iconoclastia*. Debería hablar de «ágil» librito de ciento sesenta páginas, pero no quisiera engañar a nadie: el volumen es denso y está dirigido a los que sepan algo de cuestiones filosóficas y teológicas. Y puesto que su densidad no permite resumirlo, me limito a unas divagaciones libres sobre esa habilidad humana (desconocida para los animales) de forjar «simulacros».

Para Platón, si las cosas son reproducciones imperfectas de modelos ideales, las imágenes son imitaciones imperfectas de las cosas, y en consecuencia pálidas imitaciones de segunda mano; ahora bien, con el neoplatonismo las imágenes se convierten en una imitación directa de los modelos ideales, y el término *agalma* significa al mismo tiempo estatua e imagen, precisamente, pero también objeto precioso, ornato, y por lo tanto belleza.

La ambigüedad estaba presente en el mundo hebreo, donde es indiscutible que no se pueden hacer imágenes de Dios (de hecho, ni siquiera se puede pronunciar su verdadero nombre), pero bien es verdad que Dios creó al hombre a su imagen y, si se leen las descripciones del templo de Salomón en la Biblia, se ve que en él estaban representados no solo vegetación y animales de cualquier especie, sino incluso querubines. Y la misma prohibición de representar lo celeste estaba vigente en el mundo musulmán: el recurso a formas caligráficas y abstractas era válido para los lugares de culto, pero la cultura musulmana nos ha dado espléndidas e imaginativas miniaturas.

Con el cristianismo no solo Dios adoptó un cuerpo «visible», sino que este cuerpo divino dejó imágenes de su propio rostro en velos o paños ensangrentados. Además, el cristianismo (más tarde lo explicaría muy bien Hegel) tenía necesidad de las imágenes no solo para representar la gloria de los cielos, sino también el rostro desfigurado del Cristo sufriendo y la sórdida brutalidad de sus perseguidores.

Llegados a este punto, es obvio que el tema se enreda aún más, porque, por un lado, neoplatónicos como el Pseudo-Dionisio Areopagita nos dicen que de los asuntos divinos se puede hablar solo por negación (y dejémonos de representación de forma adecuada), por lo cual, si de verdad hay que aludir a Dios es mejor usar las imágenes más ultrajantemente diferentes, como oso o pantera; sin embargo, por el otro lado, gente que había leído al Pseudo-Dionisio elaboraría la idea de que todo lo terrenal no es sino imagen de lo celestial y cada criatura mundana es casi una «pintura» de eso que de otro modo escaparía a nuestros sentidos, por lo que es lícito y conveniente proponer pinturas de esas pinturas.

Está claro que para los simples era fácil pasar de la fascinación por la figura a su identificación con lo representado, y deslizarse desde el culto de las imágenes a la idolatría (regreso al becerro de oro). De ahí las vicisitudes de la iconoclasia y de la célebre campaña bizantina contra las imágenes.

Por el contrario, la Iglesia de Roma no renuncia al uso de las representaciones visuales porque, como se repetirá a menudo, *pictura est laicorum literatura*, y a los simples que no saben leer se les puede enseñar solo por imágenes. Con todo, se discute de cuál es el poder de esta selva de figuras que pueblan abadías y catedrales, y en los tiempos de Carlomagno se elabora una cauta teoría según la cual las imágenes son buenas, sí, pero solo como estímulo para la memoria, aunque en última instancia sería difícil decidir que una imagen femenina representa una Virgen que hay que venerar o una Venus pagana que hay que aborrecer si no existiera el *titulus*, es decir, la leyenda. Como si los carolingios hubieran leído a Barthes, que teorizaba el anclaje verbal de las imágenes (no para la celebración de Dios sino para la venta de nuevos ídolos comerciales), y hubieran anticipado la teoría de una cultura verbo-visual, como es precisamente la actual, en la que la televisión (imagen más palabra) ha sustituido a la catedral —y es, digo yo, en las pantallas donde se venera al Papa, incluso se lo idolatra, sin ir ya a la iglesia.

De ahí surgen otras reflexiones, con las que se cierra el volumen (ágil pero preocupante) de Maria Bettetini: no solo perdura el temor de que la belleza de las imágenes, incluso de las sagradas, haga olvidar a Dios (ya san Bernardo se preocupaba por ello), o lamentemos laicamente que en las nuevas imágenes se cumpla la «pérdida del aura», sino que el arte contemporáneo primero destruye o desfigura las imágenes de la tradición (Picasso, el informalismo), luego juega con ellas multiplicándolas (Warhol) y, por último, las sustituye, las desecha, las recicla, las recrea, en una suerte de permanente «iconoclasia ligera».

Por lo cual, la situación que vivimos es aún más complicada que la que preocupaba a Platón, y habría que retomar la discusión desde el principio.

[2007]

La cocaína del pueblo

En un reciente debate sobre semiótica de lo sagrado acabamos hablando de esa idea, que va de Maquiavelo a Rousseau y llega hasta nuestros días, de una «religión civil» de los romanos, entendida como conjunto de creencias y de obligaciones capaz de mantener unida a la sociedad. Alguien señaló que partiendo de esta concepción, que de por sí es virtuosa, se llega fácilmente a la idea de la religión como *instrumentum regni*, recurso que un poder político (representado incluso por escépticos o no creyentes) usa para controlar a sus súbditos.

La idea ya estaba presente en autores que tenían experiencia en la religión civil de los romanos y, por ejemplo, Polibio (*Historias*, VI) escribía a propósito de los ritos romanos que en un Estado que «se compusiese de sabios, tal vez no sería preciso semejante instituto; mas como el pueblo es un animal inconstante, lleno de pasiones desarregladas, y en quien domina la ira, la inconsideración, la fuerza y la violencia, es necesario refrenarle con el temor de las cosas que no ve, y con otras parecidas ficciones que le horroricen.

He aquí por qué, a lo que yo alcanzo, no sin motivo ni al aire introdujeron en el pueblo los antiguos estas ideas y opiniones acerca de los dioses y de las penas del infierno, y sería una locura e inconsideración que nuestro siglo las desechase. [...] Por el contrario, en Roma, siendo así que en las magistraturas y embajadas se manejan cuantiosas sumas de dinero, la religión sola del juramento les hace observar una fe inviolable. Y lo que en otros pueblos sería un prodigio, hallar un hombre que se hubiese abstenido del dinero público y estuviese limpio de tal crimen, en Roma al contrario, es muy raro encontrar un reo de peculado manifiesto».

Aunque los romanos se comportaran de forma tan virtuosa en la época republicana, desde luego en un momento determinado dejaron de hacerlo. Y se puede entender por qué unos siglos después Spinoza hacía otra lectura del *instrumentum regni*, y de sus ceremonias espléndidas y cautivadoras: «Ahora bien, el gran secreto del régimen monárquico y su máximo interés consisten en mantener engañados a los hombres y en disfrazar, bajo el especioso nombre de religión, el miedo con el que se los quiere controlar, a fin de que luchen por su esclavitud como si se tratara de su salvación, [...] por el contrario, en un Estado libre no cabría imaginar ni emprender nada más desdichado» (*Tratado teológico político*).

A partir de ahí no era difícil llegar a la célebre definición marxista de que la religión es el opio de los pueblos.

Pero ¿es verdad que las religiones tienen todas ellas y siempre esta *virtus dormitiva*? José Saramago, por ejemplo, tiene una opinión absolutamente contraria, y más de una vez ha arremetido contra las religiones como instrumento de conflicto: «Las religiones, todas ellas sin excepción, nunca han servido para aproximar y congraciar a los hombres; que, por el contrario, han sido y siguen siendo causa de sufrimientos inenarrables, de matanzas, de monstruosas violencias físicas y espirituales que constituyen uno de los más tenebrosos capítulos de la miserable historia humana» (*El País*, 18 de septiembre de 2001, publicado también en *La Reppublica*, 20 de septiembre de 2001).

Saramago concluía en otras declaraciones que «si todos fuéramos ateos, el mundo sería más pacífico». No estoy seguro de que tenga razón, pero lo cierto es que parece que el papa Ratzinger le ha contestado indirectamente en su reciente encíclica *Spe salvi*, en la que nos dice que, al contrario, el ateísmo de los siglos XIX y XX, aunque se ha presentado como una protesta contra las injusticias del mundo y de la historia universal, ha logrado que «de esta premisa se hayan derivado las más grandes crueldades y violaciones de la justicia»

Sospecho que Ratzinger pensaba en esos descreídos de Lenin y de Stalin, pero se olvidaba de que en las banderas nazis estaba escrito *Gott mit uns* (que significa «Dios está con nosotros»); que falanges de capellanes militares bendecían los gallardetes fascistas; que el carnicero Francisco Franco (dejando a un lado los crímenes de sus adversarios, al fin y al cabo empezó él) estaba inspirado por principios religiosísimos y sostenido por los Guerrilleros de Cristo Rey; que religiosísimos eran los vandeanos contra los republicanos que hasta se inventaron una diosa Razón (*instrumentum regni*); que católicos y protestantes se han masacrado alegremente durante años y años; que tanto los cruzados como sus enemigos estaban empujados por motivaciones religiosas; que para defender la religión romana se arrojaban cristianos a los leones; que por razones religiosas se han encendido muchas hogueras; que religiosísimos son los fundamentalistas musulmanes, los terroristas de las Torres Gemelas, Osama y los talibanes que bombardeaban los Budas; que por razones religiosas se oponen India y Pakistán y, para acabar, que Bush invadió Irak invocando *God bless America*, «Dios bendiga América».

Por todo lo cual, estaba reflexionando que, si a veces la religión es o ha sido el opio del pueblo, quizá más a menudo ha sido su cocaína.

[2007]

Dioses de América

Una de las mayores diversiones del visitante europeo que va a Estados Unidos ha consistido desde siempre en sintonizar los canales de televisión dedicados a las transmisiones religiosas el domingo por la mañana. Los que no han visto nunca estas asambleas de fieles arrebatados en éxtasis, pastores que lanzan anatemas y grupos de mujeres que se parecen a Woopy Goldberg y bailan rítmicamente gritando «Oh, Jesus», quizá se hayan hecho una idea viendo recientemente *Borat*; pero, claro, habrán pensado que se trataba de una invención satírica, tal como lo era la representación de Kazajistán. Pues no, el de Sacha Baron era un caso de *candid camera*: el humorista filmó lo que de verdad sucedía a su alrededor. En fin, que una de estas ceremonias de los fundamentalistas estadounidenses hace que el rito napolitano de la licuefacción de la sangre de san Jenaro parezca una reunión de estudiosos de la Ilustración.

A finales de los años sesenta, visité la Universidad Oral Roberts de Oklahoma (Oral Roberts era uno de esos telepredicadores carismáticos), dominada por una torre con una plataforma giratoria; los fieles mandaban sus donaciones y, según la cantidad, la torre emitía sus oraciones al éter. Para ser contratado como profesor de la universidad había que responder a un cuestionario donde aparecía esta pregunta: *Do you speak in tongues?*, es decir, «¿Tiene usted el don de las lenguas como los apóstoles?». Se decía que un joven profesor que tenía una gran necesidad de trabajar contestó: *not yet*, «todavía no», y se le contrató a prueba.

Las iglesias fundamentalistas eran antidarwinianas, antiabortistas, eran partidarias de la oración obligatoria en los colegios, si era preciso eran antisemitas y anticatólicas; en muchos estados eran segregacionistas, pero hasta hace pocos años representaban, en el fondo, un fenómeno bastante marginal, limitado a los Estados Unidos profundos de la *Bible belt*. El rostro oficial del país estaba representado por gobiernos que ponían sumo cuidado en separar política y religión, por universidades, por artistas y escritores, por Hollywood.

En 1980, Furio Colombo dedicó a los movimientos fundamentalistas un libro titulado *Il Dio d'America*, pero la mayoría lo consideró más una profecía pesimista que un reportaje sobre una realidad que estaba creciendo de manera preocupante. Ahora Colombo ha vuelto a publicar el libro (como suplemento del diario *L'Unità* de hace unas semanas), con una nueva introducción que esta vez nadie podrá tomar por una profecía. Según Colombo, la religión se introdujo en la política estadounidense en 1979, en el curso de la campaña presidencial que oponía Carter a Reagan. Carter era un buen liberal y un cristiano ferviente de los que se denominan *born again*, «renacidos a la fe». Reagan era un conservador y un ex hombre de espectáculo, jovial, mundano; era religioso solo porque iba a misa los domingos. Pues bien, lo que pasó es que el conjunto de las sectas fundamentalistas se alineó con Reagan, y este les correspondió acentuando su posición religiosa, por ejemplo, nombrando jueces contrarios al aborto para el Tribunal Supremo.

Por su parte, los fundamentalistas empezaron a apoyar todas las posiciones de la derecha; apoyaron los lobbies de las armas, se opusieron a la asistencia médica, y a través de sus predicadores más fanáticos apoyaron una política belicista, llegando a presentar incluso la perspectiva de un holocausto atómico como algo necesario para derrotar el reino del mal. Hoy en día, la decisión de McCain de elegir a una mujer conocida por sus tendencias dogmáticas como vicepresidenta, así como el hecho de que, por lo menos al principio, las encuestas premiaran su decisión, va precisamente en esa dirección.

Sin embargo, Colombo señala que, si bien es verdad que en el pasado los fundamentalistas se oponían a los católicos, ahora los católicos, y no solo en Estados Unidos, se van acercando cada vez más a las posiciones de los fundamentalistas (véase, por ejemplo, el curioso retorno al antidarwinismo cuando ya la Iglesia había firmado un amplio armisticio, permítaseme la expresión, con las teorías evolucionistas). Y en efecto, el que la Iglesia italiana se haya alineado no con el católico practicante Romano Prodi, sino con un laico divorciado y vividor, hace pensar que también en Italia predomina la tendencia a ofrecer los votos de los creyentes a políticos que, indiferentes a los valores religiosos, están dispuestos a hacer todas las concesiones posibles a las peticiones dogmáticamente más rígidas de la Iglesia que los sostiene.

Habría que reflexionar sobre un discurso del carismático Pat

Robertson en 1986: «Quiero que piensen en un sistema de escuelas donde las enseñanzas humanistas estén completamente vedadas, una sociedad en la que la Iglesia fundamentalista asuma el control de las fuerzas que determinan la vida social».

[2008]

Reliquias para el Año Nuevo

El pasado 3 de enero, el periodista del *Corriere della Sera* Armando Torno nos ilustraba no solo sobre las reliquias sagradas sino también sobre las reliquias laicas, desde la cabeza de Descartes hasta el cerebro de Gorki. Conservar reliquias no es, como suele creerse, una costumbre cristiana, sino algo típico de cualquier religión y cultura. En el culto de las reliquias vibra una especie de pulsión que yo definiría como mito-materialista, por la cual se puede volver a encontrar un atisbo del poder de un grande o de un santo tocando partes de su cuerpo; pulsión que, por otra parte, responde a un gusto normal por los objetos de anticuario (por eso el coleccionista está dispuesto a gastarse un capital no solo por poseer la primera copia impresa de un libro famoso, sino también el ejemplar que perteneció a una persona importante). Se da el caso, como sucede cada vez más a menudo en las subastas estadounidenses, de que las *memorabilia* pueden ser tanto los guantes (verdaderos) de Jacqueline Kennedy como los guantes (falsos) que llevaba Rita Hayworth en *Gilda*. Tampoco hay que pasar por alto el factor económico: en la Edad Media, poseer una reliquia famosa era un valioso recurso turístico porque atraía flujos de peregrinos, tal como hoy en día una discoteca de la costa atrae a turistas alemanas y rusas. Por otra parte, he visto desplazarse a muchos turistas a Nashville, Tennessee, para admirar el Cadillac de Elvis Presley. Y eso que no es un coche único, pues lo cambiaba cada seis meses.

Quizá, embargado de ese espíritu navideño del que hablaba en la pasada columna, en Reyes, en lugar de navegar (como todos) por internet para interceptar películas porno, al ser mi humor inconstante y lunático, decidí dedicarme a la búsqueda de reliquias famosas.

Por ejemplo, ahora sabemos que la cabeza de san Juan Bautista se conserva en la iglesia de San Silvestro in Capite de Roma, aunque una tradición anterior decía que se encontraba en la catedral de Amiens. De todas formas, la cabeza que se guarda en Roma carecería de la mandíbula, que se conserva en la catedral de San Lorenzo de Viterbo. El plato que acogió la cabeza del Bautista está en Génova, en el tesoro de la catedral (también) de San Lorenzo, junto a las cenizas del santo, pero parte de estas cenizas se conservan asimismo en la antigua iglesia del monasterio de las benedictinas de Loano, mientras que un dedo se hallaría en el Museo dell'Opera de la catedral de Florencia, un brazo en la catedral de Siena, y la mandíbula, como hemos dicho antes, en San Lorenzo de Viterbo. En la catedral de San Juan Bautista de Ragusa se conserva uno de sus dientes; el otro, junto a un mechón de su cabello, está en Monza. De los restantes treinta dientes no hay noticias. Una antigua leyenda narraba que en alguna catedral se conservaba la cabeza del Bautista a la edad de doce años, pero no tengo constancia de que exista ningún documento oficial que confirme el rumor.

Santa Elena, la madre de Constantino, encontró la Vera Cruz

en Jerusalén. Los persas la sustrajeron en el siglo VII, el emperador bizantino Heraclio la recuperó, y luego los cruzados la llevaron al campo de batalla contra Saladino. Desgraciadamente ganó Saladino, y el rastro de la Vera Cruz se perdió para siempre, aunque algunos fragmentos ya habían sido repartidos: uno de los clavos se conservaría en la basílica de la Santa Cruz de Jerusalén de Roma. La corona de espinas, que se conservó durante mucho tiempo en Constantinopla, fue subdividida con la intención de donar por lo menos una espina a varias iglesias y santuarios. La sagrada lanza, que perteneció a Carlomagno y a sus sucesores, hoy se halla en Viena. El prepucio de Jesús estaba expuesto en Calcata (Viterbo) hasta que en 1970 el párroco comunicó su sustracción. Ahora bien, han reivindicado la posesión de esa misma reliquia Roma, Santiago de Compostela, Chartres, Besançon, Metz, Hildesheim, Charroux, Conques, Langres, Amberes, Fécamp, Puy-en-Velay, Auvergne. La sangre brotada de la herida en el costado, recogida por Longino, se habría llevado a Mantua, pero otra sangre se conserva en la basílica de la Sagrada Sangre de Brujas. La sagrada cuna está en Santa María la Mayor, en Roma, mientras que, como es bien sabido, la sábana santa se encuentra en Turín. Los pañales del Niño Jesús se hallan en Aquisgrán. La toalla usada por Cristo para lavarles los pies a los apóstoles está tanto en la iglesia romana de San Juan de Letrán como en Alemania, en Acqs, pero no hay que excluir que Jesús usara dos toallas o que lavara los pies dos veces. En muchas iglesias se conserva el cabello o la leche de María, su anillo de bodas con José estaría en Perugia, pero el de compromiso está en Notre-Dame de París.

En Milán se conservaban los restos de los Reyes Magos, si bien en el siglo XII Federico Barbarroja se los llevó como botín de guerra a Colonia. Modestamente, esta historia la he contado en mi novela *Baudolino*, pero no pretendo hacer creer a quienes no creen.

[2009]

El crucifijo, símbolo casi laico

No me acuerdo de cómo ni por qué la polémica sobre los crucifijos en los colegios se encendió hace ya unos seis años. Después de tanto tiempo, salvo el hecho de que ahora se está delineando un contraste entre el gobierno italiano y la Iglesia por un lado, y la Unión Europea por el otro, los términos del problema no han cambiado mucho.

La República francesa prohíbe la exhibición de símbolos religiosos en los colegios del Estado, pero algunas de las grandes corrientes del catolicismo moderno han florecido precisamente en la Francia republicana, tanto a la derecha como a la izquierda, desde Charles Peguy y Léon Bloy hasta Maritain y Mounier, para llegar a los curas obreros; y si Fátima está en Portugal, Lourdes está en Francia. Por lo tanto se ve que, incluso eliminando los símbolos religiosos de los colegios, ello no incide en la vitalidad de los sentimientos religiosos. En nuestras universidades no hay un crucifijo en las aulas, pero legiones de estudiantes se adhieren al movimiento de Comunión y Liberación. Por el contrario, por lo menos dos generaciones de italianos han pasado su infancia en aulas en las que había un crucifijo entre el retrato del rey y el del Duce, y de treinta alumnos de cada clase, unos se volvieron ateos, otros antifascistas y otros más (creo que la mayoría) votaron por la República.

Ahora bien, mientras era erróneo mencionar en la Constitución europea solo la tradición cristiana, porque Europa ha sido influida también por la cultura pagana griega y por la tradición judía (¿y qué es la Biblia?), también es verdad que la historia de sus diferentes naciones ha estado marcada por creencias y símbolos cristianos, así como las cruces se encuentran en los estandartes de muchas ciudades italianas —algunas gobernadas desde hace décadas por comunistas—, en escudos gentilicios, en numerosas banderas nacionales (inglesa, sueca, noruega, danesa, suiza, islandesa, maltesa, etc.), de modo que se ha convertido en un signo despojado de toda referencia religiosa. Más aún, un cristiano sensible debería indignarse por el hecho de que una cruz de oro adorne tanto el pecho velloso de los machos playeros especializados en turistas alemanas de la costa romañola como el escote de muchas señoras de alegres costumbres (recordemos que el cardenal Lambertini, al ver una cruz en el seno exuberante de una bella dama, hacía salaces observaciones sobre la dulzura de ese calvario). Llevan cadenitas con cruces chicas que se pasean con el ombligo al aire y la falda por la ingle. Si yo fuera el Papa, pediría que un símbolo tan ultrajado desapareciera de las aulas escolares por respeto.

Teniendo en cuenta que el crucifijo, salvo cuando aparece en la iglesia, se ha convertido en un símbolo laico, y en cualquier caso, neutro, ¿es más mojigata la Iglesia que quiere conservarlo o la Unión Europea que quiere quitarlo?

De la misma manera, la media luna musulmana aparece en las banderas de Argelia, Libia, Maldivas, Malasia, Mauritania, Pakistán, Singapur, Turquía y Túnez, y se habla de la entrada en Europa de una Turquía que exhibe ese símbolo religioso en su bandera, y si un monseñor católico es invitado a dar una conferencia en un ambiente musulmán, acepta hablar en una sala decorada con versículos del Corán.

¿Qué decirles a los no cristianos que ya viven de forma consistente en Europa? Que existen en este mundo usos y costumbres más arraigados que las fes y las sublevaciones contra ellas, y los usos y las costumbres hay que respetarlos. Por eso, si visito una mezquita, me quito los zapatos; si no, no voy. Por eso, una visitante atea no debe llevar ropa provocativa si entra en una iglesia cristiana; si no, que se limite a ver museos. La cruz es un hecho de antropología cultural, su perfil está arraigado en la sensibilidad común. Los que emigran aquí deben familiarizarse también con estos aspectos de la sensibilidad común del país que los acoge. Sé que en los países musulmanes no se debe consumir alcohol (salvo en lugares reservados, como los hoteles para europeos) y no me pongo a provocar a los lugareños pimplando whisky delante de una mezquita.

La integración de una Europa cada vez más llena de extracomunitarios debe realizarse sobre la base de una tolerancia recíproca. Creo que un chico musulmán no debe sentirse molesto por un crucifijo en el aula, si sus creencias son respetadas en todo lo demás, y sobre todo, si la hora de religión se transformara en una hora de historia de las religiones donde se habla también de aquello en lo que él cree.

Naturalmente, si de verdad queremos superar el problema, se podría colocar en las escuelas un cruz sin más, como las que solemos ver en el despacho de un arzobispo, para evitar la alusión demasiado evidente a una religión específica. Pero claro, apuesto a que una solución tan razonable se vería como una claudicación. Así pues, sigamos peleándonos.

[2009]

Los Reyes Magos, esos desconocidos

Estos últimos días, he asistido casi por casualidad a dos episodios: una quinceañera hojeaba muy interesada un libro de reproducciones de arte, y otros dos quinceañeros visitaban (fascinados) el Louvre. Los tres habían nacido y habían sido educados en países rigurosamente laicos y en familias no creyentes. Por eso, cuando veían *La balsa de la Medusa* entendían que unos desgraciados acababan de escapar de un naufragio, o que los dos personajes de Francesco Hayez que se ven en la Academia de Brera eran dos enamorados, pero no conseguían comprender por qué el Beato Angélico representó a una chica hablando con un andrógino alado o por qué un señor desaliñado bajaba a trompicones una montaña llevando a cuestas dos losas de piedra muy pesadas y emanando rayos luminosos por los cuernos.

Por supuesto, los chicos reconocían algo en una natividad o en una crucifixión, porque ya habían visto algo parecido pero, si en el portal se introducían tres señores con manto y corona, ya no sabían quiénes eran ni de dónde venían.

Es imposible entender digamos tres cuartas partes del arte occidental si no se conocen los hechos del Antiguo y del Nuevo Testamento y las historias de los santos. ¿Quién es la chica con los ojos en un platito?, ¿sale de *La noche de los muertos vivientes*? Y un caballero que corta por la mitad una prenda de vestir, ¿está haciendo una campaña anti-Armani?

Sucede pues que, en muchas situaciones culturales, chicos y chicas aprenden en el colegio todo sobre la muerte de Héctor y nada sobre la de san Sebastián, todo sobre las bodas de Cadmo y Harmonía pero nada sobre las bodas de Caná. En algunos países hay una fuerte tradición de lectura de la Biblia, y los niños lo saben todo sobre el becerro de oro y nada sobre el lobo de san Francisco. En otros sitios se los ha embutido de Vía Crucis y se los ha dejado a oscuras de la *mulier amicta solis* del Apocalipsis.

Ahora bien, lo peor sucede, obviamente, cuando un occidental (y no solo los quinceañeros) tienen que vérselas con representaciones de otras culturas, cada vez más embargadoras hoy en día, puesto que la gente viaja a países exóticos mientras que los habitantes de esos países vienen a instalarse aquí. No hablo de las reacciones perplejas de un occidental ante una máscara africana, o de sus carcajadas ante esos Budas oprimidos por la celulitis (que además, si se lo preguntáramos, esos occidentales contestarían con prontitud que Buda es el dios de los orientales tal y como Mahoma es el dios de los musulmanes). Lo peor es que muchos de nuestros vecinos de casa estarían dispuestos a pensar que la fachada de un templo hindú ha sido diseñada por un comunista para representar lo que sucedía en los festines que Silvio Berlusconi daba en sus villas, y menean la cabeza cuando ven que los mismos hindúes se toman en serio a un señor en cuclillas con cabeza de elefante, sin darse cuenta de que ellos no encuentran nada extraño en una persona divina representada como una paloma.

Por lo tanto, más allá de cualquier consideración religiosa, e incluso desde el punto de vista más laico del mundo, es necesario que los chicos reciban en el colegio una información básica sobre ideas y tradiciones de las distintas religiones. Pensar que no es necesario equivale a decir que no hay que enseñarles quiénes eran

Júpiter o Minerva porque eran solo cuentos para las viejecillas del Pireo.

Pero claro, querer resolver la educación de las religiones con la educación de una sola religión (por poner un ejemplo, la católica en Italia) es culturalmente peligroso porque, por una parte, no se puede impedir que no asistan a esa clase los alumnos que no creen o los hijos de los no creyentes, con lo que se pierden un mínimo de elementos culturales fundamentales; y, por otra, se excluye de la educación escolar toda alusión a otras tradiciones religiosas. Aún más, la clase de religión católica puede transformarse en un espacio de discusión ética absolutamente respetable sobre los deberes hacia nuestros semejantes o sobre la esencia de la fe, pasando por alto esas nociones que nos permiten distinguir una Fornarina de una Magdalena arrepentida.

También es verdad que los de mi generación estudiamos todo sobre Homero y nada sobre el Pentateuco; en el bachillerato recibimos pésimas lecciones de historia del arte, nos enseñaban todo acerca de Burchiello y nada sobre Shakespeare, pero aun así hemos conseguido sobrevivir, porque sin duda había algo en el aire que nos hacía llegar estímulos y noticias. Pero esos tres quinceañeros de los que hablaba, que no sabían reconocer a los Reyes Magos, me sugieren que también el ambiente nos transmite cada vez menos informaciones útiles, y cada vez más informaciones absolutamente inútiles.

Que los Reyes Magos mantengan sus seis santas manos sobre nuestras cabezas.

[2009]

¡Hipatitis!

Es difícil que alguien no haya oído por lo menos mencionar a Hipatia con la campaña publicitaria y la serie de debates que ha habido sobre la película *Ágora* de Alejandro Amenábar. De todas formas, para los que aún están poco informados, diré que en los albores del siglo V d.C., en un imperio en el que incluso el emperador ya es cristiano, en una Alejandría donde chocan la última aristocracia pagana, el nuevo poder religioso representado por el obispo Cirilo y una gran comunidad judía, vive y enseña Hipatia, filósofa neoplatónica, matemática y astrónoma, bellísima (se decía) e idolatrada por sus discípulos. Una banda de parabolanos, talibanes cristianos de aquella época, la milicia personal del obispo Cirilo, se ensaña con Hipatia y literalmente la descuartiza.

De Hipatia no quedan obras (quizá Cirilo hizo que las destruyeran) y hay muy pocos testimonios, tanto cristianos como paganos. Todos ellos admiten más o menos que Cirilo tuvo sus responsabilidades. Durante mucho tiempo Hipatia cayó en el olvido, hasta que a partir el siglo XVII fue revalorizada, sobre todo por parte de los Ilustrados, como mártir del librepensamiento; fue celebrada por Gibbon, Voltaire, Diderot, Nerval, Leopardi, e incluso Proust y Luzi, y se convirtió en icono del feminismo.

La película, desde luego, no es tierna con los cristianos ni con Cirilo (aunque no oculta las violencias de los paganos y de los judíos), tanto que enseguida se difundió el rumor de que las fuerzas oscuras de la reacción al acecho impedirían su distribución en Italia, y se puso en marcha una petición con millares de firmas. Por lo que he entendido, la distribuidora italiana titubeaba a la hora de estrenar una película que podría suscitar una fuerte oposición por parte católica, comprometiendo su circulación, pero esas firmas la convencieron para intentar la aventura. Sin embargo, ahora no quiero ocuparme de la película (fílmicamente bien hecha, a pesar de algunos vistosos anacronismos), sino del síndrome conspirativo que ha desencadenado.

Navegando por internet he encontrado ataques católicos en los que se protestaba contra los que querían mostrar solo el lado violento de las religiones (pero el director repite que su objeto polémico es el fundamentalismo venga de donde venga), aunque nadie ha intentado negar que Cirilo, que no solo era un hombre de la Iglesia sino también un personaje político, hubiera sido duro, tanto con los judíos como con los paganos. No es una coincidencia que fuera León XIII quien lo hiciera santo y doctor de la Iglesia casi mil quinientos años después, un Papa obsesionado por el nuevo paganismo representado por la masonería y por los liberales anticlericales que dominaban en la Roma de su época. Y es embarazosa la celebración de Cirilo oficiada el 3 de octubre de 2007 por el papa Ratzinger, quien alaba «la gran energía» de su gobierno sin dedicar dos líneas a absolverlo de esa sombra que la historia hizo pesar sobre él.

Cirilo pone en apuros a todos: en internet encuentro que Rino Camilleri (antes defensor del *Syllabus*), para garantizar la inocencia de Cirilo, cita a Eusebio de Cesarea. Excelente testigo, salvo que Eusebio murió setenta y cinco años antes del suplicio de Hipatia, y por lo tanto no pudo testimoniar nada. Vamos, que si hay que desencadenar una guerra de religión, que se consulte por lo menos la Wikipedia.

Pero lleguemos a la conspiración: en internet circulan varias noticias sobre la censura llevada a cabo (¿por quién?) para ocultar el escándalo sobre Hipatia. Por ejemplo, se denuncia que el volumen 8 de la *Storia della filosofia greca e romana* de Giovanni Reale dedicado al neoplatonismo, con noticias sobre Hipatia ha desaparecido de manera misteriosa de las librerías. Una llamada a Bompiani me aclara que es verdad que, de la serie completa de diez volúmenes, los únicos dos agotados (y que por tal motivo serán reimpresos) son el 7 y el 8, sin duda porque tocan argumentos como el *Corpus hermeticum* y algunos aspectos del neoplatonismo que no interesan solo a los que se ocupan de filosofía sino que inflaman también a todos los pirados que fisgonean en las ciencias ocultas verdaderas y presuntas. Pero luego he mirado en mis estantes este tristemente famoso volumen 8 y he visto que Reale, que es un historiador de la filosofía y se ocupa solo de textos que pueden consultarse (de Hipatia no ha quedado nada), le dedica a Hipatia siete líneas, siete, en las que se limita a decir lo poco que se sabe seriamente. Entonces, ¿por qué debería censurarse?

Claro que la teoría del complot va más allá, y siempre en internet se dice que han desaparecido de las librerías todos los libros sobre el neoplatonismo, una burrada que hace morirse de risa a cualquier estudiante de primero de filosofía. En fin, si quieren saber algo serio sobre Hipatia, busquen en línea www.enciclopediadelledonne.it con una buena entrada de Sylvie Coyaud sobre el tema y, para algo más erudito, pídanle a Google «Silvia Ronchey Hipatia», y encontrarán un buen hueso (no censurado) duro de roer.

[2010]

Halloween, el relativismo y los celtas

Con ocasión del día de Todos los Santos desde el ámbito católico se han lanzado muchas condenas de Halloween, festividad en la que se iluminan desde dentro las calabazas y los niños van por las calles disfrazados de brujillas y vampiros pidiéndoles caramelos a los adultos. Puesto que la fiesta, que intenta exorcizar la idea de la muerte, se presentaría como alternativa a la celebración de Todos los Santos y de los Difuntos, la costumbre, acusada de norteamericanismo deplorable, también ha sido tildada de forma de «relativismo».

No sé muy bien en qué sentido Halloween es relativista, pero con el relativismo sucede lo mismo que con el epíteto «fascista» en el 68, que era fascista cualquiera que no pensara como tú. Aclaro, además, que no albergo una pasión especial por Halloween (como no sea porque Charlie Brown la amaba) y sé perfectamente que la fiesta en Estados Unidos la usan satanistas y pedófilos para abusar de los niños, incautamente autorizados por sus padres a salir de noche. Solo le pongo reparos a que se trata de una deplorable importación de Estados Unidos. Es decir, lo es, pero de regreso, porque Halloween nació como una fiesta pagana en la Europa celta y en algunos países de Europa del norte, donde de alguna manera se cristianizó.

En fin, que a Halloween le ha pasado lo que le sucedió a Santa Claus, que en sus orígenes era san Nicolás de Bari —que además era turco—, y parece ser que precisamente Santa Claus salió de la fiesta holandesa de *Sinterklaas* (el cumpleaños del santo). Luego Papá Noel se fundió con Odín, que en la mitología germánica llevaba regalos a los niños, y ahí está el estrecho parentesco entre un rito pagano y una fiesta cristiana.

Personalmente, polemizo también con Papá Noel, porque a mí los regalos me los traían el Niño Jesús y los Reyes Magos. Por eso mismo hace poco he ido a la catedral de Colonia a controlar que los restos de los tres reyes estuvieran aún allí, después de que Reinaldo de Dassel y Barbarroja los robaran de San Eustorgio, en Milán. Pero ya en mis tiempos me irritaba que algunos niños creyeran en la Befana, y no en los Reyes Magos, pues no es sino una figura de orígenes paganos, muy cercana a las brujas de Halloween, y si las jerarquías eclesiásticas no la han tomado demasiado con ella es porque de alguna manera se cristianizó, inspirando su propio nombre en la Epifanía. Por lo cual, tras los Pactos de Letrán, se aceptó también la Befana fascista.

En la polémica sobre Halloween, una voz fuera del coro ha sido la de Roberto Beretta que, en el diario *Avvenire* del 23 de octubre, sugería prudencia a la hora de lanzar anatemas y proclamar cruzadas pastorales porque con Halloween «a la Iglesia se le paga con su misma moneda. Ya. La sabiduría de los padres, por lo menos desde el siglo IV, [...] ha preferido mediar en lugar de borrar, superponerse y transfigurar en lugar de anular, aniquilar, sepultar, censurar. Esto es: nuestros antepasados supieron "cristianizar" las fiestas paganas».

Y basta con recordar que la misma Navidad fue fijada el 25 de diciembre (fecha en que ningún Evangelio sugiere que naciera Jesús; es más, según los cálculos astronómicos la estrella debería haber aparecido en otoño) para salir al encuentro de las costumbres paganas y de las tradiciones germánicas y celtas en las que se celebraba Yule, la fiesta del solsticio de invierno, de donde viene también el árbol de Navidad (pero yo soy de los que prefieren el belén franciscano porque requiere más fantasía, mientras que un árbol de Navidad lo sabe decorar incluso un mono debidamente amaestrado).

Así pues, en lugar de rasgarse las vestiduras, sería suficiente cristianizar también Halloween, como sugiere siempre Beretta: «Si, por lo tanto, Halloween (que, recordémoslo significa literalmente "vigilia del día de todos los santos") tuviera que retomar sus vestiduras celtas, ya sean verdaderas o presuntas, o más bien ceñirse de lentejuelas consumistas, u ocultarse bajo ritos más o menos "satánicos", no estaría sino volviéndose a apropiar de un territorio que ya era suyo; y a nosotros no nos quedaría sino meditar cómo y por qué no hemos tenido la fuerza cultural (y quizá también espiritual) para repetir la hazaña de nuestros antepasados».

[2011]

Maldita filosofía

En el diario *La Repubblica* del pasado 6 de abril se publicó una anticipación del libro de Stephen Hawking y Leonard Mlodinow, *El gran diseño*, introducido por un subtítulo que, entre otras cosas, retomaba un fragmento del texto: «La filosofía ha muerto, solo los físicos explican el cosmos». La muerte de la filosofía ha sido anunciada varias veces, así que no había por qué impresionarse, pero me parecía que un genio como Hawking había dicho una tontería. Para estar seguro de que *La Repubblica* no había resumido mal, fui a comprarme el libro, y su lectura confirmó mis sospechas.

El libro está escrito a cuatro manos, salvo que en el caso de Hawking la expresión resulta dolorosamente metafórica porque sabemos que sus extremidades no responden a los mandos de su excepcional cerebro. Así pues, el libro es en esencia obra del segundo autor, que la solapa califica como excelente divulgador y guionista de algunos episodios de *Star Trek* (y lo vemos también en las bellísimas ilustraciones que parecen concebidas para una enciclopedia juvenil de otros tiempos, porque tienen muchos colores y resultan fascinantes, pero no explican absolutamente nada de los complejos teoremas físico-matemático-cosmológicos que deberían ilustrar). Quizá no era prudente encomendar el destino de la filosofía a personajes con orejas de liebre.

La obra se abre precisamente con la afirmación perentoria de que la filosofía ya no tiene nada que decir y solo la física puede explicarnos 1) cómo podemos comprender el mundo en el que nos hallamos; 2) cuál es la naturaleza de la realidad; 3) si el universo necesita un creador; 4) por qué existe algo en lugar de no haber nada; 5) por qué existimos y 6) por qué existe este conjunto particular de leyes y no otro. Como se ve, son preguntas filosóficas habituales, pero hay que decir que el libro muestra cómo puede responder la física a las últimas cuatro, que parecen las más filosóficas de todas.

Lo malo es que para ensayar las últimas cuatro respuestas hay que haber contestado a las primeras dos preguntas, es decir, *grosso modo*, qué quiere decir que algo es real y si conocemos el mundo precisamente tal como es. Lo recordarán de la filosofía estudiada en la escuela: ¿nosotros conocemos por adecuación de la mente a la cosa?, ¿hay algo fuera de nosotros (Woody Allen añadía: «Y si la respuesta es afirmativa, ¿por qué hacen todo ese ruido?») o somos seres berkeleyanos o, como decía Putnam, cerebros en una cubeta?

Pues bien, las respuestas fundamentales que este libro propone son exquisitamente filosóficas y si no existieran estas respuestas filosóficas ni siquiera el físico podría decir por qué conoce y qué conoce. En efecto los autores hablan de «un realismo dependiente del modelo», es decir, asumen que «no hay imagen —ni teoría— independiente del concepto de realidad». Por lo tanto «diferentes teorías pueden describir satisfactoriamente el mismo fenómeno a través de marcos conceptuales diferentes» y todo lo que podemos percibir, conocer y decir de la realidad depende de la interacción entre nuestros modelos y eso que está fuera pero que conocemos solo gracias a la forma de nuestros órganos sensoriales y de nuestro cerebro.

Los lectores más recelosos habrán incluso reconocido un fantasma kantiano, pero sin duda los dos autores proponen lo que en filosofía se llama holismo, para algunos realismo interno y para otros constructivismo.

Come se ve, no se trata de descubrimientos científicos sino de suposiciones filosóficas, que sostienen y legitiman la investigación del físico; el cual, cuando es un buen físico, no puede sino plantearse el problema de los fundamentos filosóficos de sus propios métodos. Ya lo sabíamos, así como sabíamos algo de esas extraordinarias revelaciones (sin duda debidas a Mlodinow y a la chusma de *Star Trek*) por las cuales «en la Antigüedad resultaba natural adscribir los actos violentos de la naturaleza a un panteón de deidades traviesas o malévolas». Diantres y también pardiez.

[2011]

Evasión fiscal y compensación oculta

Hay evasores fiscales en todos los países porque el disgusto de pagar los impuestos es profundamente humano. Ahora bien, se dice que los italianos son más propensos que otros pueblos a este vicio. ¿Por qué?

Debo retroceder a antiguos recuerdos y evocar la figura de un viejo padre capuchino de gran humanidad, doctrina y bondad por quien yo sentía mucho afecto. Pues bien, al transmitirnos a mí y a otros jóvenes los principios de la ética, este amable anciano nos explicó que el contrabando y la evasión fiscal, aun siendo pecados, lo son de manera venial porque no contravienen una ley divina, sino solo una ley del Estado.

Debería haber recordado tanto el consejo de Jesús de dar al César lo que es del César, como el de san Pablo a los romanos («Pagad a todos lo que debéis: al que tributo, tributo; al que impuesto, impuesto»). Claro que quizá sabía que en los siglos pasados algunos teólogos sostenían que las leyes fiscales no obligan en conciencia, sino solo en virtud de la sanción. Con todo, al citar hoy esta opinión, Luigi Lorenzetti, director de la *Rivista di Teologia Morale* comenta: «Sin embargo, se les hace un feo a esos teólogos si no se tiene en cuenta el contexto social y económico que los indujo a concebir esa teoría. La organización de la sociedad no era en absoluto democrática; el sistema fiscal, injusto; las desorbitadas gabelas oprimían a los pobres».

En efecto, mi capuchino citaba otro caso, el de la compensación oculta. Por decirlo de la manera más sencilla: si un trabajador considera que se le paga injustamente por debajo de lo que debería percibir, no comete un pecado si sustrae de manera tácita esa diferencia a la cual tendría derecho. Pero solo si su salario es evidentemente inicuo y se le niega la posibilidad de aplicar las leyes sindicales. Claro que el mismo santo Tomás tenía sus dudas sobre un argumento de este tipo. Por una parte «cuando amenaza peligro a la persona [...] entonces puede cualquiera lícitamente satisfacer su necesidad con las cosas ajenas, sustrayéndolas, ya manifiesta, ya ocultamente. Y esto no tiene propiamente razón de hurto ni de rapiña» (*Suma teológica* II-II, 66, 7). Por otro lado, «el que furtivamente sustrae la cosa suya que otro injustamente retiene, peca en verdad, no porque dañe al detentador, [...] sino porque peca contra la justicia común por usurpar hacer justicia en su propia causa sin someterse a las formalidades del derecho» (*Suma teológica* II-II, 66, 5). Sobre las formalidades y las reglas del derecho santo Tomás tenía ideas claras y severas, y no habría estado de acuerdo con Berlusconi cuando decía que había que entender a los ciudadanos si defraudaban a una Hacienda demasiado codiciosa. También para santo Tomás la ley era la ley.

Sin embargo, la concepción tomista del derecho de la propiedad era católicamente más «social», en cuanto la propiedad había de considerarse justa «en cuanto a la posesión» pero no en cuanto al «uso»: si yo tengo un kilo de pan adquirido con honradez, tengo derecho a ser reconocido como su propietario; pero si a mi lado hay un mendigo que se muere de hambre, debería darle la mitad. ¿Hasta qué punto la evasión es compensación oculta?

En un *Tratado de teología moral* que pueden encontrar en internet en el sitio *Totus Tuus*, mientras se recomienda atenerse a las leyes vigentes y se observa que «la parte más sana de la población» paga los impuestos y no hace contrabando, se admite, con todo, que «la evasión, de todas formas, no se considera un acto lesivo contra el honor (la misma ley la considera un ilícito administrativo y no un delito), aunque cree una sensación de malestar moral». Y por lo tanto Mario Monti no tendría razón al decir que los evasores son ladrones; se trata tan solo de personas que deberían experimentar malestar moral.

Ahora bien, mi eclesiástico del que hablaba antes no descendía a estas sutilezas casuistas, se limitaba a decir que evasión fiscal y contrabando no son pecados mortales porque atentan «tan solo» contra las leyes del Estado. Y con esta postura suya creo que reflejaba una educación que recibió de joven, antes de los Pactos de Letrán, según la cual el Estado era algo tan malo que no había que hacerle caso. Se ve que algo de esas antiguas ideas ha quedado en el ADN de nuestro pueblo.

[2012]

El sagrado experimento

El papa Francisco adopta (él que es jesuita) un nombre franciscano, se va a vivir a un hotel (solo le falta calzar sandalias y vestir un sayo), expulsa del templo a los cardenales con Mercedes, y por último se va él solo a Lampedusa a aliarse con los parias del Mediterráneo como si la ley Bossi-Fini no fuera una ley del Estado italiano. ¿De verdad que es el único que sigue haciendo todavía «cosas de izquierdas»? Al principio se hicieron circular rumores sobre su excesiva prudencia con los generales argentinos y se recordó su oposición a los teólogos de la liberación; ahora se subraya que todavía no se ha pronunciado sobre el aborto, las células madre, los homosexuales, como si un Papa tuviera que ir por esos mundos regalando condones a los pobres. ¿Quién es el papa Bergoglio?

Creo que nos equivocamos al considerarlo un jesuita argentino: es un jesuita paraguayo. Es imposible que su formación no haya sido influida por el «sagrado experimento» de los jesuitas de Paraguay. Lo poco que la gente sabe de ellos se debe a la película *La misión*, aunque la película condensaba en dos horas de espectáculo, con muchas libertades, ciento cincuenta años de historia.

Resumámosla. Los conquistadores españoles llevaron a cabo matanzas inenarrables entre México y Perú, apoyados por los teólogos que sostenían la naturaleza animal de los indios (todos orangutanes), y solo un dominico valiente como Bartolomé de las Casas se prodigó contra la crueldad de los Cortés y de los Pizarro, presentando a los indígenas con una perspectiva completamente distinta. A principios del siglo XVII, los misioneros jesuitas deciden reconocer los derechos de los nativos (en especial de los guaraníes, que vivían en un estado prehistórico) y los organizan en «reducciones» esto es, comunidades autónomas autosostenidas; no los agrupan para que trabajen para los colonizadores, sino que les enseñan a administrarse solos, libres de toda servidumbre, en total comunión de los bienes que producían. La estructura de las aldeas y las modalidades de ese «comunismo» nos hacen pensar en la *Utopía* de Moro o en la *Ciudad del Sol* de Tommaso Campanella (en su día Benedetto Croce habló de un «pretendido comunismo campanelliano»), pero los jesuitas se inspiraban más bien en las primitivas comunidades cristianas. Mientras instituían consejos electivos constituidos solo por nativos (aunque los padres se reservaban la administración de la justicia), enseñaban a aquellos individuos suyos arquitectura, agricultura y pastoreo, música y artes, el alfabeto (pero no a todos, y a veces produjeron artistas y escritores de talento). Los jesuitas instauraron sin duda un severo régimen paternalista, entre otras cosas porque civilizar a los guaraníes significaba sustraerlos a la promiscuidad, a la indolencia, a la borrachera ritual y, a veces, al canibalismo. Así pues, como en toda ciudad ideal, todos estamos dispuestos a admirar su perfección organizativa, pero desde luego no quisiéramos vivir en ella.

El rechazo del esclavismo y el freno a los ataques de los *bandeirantes*, cazadores de esclavos, llevaron a la formación de una milicia popular, que se opuso con valentía a esclavistas y colonialistas. Hasta que poco a poco, vistos como instigadores y peligrosos enemigos del Estado, en el siglo XVIII los jesuitas fueron expulsados primero de España y Portugal y luego suprimidos, y con ellos se acabó el «sagrado experimento».

Contra ese gobierno teocrático habían arremetido muchos ilustrados, hablando del régimen más monstruoso y tiránico nunca visto en el mundo; otros, en cambio, hablaban de «comunismo voluntario de elevada inspiración religiosa» (Muratori), decían que la Compañía de Jesús había empezado a curar la plaga del esclavismo (Montesquieu), Mably comparaba las reducciones con el gobierno de Licurgo, y más tarde Paul Lafargue hablaría del «primer estado socialista de todos los siglos».

Pues bien, cuando nos proponemos leer las acciones del papa Bergoglio con esta perspectiva, debemos tener en cuenta el hecho de que han pasado cuatro siglos desde entonces, que la noción de libertad democrática ya les es común incluso a los integristas católicos, que sin duda Bergoglio no se propone ir a Lampedusa para llevar a cabo experimentos ni laicos ni sagrados, y ya será mucho si consigue liquidar el Instituto para las Obras de Religión (IOR). Claro que no está mal ver de vez en cuando el parpadeo de la Historia en lo que sucede hoy en día.

[2013]

Monoteísmos y politeísmos

Soplan vientos de guerra, y no se trata de una pequeña guerra local sino de un conflicto que puede involucrar a varios continentes. Ahora la amenaza procede de un proyecto fundamentalista que se propone islamizar todo el mundo conocido, llegando hasta Roma (así se ha dicho) aunque nadie haya amenazado con abrevar los camellos en las pilas de agua bendita de San Pedro.

Todo ello induce a pensar que las grandes amenazas transcontinentales se originan siempre en religiones monoteístas. Griegos y romanos no querían conquistar Persia o Cartago para imponer a sus propios dioses. Tenían preocupaciones territoriales y económicas, pero, desde el punto de vista religioso, en cuanto encontraban nuevos dioses de pueblos exóticos los acogían en su panteón. ¿Eres Hermes? Pues bien, te llamo Mercurio y ya eres de los nuestros. ¿Los fenicios veneraban a Astarté? Bien, los egipcios la traducían como Isis y para los griegos se convertía en Afrodita o Venus. Nadie invadió un territorio para erradicar el culto de Astarté.

Los primeros cristianos no fueron martirizados porque reconocían al dios de Israel (que era asunto suyo), sino porque negaban legitimidad a los otros dioses.

Ningún politeísmo ha fomentado nunca una guerra de grandes dimensiones para imponer a sus propios dioses. No es que los pueblos politeístas nunca hayan hecho guerras, pero se trataba de conflictos tribales donde la religión no tenía nada que ver. Los bárbaros del Norte invadieron Europa, los mongoles las tierras islámicas, pero no para imponer sus dioses, tanto es así que se convirtieron rápidamente a las religiones locales. Si acaso es curioso que los bárbaros del Norte, una vez convertidos al cristianismo y constituido un imperio cristiano, se dedicaran luego a las cruzadas para imponer su Dios sobre el de los islámicos, aunque a fin de cuentas monoteísmo por monoteísmo, se trataba del mismo Dios.

Los dos monoteísmos que han desencadenado invasiones para imponer un único Dios han sido el islámico y el cristiano (y contaría entre las guerras de conquista al colonialismo, que —intereses económicos aparte— siempre ha justificado sus conquistas con el proyecto virtuoso de cristianizar a los pueblos conquistados, empezando por los aztecas y los incas hasta la italiana «civilización» de Etiopía, olvidando que también ellos eran cristianos).

A lo sumo, un caso curioso ha sido el del monoteísmo judío, que por su naturaleza nunca ha practicado proselitismo alguno, y las guerras de las que habla la Biblia estaban orientadas a asegurar un territorio al pueblo elegido, no a convertir a otras poblaciones al judaísmo. Sin embargo, tampoco el pueblo judío ha incorporado nunca otros cultos y creencias.

Con todo esto no pretendo decir que es más civil creer en el Gran Espíritu de la Pradera o en las divinidades yoruba que en la Santísima Trinidad o en el único Dios de quien Mahoma sería el Profeta. Digo solo que nadie ha intentado conquistar el mundo en nombre del Gran Espíritu o de una de las entidades que luego se transfirieron al candomblé brasileño; y tampoco el barón Samedi del vudú intentó empujar nunca a sus fieles más allá de sus estrechos confines caribeños.

Se podría decir que solo un credo monoteísta permite la formación de grandes entidades territoriales que luego tienden a expandirse. Ahora bien, el subcontinente indio nunca ha intentado exportar sus divinidades, el Imperio chino ha sido una gran entidad territorial, sin la creencia en una sola entidad creadora del mundo, y (hasta hoy) nunca había intentado extenderse también por Europa o América. Si acaso, China lo hace ahora, pero con medios económicos y sin compromiso religioso, dispuesta a comprar industrias y acciones en Occidente, pero le trae al fresco que la gente siga creyendo en Jesús, en Alá, o en Yahvé.

Quizá un equivalente de los monoteísmos clásicos han sido las grandes ideologías laicas, como el nazismo (aunque de inspiración pagana) y el marxismo ateo soviético. Claro que sin un Dios de los ejércitos dispuesto a magnetizar a sus secuaces, su guerra de conquista se agotó.

[2014]

La buena educación

¿A quién se cita más?

En las distintas discusiones sobre el control de la calidad de las universidades italianas, a menudo se hace referencia a criterios que se usan en otros países. Uno de ellos es el control del número de citas que los trabajos de un determinado profesor o candidato a alguna oposición han obtenido en la prensa especializada. También hay instituciones que ofrecen estadísticas muy minuciosas al respecto, y a primera vista este tipo de control podría parecer eficaz. Pero como todos los controles cuantitativos, tiene sus límites. Es un poco como el criterio, sugerido también en Italia y a veces aplicado, de verificar la eficiencia de una universidad según el número de licenciados que produce. Sin duda, una universidad que produce muchos licenciados da la impresión de ser muy eficiente, pero es fácil ver el límite de semejantes estadísticas. Podría haber una universidad pésima que, para tener muchos estudiantes, regalara buenas notas y no se mostrara muy exigente con la calidad de los trabajos de fin de curso o de las tesis, por lo que el criterio adquiriría un valor negativo. ¿Qué decir de una universidad muy rigurosa que prefiere pocos licenciados pero buenos? Un criterio más fiable (pero también este susceptible de críticas) sería evaluar el número de licenciados con respecto a las matrículas. Una universidad que solo tiene cien matrículas pero lleva a la licenciatura a cincuenta tiene trazas de ser más eficiente y rigurosa que otra que tiene diez mil alumnos matriculados y licencia dos mil.

En fin, los criterios meramente cuantitativos son lo que son. Volvamos ahora al control basado en el número de citas. Digo enseguida que el criterio podría ser válido para publicaciones de ciencias «duras» (matemáticas, física, disciplinas médicas, etc.), pero bastante menos para ciencias «blandas» como las denominadas ciencias humanas. Pongamos un ejemplo: yo publico un libro en el que demuestro que Jesús fue el verdadero fundador de la masonería (nótese que por una suma cuantiosa, que destinaría a obras de caridad, podría incluso proporcionarles la bibliografía existente al respecto; claro que se trata de obras que no han sido tomadas muy en serio). Si en ese libro ofreciera algún documento de apoyo con una apariencia muy sólida, desencadenaría un pandemónium en el ámbito de los estudios históricos y religiosos y se publicarían centenares de ensayos que citarían la obra. Admitamos que gran parte de ellos la citaran para refutarla: ¿existe un control cuantitativo que discrimina entre citas positivas y citas negativas?

Y entonces, ¿qué decir de un libro sólido y argumentado que, aun así, ha suscitado polémicas y rechazos, como el de Hobsbawm sobre el siglo breve, y con qué criterio se eliminarían todas las citas de los que lo discuten críticamente? Y luego, ¿le negaríamos una cátedra a Darwin demostrando únicamente que más del cincuenta por ciento de los que lo han citado, y lo siguen citando, lo han hecho y lo hacen para decir que no tenía razón?

Si el criterio sigue siendo puramente cuantitativo, deberíamos reconocer que entre los autores más citados de las últimas décadas están esos Baigent y Lincoln que han escrito un libro sobre el Grial, que ha llegado a ser un bestseller. Contaban sandeces, pero han sido y siguen siendo muy citados. Si el criterio fuera solo cuantitativo, una universidad que les ofreciera una cátedra de historia de las religiones debería saltar a los primeros puestos de la clasificación.

Todas estas dudas sobre lo que concierne a las ciencias blandas deberían agitarse también muchas veces en el ámbito de las ciencias duras. Pons y sus colegas turbaron hace años los ambientes científicos con una teoría (muy contestada y probablemente falsa) sobre la fusión fría. Se los ha citado un sinfín de veces, casi siempre para refutarlos. Si el criterio es solo cuantitativo, debemos tomarlos en consideración muy seriamente. Algunos pueden objetar que, en estos casos, el criterio cuantitativo se aplica solo a revistas de comprobada seriedad científica, pero —aparte de que en ese caso el criterio se volvería de nuevo cualitativo— ¿qué se hace si en estas revistas serias esos estudiosos han sido tan solo refutados? De nuevo deben introducirse criterios cualitativos. Entonces me gustaría ver cuántas refutaciones recibió Einstein cuando enunció la teoría de la relatividad general; o consideremos un tema de los más debatidos, si se produjo o no ese fenómeno denominado big bang. Sabemos que estudiosos muy respetables tienen opiniones opuestas. Si aparece una nueva teoría que niega el big bang, ¿debemos borrar todas las citas negativas de quienes aún sostienen esa hipótesis?

Lo digo no porque tenga en el bolsillo una solución razonable, sino para recordar lo difícil que es establecer criterios de excelencia sobre bases cuantitativas y lo peligroso que es introducir elementos cualitativos (que, al final, eran aquellos mediante los cuales la cultura oficial del estalinismo expulsaba de la comunidad científica a todos aquellos que no se atenían a los principios del Diamat o no se tomaban en serio las teorías de Lisenko). Con esto no quiero tampoco afirmar que no existan criterios. Sugiero solo lo difícil que es elaborarlos y lo delicado que es este tema.

[2003]

Cuando decir es hacer

En el último número del semanario *L'Espresso*, Eugenio Scalfari, decano del periodismo italiano, cerraba su columna escribiendo: «Está prohibido hablar de resistencia iraquí so pena de pasar por facciosos o imbéciles». Te dices: el exagerado de turno. Y, en cambio, ese mismo día en el *Corriere della Sera* el editorialista Angelo Panebianco escribía: «"los resistentes", como los llaman algunos despreocupados occidentales». Un observador marciano diría que en Italia estamos jugando con las palabras mientras a nuestro alrededor se cortan cabezas y se hacen saltar por los aires trenes y hoteles.

El marciano diría que las palabras cuentan poco, ya que ha leído en Shakespeare que una rosa seguiría siendo una rosa con cualquier otro nombre. Y, aun así, usar una palabra en lugar de otra cuenta mucho. Está claro que algunos de los que hablan de resistencia iraquí pretenden sostener la que consideran una guerra del pueblo; por su parte, otros parecen sobrentender que darles el nombre de resistentes a unos degolladores significa enlodar nuestra Resistencia contra el nazi-fascismo durante la Segunda Guerra Mundial. Lo curioso es que una gran parte de los que consideran escandaloso usar el término «resistencia» son precisamente los que desde hace tiempo intentan deslegitimar nuestra Resistencia, pintando a los partisanos como a una banda de degolladores. Paciencia. El hecho es que se olvida que «resistencia» es un término técnico y no implica juicios morales.

Ante todo, está la guerra civil, que se produce cuando ciudadanos que hablan la misma lengua se disparan entre sí. Fue guerra civil el levantamiento vandeano, lo fue la guerra de España, lo fue nuestra Resistencia, porque había italianos en ambos bandos. Salvo que lo nuestro fue también un movimiento de resistencia, dado que se indica con este término la insurgencia por parte de los ciudadanos de un país contra una potencia ocupante. Si, tras los desembarcos aliados en Sicilia y en Anzio, se hubieran formado bandas de italianos que atacaban a los angloamericanos, se habría hablado de resistencia, también por parte de los que consideraban que los Aliados eran los «buenos». Igualmente, el fenómeno del bandolerismo en la Italia meridional del siglo XIX fue una forma de resistencia filoborbónica, con la salvedad de que los piamonteses («buenos») liquidaron a todos los «malos», que ahora ya solo recordamos como bandoleros. Por otra parte, los alemanes llamaban a los partisanos «bandidos».

Raramente una guerra civil adquiere dimensiones campales (pero sucedió en España) y suele tratarse de una guerra de bandas. Y guerra de bandas es asimismo un movimiento de resistencia, hecho de ataques relámpago. A veces en una guerra de bandas se inmiscuyen también los «señores de la guerra» con sus bandas privadas, e incluso bandas sin ideología que se aprovechan del desorden. Ahora bien, la guerra en Irak parece tener aspectos de guerra civil (hay iraquíes que matan a otros iraquíes) y de movimiento de resistencia, con la añadidura de todo tipo de bandas. Estas bandas actúan contra los extranjeros, y no importa si estos últimos están del lado de la razón o no, y ni siquiera si han sido llamados y acogidos con favor por una parte de los ciudadanos. Si los locales combaten contra tropas ocupantes extranjeras, tenemos resistencia, y punto.

Por último, tenemos el terrorismo, que tiene otra naturaleza, otros fines y otras estrategias. Ha habido, y en parte sigue habiendo todavía, terrorismo en Italia, sin que haya ni resistencia ni guerra civil, y hay terrorismo en Irak, que pasa transversalmente entre bandas de resistentes y bandos de guerra civil. En las guerras civiles y en los movimientos de resistencia se sabe quién es y dónde está (más o menos) el enemigo; con el terrorismo no: el terrorista puede ser incluso ese señor que se sienta a nuestro lado en el tren. Lo cual significa que guerras civiles y resistencias se combaten con choques directos o rastreos, mientras que el terrorismo se combate con servicios secretos. Las guerras civiles y las resistencias se combaten *in situ*, el terrorismo se debe combatir en cualquier lugar, allá donde los terroristas tengan sus santuarios y sus refugios.

La tragedia de Irak es que allí hay de todo, y puede suceder que un grupo de resistentes use técnicas terroristas, o que los terroristas, a los que desde luego no les basta con echar a los extranjeros, se presenten como resistentes. Esto complica las cosas, pero negarse a usar términos técnicos las complica aún más. Supongamos que alguien, considerando *Atraco perfecto* una película buenísima, donde también los malos eran simpáticos, se niegue a llamar atraco a mano armada el asalto a un banco y prefiera hablar de robo con destreza. Pues bien, el robo con destreza se combate con algún agente de paisano que hace la ronda en las estaciones y en los lugares turísticos, con conocimiento previo de los pequeños profesionales locales, mientras que para defenderse de los atracos a los bancos contra enemigos aún desconocidos son necesarios caros sistemas electrónicos y cuerpos especiales de operaciones. Por lo tanto, elegir el nombre equivocado puede parecer reconfortante, pero induce a elegir remedios equivocados. Creer que se puede combatir a un enemigo terrorista con los rastreos con los que se suelen combatir los movimientos de resistencia es una pía ilusión; pero creer que los ataques de guerrilla se combaten con los métodos que se deberían usar con los terroristas también es una equivocación. Así pues, habría que usar los términos técnicos cuando es preciso, sin sucumbir a pasiones o chantajes.

[2004]

Pensamientos en limpio

Hace unos días, Maria Novella De Luca y Stefano Bartezzaghi ocuparon tres páginas del diario *La Repubblica* (por desgracia, impreso) para ocuparse del ocaso de la caligrafía. A estas alturas ya sabemos que entre el ordenador (cuando lo usan) y los SMS, nuestros jóvenes ya no saben escribir a mano salvo con trabajosas letras de molde. En una entrevista, una profesora afirma también que cometen numerosos errores de ortografía, pero este me parece un problema distinto, pues los médicos conocen la ortografía y escriben mal, y se puede ser un calígrafo diplomado y no saber si se escribe «haber», «aber» o «haver».

La verdad es que conozco niños que van a buenos colegios y escriben (a mano y en letra cursiva) bastante bien, pero los artículos que acabo de citar hablan del cincuenta por ciento de nuestros chicos y se ve que yo, por indulgencia del destino, trato con el otro cincuenta por ciento (que, por otra parte, es lo mismo que me pasa con la política).

Lo malo es que la tragedia empezó mucho antes de que aparecieran el ordenador y el móvil. Mis padres escribían con una grafía ligeramente inclinada (manteniendo la hoja torcida) y una carta era, por lo menos para los estándares de hoy en día, una pequeña obra de arte. Es muy cierto que subsistía la creencia, difundida con toda probabilidad por quienes tenían una pésima escritura, de que la buena caligrafía era el arte de los bobos, y es obvio que tener una buena caligrafía no significa necesariamente ser muy inteligentes, pero, en fin, era agradable leer una nota o un documento escrito como Dios manda (o mandaba).

También a mi generación se la educó a escribir bien, y en los primeros meses de la escuela primaria se hacían palotes, ejercicio que más tarde fue considerado obtuso y represivo, pero que aun así educaba a mantener firme el pulso para luego trazar, con las deliciosas plumillas Perry, letras panzudas y regordetas por un lado y esbeltas por el otro. Aunque claro, no siempre, porque a menudo surgía del tintero (con el que se ponían perdidos los pupitres, los cuadernos, los dedos y la ropa), colgando de la plumilla, un grumo inmundo, y tardabas diez minutos en eliminarlo, retorciéndote y embadurnándote hasta las orejas.

La crisis empezó después de la Segunda Guerra Mundial, con

la llegada del bolígrafo. Aparte de que los primeros bolígrafos manchaban muchísimo también y te salía un borrón si pasabas un dedo por encima de las últimas palabras nada más haber escrito. Por consiguiente, se te quitaban las ganas de escribir bien. En cualquier caso, aunque se escribiera sin manchurrones, la escritura con bolígrafo ya no tenía alma, estilo, personalidad.

Y entonces, ¿por qué deberíamos añorar la buena caligrafía? Saber escribir bien y deprisa en el teclado educa la rapidez de pensamiento, a menudo (aunque no siempre) el corrector automático nos subraya en rojo «vallena», y si el uso del móvil induce a las nuevas generaciones a escribir «k tl? salu2» en lugar de «¿qué tal? saludos», no olvidemos que nuestros antepasados se habrían horrorizado viendo que escribimos «siquiatra» en lugar de «psiquiatra», y los teólogos medievales escribían «respondeo dicendum quod», lo que habría hecho palidecer a Cicerón.

El hecho es que, lo hemos dicho, el arte de la caligrafía educa al control de la mano y a la coordinación entre la muñeca y el cerebro. Bartezzaghi recuerda que la escritura a mano requiere que se componga mentalmente la frase antes de escribirla, pero, en cualquier caso, la escritura a mano, con la resistencia de la pluma y del papel, impone una demora reflexiva. Muchos escritores, aunque estén acostumbrados a escribir con el ordenador, saben que a veces les gustaría poder grabar una tablilla de arcilla como los sumerios para poder pensar con calma.

Los jóvenes escribirán cada vez más con el ordenador y el móvil. Sin embargo, la humanidad ha aprendido a descubrir como ejercicio deportivo y placer estético lo que la civilización ha eliminado como necesidad. Ya no hay que desplazarse a caballo, pero vamos a los picaderos; existen los aviones, pero muchísimas personas se dedican a la vela como un fenicio de hace tres mil años; hay túneles y ferrocarriles, pero la gente experimenta placer pateándose los pasos alpinos; también en la era de los correos electrónicos hay quienes coleccionan sellos; a la guerra se va con el Kaláshnikov, pero se celebran pacíficos torneos de esgrima…

Sería deseable que las madres enviaran a sus hijos a escuelas de buena caligrafía, inscribiéndolos en concursos y torneos, y no solo por su educación para la belleza, sino también por su bienestar psicomotor. Estas escuelas existen ya, basta con buscar «escuela caligrafía» en internet. Y quizá para algún parado podría convertirse en un negocio.

[2009]

¿Cómo pensaba Gattamelata?

Todos los años a finales de junio y con poco esfuerzo los periódicos consiguen llenar una o dos páginas con el comentario de las pruebas asignadas en el examen de reválida del bachillerato. Se convocan las mentes más lúcidas de la nación y, por supuesto, la prueba más comentada es la redacción de italiano, porque sería difícil explicarle a la opinión pública en qué consiste la de matemáticas, mientras que quejarse porque se les haya impuesto a los jóvenes la enésima reflexión sobre el Resurgimiento está al alcance incluso de un licenciado. Estos ejercicios de los Críticos de la Redacción de la Reválida a veces son amenos por su elegante escritura y su agudeza, pero (dicho con todo el respeto) son completamente inútiles.

En efecto, es irrelevante cuál es el tema asignado, a menos que (como creo que pasó una vez) su formulación contenga errores garrafales o salvo que, por absurdo, se propongan argumentos delirantes como, digo por decir, «El cultivo de las rosas en Dubai».

Normalmente los temas atañen a asuntos de los que los estudiantes deberían haber oído hablar y —para atenernos a los temas de este año— si no tienen ni idea sobre los asesinatos políticos, deberían tenerla sobre la sociedad de masas o sobre las investigaciones del cerebro. Quiero decir que el estudiante puede ignorarlo todo sobre las neurociencias, pero debería entender qué significa llevar a cabo investigaciones sobre el funcionamiento del cerebro humano; e incluso si se considerara que el alma es insondable y que dedicarse a escrutar el cerebro es perder el tiempo, también esta sería una opinión que podría ser desarrollada con polémica y espiritual temeridad.

El hecho es que la redacción de la reválida solo tiene que probar dos cosas. Una es que el candidato o la candidata sabe escribir en un italiano aceptable, y a nadie se le pide que sea Gadda (es más, a alguien que se presentara al examen escribiendo como Gadda lo mirarían con recelo, porque no habría entendido que no se le pide que demuestre que es un genio incomprendido sino que posee un conocimiento medio de la lengua de su país). La segunda es que los candidatos deben probar que saben articular un pensamiento, desarrollar un argumento sin confundir las causas con los efectos y viceversa, sabiendo distinguir una premisa de una conclusión. Para demostrar esta habilidad cualquier argumento es bueno. Quisiera decir, exagerando, incluso pidiéndoles que sostengan una tesis evidentemente falsa.

Durante el bachillerato, mi compañero de pupitre me asignó un día el siguiente tema: «Analicen los versos de Dante "alzó la boca del fiero pasto" entendiendo la palabra "pasto" no como la entendería Gattamelata, sino como la entendería Christian Dior». Recuerdo que, a juicio de todos mis compañeros, desarrollé el tema de forma excelente, como si tuviera pies y cabeza, imitando en concreto la retórica de cierta crítica literaria de nuestros libros de texto, pero demostrando en su conjunto que sabía sacar de premisas descoordinadas una serie de pensamientos coordinados.

Junto a las quejas sobre los argumentos de las redacciones, en los periódicos salen discusiones sobre el hecho de si la reválida actual es demasiado exigente o demasiado indulgente, y se publican también los escritos de nostálgicos de mi generación, que recuerdan la época en que al examen se llevaban todas las asignaturas de los últimos tres años. Es verdad, se trataba de pasar los últimos meses encerrados en casa mientras ya se cernían los calores veraniegos, algunos atiborrándose de simpatina o intoxicándose de cafeína, y los que salían de esa terrible experiencia tendrían durante años (e incluso durante toda su vida) pesadillas nocturnas en las que aún tenían que examinarse de la reválida. Ahora bien, recuerdo a dos compañeros míos de colegio que murieron a la edad de diez años, uno bajo los bombardeos y el otro ahogado en un río, pero no recuerdo que ningún compañero de bachillerato muriera por el examen de reválida. Era una prueba, más humana y provechosa que la *Mensur* alemana, o que las carreras hacia el precipicio de los rebeldes sin causa a lo James Dean. De esa prueba se salía fortificado no digo en la sabiduría sino en el carácter.

¿Por qué debemos castigar a los jóvenes con una reválida demasiado fácil?

[2013]

Mirarse a la cara en el festival

En las postrimerías de este otoño proliferan los festivales literario-filosóficos. Por lo visto, cada ciudad quiere celebrar el suyo, imitando la fortuna originaria del Festival de la Literatura de Mantua; cada ciudad intenta contar con las mejores mentes del mercado, y en algunos casos los participantes van de festival en festival, pero de cualquier modo el nivel de los invitados es bastante alto. Ahora bien, lo que está alborotando a periódicos y revistas no es tanto el hecho de que esos festivales se organicen, porque podría tratarse de la pía ilusión de algún concejal de cultura, sino que atraigan a muchedumbres casi de estadio, en gran parte jóvenes que llegan de otras ciudades y dedican uno o dos días a escuchar a escritores y pensadores. Y más aún, para gestionar esos actos acuden grupos de voluntarios (también aquí jóvenes) que se dedican a ello como antaño sus padres iban a rescatar los libros del lodo tras el aluvión de Florencia.

Así pues, me parece superficial y necia la reflexión de algunos moralistas que se toman en serio el interés por la cultura solo cuando lo practica un exiguo número de sus semejantes, y ven en esos acontecimientos un ejemplo de McDonald's del pensamiento. En cambio, el fenómeno es digno de interés y hay que preguntarse por qué los jóvenes acuden a los festivales en lugar de ir a una discoteca; que no me digan que es lo mismo, porque todavía no he oído ninguna noticia sobre coches llenos de jóvenes en *ecstasy* que se estrellan a las dos de la madrugada volviendo de un Festival de la Mente.

Quisiera recordar tan solo que el fenómeno no es nuevo, aunque en los últimos años haya estallado de forma contundente, pues ya a principios de la década de 1980 la biblioteca de Cattolica empezó a organizar veladas (¡de pago!) sobre «Qué hacen hoy los filósofos», y el público llegaba incluso en autobuses desde un radio de por lo menos cien kilómetros. También entonces alguien se preguntó qué estaba pasando.

Tampoco creo que el asunto se pueda relacionar con el florecimiento de bistrós filosóficos alrededor de la place de la Bastille de París, donde el domingo por la mañana, mientras saboreas un Pernod, se hace filosofía práctica y terapéutica, una especie de psicoanálisis menos caro. No, en las citas de las que hablo el público escucha durante horas discursos de aula universitaria. El público va, se queda y vuelve.

Y entonces solo quedan dos órdenes de respuesta para explicar tal afluencia de público. De una de ellas se habló ya tras las primeras reuniones de Cattolica: un tanto por ciento de jóvenes está cansado de propuestas de entretenimiento ligero, de reseñas de periódicos que no son más que ventanitas (salvo unos pocos casos excelentes) y sueltos de una decena de líneas, de televisiones que, cuando hablan de un libro, lo hacen solo después de las doce de la noche. De modo que le dan la bienvenida a ofertas de mayor calado. Se habla de centenares e incluso de millares de participantes en esos festivales, lo que sin duda constituye un porcentaje bastante bajo con respecto a la mayoría generacional, y corresponden a los que frecuentan librerías de más de una planta; son seguramente una élite, pero es una élite de masa, es decir, lo que puede ser una élite en un mundo de siete mil millones de habitantes. Es lo mínimo que una sociedad puede pedir a la relación entre autodirigidos y heterodirigidos: estadísticamente no puede haber más, pero pobres de nosotros si no los hubiera.

La segunda razón es que estas reuniones culturales denuncian la insuficiencia de los nuevos modos de socialización virtual. Puedes tener millares de contactos en Facebook pero al final, si no estás completamente drogado, te das cuenta de que no mantienes un auténtico contacto con seres de carne y hueso; y entonces buscas ocasiones para estar juntos y compartir experiencias con gente que piensa como tú. Es como lo que aconsejaba Woody Allen no recuerdo dónde: si quieres ligar con chicas, tienes que ir a los conciertos de música clásica. No a los de rock, donde gritas hacia el palco pero no sabes quién está a tu lado, sino a los sinfónicos o de cámara, donde en el descanso puedes entrar en contacto con alguien. No estoy diciendo que se vaya a un festival para encontrar pareja, pero desde luego sí para mirarse a la cara.

[2013]

El placer de la dilación

Cuando hace unos veinte años dicté mis conferencias Norton en la Universidad de Harvard, recordé que ocho años antes debería haberlas dictado Italo Calvino, pero falleció sin poder escribir la sexta «lección» (sus textos se publicarían más tarde como *Seis propuestas para el próximo milenio*). Como homenaje a Calvino empecé por la lección en la que elogiaba la rapidez, recordando, sin embargo, que su apología de la rapidez no pretendía negar los placeres de la dilación. Por eso dediqué una de mis conferencias al placer de la dilación.

La dilación no le gustaba a ese monsieur Humblot, el cual, rechazando para el editor Ollendorf el manuscrito de *La Recherche* de Proust, escribió: «Es posible que yo sea algo duro de entendederas, pero no consigo comprender cómo un señor puede emplear treinta páginas para describir las vueltas y revueltas que se da en la cama antes de conciliar el sueño». Negar los placeres de la dilación nos impediría, pues, leer a Proust. Pero, aparte de Proust, yo recordaba un caso típico de demora en *Los novios*, de Manzoni.

Don Abbondio vuelve a casa rezando en su breviario y ve algo que no habría querido ver en absoluto, es decir, a dos bravos esperándole. Otro autor desearía satisfacer de inmediato nuestra impaciencia de lectores y nos diría enseguida qué sucede. En cambio, en ese punto Manzoni dedica unas cuantas páginas a contarnos quiénes eran los bravos en aquellos tiempos. Y luego, cuando nos lo ha dicho, sigue demorándose junto a don Abbondio, que gira el dedo en su sobrecuello para volver la cabeza hacia atrás, por si alguien pudiera llegar en su ayuda. Y al final don Abbondio se pregunta «¿Qué hacer?» (anticipándose a Lenin).

¿Era necesario que Manzoni introdujera esos datos históricos? Sabía perfectamente que el lector se sentiría tentado a saltárselos, y cada lector de *Los novios* así lo ha hecho, al menos la primera vez. Pues bien, también el tiempo que se necesita para hojear unas páginas que no se leen forma parte de una estrategia narrativa. La dilación aumenta el espasmo no solo de don Abbondio sino también de nosotros los lectores, y hace su drama más memorable. Y díganme si no es una historia de dilaciones la *Divina comedia*, donde el viaje de Dante podría llevarse a cabo oníricamente incluso en una sola noche, pero para llegar a la apoteosis final tenemos que aplicarnos con cien cantos.

La técnica de la dilación supone una lectura sin prisas y lenta. Woody Allen, hablando de las técnicas de lectura veloz, con las que se hojea deprisa y en diagonal un texto, concluyó más o menos: «He leído así *Guerra y paz*. Hablaba de Rusia».

A la lectura lenta dedica su libro *Letteratura lenta nel tempo della fretta* Anna Lisa Buzzola, pero no se limita a desear el regreso a un pasado relajado de lectura. Vincula el problema a la temática de la velocidad de nuestro tiempo, y a los análisis antropológicos al respecto, poniendo el argumento en el centro de una serie de prácticas salvíficas en las que se incluye incluso la *slow food*.

Por lo que atañe a la literatura, Buzzola (cómo siento que por una malentendida corrección política se evite ya decir «la Buzzola», como se decía, incluso en el extranjero, «la Callas») examina las teorías de Genette, Shklovski y otros, y analiza cabalmente las obras de Marías, McEwan, Bufalino, De Luca, Saramago, Kundera, Delerm, Rumiz, Baricco, y la honradez de reseñista me obliga a decir que se ocupa amablemente también de mí y de cómo demorarse gozando del vértigo de la lista.

Nace así una fenomenología de las técnicas de dilación al final de la cual aflora en el lector el deseo de aprender a leer más despacio, aunque haya que demorarse treinta páginas para entender cómo das más vueltas y más vueltas en la cama antes de conciliar el sueño. Excluyendo las notas a pie de página y la bibliografía, el libro tiene solo ciento treinta páginas, y se puede leer con su debida lentitud.

[2014]

¿Cerramos el bachillerato clásico?

El 14 de noviembre se celebró en Turín un proceso público (presidido por un magistrado como Armando Spataro) en el cual el acusado era el bachillerato clásico, en el que se siguen estudiando latín y griego. El fiscal, Andrea Ichino, con abundancia de testimonios y estadísticas, presentó las siguientes acusaciones: uno, no es verdad que el bachillerato clásico prepara mejor para los estudios y las profesiones científicas; dos, los que emprenden estudios exclusivamente humanistas corren el riesgo de tener un conocimiento parcial, y por lo tanto distorsionado de la realidad (aunque Ichino admitió con lealtad que eso puede suceder también entre los que emprenden estudios exclusivamente científicos y técnicos); tres, el bachillerato clásico nace de una reforma fascista, la de Giovanni Gentile. Al final, el tribunal absolvió por completo al bachillerato clásico, quizá porque las acusaciones estaban formuladas de forma demasiado perentoria. Por ejemplo, testigos ilustres demostraron que la reforma pedagógica de Gentile retomaba anteriores reformas de carácter liberal y resultó no grata a los círculos fascistas. Si acaso, la reforma de Gentile tenía el defecto de querer formar una clase dirigente orientada hacia estudios eminentemente humanistas, sin dar el debido relieve a las asignaturas científicas.

Yo era el abogado defensor y en mi alegato final les di la razón a muchos cargos, añadiendo que el bachillerato clásico de Gentile no solo daba poco espacio a las ciencias sino incluso a la historia del arte y a las lenguas modernas. En cuanto a las lenguas denominadas muertas, tras ocho años de latín, los bachilleres de mi época salían del clásico sin ser capaces, en general, de leer a Horacio a primera vista. ¿Por qué no se intenta enseñar a dialogar en un latín elemental, como hacían los doctos europeos hasta hace muy poco? El bachiller clásico no tiene por qué llegar a ser a la fuerza un latinista (de ello se ocupa la universidad), sino que debe ser capaz de entender qué fue la civilización romana, identificar las etimologías, entender las raíces latinas (y griegas) de muchos términos científicos, y eso se puede obtener también acostumbrándolo a leer el latín eclesiástico y medieval, mucho más fácil y familiar. Y adiestrándole a hacer útiles comparaciones entre el léxico y la sintaxis del latín y los de las lenguas modernas. En cuanto al griego, ¿por qué ocupar al estudiante con Homero, abstruso incluso para los entendidos, y no alentarlo a hacer traducciones del griego helenista, por ejemplo de los libros naturales de Aristóteles, trabajando sobre esa lengua que también Cicerón sabía hablar?

Se podría pensar en un bachillerato humanista-científico, donde no desaparezcan las asignaturas humanistas. Recordaba yo que Adriano Olivetti, pionero de la producción de los primeros ordenadores, contrataba obviamente a ingenieros y a los primeros genios de la informática, pero también a brillantes licenciados que habían escrito una tesis *cum laude* sobre Jenofonte. Olivetti había entendido que los ingenieros eran indispensables para concebir el *hardware*, pero que para inventar un nuevo *software* (es decir, los programas) se necesitaba una mente educada en las aventuras de la creatividad, que se hubiera ejercitado con la literatura y la filosofía. Y me preguntaba si muchos de los jóvenes que hoy se inventan nuevas *apps* (y obtienen resultados excelentes en profesiones que antes no existían) proceden precisamente de una formación humanista.

Pero no pienso solo en la informática. Tener una educación clásica significa también saber hacer cuentas con la historia y con la memoria. La tecnología sabe vivir solo en el presente y olvida cada vez más la dimensión histórica. Lo que nos cuenta Tucídides sobre los atenienses y los melios aún sirve para entender muchas vicisitudes de la política contemporánea. Si Bush hubiera leído a buenos historiadores (y los había en las universidades estadounidenses) habría entendido por qué, en el siglo XIX, ingleses y rusos no consiguieron controlar y dominar Afganistán.

Por otra parte, los grandes científicos como Einstein tenían una sólida cultura filosófica a sus espaldas, y Marx empezó por una tesis sobre Demócrito. Reformemos, pues, pero conservemos el bachillerato clásico, porque permite imaginar lo que todavía no ha sido imaginado y esto distingue al gran arquitecto del constructor.

[2014]

De libros y otros temas

¿Harry Potter perjudica a los adultos?

Escribí una columna sobre Harry Potter hace casi dos años, cuando ya habían salido los tres primeros libros y el mundo anglosajón estaba sacudido por la discusión de si era poco educativo contarles a los chicos esas historias de magia, que podrían inducirles a tomarse en serio muchos desvaríos ocultistas. Ahora que, con la película, el fenómeno de Harry Potter se está convirtiendo verdaderamente en algo global, el otro día vi en la televisión por casualidad un *talk show*, *Porta a Porta*, en el que por una parte aparecía el mago Otelma, tan feliz por esa propaganda a favor de señores como él (entre otras cosas, se presentaba vestido de forma tan «magosa» que ni siquiera Ed Wood se atrevería a sacarlo así en una de sus películas de terror); y, por otra parte, un insigne exorcista como el padre Amorth, para quien las historias de Potter transmiten ideas diabólicas. Para entendernos, mientras la mayoría de las personas juiciosas presentes en el programa consideraban que magia blanca y magia negra eran embustes (si acaso, hay que tomarse en serio a los que creen en ellas), el padre exorcista se tomaba en serio cualquier forma de magia (blanca, negra y tal vez incluso a lunares) como obra del Maligno.

Si este es el ambiente, creo que tengo que volver a romper lanzas por Harry Potter. Estas historias son historias, sí, de magos y brujos, y es obvio que tienen éxito porque a los niños siempre les han gustado las hadas, los enanos, los dragones y los nigromantes; y nadie ha pensado nunca que Blancanieves fuera efecto de una conspiración de Satanás. Claro que Harry Potter ha logrado el éxito que aún sigue teniendo porque su autora (no sé si por un cálculo muy culto o por un instinto prodigioso) ha sabido volver a poner en escena una serie de situaciones narrativas realmente arquetípicas.

Harry Potter es el hijo de dos magos muy buenos asesinados por las fuerzas del mal, pero al principio no lo sabe, y vive su orfandad tolerado a duras penas por unos tíos tiránicos y mezquinos. Luego se le revela su naturaleza y su vocación y se va a estudiar a un internado para jóvenes magos de ambos sexos donde le suceden aventuras portentosas. Ese es el primer esquema clásico: tomen a una joven y tierna criatura, hagan que sufra de lo lindo, revélenle al final que era un vástago de raza, destinado a destinos luminosos, y ahí tienen ustedes no solo al Patito Feo y a Cenicienta, sino también a Oliver Twist y al Rémi de *Sin familia*. Además, el internado de Hogwarts, adonde Harry va a estudiar cómo se hacen las pociones mágicas, se parece a muchos otros internados ingleses, donde se juega a uno de esos deportes anglosajones que fascinan a los lectores de aquel lado del Canal porque intuyen sus reglas, y a los continentales porque no las entenderán jamás. Otra situación arquetípica es la de *Los muchachos de la calle Pal*. Hay algo de *Il giornalino di Gian Burrasca*, con los pequeños estudiantes que se reúnen en un conventículo contra los profesores excéntricos (algunos perversos). Añádase que los muchachos compiten montados en escobas voladoras, y ahí tenemos a Mary Poppins y a Peter Pan. Por último, Hogwarts parece uno de esos castillos misteriosos sobre los que yo leía en no sé qué libros de la «Biblioteca dei Miei Ragazzi», editada por Salani (el mismo editor italiano de Harry Potter), en los que un grupo muy unido de chicos con pantalones cortos y chicas con largos cabellos dorados, desenmascarando las maniobras de un intendente deshonesto, o de un tío corrupto o de una banda de granujas, al final descubría un tesoro, un documento perdido, una cripta llena de secretos.

Si en Harry Potter aparecen hechizos estremecedores y animales espantosos (la historia no deja de estar dirigida a niños que han crecido con los monstruos de Rambaldi y con los dibujos animados japoneses), esos muchachos, sin embargo, luchan por buenas causas como muchos boy scouts, y escuchan a educadores virtuosos, tanto que rozan (salvando las singularidades históricas) la buenísima bondad de los personajes de *Corazón*, de De Amicis.

¿Pensamos de verdad que leyendo historias de magia los niños, una vez adultos, creerán en las brujas (y eso es lo que piensan, como un solo hombre, aunque con opuestos sentimientos, el mago Otelma y el padre Amorth)? Todos hemos experimentado un saludable temor ante ogros y hombres lobo, pero de mayores hemos aprendido a no tenerles miedo a las manzanas envenenadas sino al agujero de ozono, y de pequeñines todos hemos creído que los niños los traía la cigüeña, pero esto no nos ha impedido de mayores adoptar un sistema más adecuado (y agradable) para producirlos.

El verdadero problema no lo representan los niños, que nacen creyendo en el Zorro y el Gato y luego aprenden a preocuparse por otros embaucadores mucho peores y menos fantásticos; el problema preocupante es el de los mayores, quizá de aquellos que no leían historias de magia de niños, pero que a menudo, e incluso en programas de televisión, nos incitan a que consultemos a lectores de fondos de café, a tahúres de tarot, a oficiantes de misas negras, a adivinos, a sanadores, a manipuladores de mesitas, a prestidigitadores de ectoplasmas, a reveladores del misterio de Tutankamón. Y luego claro, de tanto creer en los magos, vuelven a darles confianza incluso a Zorros y Gatos.

[2001]

Cómo defenderse de los templarios

Acabo de recibir de Piers Paul Read, *Los templarios: monjes y guerreros*, y un fascículo que se publica con la revista *Storia e Dossier* (agosto de 2001), *Strategia di un delitto. Filippo il Bello e il cerimoniale segreto dei Templari*, de Barbara Frale. El primero es un buen volumen de trescientas páginas, el otro un librito de sesenta, pero ninguno de los dos cuenta patrañas. Parecería extraña una premisa como esta al presentar una biografía de Julio César o una historia de los Padres Peregrinos, pero con los templarios hay que curarse en salud enseguida.

Si eres un editor que quiere ganar dinero, encárgale a uno del oficio un libro sobre los templarios. Cuantos más hechos históricamente insostenibles ponga, más lectores hambrientos de misterio dispuestos a comprarlo encontrarás. Si, en cambio, quieres saber si un determinado libro sobre los templarios es fidedigno, mira el índice. Si empieza con la Primera Cruzada y acaba con la hoguera de los templarios de 1314 (a lo sumo con un apéndice que cuente con cierto escepticismo las leyendas sucesivas), entonces el libro con toda probabilidad es serio. Si llega confiadamente hasta los templarios de nuestros días, entonces es una trola.

A no ser que se quiera contar precisamente (pero como historiador) cómo nació y se desarrolló el mito. La obra más documentada al respecto sigue siendo el imponente *La franc-maçonnerie templière et occultiste aux XVIIIe et XIXe siècles*, de René Le Forestier. Para los que quieran seguir el destino del mito en la jungla inextricable del ocultismo contemporáneo, entre sectas gnósticas, hermandades satánicas, espiritistas, órdenes pitagóricas, rosacruces, iluminados masones y cazadores de ovnis, pueden consultar la obra de Massimo Introvigne *Il cappello del mago*. En cambio, si quieren una buena síntesis histórica, equilibrada y creíble, desde el proceso hasta nuestros días, entonces les recomiendo que recuperen el librito de Franco Cardini que salió con la revista *Storia e Dossier* (abril de 2000), *I segreti del tempio. Esoterismo e Templari*. En cualquier caso, sobre la auténtica historia de los «verdaderos» templarios, pueden leer con utilidad también a Jean Favier, *Philippe le Bel*, Alain Demurger, *Auge y caída de los templarios*, Peter Partner, *El asesinato de los magos*.

¿Por qué los templarios han dado pie a tantas leyendas? Porque su historia es digna de un folletón. Hagan ustedes nacer una orden monástico-caballeresca; hagan que lleven a cabo extraordinarias gestas guerreras; entréguenles una inmensa riqueza; encuentren un rey que quiera desembarazarse de algo que se ha convertido en un Estado dentro del Estado, y que encuentre inquisidores dispuestos a recoger rumores que corren, algunos verdaderos y otros falsos, y los componga en un mosaico terrible (una conspiración, crímenes inmundos, herejías innombrables, brujería y una buena dosis de homosexualidad); arresten y torturen a los sospechosos; hagan saber que quienes confiesen salvarán su vida, mientras que los que se declaren inocentes acabarán en el patíbulo... Serán precisamente las víctimas las primeras en legitimar la construcción inquisitoria (y la leyenda que nacerá).

La historia de la orden acaba trágicamente ahí, y es el preludio de otros procesos político-ideológicos que seguirán hasta nuestros días. Ahora bien, ante tan feroz represión nació una pregunta inevitable: ¿adónde fueron a parar los templarios que se salvaron de la hoguera? ¿Acabarían sus vidas en algún convento intentando olvidar esa atroz experiencia o, taimados como todos los arrepentidos, se reconstituyeron en una orden secreta, cada vez más oculta y ramificada a lo largo de los siglos? La segunda hipótesis no está sostenida por ninguna prueba histórica, pero puede desencadenar interminables devaneos de historia-ficción.

Si buscan en internet, encontrarán muchas órdenes templarias todavía en activo. A nadie le está legalmente prohibido apropiarse de un mito. Cualquiera puede declararse sumo sacerdote de Isis y Osiris, que a fin de cuentas los faraones no están ahí para desmentir nada. Así pues, si quieren historia-ficción, acudan a la pseudohistoriografía sensacionalista de Louis Charpentier (*El misterio de los templarios*) o a *Dante templare* de Robert L. John (Hoepli 1987, pero es de 1946), en los que encontrarán ejemplos de estilo argumentativo como «Los "membra in terra sparte" de Beatrice [...] son (lo repetimos) los numerosos miembros repartidos por toda Italia de las asociaciones espirituales templarias que la Mujer nobilísima designa con ese nombre puramente gnóstico» (p. 351).

Sin embargo, a estas alturas, si esto es lo que les gusta, elijan inmediatamente el modelo de historia-ficción más descarado, *El enigma sagrado* de Baigent, Leigh y Lincoln. Su imaginativa mala fe es tan evidente que el lector vacunado puede divertirse como si estuviera en un juego de rol.

[2001]

La insostenible levedad del viejo de Lambrugo

Ante todo hay que situar al personaje, y no es fácil. Bien: Paolo De Benedetti, como dice el nombre, es de origen judío pero nace en una familia cristiana hace no se sabe cuánto tiempo, y como cristiano es un espíritu sumamente religioso (escribe libros y dirige colecciones de tema religioso). Es el cristiano más judaizante que haya conocido nunca y es natural que fuera a parar a una facultad teológica como biblista y profesor de temas judíos. Como si esto no fuera suficiente, es el espíritu más talmúdico que existe, y lo demuestro con esta historia de la que fui testigo cuando trabajábamos juntos en la editorial Bompiani. De Benedetti se ocupaba del *Diccionario de las obras y de los personajes* y le pidió una o más entradas actualizadas sobre Teilhard de Chardin a un especialista, creo que francés, quien escribió, entre otras cosas, que una fundación dedicada a Chardin estaba presidida por «Su Majestad María José de Saboya».

Creo que no tanto por espíritu jacobino como por una natural sobriedad de redactor de enciclopedia, De Benedetti quitó el «Su Majestad» y dejó solo «María José de Saboya». El autor de la entrada, un hombre sin duda de sentimientos monárquicos, escribió una carta incendiaria estigmatizando la censura y diciendo: «La royauté, monsieur, la realeza es algo que no se borra jamás». De Benedetti contestó: «La princesa jamás fue coronada». En efecto, entre el reinado de Víctor Manuel III, Humberto II y la proclamación de la República no hubo un «sacre», es decir, una ceremonia de coronación. Las formas son las formas, la liturgia es la liturgia, y el corresponsal no pudo objetar nada. Ahora díganme ustedes si un personaje por el estilo no es talmúdico hasta la médula.

Un personaje así, aunque dedique su vida a los textos sagrados, no puede evitar algún que otro hobby mundano, y he aquí que su hobby es casi cabalista. Se deleita (en el sentido de que estudia y escribe) con *limericks* y *nonsenses*, explorando también márgenes y posteridad, tanto que hizo traducir para Bompiani *El libro de los gatos habilidosos del viejo Possum*, de Eliot. Además, es devoto de aquel genio irresponsable que fue Ferdinando Incarriga (aunque yo afirmo, pues poseo la edición 1860 de sus obras, que se firmaba Ingarrica); De Benedetti lo dice, pero persevera en su error onomástico, aun debiendo saber que si se cambia una sola letra de la Torá, el mundo podría extinguirse en una lengua de fuego.

Ingarrica era un juez de Salerno que escribía totalmente en serio, sin que le rozara la sospecha del ridículo, anacreónticas gnómicas del tipo: «Stronomia è scienza amena / che l'uom porta a misurare / Stelle, Sol, e'l glob' Lunare / e veder chi vi è la sù. / Quivi giunto tu scandagli / ben le Fiaccole del Mondo: / l'armonia di questo tondo / riserbata a Dio sol'è».[1] Ante tamaña tentación, De Benedetti no puede evitar dedicarse a imitaciones como estas:

---

1. «Astronomía es la ciencia amena / que lleva al hombre a medir / estrellas, Sol y globo lunar, / y a ver quién hay arriba. / Una vez llegado sondeas / bien las Antorchas del Mundo: / la armonía de esta esfera / está reservada solo a Dios.»

«La bottiglia è quella cosa / che si mette intorno al latte; / se però qualcun la batte / Ahimé lasso! Non c'è più».[2] O esta otra: «E' la mummia quell'arnese / che veniva imbalsamato / per restare conservato / dentro a grandi piramìd».[3] Para acabar: «Monumento è quella cosa / che si pianta nei giardini / a istruzione dei cittadini/e v'è in cima Garibàld».[4]

Los diferentes ejercicios de ensayos y creativos de poesía *nonsense* los publica ahora Scheiwiller (*Nonsense e altro*, 2007, 12 euros) y no sé si se pueden apreciar más las exploraciones sobre la historia y la métrica del *nonsense* o las libres recreaciones que ensaya el autor. De sus *limericks* citaré: «C'era una donna di nome Clarìce / si lagnava l'infelice: / mi chiamassi almeno Clàrice / salirei sopra quel larice, / quella nemica delle parossitone».[5] O este otro: «C'era un vecchio di Lambrugo / che mangiava pane e sugo / quando n'ebbe pien lo stomaco / si pentì e si fece monaco, / quell'ascetico vecchio di Lambrugo».[6] Y para acabar. «C'era un indiano di nome Valmichi / che profferiva furiosi emistichi / tutto sepolto da grossi formichi, / e mara mara gridava pentito / dopo

2. «La botella es esa cosa / que se pone en torno a la leche; / mas si alguien la golpea o la bate, / ¡pobre de mí!, desaparece.»

3. «Es la momia ese arnés / que se embalsamaba / para quedar conservada / dentro de grandes pirámides.»

4. «Monumento es esa cosa / que se planta en los jardines / para instruir a los ciudadanos / y en la punta está Garibaldi.»

5. «Había una mujer que se llamaba Clarìce, / y se quejaba la infeliz: / si me llamara al menos Clàrice / me subiría a ese lárice, / esa enemiga de las paroxítonas.»

6. «Había un viejo de Lambrugo / que comía pan con salsa / y cuando hubo llenado el estómago, / se arrepintió y se hizo monje, / ese ascético viejo de Lambrugo.»

aver fatto per anni il bandito».[7] Como se aclara más adelante en ese doctísimo librito, Valmiki era el autor del *Ramayana*, que tiene veinticuatro mil estrofas, por lo que parece fatigoso pronunciar noventa y seis mil hemistiquios «en comparación con un *limerick* o con una poesía de Ungaretti». Para que el lector se sienta a gusto, De Benedetti cita ocho hemistiquios de Valmiki en sánscrito, de modo que cada uno puede juzgar por su cuenta.

En la actividad creativa de De Benedetti es fundamental el gato, a quien dedica muchos y encantadores poemitas, a los que no les falta nada para ser señoras poesías. Y eso diría yo de las poesías sobre los ángeles, que no son gatos, pero no cabe duda de que son animales curiosos.

¿Qué decir? Si les sobra un poco de tiempo entre un debate televisivo y otro, lean a De Benedetti. Los límites entre locura y sabiduría son tan exiguos que es buena praxis traspasarlos a menudo. No se quejen si no les he referido más ejemplos, como me habría gustado, pero es que quería que esos doce euros se los gastaran para saber lo demás.

[2002]

Tocar los libros

En el transcurso de las últimas semanas he tenido la oportunidad de hablar en dos ocasiones distintas de la bibliofilia, y en

7. «Había un indio que llamaba Valmiki / que profería furiosos hemistiquios / bien enterrado por gordas hormigas, / y gritaba arrepentido mara mara, / tras haber sido un bandido durante años.»

ambos casos había muchos jóvenes entre el público. Hablar de la propia pasión bibliófila es difícil. Durante la entrevista de ese bello programa de radio de la tercera cadena de la RAI que es *Fahrenheit* (y que tanto hace para difundir la pasión por la lectura) yo decía que es un poco como ser un perverso que hace el amor con las cabras. Si cuentas que has pasado una noche con Naomi Campbell o incluso solo con la guapísima chica de la puerta de al lado, te escuchan con interés, envidia o maliciosa excitación. Pero si hablas de los placeres experimentados uniéndote a una cabra, la gente, apurada, intenta cambiar de tema. Si coleccionas cuadros del Renacimiento o porcelanas chinas, el que entra en tu casa se queda extasiado ante esas maravillas. Si, en cambio, enseñas un libraco del siglo XVII en dozavo con las hojas enrojecidas y dices que los que lo poseen se pueden contar con los dedos de una mano el visitante acelera aburrido el momento de los saludos.

La bibliofilia es amor por los libros, pero no necesariamente por su contenido. El interés por el contenido se satisface yendo a la biblioteca, mientras que el bibliófilo, aunque le preste atención al contenido, lo que quiere es el objeto y a ser posible que sea el primero en haber salido de la prensa del impresor. Hasta tal punto que hay bibliófilos, que yo no apruebo pero entiendo, que —cuando reciben un libro intonso— no le cortan las páginas para no profanarlo. Para ellos, cortar las páginas de un libro raro sería como para un coleccionista de relojes romper la caja con el fin de ver el mecanismo.

El bibliófilo no es uno que ama la *Divina comedia*, es uno que ama esa determinada edición y ese determinado ejemplar de la *Divina comedia*. Quiere poder tocarlo, hojearlo, pasar las manos por la encuadernación. En ese sentido «habla» con el libro como objeto, por el relato que el libro hace de sus orígenes, de su historia, de las innumerables manos por las que ha pasado. A veces el libro relata una historia hecha de manchas de pulgar, anotaciones en el margen, subrayados, firmas en el frontispicio, incluso agujeros de carcoma, y una historia aún más hermosa la cuenta cuando, incluso con quinientos años, sus páginas frescas y blancas aún crujen entre los dedos.

Pero un libro como objeto puede relatar una bella historia aunque solo tenga unos cincuenta años. Yo poseo una *Philosophie au Moyen Âge* de Gilson de los primeros años cincuenta que me ha acompañado desde los días de mi tesis de licenciatura hasta hoy. El papel de aquella época era infame, el libro se me deshace en cuanto intento pasar las páginas. Si para mí fuera únicamente un instrumento de trabajo, solo tendría que buscar una nueva edición, que se encuentra a buen precio. Pero yo quiero ese ejemplar, que con su frágil vetustez, con sus subrayados y notas, con colores distintos según la época de relectura me recuerda mis años de formación y los siguientes, y forma parte de mis recuerdos.

Esto hay que contárselo a los jóvenes, porque se suele pensar que la bibliofilia es una pasión accesible solo a personas con dinero. Desde luego, hay libros antiguos que cuestan centenares de millones (una primera edición incunable de la *Divina comedia* se subastó hace algunos años por mil quinientos millones), pero el amor por el libro no atañe solo a los libros antiguos sino también a los libros viejos, por ejemplo la primera edición de un libro de poesía moderna; y los hay que van en pos de todos los volúmenes de la «Biblioteca dei Miei Ragazzi» de la editorial Salani. Hace tres años, en un puesto, encontré la primera edición del *Gog* de Papini, encuadernada aunque con la cubierta de papel original, por veinte mil liras. Es verdad que la primera edición de los *Cantos órficos* de Campana la vi hace diez años en un catálogo por trece millones (se ve que el pobrecillo pudo hacer imprimir pocos ejemplares), pero se pueden reunir buenas colecciones de libros del siglo XX renunciando de vez en cuando a una cena en una pizzería. Buscando en los puestos, uno de mis estudiantes coleccionaba solo guías turísticas de épocas distintas; al principio yo pensaba que era una idea extravagante, pero tiempo después y a partir de esos fascículos con fotos desvaídas el estudiante escribiría una tesis muy buena en la que se veía cómo la mirada sobre una determinada ciudad podía cambiar con el transcurso de los años. Por otra parte, incluso un joven con pocos recursos, entre el mercadillo de Porta Portese y el de Sant'Ambrogio, aún puede dar con dieciseisavos de los siglos XVI y XVII que siguen costando lo mismo que un par de zapatillas de gimnasia y que, sin ser raros, son capaces de narrar una época.

En definitiva, con las colecciones de libros antiguos sucede lo mismo que con las colecciones de cromos. Sin duda, el gran coleccionista tiene piezas que valen una fortuna; ahora bien, de niño, yo compraba en la papelería unos sobrecitos con diez o veinte sellos al azar, y pasé muchas tardes soñando con Madagascar o con las islas Fiyi gracias a esos rectangulitos variopintos, raros seguramente no, pero fabulosos desde luego que sí. Qué nostalgia.

[2004]

Aquí está el ángulo recto

Una arraigada creencia sostiene que las cosas se conocen a través de su definición. En algunos casos es verdad, como para las fórmulas químicas, porque sin duda saber que algo es NaCl ayuda a entender a los que saben algo de química que debe de tratarse de un compuesto de cloro y sodio, y probablemente —aunque la definición no lo diga explícitamente— a pensar que se trata de sal. Ahora bien, todo lo que deberíamos saber sobre la sal (que sirve para conservar y dar sabor a los alimentos, que hace subir la tensión, que se saca del mar o de las salinas, e incluso que en la Antigüedad era más cara y preciosa que hoy en día) no nos lo dice la definición. Para saber todo lo que sabemos sobre la sal, es decir, todo aquello que en el fondo nos sirve (dejando de lado quién sabe qué detalles), hemos necesitado oír no tanto definiciones como «historias». Historias que, para los que quisieran saberlo todo sobre la sal, se convierten también en maravillosas novelas de aventuras, con las caravanas que se recorren la ruta de la sal por el desierto, entre el imperio de Malí y el mar, o las vicisitudes de médicos primitivos que lavaban las heridas con agua y sal... En otros términos, nuestro saber (también el saber científico, no solo el saber mítico) está entretejido de historias.

Para aprender a conocer el mundo, el niño tiene dos caminos: uno es el que se denomina aprendizaje por ostensión, en el sentido de que el pequeño pregunta qué es un perro y la madre se lo enseña (que luego es un hecho milagroso que al niño se le enseñe un perro salchicha y al día siguiente sepa definir como perro también a un galgo, tal vez exagerando por adición y catalogando entre los perros a la primera oveja que ve, pero difícilmente por sustracción, no reconociendo un perro como un perro).

La segunda forma no es la definición, tipo «el perro es un mamífero de los placentarios, carnívoro, fisípedo y cánido» (imaginémonos qué hace un niño con esta definición, por lo demás taxonómicamente correcta), sino que debería de ser de alguna manera una historia: «Te acuerdas de aquel día que fuimos al jardín de la abuela y había un animal así y así...».

En efecto, el niño no pregunta qué es un perro o un árbol... Normalmente, primero los ve y luego alguien le explica que se llaman así y así. Es entonces cuando surgen los porqués. Entender que tanto un haya como una encina son un árbol no es un drama, pero la verdadera curiosidad surge cuando se quiere saber por qué están ahí, de dónde vienen, cómo crecen, para qué sirven, por qué pierden las hojas. Y es ahí donde intervienen las historias. El saber se difunde a través de historias: se planta una semilla, luego la semilla germina, etcétera.

También la verdadera «cosa» que los niños quieren saber, es decir, de dónde vienen los niños, no se puede contar sino en forma de historia, ya sea la historia de la col o de la cigüeña, ya sea la del papá que le da una semillita a la mamá.

Me cuento entre aquellos que consideran que también el saber científico debe tomar la forma de historias, y les cito siempre a mis estudiantes una hermosa página de Peirce donde para definir el litio se describe en unas veinte líneas qué hay que hacer en un laboratorio para obtener el litio. La juzgo una página muy poética: jamás había visto nacer el litio y un día asistí a este feliz acontecimiento, como si estuviera en el antro de un alquimista, aunque era química verdadera.

Pues bien, el otro día, en una conferencia sobre Aristóteles, mi amigo Franco Lo Piparo llamó mi atención sobre el hecho de que Euclides, el padre de la geometría, no define en absoluto un ángulo recto como un ángulo que tiene noventa grados. Bien mirado, ahí tenemos una definición sin duda correcta pero inútil para los que no sepan qué es un ángulo o no sepan qué son los grados (y confío en que ninguna madre eche a perder a su hijo diciéndole que los ángulos son rectos cuando tienen noventa grados).

Miren, en cambio, cómo se expresa Euclides: «Cuando una línea recta que está sobre otra hace que los ángulos adyacentes sean iguales, cada uno de los ángulos es *recto*, y la recta que está sobre la otra se llama *perpendicular* a la otra recta».

¿Está claro?, ¿quieres saber qué es un ángulo recto? Pues yo te digo cómo hacerlo, es decir, la historia de los pasos que debes seguir para producirlo. Entonces lo entenderás. Entre otras cosas, la historia de los grados podrás aprenderla después, y en cualquier caso, solo después de haber construido ese admirable encuentro entre rectas.

Este asunto a mí me parece muy instructivo y muy poético y nos acerca al universo de la fantasía, donde para crear historias se imaginan mundos, y al universo de la realidad, donde para permitirnos entender el mundo se crean historias.

(¿Por qué les cuento todo esto? Porque en mi primera columna de 1985 les dije que les hablaría de todo lo que me rondara por la cabeza, y esto es lo que hoy me anda rondando.)

[2005]

Viaje al centro de Jules Verne

Cuando éramos muchachos estábamos divididos en dos partidos: los que eran hinchas de Salgari y los que se decantaban por Verne. Confieso inmediatamente que por aquel entonces yo era hincha de Salgari, y que ahora la Historia me obliga a reconsiderar mis opiniones de entonces. Salgari, releído, citado de memoria, amado por todos los que lo vivieron en su infancia, ya no seduce (por lo visto) a las nuevas generaciones y, para ser francos, también los ancianos al releerlo o le ponen una pizca de nostalgia e ironía, o la lectura resulta trabajosa, y todos esos mangles y babirusas sin fin aburren.

En cambio, en este 2005 se celebra el centenario de la muerte de Jules Verne y, no solo en Francia, periódicos, semanarios y congresos lo revisitan intentando mostrar cuántas veces sus fantasías anticiparon la realidad. Una ojeada a los catálogos editoriales de nuestro país me sugiere que Verne se reedita con mayor frecuencia que Salgari, por no hablar de Francia, donde existe incluso una búsqueda anticuaria de libros de Verne, sin duda debida al hecho de que los antiguos cartonés de Hetzel son de gran belleza (en París, solo en la orilla izquierda, hay por lo menos dos tiendas que se dedican exclusivamente a estos espléndidos volúmenes encuadernados en rojo y oro, y con precios prohibitivos).

Por muchos méritos que se le deban reconocer a nuestro Salgari, el padre de Sandokán no tenía un gran sentido del humor (como, por lo demás, sus personajes, excepto Yáñez), mientras que las novelas de Verne están llenas de humor; baste con recordar esas páginas espléndidas de *Miguel Strogoff* en las que, tras la batalla de Kolyvan, el corresponsal del *Daily Telegraph*, Harry Blount, para impedir que su rival Alcide Jolivet transmita su crónica a París, mantiene ocupada la oficina de telégrafos dictando versículos de la Biblia al módico precio de algunos millares de rublos; hasta que Jolivet consigue robarle la posición en la ventanilla del telégrafo y lo bloquea transmitiendo cancioncillas de Béranger. Dice el texto: «"¡Ah!", gritó Harry Blount. "Es la vida…", respondió Alcide Jolivet». Díganme ustedes que esto no es estilo.

Otro motivo de fascinación es que muchos relatos de anticipación, leídos a distancia de tiempo, cuando lo que anunciaban ya se ha realizado de alguna manera, nos decepcionan un poco, porque lo que realmente ha sucedido, las invenciones realizadas de verdad, son mucho más asombrosas de lo que pudiera imaginarse un novelista de aquella época. Con Verne no hay espacio para la decepción: ningún submarino atómico será nunca más prodigioso desde el punto de vista tecnológico que el *Nautilus*, y ningún dirigible o jumbo jet tendrá jamás la fascinación de la majestuosa nave de hélices de Robur el Conquistador.

Un tercer elemento de atracción (y el mérito les corresponde por igual al autor y al editor) son los grabados que acompañan las novelas. Los devotos salgarianos recordaremos siempre con conmoción las maravillosas tablas de Della Valle, Gamba o Amato, pero se trataba al fin y al cabo de pintura, como si dijéramos Hayez o (quiero hacerme un flaco servicio) Rafael en blanco y negro. Los grabados vernianos son mucho más misteriosos e intrigantes, tanto que dan ganas de examinarlos con una buena lupa.

El capitán Nemo que ve el pulpo gigantesco desde el gran ojo de buey del *Nautilus*, la nave aérea de Robur erizada de vergas tecnológicas, el globo que cae en la isla Misteriosa («"¿Remontamos?" "¡No, al contrario, descendemos!" "¡Mucho peor, señor

Ciro! ¡Caemos!"»), el enorme proyectil que apunta hacia la Luna, las cuevas en el centro de la Tierra son imágenes que afloran siempre desde un fondo oscuro, delineadas por finos trazos negros alternados con heridas blancuzcas, un universo que carece de zonas cromáticas rellenadas de forma homogénea, una visión hecha de arañazos, estrías, reflejos deslumbrantes por ausencia de trazos, un mundo visto por un animal con una retina personal, acaso lo ven así los bueyes y los perros, o los lagartos, un mundo espiado de noche a través de una persiana veneciana con sus tiras finísimas, un territorio siempre un poco nocturno y casi subacuático, incluso el cielo raso, hecho de buriladuras y abrasiones que generan luz solo allí donde el instrumento del grabador ha cavado o dejado en relieve la superficie.

¿Y si no tienen dinero para comprarle a un anticuario las ediciones Hetzel y las reediciones modernas no les satisfacen? Pues naveguen en internet, en la dirección http://jv.gilead.org.il/. Ahí un señor que se llama Zvi Har'El recopila todas las noticias sobre Verne, la lista de las celebraciones mundiales en curso, una bibliografía completa, una antología de ensayos, trescientas cuatro imágenes increíbles de sellos dedicados a Verne en distintos países, las traducciones al hebreo (este señor Zvi es sin duda un israelí, y el sitio se lo dedica conmovedoramente a su hijo fallecido a los diecinueve años), pero sobre todo una «Virtual Library» en la que se encuentran los textos originales de Verne en varias lenguas y, al menos por lo que concierne a las ediciones francesas originales, todos los grabados, que podrán salvar y luego ampliar a gusto porque, a veces, desgranados, resultan aún más fascinantes.

[2005]

El espacio en forma de sacacorchos

Alguien podría juzgar poco correcto que haga la reseña de un libro cuyo prefacio he escrito yo. Efectivamente, de una reseña nos esperamos que sea objetiva y no influenciada por intereses personales, mientras que estas columnas son, por definición, expresión de mis intereses, curiosidades y preferencias. Claro que si he escrito el prefacio de un libro es porque me gustaba, por lo que voy a hablar de él. Se trata de *Elementare, Wittgenstein!*, de Renato Giovannoli, que a pesar del título ocurrente es muy serio y sesudo.

Renato Giovannoli es autor (entre otros) de uno de los libros «científicos» más apasionantes, *La scienza della fantascienza*, que era una reseña sistemática de las principales ideas «ficcionalmente» científicas que circulan por todas las principales novelas de ciencia ficción (leyes de la robótica, naturaleza de los alienígenas y de los mutantes, hiperespacio y cuarta dimensión, viajes en el tiempo y paradojas temporales, universos paralelos, etc.). Estas ideas muestran una insospechable coherencia, como si constituyeran un sistema, igual al sistema de la ciencia por homogeneidad y consecuencialidad. Lo cual no es inverosímil porque, en primer lugar, los autores de ciencia ficción se leen entre ellos, algunos temas migran de historia en historia, y se ha creado una suerte de canon paralelo al de la ciencia oficial; en segundo lugar, porque los novelistas no desarrollan sus ficciones en oposición a las soluciones de la ciencia sino que sacan de la ciencia las consecuencias más extremas; y, por último, porque algunas de las ideas ventiladas por la ciencia ficción (a partir de Verne en adelante) se han convertido luego en realidades científicas.

Giovannoli aplica el mismo criterio al archipiélago de la literatura policíaca, y adopta como hipótesis de trabajo que el método de los detectives de esa narrativa es afín al de filósofos y científicos. La idea en sí no es nueva, pero nuevos son la amplitud y el rigor con los que esta idea se desarrolla, tanto que podríamos preguntarnos, como en el fondo hace el autor, si este libro representa una filosofía de la novela policíaca o un manual de filosofía cuyos ejemplos de razonamiento se sacan del relato policial. No sabiendo si recomendárselo a los que quieren entender la novela negra o a quienes quieren entender la filosofía, por prudencia se lo recomiendo a ambos.

De este modo, se ve que no solo algunos autores de obras policíacas estaban al corriente de problemas filosóficos y científicos (véanse, por ejemplo, las páginas sobre las relaciones entre Dashiell Hammett y la teoría de la relatividad y la topología), sino también que algunos pensadores no habrían pensado (quizá) como pensaron si no hubieran leído relatos policíacos (véase el partido que el segundo Wittgenstein habría sacado de la lectura de las *hard boiled novels*).

No sé si la filosofía llega antes que el relato policíaco, porque en el fondo también *Edipo rey* es la historia de una investigación criminal, pero sin duda, a partir de las *gothic novel* y de Poe, el relato policíaco ha influido quizá más de lo que pensamos en los pensadores académicos. Giovannoli nos demuestra con fórmulas lógicas, diagramas y otras amenidades que el paso del relato policíaco de investigación al policíaco de acción es afín al paso del Wittgenstein del *Tractatus* al de las *Investigaciones filosóficas*: se trata de la transición de un paradigma de la deducción (que prevé un mundo ordenado, una Gran Cadena del Ser explicable en términos de relaciones casi obligadas entre causas y efectos, determinada por una especie de armonía preestablecida según la cual el orden y la conexión de las ideas en la mente del detective reflejan el orden y la conexión vigentes en la realidad) a un paradigma «pragmatista» en el que el detective, más que remontarse a las causas, provoca efectos.

La novela negra de investigación es, sin duda, un modelo reducido de la búsqueda metafísica, visto que ambas se resuelven en la pregunta «¿quién lo ha hecho?» (que es al fin y al cabo la versión filosófica del *whodunit*). Chesterton definió el relato detectivesco como un símbolo de más altos misterios, y Deleuze dijo que un libro de filosofía debería ser una especie de relato policíaco. ¿Qué son las cinco vías para demostrar la existencia de Dios en santo Tomás si no un modelo de investigación, siguiendo las huellas dejadas por Alguien? Pero también hay una filosofía implícita en el *hard boiled*. Véase Pascal con su apuesta: venga, intentemos trastrocar las cartas, y luego veremos qué sucede. Típico de Marlowe o de Sam Spade.

Me gustaría demorarme sobre los párrafos en los que se discuten las posibles relaciones entre Agatha Christie y Heidegger. Está claro que Giovannoli no sugiere que *Diez negritos* (1939) influyó en *Ser y tiempo* (1927), aunque la asiduidad previa de Heidegger con las paradojas temporales habría podido inclinarlo a tanto; pero, desde luego, encontrar en la señora inglesa una idea de «ser-para-la-muerte», sacada de fuentes medievales, me parece un golpe maestro. Una última recomendación: vayan a ver las páginas sobre Hammet y el espacio en forma de sacacorchos.

[2007]

Sobre un libro no leído

Recuerdo (pero, como veremos, también podría ser que no recuerde bien), un artículo buenísimo de Giorgio Manganelli en el que explicaba cómo un lector agudo puede saber que un libro no se debe leer incluso antes de abrirlo. No hablaba de esa virtud que se requiere del lector de profesión (o del aficionado con buen gusto) de poder decidir si un libro merece ser leído o no a partir de un *incipit*, de dos páginas abiertas al azar, del índice, a menudo de la bibliografía. Esto, diría, es solo oficio. No, Manganelli hablaba de una especie de iluminación, cuyo don se arrogaba evidente y paradójicamente.

Cómo hablar de los libros que no se han leído, de Pierre Bayard (psicoanalista y profesor universitario de literatura), no trata de cómo se puede saber si leer o no un libro, sino de cómo se puede hablar con toda tranquilidad de un libro que no se ha leído, también de profesor a estudiante, e incluso si se trata de un libro de extraordinaria importancia. Su cálculo es científico: las buenas bibliotecas recogen algunos millares de volúmenes, aun leyendo uno al día, leeríamos tan solo 365 al año, 3.600 en diez años, y entre los diez y los ochenta años habríamos leído tan solo 25.200 libros. Una nimiedad. Por otra parte, cualquiera que haya tenido una buena educación de bachillerato sabe perfectamente que puede escuchar un discurso, pongamos, sobre Bandello, Guicciardini, Boiardo, numerosísimas tragedias de Alfieri e incluso *Las confesiones de un italiano* de Nievo con tan solo haber aprendido en la escuela el título y su encuadramiento crítico, pero sin haber leído nunca una sola línea.

El encuadramiento crítico es el punto crucial para Bayard. Este afirma sin avergonzarse que nunca ha leído el *Ulises* de Joyce, pero que puede hablar de él aludiendo al hecho de que retoma la *Odisea* (que, por lo demás, admite no haber leído nunca entera), que se basa en el monólogo interior, que se desarrolla en Dublín en una sola jornada, etcétera. De modo que escribe: «Durante mis clases me refiero con frecuencia a Joyce sin pestañear». Conocer la relación de un libro con los demás libros a menudo significa saber más del mismo que habiéndolo leído.

Bayard muestra cómo, cuando nos ponemos a leer determinados libros abandonados desde hace tiempo, nos damos cuenta de que conocemos perfectamente su contenido porque mientras tanto hemos leído otros libros que hablaban de ellos, los citaban, o se movían en el mismo orden de ideas. Y (así como lleva a cabo unos análisis muy divertidos de algunos textos literarios en los que se trata de libros jamás leídos, de Musil a Graham Greene, de Valéry a Anatole France y a David Lodge) me hace el honor de dedicarle todo un capítulo a *El nombre de la rosa*, en el que Guillermo de Baskerville demuestra que conoce perfectamente el contenido del segundo libro de la *Poética* de Aristóteles, aun tomándolo entre sus manos por primera vez justo en ese momento, sencillamente porque lo deduce de otras páginas aristotélicas. Veremos al final de esta columna que no cito este fragmento por mera vanidad.

La parte más intrigante de este libro, menos paradójico de lo que parece, es que también olvidamos un porcentaje altísimo de los libros que hemos leído de verdad; es más, nos componemos de ellos una especie de imagen virtual hecha no tanto de lo que decían, sino de lo que nos hacían imaginar. Por lo tanto, si alguien que no ha leído cierto libro nos cita algunos fragmentos o situaciones inexistentes, estamos muy dispuestos a creer que aparecían en el libro.

Lo que pasa es que (y aquí se pone de manifiesto más el psicoanalista que el profesor) a Bayard no le interesa tanto que la gente lea los libros ajenos, sino más bien el hecho de que cada lectura (o no lectura, o lectura imperfecta) debe tener una dimensión creativa, y que (con palabras más sencillas) en un libro el lector debe poner ante todo algo de su parte. Puesto que hablar de libros no leídos es una forma de conocerse a sí mismos, Bayard llega a desear una escuela donde los estudiantes «inventen» los libros que no deberán leer.

Pues bien, para demostrar que cuando se habla de un libro no leído tampoco quienes lo han leído se dan cuenta de las citas equivocadas, hacia el final de su discurso Bayard confiesa haber introducido tres noticias falsas en el resumen de *El nombre de la rosa*, *El tercer hombre* de Greene e *Intercambios* de Lodge. Lo divertido es que yo, al leer, me di cuenta enseguida del error sobre Greene, tuve mis dudas con respecto a Lodge, pero no me di cuenta del error relativo a mi libro. Lo cual significa que probablemente leí mal el libro de Bayard o (y tanto él como mis lectores estarían autorizados a sospecharlo) que apenas lo hojeé. Claro que lo más interesante es que Bayard no se haya dado cuenta de que, denunciando sus tres (deliberados) errores, asume de manera implícita que hay una lectura de los libros más correcta que otras, tanto que da una lectura muy minuciosa de los libros que analiza para sostener sus tesis de la no lectura. La contradicción es tan evidente que da pie a la duda de que Bayard no haya leído nunca el libro que ha escrito.

[2007]

Sobre la caducidad de los soportes

El domingo pasado, en la jornada conclusiva de la Escuela para Libreros celebrada en Venecia y dedicada a Umberto y Elisabetta Mauri, hablamos, entre otras cosas, de la caducidad de los soportes de la información. Han sido soportes de información escrita la estela egipcia, la tablilla de arcilla, el papiro, el pergamino y, obviamente, el libro impreso. Este último ha demostrado hasta ahora que sobrevive bien quinientos años, pero solo si se trata de libros hechos con papel de trapo. A partir de mediados del siglo XIX se pasó al papel de madera, y parece ser que este tiene una vida máxima de setenta años (y en efecto, basta consultar periódicos o libros de los años cuarenta para apreciar que muchos de ellos se deshacen en cuanto se los hojea). Por lo tanto, desde hace tiempo se celebran congresos y se estudian distintos medios para salvar todos los libros que abarrotan nuestras bibliotecas; uno de los que gozan de mayor éxito (pero casi imposible de realizar para todo libro existente) es escanear todas las páginas y transmitirlas a un soporte electrónico.

Claro que aquí se nos presenta otro problema: todos los soportes para la transmisión y conservación de la información, desde la foto a la película cinematográfica, desde el disco a la memoria USB que usamos en nuestro ordenador, son más caducos que el libro. Lo tenemos muy claro con algunos de ellos: en las viejas casetes, al cabo de poco tiempo la cinta se enredaba, intentábamos desenmarañarla introduciendo el lápiz en el agujero, a menudo con resultados nulos; las cintas de vídeo pierden los colores y la definición con facilidad, y si las usamos demasiado para estudiarlas, rebobinándolas y adelantándolas, se estropean aun antes. Ahora bien, hemos tenido tiempo para apreciar cuánto podía durar un disco de vinilo sin rayarse demasiado, pero no hemos tenido tiempo de verificar cuánto dura un CD-ROM, puesto que de ser la invención que había de sustituir al libro ha salido rápidamente del mercado porque se podía acceder online a los mismos contenidos y a un precio más conveniente. No sabemos cuánto durará una película en DVD, pero sí que a veces empieza a darnos problemas cuando la vemos mucho. E igualmente, no hemos tenido tiempo material de experimentar lo que podían durar los discos flexibles (los *floppy disks*) para el ordenador, pues antes de poder descubrirlo fueron sustituidos por los disquetes, y estos por los discos reescribibles, y estos por los *pen drives*. Con la desaparición de los diferentes soportes han desaparecido también los ordenadores capaces de leerlos (creo que ya nadie tiene en casa un ordenador con la ranura para el *floppy*) y si no te has copiado en el soporte sucesivo todo lo que tenías en el precedente (y así en adelante, presumiblemente durante toda la vida, cada dos o tres años), lo has perdido sin remedio (a no ser que conserves en el trastero una docena de ordenadores obsoletos, uno por cada soporte desaparecido).

Así pues, o sabemos que todos los soportes mecánicos, eléctricos y electrónicos son rápidamente perecederos, o no sabemos cuánto duran y probablemente no llegaremos a saberlo nunca. En fin, que basta una subida de tensión, un rayo en el jardín o cualquier otro acontecimiento mucho más banal para desmagnetizar una memoria. Si hubiera un apagón bastante largo no podríamos usar ya ninguna memoria electrónica. Aun habiendo grabado en mi memoria electrónica todo el *Quijote*, no podría leerlo a la luz de una vela, en una hamaca, en un barco, en la bañera, en el columpio, mientras que un libro me permite hacerlo en las condiciones más arduas. Y si se me caen el ordenador o el *e-book* desde el quinto piso, estaré matemáticamente seguro de que lo he perdido todo, mientras que, si se me cae un libro, como mucho se desencuadernará por completo.

Los soportes modernos parecen apuntar más a la difusión de la información que a su conservación. El libro, en cambio, ha sido el instrumento príncipe de la difusión (pensemos en el papel que desempeñó la Biblia impresa en la Reforma protestante), pero al mismo tiempo también de la conservación. Es posible que dentro de algunos siglos la única forma de tener noticias sobre el pasado, al haberse desmagnetizado todos los soportes electrónicos, siga siendo un hermoso incunable. Y entre los libros modernos sobrevivirán los muchos hechos con papel de gran calidad, o los que ahora proponen muchos editores elaborados con papel libre de ácidos.

No soy un reaccionario nostálgico del pasado. En un disco duro portátil de 250 gigas he grabado las mayores obras maestras de la literatura universal y de la historia de la filosofía; es mucho más cómodo recuperar del disco duro en pocos segundos una cita de Dante o de la *Suma teológica* que levantarse e ir a buscar un volumen pesado en librerías demasiado altas. Pero estoy contento de que esos libros sigan en mis estanterías, garantía de la memoria para cuando se les crucen los cables a los instrumentos electrónicos.

[2009]

El futurismo no fue una catástrofe

Con ocasión del centenario del «Manifiesto futurista» se han organizado muchas exposiciones para recordar y revalorizar este movimiento. En Italia ha sido motivo de polémica la forma en que la exposición de París considera a los futuristas —epígonos del cubismo—, mientras que las diferentes exposiciones italianas intentan subrayar su originalidad y diversidad. Entre todas las exposiciones, me parece que sobresale por diversos motivos la del Palacio Real de Milán. No recuerdo qué periódico, al hacer la reseña, se quejaba de que faltaban los grandes incunables del movimiento, esto es, el *Dinamismo de un jugador de balompié* de Boccioni o los *Funerales por el anarquista Galli* de Carrà; pero creo que es algo que no debería molestar, y no porque son obras que ya se han expuesto muchas veces, sino porque la exposición permite ver algo más y mejor. En lugar de ciertas obras mayores, hace ver qué había antes del futurismo y a su alrededor, sobre todo en ese Milán donde se desarrolló antes de desembarcar en Francia. La muestra abarca también el después del futurismo, hasta llegar a algunos de nuestros importantes contemporáneos. Si resulta obvio que una tradición artística crea siempre influencias, es menos obvio lo que sucedía antes de aquel decisivo 1909.

En el fondo, nos hemos acostumbrado a pensar que antes estaban los realistas a lo Michetti que le gustaban a Gabriele d'Annunzio; los retratistas de señoras a lo Boldini; los simbolistas o los divisionistas decadentes a lo Previati; movimientos que les gustaban a los buenos burgueses que visitaban museos y galerías. Y luego, de repente, se produjo una sacudida inesperada, uno de esos vuelcos rápidos que cambian la historia o la naturaleza, como las revoluciones y los cataclismos: aparecieron las vanguardias históricas, entre las cuales está el futurismo italiano.

Muchos conocen la teoría matemática de las «catástrofes» teorizada por René Thom: una catástrofe, en ese sentido, es como un brusco «pliegue» antes del cual no había nada y después lo hay todo, o viceversa. En este sentido son catástrofes el sueño y la muerte (monsieur De la Palisse todavía estaba vivo un momento antes de morir), pero también, según algunas interpretaciones, varios acontecimientos históricos como, por ejemplo, una sublevación o un motín en una cárcel (e igualmente sería una catástrofe una curación milagrosa). Ahora la exposición milanesa nos da la prueba palpable de que el futurismo no fue una catástrofe. Basta mirar las obras expuestas para darse cuenta de que (por no hablar de las formas en licuefacción de un escultor de finales del XIX como Medardo Rosso) en los primeros años del siglo XX, y antes de que aparecieran las grandes obras maestras del futurismo, precisamente mientras Carrà, Balla o Boccioni todavía seguían pintando sus cuadros figurativos (en los que la crítica desde hace tiempo ha reconocido los gérmenes del futurismo), el anuncio del dinamismo futurista anidó allí donde normalmente no te lo esperabas o no lo buscabas. En 1904, Pellizza da Volpedo pintó un *Automóvil en el paso del Penice*, en el que el automóvil casi no se ve pero sí se ve una carretera que serpentea gracias a rápidas líneas de pincel; en 1907, Previati pintó un *Carro del sol* que añade a su extenuado simbolismo una representación tangible del movimiento veloz y convulso del astro. Y estos son solo algunos ejemplos, pero es como si los últimos simbolistas como Alberto Martini anticiparan a los futuristas y los futuros futuristas aún contemplaran a divisionistas y simbolistas. Por no hablar de un Angelo Romani, que entre 1904 y 1907 elaboró retratos y formas indefinibles llamadas *Grito* o *Libídine* que no consigo definir sino como simbo-futu-expresio-abstractos, mucho más osados que los cuadros futuristas que seguirían. Por eso se entiende que Romani primero se adhiriera al «Manifiesto futurista» y luego se disociara, como si oscuramente buscara algo más.

La exposición milanesa sugiere muchas reflexiones más allá de los avatares de los movimientos artísticos. De hecho, la denominada historia «evenemencial» nos ha acostumbrado a considerar todos los grandes acontecimientos históricos precisamente como catástrofes: cuatro *sans-culottes* asaltan la Bastilla y estalla la Revolución francesa; unos millares de descamisados asaltan el Palacio de Invierno (aunque parece que la foto esté retocada) y estalla la Revolución rusa; disparan a un archiduque y los Aliados se dan cuenta de que no pueden convivir con los Imperios centrales; matan a Matteotti y el fascismo decide convertirse en dictadura... En cambio, sabemos que los hechos que han servido como pretexto o, por decirlo de alguna manera, como marcapáginas para poder establecer el principio de algo tenían una importancia menor, y que los grandes acontecimientos de los que se han convertido en símbolo estaban madurando por un lento juego de influjos, crecimientos, disgregaciones.

La historia es lodosa y viscosa. Algo que hay que recordar siempre, porque las catástrofes de mañana siempre están madurando ya hoy en día, socarronamente.

[2009]

Interrúmpeme si ya te lo sabes

Las obras en las que se ha ensayado una definición filosófica o psicológica de lo cómico son una mina de chistes. Las mejores historietas de judíos se encuentran en el libro de Freud sobre el *Witz* y en el libro de Bergson sobre la risa se encuentran perlas como esta cita de Labiche: «¡Quieto! Solo Dios tiene el derecho a matar a sus semejantes!». Sin embargo, en estas obras la cita del chiste sirve como un ejemplo para explicar una teoría.

Aquí, en cambio, hay un libro donde las teorías sirven como pretexto para contar chistes. Jim Holt no es un filósofo, y escribió inicialmente estas páginas para el *New Yorker* (*Stop me if you've heard this* es el título original), en las que cita teorías incluso contrastantes —que demuestra conocer bien— para ofrecernos una ráfaga de chistes. Su libro no podría adoptarse como texto para la escuela primaria porque se demora preferentemente en chistes bastante verdes. Además, cita chistes estadounidenses, de los que sueltan *comedians* como Lenny Bruce, que a menudo resultan difíciles de entender si no se conoce la lengua y el ambiente. Por ejemplo: «¿Por qué llaman a New Jersey el estado de los jardines? Porque hay un Rosenblum en cada barrio»; para reírse hay que saber que Rosenblum es un nombre judío, que en inglés sugiere una floración de rosas, y que en New Jersey viven muchos judíos. Si no vives en Nueva York, no te ríes.

Imaginémonos, pues, las dificultades que encuentra su traductor italiano, Alfonso Vinassa de Regny, el cual, a veces, debe recurrir a la nota explicativa, y es bien sabido lo triste que es explicar los chistes. No puedo evitar echar en falta, por lo demás, una nota ausente cuando se cita una historieta que pretende ironizar sobre el hecho de que los episcopales ordenan sacerdotes también a los gais: «¿Por qué los episcopales son un desastre con el ajedrez? Porque no saben distinguir un alfil de una reina». Dicho así, el chiste tiene poca enjundia, entre otras cosas porque es falso que los gais no distingan a un hombre de una mujer. La nota específica es que en inglés al alfil se le dice *bishop*, es decir, «obispo», lo cual volvería más lógico el chiste, dado que se habla de temas eclesiásticos. Pero se omite decir que en *slang*, *queen*, «reina», quiere decir homosexual, en el sentido más peyorativo posible. Por lo cual el chiste sugiere que «no saben distinguir un obispo de un maricón», lo cual no es políticamente correcto pero es más cáustico.

En fin, traducir chistes es a veces una tarea ímproba pero, dicho esto, muchas de las ocurrencias de este libro nos hacen reír y algunas vale la pena citarlas. Hay chistes en la literatura griega antigua (¿Cómo quiere que le corte el pelo? Pregunta el barbero; y el cliente: ¡En silencio!) y Holt cita un chiste que nos ha llegado incompleto. Un ciudadano de Abdera, ciudad cuyos habitantes eran famosos por su estupidez, le pregunta a un eunuco cuántos hijos ha tenido y este le contesta que ninguno porque carece de órganos reproductivos. Como falta la respuesta del de Abdera, Holt se inquieta. Yo propondría: «Y qué, tampoco a mí me funcionan los órganos reproductivos pero mi mujer me ha dado tres hermosos niños».

Es bueno el capítulo sobre el *Liber facetiarum* de Poggio Bracciolini, y las anotaciones de cómo las perversiones sexuales han inspirado también chistes sádicos, como unos de niños muertos que circulaban por Estados Unidos hace algunas décadas («¿Qué es rojo y se columpia? Un niño colgado de un gancho de carnicero»). Es bueno el conmovido recuerdo de un antropólogo del chiste como Alan Dundes (se recuerda aquel del primer premio soviético para los autores de chistes sobre el régimen: quince años) y de sus estudios tal vez demasiado sutiles sobre los estupidísimos chistes de elefantes. Más adelante encuentro uno de lo más exquisito: «¿Qué dice un caracol montado a lomos de una tortuga? ¡Yuu-huu!» y este podrían contárselo ustedes también a los niños. No es para niños el de la dieta de Clinton: «Ha adelgazado tanto que ahora consigue verle la cara a su becaria». Es bastante bueno asimismo el del tío que entra en un bar y dice que todos los policías son unos cabrones. Otro tío, sentado en la barra le dice que no está de acuerdo. ¿Por qué? ¿Eres un policía? Le pregunta el primero. No, contesta el otro, soy un cabrón. Para los niños iría bien el del esqueleto que entra en un bar (quizá el mismo) y pide una cerveza y un trapo para el suelo.

Visto que Holt no se niega nada, citaré el chiste sobre el deicidio atribuido a Leon Wieseltier: «¿Por qué todo este follón? ¡Lo hemos matado solo un par de días!». Paso por alto los chistes lógico-filosóficos, comprensibles solo por parte de un público especializado. Únicamente siento que falte un chiste que se pronunció de verdad en un congreso de lógica. La fórmula lógica del *modus ponens* suena «Si P, entonces Q», y en inglés se pronuncia *if pi then quiu*. En el congreso un estudioso va al baño y encuentra una fila de gente. Entonces dice «If pee then queue», que se pronuncia siempre *if pi then quiu*, pero en este caso quiere decir que si quieres hace pis tienes que hacer la cola.

[2009]

«Festschrift»

En la jerga académica un *Festschrift* es un volumen de artículos doctos que amigos y alumnos preparan para festejar el cumpleaños de un estudioso. Este volumen puede recopilar estudios específicos sobre el personaje en cuestión, en cuyo caso requiere por parte de los que escriben un gran esfuerzo, con lo que se corre el riesgo de que contribuyan solo los alumnos fieles y no los colegas famosos, que no tienen ni el tiempo ni las ganas de dedicarle al colega una reflexión tan laboriosa. O si no, precisamente para conseguir también nombres célebres, el volumen tiene un tema libre, los ensayos no se presentan «sobre Fulanito de Tal» sino «en honor de Fulanito de Tal».

Como es fácil imaginar, sobre todo en el segundo caso, un ensayo entregado para un *Festschrift* está prácticamente perdido, porque nadie podrá saber nunca que has escrito sobre ese argumento específico en esa recopilación. En cualquier caso, es un sacrificio que antaño se hacía a gusto, y luego se recuperaba el propio escrito en otro lugar. Salvo que una vez se hacía el *Festschrift* cuando el profesor Fulanito de Tal cumplía sesenta años, que era ya una buena vida, si todo iba bien moría antes de los setenta. Hoy en día, gracias al desarrollo de la medicina, el profesor Fulanito de Tal puede llegar a vivir hasta los noventa, y sus alumnos están obligados a hacerle un *Festschrift* para los sesenta, los setenta, los ochenta y los noventa.

Como además las relaciones internacionales se han multiplicado en el último medio siglo y cada estudioso tiene relaciones de amistad directa con muchos más personajes de lo que sucedía en el pasado, el estudioso medio recibe cada año por lo menos veinte o treinta solicitudes para volúmenes de homenaje de colegas que han alcanzado felizmente en todo el mundo edades casi bíblicas. Calculando que un ensayo para un *Festschrift* debe contar como mínimo unas veinte páginas para no parecer tacaño, cada estudioso debería escribir una media de seiscientas páginas al año, todas ellas deseablemente originales, para celebrar a amigos muy longevos y muy amados. Está claro que es insostenible, y aun así un rechazo puede entenderse como una falta de respeto.

Hay solo dos maneras de obviar semejante tragedia. O bien pretender que se haga un volumen de homenaje solo a partir de los ochenta para arriba, o bien hacer como yo, que mando el mismo ensayo a cualquier *Festschrift* (cambio solo las primeras diez líneas y las líneas de conclusión), y nunca se ha dado cuenta nadie.

[2010]

El viejo Holden

Con ocasión de la muerte de Salinger, he leído varias evocaciones de *El guardián entre el centeno* y he visto que se dividían en dos categorías: la primera eran las memorias conmovidas de aquellos para quienes la novela fue una maravillosa experiencia adolescente; la segunda eran las reflexiones críticas de aquellos que (o demasiado jóvenes o demasiado viejos) lo leyeron como se lee una novela cualquiera. Las lecturas del segundo tipo eran todas perplejas y se preguntaban si *El guardián entre el centeno* permanecería en la historia de la literatura o si representaba un fenómeno vinculado a una época y a una generación. Con todo, nadie se planteó problemas de ese tipo releyendo *Herzog* a la muerte de Bellow o *Los desnudos y los muertos* a la muerte de Mailer. ¿Por qué sí con *El guardián entre el centeno*?

Yo creo ser un buen conejillo de indias. La novela sale en 1951, se traduce al año siguiente en italiano para las ediciones Casini con el título poco alentador de *Vita da uomo*, pasa inobservado y obtiene éxito solo en 1961 cuando lo publica Einaudi como *Il giovane Holden*. Se trata, pues, de la magdalena proustiana de los que eran adolescentes a principios de los años sesenta. Yo por aquel entonces ya tenía treinta años, me estaba aplicando con Joyce, y Salinger se me escapó. Lo leí casi por deber documental hace tan solo unos diez años, y me dejó indiferente. ¿Cómo es posible?

Ante todo, no me recordaba ninguna pasión adolescente; en segundo lugar, ese lenguaje juvenil que había usado de forma tan original ya estaba superado (es bien sabido que los jóvenes cambian de jerga en cada estación), y por lo tanto sonaba falso; por último, desde los años sesenta hasta hoy el «estilo Salinger» ha tenido tal fortuna que se ha usado en muchas otras novelas, por lo que no podía parecerme sino amanerado y, en cualquier caso, en absoluto inédito y provocador. La novela se había vuelto poco interesante a causa de su éxito.

Esto induce a pensar hasta qué punto inciden las circunstancias en la historia de la «fortuna» de una obra, así como los contextos históricos en los que aparece, y la referencia a la vida misma del lector. Un ejemplo a otro nivel: yo no pertenezco a la *Tex generation* y siempre me asombro cuando oigo que alguien declara que ha crecido con el mito de Tex Willer. La explicación es sencilla; Tex salió en 1948 y en aquella época yo, estudiante de bachillerato, ya había dejado de leer historietas, y volvería a su lectura hacia los treinta años, en la época de Charlie Brown, del redescubrimiento de los clásicos como Dick Tracy o Krazy Kat, y con el principio de la gran tradición italiana de los Crepax y de los Pratt. De la misma forma, mi Jacovitti es el de Pippo, Pertica y Palla (años cuarenta) y no el de Cocco Bill.

Ahora bien, cuidémonos de no reducirlo todo a problemas personales. Es obvio que alguien puede odiar la *Divina comedia* porque en la época en que tenía que estudiarla estaba sufriendo a causa de una tremenda desilusión amorosa, pero eso podría pasarle también con una película de Totò. Sin embargo, no hay que claudicar al vicio pseudodeconstructivo por el que no existe sentido alguno de un texto y todo depende de la forma en que el lector lo interpreta. Podemos entristecernos recordando *Totò, Peppino y la mala mujer* porque nuestra novia nos dejó precisamente ese día que habíamos ido a verla, pero eso no excluye que, ante un análisis desapasionado, el episodio de la carta a Dorian Grey resulte una obra maestra de ritmo y dosificación de efectos cómicos.

Entonces, si el valor artístico de una obra puede ser evaluado de forma independiente de las circunstancias de nuestra recepción personal, queda la cuestión de las razones del éxito o del fracaso en una época determinada. En cuanto al éxito de un libro, ¿puede estar vinculado a la época (y al contexto cultural) en que sale? ¿Por qué *El guardián entre el centeno* fascinaba a los jóvenes estadounidenses a principios de los años cincuenta pero en la misma época dejaba indiferentes a los jóvenes italianos, los cuales lo descubrieron solo diez años después? Y no basta con pensar en el mayor prestigio editorial y en la capacidad publicitaria de Einaudi con respecto a Casini.

Podría citar muchas obras que han obtenido una amplia popularidad y aprecio crítico de los que no habrían gozado si hubieran sido publicadas diez años antes o diez años después. Ciertas obras tienen que llegar en el momento adecuado. Y desde la filosofía griega en adelante se sabe que «el momento adecuado» o *kairós* constituye un problema serio. Afirmar que una obra sale o no sale en el momento adecuado no significa poder explicar por qué es precisamente ese el momento adecuado. Se trata de uno de esos problemas sin solución, como predecir dónde estará el miércoles una pelota de ping-pong que fue encomendada el lunes a las olas del mar.

[2010]

Diablo de un Aristóteles

Acaba de salir en italiano un curioso libro de Peter Leeson, *The Invisible Hook: The Hidden Economics of Pirates*, en el que el autor, historiador estadounidense del capitalismo, explica los principios fundamentales de la economía y de la democracia modernas tomando como modelo las tripulaciones de los barcos piratas del siglo XVII (sí, precisamente los del Corsario Negro o de Pietro Nau, el Olonés, con la bandera con la calavera que al principio no era negra sino roja, de ahí el nombre de *Jolie rouge*, que en inglés se alteraría como *Jolly Roger*).

Leeson demuestra que, con sus leyes férreas, a las que todo pirata de bien se atenía, el filibusterismo era una organización «ilustrada», democrática, igualitaria y abierta a la diversidad; en pocas palabras, era un perfecto modelo de sociedad capitalista.

Sobre estos temas, Giulio Giorello borda también su prefacio, y por lo tanto no me ocuparé de lo que dice el libro de Leeson, sino de una asociación de ideas que me ha surgido al respecto. Rayos y centellas, quien trazó un paralelismo entre piratas y mercaderes (es decir, emprendedores libres, modelos del capitalismo futuro), sin poder saber nada del capitalismo, fue Aristóteles.

Aristóteles tiene el mérito de haber sido el primero en definir la metáfora, tanto en la *Poética* como en la *Retórica*, y en aquellas dos definiciones inaugurales suyas sostenía que no es un mero ornamento sino una forma de conocimiento. Que no nos parezca una nimiedad, porque en los siglos siguientes, durante mucho tiempo, la metáfora se consideró solo una forma de embellecer el discurso sin cambiarle aun así la sustancia. Y todavía hoy en día hay quienes piensan lo mismo.

Aristóteles decía en la *Poética* que entender las buenas metáforas significa «percibir bien las relaciones de semejanza». El verbo que usaba era *theoreîn*, que vale por divisar, investigar, comparar, juzgar. Sobre esta función cognoscitiva de la metáfora volvía Aristóteles con mayor amplitud en la *Retórica*, en la que decía que es agradable lo que suscita admiración porque nos hace descubrir una analogía insospechada, es decir, «salta a la vista» (así se expresaba) algo que no habíamos notado antes, por lo cual decimos «¡Qué verdad era! ¡Yo estaba equivocado!».

Como se ve, de esta manera Aristóteles asignaba a las buenas metáforas una función casi científica, aunque se trataba de una ciencia que no consistía en descubrir algo que estaba ya sino, por decirlo de alguna manera, de hacerlo aparecer por primera vez, al crear una nueva forma de ver las cosas.

¿Y cuál era uno de los ejemplos más convincentes de metáfora que nos pone algo ante los ojos por primera vez? Una metáfora (que no sé dónde encontraría Aristóteles) por la cual se dice de los piratas que eran «proveedores» o abastecedores. Como para otras metáforas Aristóteles sugería que se localizara, para dos cosas aparentemente distintas e inconciliables, por lo menos una propiedad común y luego se vieran las dos cosas distintas como especie de ese género.

Aunque los mercaderes solían ser considerados buenas personas que iban por los mares transportando y vendiendo legalmente sus mercancías, mientras que los piratas eran unos bellacos que asaltaban y saqueaban los barcos de esos mismos mercaderes, la metáfora sugería que los piratas y los mercaderes tenían en común el hecho de trabajar con la trasmisión de mercancías de una fuente al consumidor. Sin duda, una vez que habían saqueado a sus víctimas, los piratas iban a vender los bienes conquistados a alguna parte, y por lo tanto eran transportistas, proveedores y abastecedores de mercancías, aunque a sus clientes se los pudiera acusar de receptación. En cualquier caso esa fulminante semejanza entre mercaderes y piratas creaba toda una serie de sospechas, de modo que el lector podía decir «¡Qué verdad era! ¡Yo estaba equivocado!».

Por un lado, la metáfora obligaba a reconsiderar el papel del pirata en la economía mediterránea, pero, por el otro, inducía a alguna reflexión sospechosa sobre el papel y los métodos de los mercaderes. En fin, que a los ojos de Aristóteles aquella metáfora anticipaba lo que luego diría Brecht: el verdadero crimen no es asaltar un banco sino poseerlo; y, por supuesto, el buen estagirita no podía saber que la aparente *boutade* de Brecht resultaría tremendamente inquietante a la luz de lo que ha sucedido en los últimos tiempos en el mercado financiero internacional.

Pues bien, no hay que fingir que Aristóteles (que hacía de asesor de un monarca) pensara como Marx, pero entenderán lo que me ha divertido esta historia de los piratas. Por las barbas de este Aristóteles.

[2010]

Montale y los saúcos

En el entrañable librito *Montale e la Volpe*, en el que Maria Luisa Spaziani recuerda episodios de su larga amistad con Montale, hay un episodio que habría que hacer estudiar en las escuelas: Spaziani y Montale pasan junto a una hilera de saúcos, cuyas flores Spaziani siempre había amado porque «si se las mira con atención, se puede divisar un estrellado nocturno, con pequeñísimos capullos dispuestos radialmente, un embeleso». Y quizá por eso, dice, entre las poesías de Montale que desde siempre se sabía de memoria, sobresalía un endecasílabo de extraordinario acento: *Alte tremano guglie di sambuchi*, «Altas tiemblan agujas de saúco».

Montale, al ver a Spaziani extasiada ante los saúcos, dice «qué flor tan bonita», luego pregunta qué es, arrancando de la amiga «un grito de animal herido». Pero, cómo, el poeta había hecho una espléndida imagen poética del saúco ¿y no era capaz de reconocer un saúco en la naturaleza? Montale se justifica diciendo: «Sabes, la poesía se hace con las palabras». Encuentro el episodio fundamental para entender la diferencia entre la poesía y la prosa.

La prosa habla de cosas, y si un narrador introduce un saúco en su historia tiene que saber qué es y describirlo como es debido, de otro modo podía no haberlo mencionado. En la prosa *rem tene, verba sequentur*, posee bien aquello de lo que quieres hablar y luego encontrarás las palabras adecuadas. Manzoni no habría podido empezar su novela con ese espléndido *incipit* (que es un eneasílabo) seguido por una *cantabile* descripción paisajista si antes no hubiera mirado durante mucho tiempo tanto las dos cadenas ininterrumpidas de montes como el promontorio de la derecha y la amplia costa del otro lado, y el puente que une las dos orillas, por no hablar del Resegone. En cambio, en la poesía sucede lo opuesto: primero te enamoras de las palabras, y lo demás llegará por su cuenta, *verba tene, res sequentur*.

Así pues, Montale ¿habrá visto acaso las minúsculas gavillas (*biche*), las algas asterias, la espadaña (*erbaspada*), el seto acotado del azarero (*pitosforo*), la pluma enviscada (*che s'invischia*), las tejas destruidas (*embrici*), la enloquecida pieris (*cavolaia*), el coro de las coallas (*coturnici*), la furlana y el rigodón, el azagadero (*rèdola*) en el foso? Quién sabe, pero ese es el valor de las palabras en la poesía, en la que el arroyo estrangulado *gorgoglia*, «borbolla», solo porque tiene que rimar con *foglia*, la hoja que se enrosca, porque si no habría podido, qué sé yo, gloglotear, borborritar, estertorear, runflar o boquear, mientras que una pura necesidad aural ha querido que el arroyo admirablemente borbolle y «para siempre / junto con lo que se cierra en una rotación / segura como el día, y la memoria / en su seno lo crece».

[2011]

Mentir y fingir

Los lectores se habrán dado cuenta de que en algunas de mis últimas columnas me he ocupado de la mentira. Lo cierto es que estaba preparando una ponencia que di el lunes pasado en el festival Milanesiana, que este año se ha dedicado a «Mentiras y verdades», donde he hablado también de la ficción narrativa. ¿Una novela es un caso de mentira? A primera vista, decir que don Abbondio se encontró con los dos bravos cerca de Lecco sería una mentira, ya que Manzoni sabía perfectamente que estaba contando algo que se había inventado. Claro que Manzoni no quería mentir: fingía, hacía como si lo que relataba hubiera sucedido de verdad y nos pedía que participáramos en su ficción, de la misma manera que aceptamos que un niño que empuña un bastón hace como si fuera una espada.

Por supuesto, la ficción narrativa requiere que se emitan señales de ficcionalidad que van desde la palabra «novela» en la cubierta hasta íncipits como «Érase una vez...», pero a menudo empieza con una señal de veracidad falsa. Aquí tienen un ejemplo:

Hará tres años, el señor Gulliver, cansado de la concurrencia de personas curiosas que acudían a su casa de Redriff, compró un pequeño terreno con una cómoda casa cerca de Newark. [...] Antes de abandonar Redriff, dejó en mis manos la custodia de estos papeles. [...] Los he revisado cuidadosamente tres veces, [...] hay un aire de verdad que se manifiesta en el conjunto; y verdaderamente el autor era tan conocido por su veracidad que entre sus vecinos de Redriff se convirtió en una especie de refrán, cuando alguien afirmaba algo, decir que era tan cierto como si lo hubiera dicho Gulliver.

Véase el frontispicio de la primera edición de *Los viajes de Gulliver*: no sale el nombre de Swift como autor de ficción, sino el de Gulliver como autobiógrafo verdadero. Quizá los lectores no se dejan engañar porque desde la *Historia verdadera* de Luciano en adelante las afirmaciones exageradas de veracidad suenan como una señal de ficción, pero a menudo en una novela se entremezclan hasta tal punto hechos fantásticos y referencias al mundo real que muchos lectores se desorientan.

Así, sucede que se tomen en serio las novelas como si hablaran de hechos que realmente han ocurrido y que atribuyan al autor las opiniones de los personajes. Y como autor de novelas les aseguro que más allá, digamos, de los diez mil ejemplares se pasa del público acostumbrado a la ficción narrativa al público salvaje que lee la novela como una secuencia de afirmaciones verdaderas, tal y como en el teatro de marionetas sicilianas los espectadores insultaban al villano Gano di Maganza.

Recuerdo que en mi novela *El péndulo de Foucault* el personaje de Diotallevi, para burlarse del amigo Belbo que usa obsesivamente el ordenador le dice en la página 37: «La Máquina existe, sí, pero no se inventó en tu valle de la silicona». Un colega que enseña asignaturas científicas observó con sarcasmo que Silicon Valley se traduce como Valle del Silicio. Le contesté que sabía perfectamente que los ordenadores se hacen con silicio (en inglés *silicon*), tanto es así que si miraba en la página 231 leería que, cuando el señor Garamond le dice a Belbo que incluya en la *Historia de los metales* también el ordenador porque está hecho con silicio, Belbo le contesta: «Pero el silicio no es un metal, sino un metaloide». También le dije que en la página 37, ante todo, no hablaba yo sino Diotallevi, que tenía su buen derecho de no saber ni ciencias ni inglés, y que, en segundo lugar, estaba claro que Diotallevi se estaba burlando de las malas traducciones del inglés, como uno que habla de un *hot dog* como de un perro en celo.

Mi colega (que desconfiaba de los humanistas) sonrió con escepticismo, considerando que mi explicación era una pobre escapatoria.

Ahí tienen el caso de un lector que, aun instruido, no sabía leer una novela como un conjunto, vinculando sus diferentes partes; también era impermeable a la ironía y, por último, no distinguía entre las opiniones del autor y las opiniones de los personajes. A un no humanista de este tipo el concepto de «fingir» le resultaba desconocido.

[2011]

Credulidad e identificación

La semana pasada recordaba que muchísimos lectores experimentan dificultades a la hora de distinguir la realidad de la ficción en una novela, y tienden a atribuir al autor pasiones o pensamientos de sus personajes. Para corroborarlo, encuentro ahora en internet un sitio que anota pensamientos de diferentes autores, y entre las «frases de Umberto Eco» encuentro la siguiente: «El italiano es de poco fiar, vil, traidor, se encuentra más a gusto con el puñal que con la espada, mejor con el veneno que con los fármacos, artero en los tratos, coherente solo en cambiar de pendón según sople el viento». No es que no haya algo verdadero, pero se trata de un tópico secular puesto en circulación por autores extranjeros, y en mi novela *El cementerio de Praga* esta frase la escribe un señor que en las páginas anteriores ha manifestado pulsiones racistas a ciento sesenta grados usando los clichés más manidos. Intentaré no poner jamás en escena personajes triviales, si no un día me atribuirán filosofemas como «madre solo hay una».

Ahora leo la última *Vetro soffiato*, la columna de Eugenio Scalfari en *L'Espresso*, que retoma mi columna anterior y plantea un nuevo problema. Scalfari está de acuerdo con el hecho de que hay personas que toman la ficción narrativa como la realidad, pero considera (y considera justamente que yo considere) que la ficción narrativa puede ser más verdadera que la verdad, inspirar identificaciones y percepciones de fenómenos históricos, crear nuevas maneras de sentir, etcétera. Es meridiano que no se puede estar en desacuerdo con esta opinión.

No solo eso, pues la ficción narrativa permite también resultados estéticos; un lector puede saber muy bien que madame Bovary no existió y aun así disfrutar con la manera en que Flaubert construye su personaje; pero he aquí que precisamente la dimensión estética nos lleva, por oposición, a la dimensión «alética» (es decir, que tiene que ver con esa noción de verdad compartida por los lógicos, los científicos, o por los jueces que en un tribunal tienen que decidir si un testigo ha dicho cómo se han desarrollado los hechos o no). Se trata de dos dimensiones distintas, pobre del juez que se conmoviera porque alguien culpable cuenta estéticamente bien sus mentiras; y yo me estaba ocupando de la dimensión alética, tanto es así que mi reflexión se produjo dentro de un discurso sobre lo falso y la mentira. ¿Es falso decir que una loción de Vanna Marchi hace crecer el pelo? Es falso. ¿Es falso decir que don Abbondio se encuentra con los dos bravos? Desde el punto de vista alético sí, pero el narrador no quiere decirnos que lo que cuenta es verdad sino que finge que es verdad y nos pide también a nosotros que finjamos. Como aconsejaba Coleridge, nos pide que «suspendamos la incredulidad».

Scalfari cita el *Werther*, y sabemos cuántos jovencitos y jovencitas románticos se suicidaron identificándose con el protagonista. ¿Acaso creían que la historia era verdadera? No es necesario, pues sabemos que Emma Bovary nunca existió y aun así nos conmovemos hasta la médula con su destino. Se reconoce que una ficción es una ficción, pero nos identificamos con el personaje.

De hecho, intuimos que si madame Bovary nunca existió, existieron tantas mujeres como ella, y quizá también nosotros seamos un poco como ella; se saca una lección sobre la vida en general y sobre nosotros mismos. Los antiguos griegos creían que lo que le sucedió a Edipo era verdadero y aprovechaban la ocasión para reflexionar sobre el hado. Freud sabía perfectamente que Edipo nunca existió, pero leía su historia como una lección profunda sobre cómo funcionan las cosas en el subconsciente.

¿Qué les pasa, en cambio, a los lectores de los que hablaba yo, que no saben distinguir en absoluto entre ficción y realidad? Su situación no tiene valencias estéticas, porque están tan preocupados por tomarse en serio la historia que no se preguntan si está bien o mal contada; no intentan extraer enseñanzas; no se identifican en absoluto con los personajes. Solo manifiestan lo que yo definiría como un déficit ficcional, son incapaces de «suspender la credulidad». Como estos lectores son más de los que pensamos, merece la pena ocuparse de ellos precisamente porque sabemos que todas las demás cuestiones estéticas y morales se les escapan.

[2011]

Tres parrafitos virtuosos

Inversiones. Todos nos hemos escandalizado con ese señor que ha abonado doscientos mil euros a la mafia calabresa, la '*ndrangheta*, para asegurarse, creo recordar, cuatro mil votos. Pues claro, son cosas que no se hacen. Pero por supuesto tampoco se ha reflexionado bastante sobre otros tres problemas. Primero: ¿de dónde sacó ese señor los doscientos mil euros, que son una suma notable? De acuerdo, habrán sido sus sudados ahorrillos. Segundo: ¿por qué para obtener un escaño de diputado regional se gastaba casi el equivalente a quince años de sueldo de un pequeño empleado? Y, aun admitiendo que tuviera ahorros, ¿cómo viviría el primer año si los ahorros se los había gastado ya? Quizá porque de su nueva posición podía obtener mucho más de doscientos mil euros.

El tercer problema es que circulan por Milán cuatro mil personas que por cincuenta euros han vendido su voto. O estaban demasiado desesperados o eran demasiado listos. En ambos casos es triste.

Desinversiones. Todos los que aman los libros se han indignado por la actividad del señor De Caro, director y predador de la biblioteca Girolamini de Nápoles, entre otras cosas porque parece ser que desde hace dos años no solo comerciaba con los libros robados en su propia biblioteca sino que producía también habilísimas falsificaciones. Si debo dar crédito a un artículo bien documentado de Conchita Sannino en *La Repubblica* del 2 de noviembre, muchos de esos libros se vendieron en eBay, entre ellos una *Crónica de Nuremberg*, famoso incunable, por treinta mil euros. Claro que en este asunto De Caro no es el único culpable. Cualquier lector de catálogos (pero es suficiente también una exploración de quince minutos en internet), sabe que la *Crónica* de Schedel se puede encontrar por un mínimo de setenta y cinco mil euros hasta un máximo de ciento treinta mil, según la perfección del ejemplar. Así pues, un ejemplar de treinta mil o está incompleto o está en tales condiciones que los libreros honestos la definirían como una «copia de estudio» (y en ese caso debería de costar menos de treinta mil euros). Por lo tanto, el que haya comprado en eBay una *Crónica* por ese precio no podía ignorar que estaba haciendo una adquisición arriesgada (eso si somos indulgentes; si somos severos se trata de receptación). Estamos completamente rodeados de granujas, unos en venta por cincuenta euros, otros con un descuento del sesenta por ciento sobre los precios de mercado.

Se empieza de pequeños. Leo con estupefacción en *Yahoo Answers* la siguiente petición: «¡Socorroooo! Necesitaría el resumen de "La cosa" de Umberto Eco. ¿Alguien me puede ayudar? Gracias». De momento no hay respuestas. En cambio, hay una respuesta a otra petición de ayuda para otra tarea: «El efecto de la tecnología en los jóvenes. Ayudadme, por favor» (todas estas peticiones están seguidas siempre por el emoticono de la sonrisa). Contesta una tal Luigia: «Jajajaajajjaj pues yo diría que la tecnología ha hecho que los jóvenes busquen respuestas fáciles en las redes sociales porque ya no son capaces de formular un pensamiento por su cuenta y van en busca de alguien que se lo sugiera. La omnisciencia de la web se ha convertido en su gran madre, capaz de viciarlos y hacer que vayan apagando poco a poco su cerebro… Jajajaaja».

Bravo, Luigia, buen sentido común, pero volvamos al episodio, que me halaga, porque un maestro o un profesor ha invitado a sus alumnos a hacer un resumen de uno de mis relatos. No creo que se haya limitado a mencionarlo invitando a los chicos a que lo buscaran; dada la brevedad del texto, les habrá dado una fotocopia. En cualquier caso, aquí tienen la atroz verdad: ese pequeño relato mío (publicado no les digo dónde, si por casualidad quieren hacer su pequeña búsqueda) cuenta con cinco, digo cinco, páginas. Así pues, el que ha lanzado la petición acababa antes leyéndoselo que encendiendo el ordenador, entrando en línea, escribiendo el mensaje y esperando una respuesta. O si no, lo ha leído y no era capaz de decir qué decía (y les aseguro que es un apólogo la mar de sencillo al alcance de un niño).

Creo que se trata solo de pereza. Se empieza robando una manzana, luego la billetera y luego se estrangula a la propia madre, me decían de pequeño. Se empieza pidiendo un resumen a los demás, luego se vende el voto por cincuenta euros y luego se roba un incunable, porque trabajar cansa, como decía aquel.

[2012]

¿Quién teme a los tigres de papel?

A principios de los años setenta, Marshall McLuhan anunció algunos cambios profundos en nuestra manera de pensar y comunicar. Una de sus intuiciones era que estábamos entrando en una aldea global y, sin duda, en el universo de internet se han hecho realidad muchas de sus predicciones. Ahora bien, tras haber analizado la influencia de la prensa en la evolución de la cultura y de nuestra misma sensibilidad individual con *La galaxia Gutenberg*, McLuhan anunció, con *Comprender los medios de comunicación* y otras obras, el ocaso de la linealidad alfabética y el predominio de la imagen. Simplificando mucho, los medios de comunicación de masas lo tradujeron como «se dejará de leer, se mirará la televisión (o las imágenes estroboscópicas en la discoteca)».

McLuhan muere en 1980, precisamente mientras están entrando en nuestra cotidianidad los ordenadores personales (aparecen unos modelos poco más que experimentales a finales de los años setenta, pero el mercado de masas empieza en 1981 con el PC IBM), y si hubiera vivido unos años más debería haber admitido que en un mundo en apariencia dominado por la imagen se estaba afirmando una nueva civilización alfabética, pues con un ordenador personal, o sabes leer y escribir, o no haces mucho. Es verdad que los niños de hoy saben usar un iPad también en edad preescolar, pero toda la información que recibimos por internet, correos electrónicos y SMS, se basa en conocimientos alfabéticos. Con el ordenador se ha perfeccionado la situación que, en *Nuestra Señora de París* de Hugo, preconizaba el canónigo Frollo, quien indicando primero un libro y luego la catedral que veía desde la ventana, rica en imágenes y otros símbolos visuales, decía: «Esto matará a aquello». Sin duda, el ordenador se ha demostrado un instrumento de la aldea global con sus enlaces multimedia, y es capaz de hacer revivir también el «aquello» de la catedral gótica, pero se rige fundamentalmente por principios neogutenberguianos.

Regresado el alfabeto, con la invención de los e-books se ha perfilado la posibilidad de leer textos alfabéticos no en papel sino en pantalla; de ahí una nueva serie de profecías sobre la desaparición del libro y de los periódicos (en parte sugerida por ciertas flexiones en sus ventas). De este modo, uno de los deportes preferidos de todo periodista que carezca de fantasía desde hace algunos años consiste en preguntarle a cualquiera que escriba cómo ve la desaparición del soporte de papel. Y no es suficiente sostener que el libro todavía reviste una importancia fundamental para el transporte y la conservación de la información, que tenemos la prueba científica de que han sobrevivido de maravilla libros impresos hace quinientos años, mientras no tenemos pruebas científicas para sostener que los soportes magnéticos actualmente en uso puedan sobrevivir más de diez años (ni podemos verificarlo, dado que los ordenadores de hoy ya no leen los *floppy disks* de los años ochenta).

Sin embargo, ahora se producen algunos acontecimientos desconcertantes que nos cuentan los periódicos, pero cuyos significado y consecuencias todavía no hemos captado. En agosto, Jeff Bezos, el de Amazon, compró el *Washington Post* y, mientras se certifica el ocaso del periódico de papel, Warren Buffett ha coleccionado no hace mucho nada más y nada menos que sesenta y tres periódicos locales. Como observaba hace poco Federico Rampini en *La Repubblica*, Buffett es un gigante de la *old economy* y no es un innovador, pero tiene un olfato especial para las oportunidades de inversión. Y parece ser que también otros tiburones de Silicon Valley se están moviendo hacia los periódicos.

Rampini se preguntaba si la traca final no la pondrán Bill Gates o Mark Zuckerberg comprando el *New York Times*. Aunque esto no suceda, está claro que el mundo de lo digital está descubriendo el papel. ¿Cálculo comercial, especulación política, deseo de conservar la prensa como institución democrática? Todavía no estoy en condiciones de ensayar una interpretación del hecho. Con todo, lo que me parece interesante es que se asiste a otro vuelco de las profecías. Quizá Mao no tenía razón: tómense en serio a los tigres de papel.

[2013]

La Cuarta Roma

La caída de la Cuarta Roma

Precisamente hacia mediados del tercer milenio, edwardgibbon@history.uk escribió su célebre *Historia de la decadencia y caída de los imperios de Occidente*, donde relata el final de la Cuarta Roma del siglo XX, un *network* imponente compuesto por un gran imperio central y un archipiélago de reinos federados. El valor de esta obra se debía a su vigor narrativo; el defecto era que el autor intentaba interpretar, acaso demasiado mecánicamente, la caída de la Cuarta Roma con los mismos términos con los que sus predecesores interpretaron y describieron la caída del primer Imperio romano.

Por ejemplo, la Cuarta Roma se jactaba de haber sometido a la Tercera Roma de los sármatas, pero —reinterpretando de forma original el lema *parcere subiectis et debellare superbos*— no instaló sus legiones sino que permitió el desarrollo de una mafia libre en un libre mercado. La Primera Roma cayó porque se había encomendado a ejércitos mercenarios poco dispuestos a morir batiéndose contra los bárbaros; la Cuarta Roma, en cambio, elaboró un modelo de guerra donde ninguno de los propios mercenarios moría y, por lo menos en apariencia, no se mataba a ningún bárbaro. De este modo, el drama de la Cuarta Roma empezó cuando se dieron cuenta de que aun siendo verdad que el imperio ya no perdía guerras, tampoco las ganaba. Puesto que las guerras (que, por definición, terminan cuando uno de los dos gana) no podían darse por concluidas, la Cuarta Roma ya no podía instaurar su propia *pax*.

En la Primera Roma, un dictador se instalaba en el solio imperial gracias a revoluciones palaciegas, mediante la eliminación violenta de sus propios rivales. En cambio, en la Cuarta Roma la crisis dinástica se producía cuando en el solio imperial se instalaban democráticamente nada más y nada menos que dos emperadores a la vez, y nadie era capaz de decir ya quién era el emperador legítimo. Las luchas dinásticas se transfirieron más bien a los reinos de los vasallos, a los más periféricos, pero no concernían tanto a la manera de conquistar el poder sino a la de perderlo. Dadas dos facciones en lucha por el poder, cada una debería tender a la máxima cohesión interna, intentando mientras tanto producir crisis y fracturas en las huestes enemigas. En los reinos vasallos de la Cuarta Roma, en cambio, se producían dramáticas situaciones de punto muerto entre dos ejércitos, cada uno de los cuales no atacaba al otro porque estaba preocupado por su propia batalla interna. Ganaba por lo tanto la facción cuyos adversarios (más hábiles) se habían autodestruido antes.

edwardgibbon@history.uk tenía razón, en cambio, al identificar la época histórica de la que se ocupaba como una nueva época de decadencia. Ahora bien, la primera decadencia temía, en las fronteras del imperio, a hordas «de grandes bárbaros blancos» (como cantaba el Poeta), mientras que la segunda estaba obsesionada por la invasión pacífica de pequeños bárbaros de colores. En ambos casos, el imperio reaccionaba componiendo (como bien decía el Poeta) «acrósticos indolentes». Un erotismo difuso había enturbiado ya las costumbres antiguas: desfiles de muchachas vestidas sucintamente alegraban los grandes acontecimientos sociales, y los hombres poderosos se presentaban en público abrazando hetairas procaces y entonando himnos a la alegría y al placer. El pueblo estaba atraído ya tan solo por juegos circenses, a los que seguía la matanza recíproca de una decena de jóvenes encerrados durante meses en la misma celda. También la religión de los ancestros estaba en crisis; los fieles, más que ocuparse de las grandes cuestiones teológicas sobre las que se había fundado su fe, se abandonaban a cultos mistéricos, adorando estatuas habladoras y llorosas, escuchando oráculos, mezclando ritos tradicionales y conductas orgiásticas.

[2000]

¿De verdad es un Gran Comunicador?

Cuando salga esta columna, probablemente se habrá calmado la discusión suscitada por la declaración del presidente del gobierno en una sede oficial e internacional sobre sus presuntos problemas familiares; debo decir que la prensa de cualquier color se ha portado con ejemplar discreción al respecto, registrando y comentando el acontecimiento el primer día, pero evitando meter el dedo en la llaga. Por lo tanto, no vuelvo ahora a ello por falta de buen gusto, cuando ha transcurrido un poco de tiempo, sino porque el episodio deberá ser discutido en los años venideros en los cursos de ciencias de la comunicación, y los derechos de la reflexión son soberanos.

Pues bien, y espero que tras casi dos semanas todos lo hayan olvidado: durante un encuentro con el presidente de un gobierno extranjero, nuestro primer ministro hizo unas afirmaciones que concernían a una presunta (en el sentido de rumoreada, tema de cotilleo) relación entre su propia esposa y un señor, refiriéndose a su señora como: «pobre mujer». Desde el día siguiente, al leer los periódicos, se observaba que había dos interpretaciones posibles del episodio. La primera era que nuestro *premier* estaba exasperado y se desahogó con una invectiva muy privada en una ocasión pública. La segunda era que ese Gran Comunicador que es nuestro presidente del gobierno, tras notar que circulaba un cotilleo que resultaba embarazoso para él, para cortarlo por lo sano lo convirtió en materia de pública burla, quitándole de esa forma todo sabor prohibido.

Está claro que en el primer caso el «pobre mujer» resultaría ofensivo para la esposa, mientras que en el segundo resultaría ofensivo para el presunto tercero en discordia (pobrecita, se sobrentendía, si fuera verdad —pero obviamente no es verdad, visto que bromeo con ello)—. Si la primera interpretación, que yo tendería a excluir, fuera exacta, el caso sería un asunto más del psiquiatra que del politólogo. Demos por buena entonces la segunda. Y es precisamente esta la que debe convertirse en tema de reflexión no solo para seminarios de ciencias de la comunicación, sino también para seminarios de historia.

En efecto, el Gran Comunicador parece haber ignorado el principio obvio de que un desmentido es una noticia que se da dos veces. Ojalá fueran solo dos. Yo, por ejemplo (quizá porque en los últimos meses he viajado muchísimo, y por países no obsesionados por lo que pasa en nuestra casa), nunca había oído hablar de ese cotilleo, que tal vez circulaba entre algunos políticos, algunos intelectuales y algunos huéspedes a bordo del crucero *Costa Smeralda*. Aun siendo generosos, digamos mil, dos mil personas. Tras la intervención pública del presidente del gobierno, y considerando la existencia de la Unión Europea, la insinuación ha sido comunicada a unos centenares de millones de personas. Como golpe de Gran Comunicador no me parece de manual.

De acuerdo, aconsejaremos a nuestros estudiantes que no se porten de ese modo, porque la publicidad de una pasta de dientes que empezara con «para vergüenza de los que sostienen que la pasta de dientes produce cáncer» haría que en la mente de los compradores surgieran una serie de dudas que provocarían la caída de las ventas de ese utilísimo adminículo. Les explicaremos que de vez en cuando, como Homero, también Berlusconi dormita, es la edad.

Ahora bien, la segunda reflexión es importante desde el punto de vista historiográfico. Un político suele hacer todo lo posible para mantener separados sus problemas domésticos de los problemas de Estado. Clinton es sorprendido con los calzoncillos en la mano, pero hace todo lo posible para echar pelillos a la mar, y moviliza incluso a su mujer para que diga en televisión que se trata de temas insignificantes. Mussolini habrá sido lo que fue, pero sus problemas con la señora Rachele los resolvía entre las cuatro paredes de casa, no iba a discutirlas en la piazza Venezia, y si mandó a tanta gente a morir en Rusia fue para perseguir su sueño de gloria, no para complacer a Claretta Petacci. ¿Dónde hay en la historia una fusión tan completa entre el poder público y los asuntos personales? En el Imperio romano, en el que el emperador es el dueño absoluto del Estado: el Senado no lo controla ya, le basta el apoyo de los pretorianos y entonces la toma con su madre, hace senador a su caballo, obliga a los cortesanos que no aprecian sus versos a cortarse las venas...

Esto sucede cuando se crea no un conflicto de intereses, sino una absoluta identidad de intereses entre la propia vida (intereses privados) y el Estado. Semejante identidad absoluta de intereses prefigura un régimen, por lo menos en la fantasía de los que lo anhelan, que no tiene nada que ver con los regímenes de antaño, sino con ritos del Bajo Imperio. Por otra parte, ¿recuerdan cómo, al principio de la Edad del Absolutismo, para prevenir (según Dumas) el golpe de Milady a las joyas de la reina (su amante) lord Buckingham hace cerrar los puertos y declara la guerra a Francia? Pues bien, cuando hay absoluta identidad de intereses, suceden historias de este tipo.

[2002]

Matar a un pajarito

A propósito de las discusiones sobre las características que pueden atribuirse al «régimen» que el gobierno de Silvio Berlusconi está instaurando de manera lenta y progresiva, vale la pena aclarar mejor algunos conceptos como conservador, reaccionario, fascista, qualunquista, populista, o similares. El reaccionario es aquel que considera que hay una sabiduría antigua, un modelo tradicional de orden social y moral al que es preciso volver a toda costa, oponiéndose a las denominadas conquistas del progreso, desde las ideas democrático-liberales hasta la tecnología y la ciencia modernas. El reaccionario no es, pues, un conservador, si acaso es un revolucionario «hacia atrás». A lo largo de la historia han existido grandes reaccionarios que desde luego no presentaban ninguno de los rasgos de las ideologías fascistas, propias del siglo XX. Es más, con respecto al reaccionarismo clásico, el fascismo era «revolucionario-modernista», exaltaba la velocidad y la técnica moderna (véanse los futuristas) aunque luego, con el sincretismo socarrón que le caracterizaba, alistaba en sus filas también a reaccionarios en el sentido histórico del término, como Evola.

El conservador no es un reaccionario y menos aún un fascista. Véase a Churchill, por ejemplo, con sus valores liberales y antitotalitarios. El populismo, en cambio, es una forma de régimen que, al intentar saltarse las mediaciones parlamentarias, tiende a establecer una relación plebiscitaria inmediata entre el líder carismático y las multitudes. Ha habido tantos casos de populismo revolucionario —en los que mediante el llamamiento al pueblo se proponían reformas sociales— como formas de populismo reaccionario. El populismo es simplemente un método que prevé la apelación visceral a las que se consideran las opiniones o los prejuicios más arraigados en las masas (sentimientos que podríamos definir como poujadistas o qualunquistas). Por ejemplo, Umberto Bossi, líder de la Liga Norte, usa métodos populistas apelando a sentimientos cuyo denominador común es una actitud de indiferencia ideológica, como la xenofobia o la desconfianza hacia el Estado. En ese sentido, tiene claramente carácter de «pasotismo» político el llamamiento de Berlusconi a sentimientos profundos y «salvajes», como la idea de que es justo defraudar impuestos, que los políticos son todos unos ladrones, que debemos desconfiar de la justicia porque es la que nos mete en la cárcel. Un conservador serio y responsable no exhortaría jamás a los ciudadanos a no pagar los impuestos, porque pondría en crisis el sistema que se propone conservar.

Con respecto a estas diversas posiciones, muchos temas de debate político son transversales. Por ejemplo la pena de muerte. Los conservadores pueden ser tanto partidarios como contrarios; un reaccionario suele estar a favor, anclado a los mitos del sacrificio, de la reparación, de la sangre como elemento purificador (véase De Maistre); para un populista puede ser un buen argumento que apela a las inquietudes de la gente común en lo que concierne a delitos feroces; y tampoco los regímenes comunistas la han cuestionado nunca. Es distinta la posición con respecto a los valores ambientales: el tema de la protección de la Madre Tierra, aun a costa de eliminar a la especie humana, es exquisitamente reaccionario, pero pueden batirse en defensa del ambiente tanto un conservador responsable (no Bush, que tiene que responder a potencias industriales a las que les interesa un desarrollo incontrolado), como un revolucionario de extrema izquierda.

Un populista podría estar a favor del respeto del ambiente, pero suele tener que vérselas con los sentimientos profundos del «pueblo» a los que se dirige. El mundo campesino ha sido respetuoso con el ambiente a lo largo de los siglos solo en lo concerniente a las técnicas de cultivo en el área restringida de su propia competencia, pero siempre ha deforestado cuando lo necesitaba, sin preocuparse de las consecuencias geológicas a mayor escala. Si nos parece que los campesinos de antaño respetaban el ambiente más que los modernos es solo porque entonces había tales cantidades de bosques y selvas que su destrucción todavía no constituía un problema. «Cada uno tiene derecho a construirse su casita donde quiera, sin trabas impuestas por vínculos ambientales» puede ser, por lo tanto, un llamamiento populista de éxito.

Estos días se habla de una ley que pretendería extender de forma desmesurada las prerrogativas de los cazadores. La caza es una práctica y una pasión popular que se basa en sentimientos atávicos. Visto que el consorcio humano admite la cría de pollos, cerdos y ganado vacuno para luego matarlos y comérselos, podríamos admitir que sea aceptable que, en cotos reservados, lejos de las zonas habitadas y en determinadas estaciones del año, alguien vaya a matar por deporte a animales comestibles cuya reproducción esté salvaguardada y controlada. Pero dentro de ciertos límites. En cambio, la ley de la que se discute intenta colocar de nuevo esos límites en dimensiones preecológicas. ¿Por qué? Porque con esta propuesta se hace un llamamiento a pulsiones ancestrales, a ese «pueblo profundo», que desconfía de toda crítica y de toda reforma de las tradiciones, que es el caldo de cultivo de todas las derivas populistas.

Así pues, esta proposición de ley subraya una vez más la naturaleza populista de un régimen reptante que se alimenta de llamamientos a los instintos incontrolados del electorado menos educado críticamente.

[2004]

Sobre el régimen de populismo mediático

En los días en que Silvio Berlusconi anunciaba en el programa de televisión *Porta a Porta* la presunta retirada de las tropas italianas de Irak, yo me encontraba en París, donde se estaba inaugurando el Salón del Libro, así que pude hablar de los asuntos italianos con los franceses, cuya especialidad es no entender nunca exactamente qué pasa en mi país, y a menudo no sin razón.

Primera pregunta: ¿por qué vuestro primer ministro anuncia una decisión tan grave en un programa de televisión y no en el Parlamento (al que quizá habría debido pedir una opinión o un consenso)? Les explico que esa es la forma del régimen de populismo mediático que Berlusconi está instaurando, un régimen donde entre el jefe y el pueblo se establece una relación directa a través de los medios de comunicación, con la consiguiente desautorización del Parlamento (donde el jefe no necesita ir a buscar un consenso porque lo tiene asegurado, con lo que el Parlamento tiende a convertirse en el notario que registra los acuerdos tomados entre Berlusconi y Bruno Vespa, el presentador del programa de televisión).

Les explico también que Italia es un extraño país basado en la mala fe semántica. Por ejemplo: mientras los periódicos o las radios estadounidenses usan *insurgency* cuando hablan de Irak (término que en mi casa se traduce como «insurrección», o cuando menos como guerrilla difusa), si alguien en Italia usa el término más o menos correspondiente de «resistencia», nos rasgamos las vestiduras como si se quisiera comparar el terrorismo fundamentalista con la gloriosa Resistencia italiana. Todo ello sin aceptar la idea de que «resistencia» es un término neutro, como «insurgencia» o «insurrección», que debe usarse cuando en un país una parte de la población resiste armada al ocupante extranjero, aunque lo que hagan los insurgentes no nos guste, y asimismo cuando en el movimiento guerrillero se introducen grupos abiertamente terroristas. Les revelo también que las quejas más apasionadas por la afrenta que se haría a la gloriosa Resistencia italiana proceden, entre otras cosas, de los mismos que están intentando demostrar en otros ámbitos que nuestra Resistencia fue obra de bandidos y de asesinos. Pero eso es otra historia.

A continuación les aclaro (otra curiosa debilidad semántica) que muchas personas se rasgan las vestiduras cuando se habla de régimen a propósito de Berlusconi, porque piensan que ha habido un único régimen, el régimen fascista, y es pan comido demostrar que Berlusconi no les está poniendo la camisa negra a los niños italianos ni intenta conquistar Etiopía (algo que creo que ni siquiera un ultraderechista como Francesco Storace sigue pensando hacer). Ahora bien, la palabra «régimen» significa forma de gobierno, tanto es así que se habla de régimen democrático, régimen monárquico, régimen republicano, etcétera. La que Berlusconi está instaurando es una forma de gobierno inédita, distinta de la que sanciona nuestra Constitución, y se trata, precisamente, de ese populismo mediático del que hablaba, hasta tal punto que para perfeccionarlo Berlusconi intenta modificar la Constitución.

Con el paso de los días, las preguntas se fueron multiplicando, sobre todo cuando, tras las severas reprimendas de Bush y Blair, Berlusconi dijo que nunca había dicho que retiraría las tropas de Irak. Pero cómo es posible que se contradiga de esa forma, me preguntaban mis interlocutores, y yo les comentaba que esa es la bondad del populismo mediático. Si vas al Parlamento a decir una cosa, te la registran en el acta enseguida y después no puedes decir que no la has dicho. En cambio, al decirla en televisión, Berlusconi obtuvo el resultado que se proponía (ganar cierta popularidad con fines electorales); y después, cuando afirmó que no lo había dicho, por un lado, tranquilizó a Bush y, por el otro, no perdió mucho del consenso que había ganado, puesto que es virtud de los medios de comunicación que quien los sigue (y no lee los periódicos) se olvide al día siguiente de lo que se había dicho con exactitud el día anterior, y a lo sumo conserva la impresión de que Berlusconi había dicho algo simpático.

Este proceder es típico, por ejemplo, de la teletienda: los que venden una loción para el pelo pueden enseñar a las ocho y media dos fotos de un cliente que estaba completamente calvo y que luego recupera una tupida cabellera, para decir un poco más tarde, a las diez y media, que naturalmente su producto es serio, no promete hacer crecer el pelo perdido, pero lo que sí hace es detener la caída del cabello que todavía resiste. Mientras tanto, los telespectadores han cambiado o, si son los mismos, se han olvidado de lo que se había dicho dos horas antes, y solo tienen la impresión de que el vendedor vende cosas documentadas y no falsas esperanzas.

Pero bueno, observaban mis interlocutores, ¿es que los italianos no se dan cuenta de que haciendo lo que hace Berlusconi —e Italia con él— pierden credibilidad no solo ante Chirac o Schroeder sino también ante Blair y Bush? No, contesté yo, de eso pueden darse cuenta los italianos que leen los periódicos, pero son una minoría con respecto a los que reciben noticias solo de la televisión, y la televisión da únicamente las noticias que le gustan a Berlusconi. Que es el régimen de populismo mediático.

[2005]

«My Heart Belongs to Daddy»

Reflexión número uno. Leo que nuestro primer ministro ha dicho que no hay nada malo en presentar en las listas electorales a mujeres físicamente no desagradables. El problema es cómo se dicen las cosas. Todos saben el chiste del jesuita y del dominico que están haciendo ejercicios espirituales, y mientras recita el breviario el jesuita fuma beatíficamente. El dominico le pregunta cómo puede hacerlo, y el otro le contesta que ha pedido permiso a sus superiores. El ingenuo dominico dice que también él ha pedido el permiso y se lo han negado. «Pero tú, ¿cómo lo has pedido?», le pregunta el jesuita. Y el dominico: «¿Puedo fumar mientras rezo?». Era obvio que le contestaran que no. En cambio, el jesuita preguntó «¿Puedo rezar mientras fumo?», y los superiores le dijeron que se podía rezar en cualquier circunstancia.

Si Berlusconi hubiera dicho que no hay nada malo en que una candidata a las elecciones sea también guapa, todos, feministas incluidas, habrían aplaudido. Pero ha dado a entender que no había nada malo en que una chica guapa fuera candidata a las elecciones, y ahí es donde duele. Quizá esté mal presentar a una chica a las elecciones solo porque es guapa.

Reflexión número dos. Sin duda no está bien pensar mal a propósito del asunto de la chiquilla napolitana que llama «papi» a Berlusconi. Sin embargo, es imposible no recordar una canción inmortal de Cole Porter, que hicieron célebre Marilyn Monroe y Eartha Kitt, «My Heart Belongs to Daddy», en la que una chiquilla con una voz muy sexy cuenta que no puede mantener relaciones adecuadas con los chicos de su edad porque su corazón pertenece a *daddy*, es decir, a *papi*. Mucha tinta se ha derramado con respecto a la pasión de esta chica —¿incesto, pedofilia, apego a los valores familiares?— y las ideas al respecto siguen siendo oscuras (entre otras cosas, Cole Porter era un pícaro…). Una vez dicho esto, la canción es muy bonita y sensual, y es curioso que el intérprete de las canciones que escribe Berlusconi, Mariano Apicella, no la conociera.

Reflexión número tres. Parece ser que el mismo primer ministro ha dicho que no queremos convertirnos en una civilización multiétnica, por lo que es necesario, como quiere la Liga Norte, intensificar los controles sobre la inmigración. A primera vista, parece haber dicho lo mismo que el líder de la izquierda Piero Fassino, que hay que controlar a los inmigrantes clandestinos y ayudar a los legales. Pero detrás había otra idea, es decir, que la decisión de convertirse o no en una civilización multiétnica es voluntaria. Como si la Roma imperial (y antes aún) hubiera decidido si quería ser invadida por los bárbaros o no. Los bárbaros, cuando hacen presión en las fronteras, entran y basta. La sabiduría de la Roma imperial (que le permitió sobrevivir algunos siglos) fue hacer leyes para legitimar los asentamientos bárbaros, dando la ciudadanía a los que se instalaban pacíficamente dentro de los confines del imperio, incluso admitiéndolos en su ejército. De este modo tuvo emperadores ilirios y africanos, una nueva religión fundada por un turco llamado Saulo, y entre sus últimos pensadores un bereber de nombre Agustín.

Cuando masas enormes empujan en los límites de nuestro mundo para entrar, no podemos fingir que la decisión de admitirlos o no depende de nosotros. Aparte del hecho de que, si Italia hubiera dado en las décadas pasadas una imagen de sí pobre y desharrapada, quizá millares de africanos (y de balcánicos) jamás habrían pensado en venir aquí. El hecho es que veían la televisión italiana, sobre todo Mediaset, donde el nuestro se presentaba como un país poblado por fabulosas tías buenas, donde bastaba contestar que Garibaldi no era un ciclista para ganar monedas de oro. Era obvio, pues, que todos se pusieran a nadar para llegar aquí, sin saber que una vez aquí dormirían en una caja de cartón en los subterráneos de la estación y, si tenían suerte, violarían a señoras sesentonas.

Reflexión número cuatro. Leo que los hackers no solo entran en la memoria de los bancos, sino que están poniendo en jaque a los servicios secretos de medio mundo, penetrando incluso en los sitios de la CIA. Previsible. Ahora me imagino que dentro de poco (o quizá ahora mismo) en línea hablarán solo los adúlteros, felizmente a oscuras del hecho de que el cónyuge traicionado puede saber todo lo que se dicen, y los bobos que aman ver cómo su cuenta corriente se vacía. Los servicios secretos, en cambio, hará tiempo que han abandonado internet. Mandar un mensaje secreto desde Londres el martes por la mañana de modo que lo reciban enseguida en Nueva York es cómodo, pero en el fondo un agente secreto que sale de Londres a las nueve llega a Nueva York a las doce, hora local. Y entonces es mucho más cómodo llevar el mensaje en un tacón del zapato, aprendérselo de memoria, o a lo sumo introducírselo en el esfínter. ¡Adelante, a paso de cangrejo hacia el progreso!

[2007]

«¿Racista yo? ¡Pero si es él, que es negro!»

Quizá se habrán calmado las discusiones a nivel nacional, pero no a nivel internacional. Sigo recibiendo correos electrónicos de amigos de varios países que me preguntan cómo es posible que el presidente Berlusconi haya podido cometer esa histórica metedura de pata, al bromear sobre el hecho de que el nuevo presidente de Estados Unidos, además de joven y bien parecido, también estaba bronceado.

Numerosas personas se han esforzado en dar una explicación de la expresión usada por Berlusconi. Para los malignos se iba desde la interpretación catastrófica (Berlusconi quería insultar al neopresidente) hasta la interpretación formato *trash*: Berlusconi sabía perfectamente que estaba metiendo la pata, pero sabía asimismo que su electorado adora esas torpezas y lo encuentra simpático precisamente por eso. En cuanto a las interpretaciones benignas, iban desde las ridículamente absolutorias (Berlusconi, devoto de las lámparas bronceadoras, quería alabar a Obama), a las interpretaciones apenas indulgentes (ha hecho una gracia inocente, no exageremos).

Lo que los extranjeros no entienden es por qué Berlusconi en lugar de defenderse diciendo que sus palabras han sido tergiversadas y que él quería decir otra cosa (que es en definitiva su técnica habitual) ha insistido en reivindicar la licitud de su expresión. Ahora bien, la única respuesta verdadera es que Berlusconi efectivamente lo hizo de buena fe, pensaba que había dicho una cosa la mar de normal, y todavía ahora no ve qué hay de malo en ello.

Ha dicho (piensa él) que Obama es negro; ¿acaso no es negro, y nadie lo niega? Berlusconi parece sobrentender: es evidente que Obama es negro, todos los escritores negros de América se han definido felices porque un negro va a la Casa Blanca, desde hace tiempo los negros de Estados Unidos repiten que «black is beautiful», negro y bronceado es lo mismo, y por lo tanto se puede decir que «tanned is beautiful». ¿O no?

No. Recordarán que los blancos estadounidenses llamaban «negro» (se pronuncia «nigro») a los originarios de África, y cuando querían expresar su desprecio decían «nigger». Luego los negros han conseguido ser llamados «black»; pero todavía hoy se puede decir de los negros, para provocar o bromear, que son «nigger». Salvo que pueden decirlo ellos, pero si lo dice un blanco le parten la cara. Al igual que ciertos homosexuales que para calificarse, provocadoramente, usan expresiones mucho más denigratorias, pero si las usa uno que no es gay como mínimo se ofenden.

Pues bien, decir que un negro ha llegado a la Casa Blanca es una constatación, y es posible decirlo tanto con satisfacción como con odio, y todos pueden decirlo. En cambio, definir a un negro como bronceado es una forma de decir y no decir, esto es, de sugerir una diferencia sin atreverse a llamarla por su nombre. Decir que Obama es «un negro» es una verdad evidente, decir que «es negro» ya es una alusión al color de su piel, decir que está bronceado es una maligna tomadura de pelo.

Está claro que Berlusconi no quería crear un incidente diplomático con Estados Unidos. Pero hay formas de decir o de comportarse que sirven para distinguir personas de diferentes extracciones sociales o de distinto nivel cultural. Será esnobismo, pero en ciertos ambientes italianos una persona que dice «manàgment» queda a la altura del betún, como el que dice «Universidad de

Harvard» sin saber que Harvard no es un lugar (y los hay incluso que pronuncian «Haruard»); y desde los ambientes más exclusivos se estigmatiza a los que escriben *Finnegan's Wake* con el genitivo sajón. Un poco como antaño se identificaba a las personas de baja extracción social porque estiraban el meñique mientras levantaban la copa de vino, para dar las gracias por el café decían «la próxima me toca a mí», y en lugar de decir «mi mujer» decían «mi señora».

A veces el comportamiento delata un ambiente de origen; recuerdo un personaje público conocido por su austeridad que, al final de un discurso mío de apertura en una exposición, vino a estrecharme cordialmente la mano diciéndome: «Profesor, no sabe cuánto me ha hecho gozar». Los que nos rodeaban sonrieron apurados, pero aquella persona, al haber frecuentado siempre a gente timoratas de Dios, no sabía que esa expresión ya solo se usa en sentido carnal. Por lo que atañe al espíritu se dice «ha sido un verdadero gozo intelectual». «¿Y no es lo mismo?», diría Berlusconi. No, las formas de decir nunca son lo mismo.

Sencillamente, Berlusconi no frecuenta ciertos ambientes donde se sabe que se puede mencionar el origen étnico pero no aludir al color de la piel, así como no debe comerse el pescado con el cuchillo.

[2008]

Berlusconi y Pistorius

La literatura sobre Berlusconi es bastante amplia. Entre los panfletos más recientes señalo el que acabo de ver en galeradas (lo publicará Manifestolibri): *Fenomenologia di Silvio Berlusconi*, de Pierfranco Pellizzetti, que abarca desde la estética a la sexualidad del líder. Ya ha salido, en cambio, *Il corpo del capo*, de Marco Belpoliti, que considera solo un aspecto muy peculiar del personaje: su relación con el propio cuerpo y la representación que Berlusconi da de él sin cesar.

Aunque pueda parecer extraño, no todos los jefes tienen un cuerpo; baste con pensar en un gran líder como Alcide De Gasperi, cuya fealdad de gavilán recordarán sin duda los que vivieron en los años cincuenta, pero limitada a los rasgos de la cara. Vayan a ver su monumento en Trento: no tiene cuerpo, tanto que desaparece bajo un traje Facis arrugado. Por otra parte, no tenían cuerpo (a lo sumo un rostro reconocible) los líderes del pasado, desde Nenni a Fanfani, e incluso Togliatti, cuyo indudable carisma era sobre todo de carácter intelectual. Y esto vale también para los demás países: nadie se acuerda del cuerpo de los presidentes franceses, salvo del de De Gaulle (pero simplemente por la estatura y por la nariz casi caricaturescas); de los ingleses queda la imagen de Churchill, pero más que nada su cara de buen bebedor con puro, para lo demás solo un vago recuerdo de obesidad; ninguna corporalidad tenía Roosevelt (como no fuera en sentido negativo, porque era minusválido), Truman parecía un agente de seguros, Eisenhower un tío, y el primero que jugó con su físico (pero, una vez más, solo con su cara) fue Kennedy, que le ganó a Nixon con algún plano televisivo bien centrado.

¿Tenían un cuerpo los grandes líderes del pasado? A algunos, como Augusto, se lo ha regalado la estatuaria, de otros se puede suponer que tomaron el poder porque eran fuertes y dotados de algún ascendente no sobre el pueblo (que no tenía ocasiones para verlos) sino sobre su *entourage*. De lo demás se ocupaba la leyenda, por ejemplo, atribuyendo a los monarcas franceses la virtud de curar la escrófula. Pero no creo que Napoleón arrastrara a sus soldados a la matanza por sus virtudes somáticas.

Para que un jefe adquiera un cuerpo y se ocupe de la imagen de ese cuerpo de forma casi obsesiva (atención, no solo la cara, todo el cuerpo) hay que aguardar a la era de las comunicaciones de masas, empezando por la fotografía.

Y entonces se puede empezar, como por otra parte hace Belpoliti, a estudiar la relación de Mussolini con su propio cuerpo, tan consustancial con su poder que para sancionar su caída debe invertirse, por así decirlo, su ascendente somático y desfigurar su cuerpo colgándolo cabeza abajo.

Si hay analogías entre Berlusconi y Mussolini, entendámonos, para no escandalizar a nadie, no es porque Berlusconi sea un «fascista», sino porque al igual que Mussolini quiere establecer una relación populista con la masa, gracias a un cuidado casi monomaníaco de su propia imagen. No quiero seguir los análisis que Belpoliti lleva a cabo preferentemente sobre la fotografía, empezando por los tiempos en los que Berlusconi cantaba en los barcos hasta nuestros días, y a lo sumo lamento que tanta abundancia de análisis no se corresponda con esa abundancia de imágenes que el lector desearía (hay unas veinte, realmente «habladoras», pero tras ese aperitivo quisieras ver más).

Como indicaciones de lectura sugeriré los buenos análisis de sus manos, de su sonrisa, la inesperada y provocadora exploración del lado femenino del personaje, los obvios desarrollos sobre la cultura del narcisismo (Belpoliti recurre a autoridades y fuentes de diverso tipo, desde Jung a Foucault y a Sennett), las anotaciones sobre el uso de la familia como extensión (siempre accesorio) de la propia corporalidad.

Si acaso la diferencia fundamental entre Mussolini y Berlusconi es que el primero, uniformes aparte, usaba el propio cuerpo, torso desnudo incluido, como su madre lo hizo, si acaso acentuando intrépidamente su calvicie, mientras que en Berlusconi prevalece el elemento *cyborg*, la progresiva alteración de las propias facciones naturales (Belpoliti alude a una singular analogía entre Berlusconi y Oscar Pistorius, el corredor con las piernas artificiales), desde los trasplantes pilíferos a los liftings, para entregarse a sus propios devotos en una imagen mineralizada que se desearía sin edad. Aspiración a la eternidad curiosa para quien, al final, Belpoliti analiza como «estrella permanente de lo efímero».

[2009]

El extraño caso del comensal desconocido

En este instante reparo en un suelto de *Il Giornale* del 13 de julio. Mejor tarde que nunca. Dice:

Al Profesor le gusta la cocina fusión. Umberto Eco, considerado un punto de referencia del pensamiento de izquierdas, fue visto el sábado pasado en Milán a la hora de la comida sentado a la mesa con un comensal desconocido en el restaurante de especialidades asiáticas de via San Giovanni sul Muro. Local sobrio pero desde luego no exclusivo, aquí están los "clásicos" preferidos por el autor de *El nombre de la rosa*: en el menú, arroz a la cantonesa, espaguetis de soja al curry y pollo con verduras y bambú, además de recetas más experimentales. Lo de trastear con los palillos debe de ser una pasión común al *gotha* progresista. En el mismo restaurante chino-milanés, en efecto, fue visto recientemente también Guido Rossi, jurista, ex senador, ex presidente de Telecom y comisario extraordinario de la Federación Italiana de Fútbol durante el verano caliente del escándalo de *Calciopoli*, en 2006. China está más cerca. Basta añadir un cubierto en la mesa.

Nada extraordinario. Hay cronistas que sobreviven contando pequeñas anécdotas, y como no puedo sospechar que el redactor del suelto se ponga de guardia cada día en un restaurante chino «no exclusivo» (donde sería difícil sorprender a la luz de las velas, qué sé yo, a la senadora del Opus, Paola Binetti, con el rey del porno, Rocco Siffredi; o a Carla Bruni con el ministro Renato Brunetta), no queda sino considerar que el aspirante a reportero amarillista lo frecuenta normalmente, visto que está bien iluminado, limpio, y al alcance de los que se encuentran en los peldaños más modestos de la jerarquía de su redacción. Aburrido de comer por enésima voz rollitos de primavera, el anónimo debe de haber dado un respingo en su silla ante la idea de haber dado con un *scoop* extraordinario que cambiaría su carrera.

No hay nada más normal que ir a un restaurante chino, y aún es más normal que vayamos tanto Guido Rossi como yo. No sabía que fuera también él, pero ese restaurante está a cien metros de nuestras respectivas casas, por lo cual es obvio que vayamos, si no estamos en vena de degustar la orquídea con erizos de mar de Cracco-Peck por pocos centenares de euros.

¿Por qué dar una noticia que carece de interés alguno, peor

que el perro que muerde al hombre, casi como decir que el perro ladra?

Intento formular una hipótesis. Ante todo hay que difundir sospechas, aun vagas, sobre los que no comparten tus ideas. Recordarán ustedes el episodio del programa de televisión *Mattino 5* de Mediaset que siguió y mostró al magistrado Mesiano (culpable de una sentencia sobre el laudo Mondadori que disgustó a nuestro presidente del gobierno) mientras paseaba, fumaba algunos cigarrillos, iba a la peluquería y por último se sentaba en un banco enseñando unos calcetines color turquesa, todo ello cosas que el audio definía «extrañezas», y por lo tanto indicios de que el magistrado felón no debía de estar en sus cabales.

¿Se hablaba mal de él? En absoluto. Pero ¿por qué iba con calcetines turquesa al barbero (cuando los ciudadanos de bien van a lo sumo con calcetines amaranto), y sobre todo, ¿por qué alguien se preocupaba de decírnoslo como si nos enviara un mensaje cifrado? No es una técnica periodística de premio Pulitzer, pero puede tener algún predicamento en personas que llevan calcetines cortos.

Probablemente en *Il Giornale* están pensando en un elector de cierta edad que come con su mujer solo cuatro espaguetis sin salsa y verduras cocidas, y que se horroriza ante la noticia de que alguien vaya a comer como los chinos (que notoriamente prefieren monos y perros); o en un elector que vive en remotas aldeas donde nunca se ha oído hablar de restaurantes chinos; o en uno receloso de todo lo que tenga que ver con etnias demasiado invasivas e imaginémonos los chinos; o uno (y lo dice el texto) que considere el uso de los palillos «una pasión común al *gotha* progresista», porque las personas moderadas usan el tenedor como nos ha enseñado nuestra madre; o que incluso piense que China siga siendo

Mao, y que por lo tanto comer chino significa proclamar (y el suelto lo sugiere) que, como en el 68, China está cerca (y atención, está verdaderamente cerca ahora, pero por razones más de derechas que de izquierdas).

Además, ¿qué quiere decir que estaba sentado a la mesa con «un comensal desconocido»? ¿Quién era ese individuo cuyo nombre me las apañaba para no indicar con idóneos carteles? ¿De dónde venía? ¿Por qué se encontraba conmigo? ¿Por qué en un restaurante chino, como en una novela de Dashiell Hammett, y no en el Colline Pistoiesi o Alla bella Napoli? Naturalmente, el desconocido comensal era desconocido para el cronista pero no para mí, porque era un amigo mío. Claro que difundir la idea de que alguien frecuenta «desconocidos» y por ende en un restaurante chino hace mucho doctor Fu Manchú y Peligro Amarillo.

Eso es lo que hace el «*gotha* progresista». Menos mal que la prensa vigila.

[2010]

Adelante, Critón…

No podemos sino ser solidarios con nuestro gobierno cuando le pide formalmente a Brasil la extradición de Cesare Battisti, terrorista condenado en Italia. Y eso mismo creo que deberían pensar también quienes consideren por ventura que Battisti ha sido víctima de un error judicial; porque, aunque se hubiera tratado de un error judicial, no sería el gobierno brasileño el que podría decidirlo, a menos que declarara, pública y formalmente, que el Estado italiano en la época de la condena era y sigue siendo un aparato dictatorial que pisotea los derechos políticos y civiles y conculca la libertad de sus ciudadanos.

La petición de extradición se debe, en cambio, a que se presume que los tres grados de juicio a los que ha sido sometido Battisti representaban el ejercicio de la justicia por parte de un país democrático y de una magistratura independiente de todo *diktat* político (visto, entre otras cosas, lo digo para quien tuviera motivos de desconfianza hacia el gobierno de Berlusconi, que esa acción de la magistratura se ejerció cuando en Italia Berlusconi era todavía un ciudadano de a pie).

Por lo tanto, pedir la extradición de Battisti significa defender la dignidad de nuestra magistratura, y todo ciudadano democrático debe ser solidario en este caso con la acción del gobierno (y de la presidencia de la República).

Muy bien, señor diputado Berlusconi, es lo que tendríamos la tentación de decir, su conducta es impecable. Pero entonces, ¿por qué el mismo diputado Berlusconi, cuando la magistratura empieza una acción penal que lo concierne (y ni siquiera lo condena de manera injusta a cadena perpetua, sino que sencillamente lo convoca para defenderse de una acusación tal vez infundada, protegido por todas las garantías del caso) no solo se niega a presentarse ante los jueces sino que impugna su derecho a ocuparse de su caso? ¿Está pensando quizá en emigrar a Brasil para pedirle a ese gobierno la misma protección que ofrece a Battisti, contra la presunta ilegitimidad de conducta de la magistratura italiana? O más bien, si considera que los magistrados que condenaron a Battisti eran personas de honor, cuya dignidad hay que defender para conservar el honor del mismísimo Estado italiano, ¿considera, al contrario, que la magistrada Ilda Boccassini no es una mujer de honor, y usa para juzgar a nuestra magistratura dos pesos y dos medidas, considerándola muy loable y honorable cuando condena a Battisti y en absoluto loable y honorable cuando investiga sobre el caso de prostitución de menores de Ruby Rubacuori?

¿Dirán los defensores del diputado Berlusconi que Battisti hace mal en sustraerse a la justicia italiana, porque en su corazón sabe que es culpable, mientras que con buen derecho Berlusconi hace lo mismo porque en su corazón considera que es inocente? Pero ¿hasta qué punto este argumento es consistente?

Quienes lo usan parecen no haber meditado un texto que quien ha estudiado el bachillerato (como hizo el diputado Berlusconi) debería conocer, y es el *Critón* de Platón. A quienes lo hayan olvidado les recordaré sus premisas: Sócrates ha sido condenado a muerte (injustamente, nosotros lo sabemos, y lo sabía él) y está en la cárcel esperando la copa de cicuta. Le visita su discípulo Critón, que le dice que todo está preparado para su fuga, y usa todos los argumentos posibles para convencerle de que tiene el derecho y el deber de sustraerse a una muerte injusta.

Pero Sócrates responde recordándole a Critón cuál debe ser la postura de un hombre de bien ante la majestad de las leyes de la ciudad. Al aceptar vivir en Atenas y disfrutar de todos los derechos de un ciudadano, Sócrates ha reconocido la bondad de esas leyes, y si osara negarlas solo porque en un determinado momento actúan contra él, al impugnarlas contribuiría a deslegitimarlas y, en consecuencia, a destruirlas. No es posible aprovecharse de la ley mientras trabaja en nuestro provecho y rechazarla cuando decide algo que no nos gusta, porque con las leyes se ha estrechado un pacto y un pacto no puede ser quebrado a nuestro antojo.

Nótese que Sócrates no era un hombre de gobierno, porque

entonces debería haber dicho aún más, es decir, que —si se consideraba con derecho a desatender las leyes que no le gustaban— como hombre de gobierno ya no podría pretender que los demás obedecieran las leyes que no les gustaban, y no cruzaran con el semáforo rojo, no pagaran los impuestos, no atracaran bancos, o (lo digo por decir) no abusaran de menores de edad.

Estas cosas Sócrates no las dijo pero el sentido de su mensaje sigue siendo el que es: elevado, sublime, duro como una losa.

[2011]

La Norma y los Puritanos

Las críticas a las conductas de nuestro presidente del gobierno han suscitado una serie de objeciones que se pretenden salaces. La primera apuntaba no tanto a exculpar al presidente como a escarnecer a sus críticos: «Vosotros, los sesentayocheros trasnochados —decían— que predicabais el amor libre y las drogas psicodélicas, hoy os habéis vuelto unos beatos puritanos que censuran las prácticas sexuales del presidente, aun cuando se trate de prácticas sexuales y no de cenas a base de Coca-Cola Light». (¡Menudas cenas más melancólicas, observo, sin ni siquiera una gota de Gavi o de Greco di Tufo!) Sobre el amor libre sesentayochero estoy poco informado porque en aquella época ya tenía yo treinta y seis años (entonces una edad considerada madura), dos hijos y era profesor. Por lo tanto, nunca he ido desnudo y con el pelo largo a los conciertos de rock fumando marihuana. Ahora bien, me parece que por libertad sexual se entendía que dos personas podían practicar el sexo por libre elección y (sobre todo) gratis. Algo muy distinto de un sexo presesentayocho, el de los burdeles de nostálgica memoria, donde se era libre de practicar el sexo, pero pagando.

Sin embargo, tienen razón los que dicen que es de puritanos criticar al presidente porque frecuenta muchachitas de moral bastante flexible. Todos tienen derecho a la forma de sexo que los satisfaga (homo o heterosexual, *more ferino*, a cuatro patas, sadomasoquista, con felación, *cunnilingus* y turca, onanismo, derrame de semen en recipiente indebido, *delectatio morosa*, hasta coprofilia, clismafilia, exhibicionismo, fetichismo, travestismo, frotismo, urofilia, voyeurismo, y así copulando en adelante) con tal de que lo hagan con personas conformes, sin perjudicar a los que no desean participar o no están en condiciones de dar una conformidad informada (y este el motivo por el que se condenan pedofilia, zoofilia, estupro y escatología telefónica), y todo suceda en lugares cerrados para no herir la sensibilidad de los puritanos, al igual que no hay que proferir blasfemias en público para no herir la sensibilidad de los creyentes.

Debo admitir que, a menudo, los opositores del presidente han pisado demasiado el acelerador de los aspectos sexuales del caso Ruby. Es natural que lo hagan, porque si a los italianos les cuentas algo sobre el conflicto de intereses, la corrupción de los magistrados, la ocultación de capitales o de leyes *ad personam*, se saltan el artículo, mientras que si les propinas inmediatamente a Ruby en la primera página, recorren el periódico a toda pastilla hasta llegar a las previsiones del tiempo. Ahora bien, la oposición al primer ministro no es oposición a sus gustos sexuales. Es oposición al hecho de que, para compensar a las que participaban en sus cenas, les daba puestos en los organismos regionales, provinciales, nacionales y europeos, a cargo de todos los contribuyentes. Si el sueldo de consejera regional de la señora Minetti lo pago yo (porcentualmente) y (aun con una cuota mínima) uno que vive con mil euros al mes, aquí nada tienen que ver los Puritanos, lo que tiene ver es la Norma (de ley).

El problema moral no es que no se debe hacer el amor (ya que es siempre mejor que hacer la guerra, como decían en el 68), sino que no hay que hacerlo haciéndoselo pagar a los que no tienen nada que ver. Marrazzo, el presidente de la Región del Lacio, no es criticable por haber frecuentado a transexuales, sino por haber ido a frecuentarlos con el coche de la policía.

Ahora bien, planteemos la hipótesis de que el presidente no haya compensado a sus convidadas con rentas públicas. Una vez dicho que es lícito hacer en la casa de cada uno lo que desea, esto es verdadero para un empleado de banco, un médico, un obrero inscrito a su sindicato de izquierdas, pero si se llega a saber que ciertas prácticas se desarrollan en la casa de un hombre político es difícil que no se arme un escándalo público. A John Profumo y Gary Hart les bastó el contubernio con una y solo una mujer (una cada uno) para arruinar su carrera. Cuando las mujeres son muchas y las llevan a la fiesta en un autobús, no se puede impedir que los chistes sobre el *Rubygate* se difundan incluso en los periódicos coreanos o en la tele tunecina (controlen en internet).

Alguno de los defensores del presidente dirá que esto sucede porque los puritanos han espiado a un ciudadano particular por el agujero de la cerradura y han pregonado a diestro y siniestro en el extranjero sus presuntas travesuras. Lo que pasa es que el que empezó fue precisamente el «utilizador final», cuando fue a la fiesta

423

de la mayoría de edad de Noemi y cuando incomodó a una comisaría para liberar a Ruby. Se trata de actos públicos. Y cuando un jefe de gobierno se justifica diciendo que creía de buena fe que Ruby era la sobrina de Mubarak porque se lo había dicho ella (como la había creído cuando ella le dijo que era mayor de edad), es obvio que en el extranjero se partan de la risa porque es de *pochade* decimonónica que un hombre, que tiene la responsabilidad de todo un país se crea a pies juntillas lo que le dice una gogó.

[2011]

«Cagü»

Todos se habían dado cuenta de que, desde que abandonó la presidencia del gobierno, Berlusconi también se ausentó de las primeras páginas de los periódicos. Y no porque lo quisiera, sino porque no paraba de ir a visitar a su amigo Putin, y era como si hubiera ido el presidente del Rotary Club de Vanuatu; todo ese bajar de helicópteros con nuevas jovencitas a la gente le resbalaba. Y su valoración en las encuestas disminuía inexorablemente.

Ahora que ha anunciado que volverá al ruedo, ha reconquistado las primeras páginas. Fíjense bien que no importa que luego lo haga o lo deje de hacer, es sabido con qué volubilidad cambia de opinión de un día para otro; y es que hoy ha vuelto a sonreírnos desde todos los rincones.

Berlusconi es, y nadie se lo niega, un genio de la publicidad, y uno de los principios a los que se atiene es «hablad de mí, incluso mal, pero hablad», que es, en definitiva, la técnica de todos los exhibicionistas; no cabe duda de que es criticable bajarse los pantalones y exhibir el propio miembro sexual a la salida de un instituto femenino; pero si lo haces, tienes asegurada la primera página, y algunos con tal de salir en ella se convierten incluso en asesinos en serie.

Por lo cual se podría suponer que parte (digo solo una parte, pero consistente) del carisma berlusconiano entre tantos electores se debía no tanto o no solo a lo que decía o hacía, sino a la constancia con que sus adversarios lo sacaban sin cesar en la primera página para criticarlo.

¿Cómo comportarse con él (no digo sus partidarios, sino quienes lo temen como una desventura para nuestra débil República) de aquí a las próximas elecciones?

Una leyenda que me han contado más de una vez dice que nada más empezar a hablar yo, después de «mamá», «papá» y «abú», un día empecé a gritar «cagü», con la *u* francesa, como se usa en nuestros dialectos del Norte y es impronunciable en la parte inferior de la itálica bota. Era materia de debate cómo llegué a acuñar esa expresión, completamente desconocida a los lexicógrafos; quizá les había oído una palabrota como «cagòn» a unos albañiles que trabajaban en la casa de enfrente y que yo seguía admirado desde la galería. El hecho es que ni regañinas, ni cachetes, ni gritos sirvieron para nada. Yo repetía «cagü» a intervalos, cada vez más satisfecho con la atención que recibía.

Hasta que se llegó al escándalo. Un domingo a las doce en punto, mamá me llevaba en brazos en la catedral; en ese preciso instante estaba sonando la campanilla de la elevación (en el templo no se oía ni una mosca) y yo, alentado por ese repentino y ensordecedor silencio, me di la vuelta hacia el altar, y con todo el aliento que tenía en los pulmones, grité «cagü».

Parece ser que por un instante el sacerdote interrumpió la fórmula de la consagración de las especies, y las miradas severamente horrorizadas de los fieles obligaron a mi madre, colorada de la vergüenza, a abandonar el lugar sagrado.

Era evidente que hacía falta encontrar una solución, y se encontró triunfalmente. Los días siguientes yo gritaba «cagü» y mi madre hacía como que no me oía. Yo insistía, «mamá, cagü» y ella contestaba (mientras seguía haciendo camas) «¿ah, sí?». Yo insistía con «cagü» y mamá informaba a papá de que por la noche vendrían a vernos las hermanas Faccio.

En fin, mis amables lectores habrán intuido el tenor que adoptaría el asunto: exasperado por la ausencia de cualquier respuesta, dejé de decir «cagü» y me dediqué al aprendizaje de un léxico más rico y complejo que usaba «ore rotundo», con gran satisfacción de mis padres que se complacían de tener un hijo tan realmente académico.

No quiero a provechar mis recuerdos infantiles para dar consejos a los políticos, a los columnistas y a los linotipistas. Salvo que, si por casualidad estuvieran interesados en no hacer de caja de resonancia de un adversario, podrían tomar ejemplo de mi madre.

[2012]

La casta de los parias

Giovanna Cosenza, en su reciente *SpotPolitik*, estudia la persistente incapacidad de la clase política italiana para llegar de manera convincente a sus electores. Casi se ha abandonado el politiqués burocrático (aunque Cosenza sigue encontrando despiadadamente sus huellas en un comunicador de la nueva generación como Nichi Vendola). La era de la comunicación política basada en la imagen (y el cuerpo) del candidato en lugar del símbolo o el programa la inició no tanto Berlusconi como Kennedy; estamos asistiendo al paso, definitivo y ya inevitable, del mitin al anuncio publicitario. Me parece que este libro vuelve a un punto desde el principio hasta al final: nuestros políticos no consiguen llegar a la gente porque cuando hablan no se identifican con los problemas de la ciudadanía a la que se dirigen, sino que se centran «autorreferencialmente» en sus problemas privados.

Pero cómo, ¿también Berlusconi, que ha sabido hablar con palabras sencillas, eslóganes eficaces, aproximaciones basadas en la sonrisa e incluso en el chiste? También. Quizá no en esos momentos felices en los que ha sabido ponerse en el lugar de sus oyentes e —interpretando sus deseos más inconfesados— les ha dicho que era justo no pagar los impuestos; pero en general, y sobre todo en los últimos tiempos, Berlusconi hablaba de manera obsesiva de sus enemigos, de los que le torpedeaban, de los jueces que no le querían, y no del hecho de que la «gente» estaba percatándose de la crisis económica que luego ya no consiguió ocultar.

Ahora, dejándoles a los lectores el gusto de saborear las maldades que Cosenza no ahorra a nadie (y quizá el que más recibe es Pierluigi Bersani), quisiera preguntarme por qué nuestros gobernantes no saben calarse en los problemas de las personas comunes. La respuesta la dio hace tiempo Hans Magnus Enzensberger en un artículo (ya no recuerdo cómo se titulaba ni dónde lo publicó), en el que señalaba que el hombre político contemporáneo es el ser más distanciado de la gente común porque vive en fortines protegidos, viaja en automóviles blindados, se mueve rodeado de gorilas, y por lo tanto la gente lo ve solo de lejos y nunca tiene ocasión de hacer la compra en el supermercado o la cola en una ventanilla municipal. La política, amenazada por el terrorismo, ha dado vida a los miembros de una casta condenada a no saber nada del país que debe gobernar. Casta sí, pero en el sentido de los parias indios, despojados del contacto con los demás seres humanos.

¿Soluciones? Habría que establecer que el hombre político no puede estar ni en el gobierno ni en el Parlamento como no sea por un período muy limitado (digamos los cinco años de una legislatura o, si somos indulgentes, dos). Después debería volver a vivir como una persona normal, sin escolta, como antes. Y si luego, tras cierto tiempo de espera, volviera al poder, habrá tenido algunos años de experiencias cotidianas fuera de la casta.

Esta idea podría sugerir otra, es decir, que no debería existir una categoría de políticos de profesión, y que el Parlamento y el gobierno deben encomendarse a ciudadanos normales que deciden servir a su país durante un breve período. Ahora bien, eso sería un error, y muy pernicioso, de infausto movimiento populista tipo el de Beppe Grillo. Los que se dedican al oficio de la política aprenden en varias organizaciones técnicas de gestión de lo público y, me gustaría decir, una ética de la abnegación, como les sucedía a los políticos profesionales de la Democracia Cristiana o del Partido Comunista, que con generosidad se hicieron sus buenos años de prácticas en las asociaciones juveniles y luego en el partido. Y, como tomaron ese camino, no montaron al mismo tiempo empresas privadas, estudios profesionales, pequeñas fábricas o empresas de la construcción, de modo que una vez llegaban al Parlamento o al gobierno no tenían la tentación de salvaguardar o incluso aumentar sus propias riquezas, como les sucede, en cambio, a quienes colocados en el Parlamento por un jefe a quien tienen que devolver ese favor, y de quien reciben el ejemplo de un desenfadado conflicto de intereses, tienden a imitarlo. Que luego, aun trabajando en un partido, se pueda ceder a la corrupción, eso sería un desgraciado accidente, pero no formaría parte de un sistema.

[2012]

Leámonos la Constitución

Sobre este argumento me demoré en una columna de hace dos años, pero no soy yo quien se repite. En efecto, en las distintas discusiones sobre gobierno, Parlamento o ley electoral encuentro siempre dos afirmaciones que hasta hace poco parecían ser patrimonio de la derecha populista, pero a veces las retoman personas de otra extracción política y distinto talante cultural.

La primera afirmación es que este Parlamento está deslegitimado porque ha sido elegido con el Porcellum, una ley electoral declarada inconstitucional. Ahora bien, en el momento en que este Parlamento fue elegido, el Porcellum era una ley del Estado, y no se hubiera podido votar con otra ley; por lo tanto el Parlamento fue elegido según la ley entonces vigente. Seguramente habrá que celebrar nuevas elecciones sobre la base de una nueva ley, pero es el Parlamento actual el que debe decidir cuál será la nueva ley, en la plenitud de sus poderes en cuanto elegido según las reglas vigentes en el momento de su elección.

Entiendo que la situación pueda suscitar perplejidad, pero

guste o no, esto es lo que hay, y cualquier afirmación sobre la ilegitimidad del Parlamento parece poco atinada.

La otra idea que circula es que el jefe del gobierno actual y sus ministros no han sido elegidos por el pueblo. Es verdad que habría sido mejor para Matteo Renzi encarar nuevas elecciones y presentarse en la escena política en calidad de jefe elegido del partido que ha obtenido la mayoría de los sufragios, pero eso no habría significado en absoluto que Renzi, en cuanto futuro jefe de gobierno, hubiera sido elegido por el pueblo. Ha sido una astucia de Berlusconi, el cual, poniendo su nombre y su cara como símbolo de su lista, ha convencido a quién sabe cuántos electores de que votando su lista se le elegía a él como jefe del gobierno. Nada más falso, tanto es así que Berlusconi habría podido ganar las elecciones y luego proponerle al jefe del Estado un presidente del gobierno elegido por él, Santanché, Scilipoti o Razzi, por decir algunos nombres, sin por eso vulnerar el dictamen constitucional.

La Constitución establece, en efecto, que el pueblo elige a los parlamentarios (con preferencias o listas bloqueadas, eso es otro problema y la Constitución no se pronuncia al respecto), el Parlamento elige al presidente de la República, el cual, tras haber escuchado a los representantes de los distintos partidos, nombra él, *sponte propria*, al jefe del gobierno y a sus ministros; y en principio podría nombrar incluso a su abuela o al jefe de estación de Roccacannuccia, si la mayoría de las fuerzas políticas le hubiera indicado ese nombre.

Le tocará luego al Parlamento otorgarle la confianza al gobierno nombrado por el presidente de la República (de este modo se instituye un control por parte de los representantes del pueblo); si le niegan esta confianza, vuelve a empezar todo desde el principio, hasta que el presidente de la República encuentre un gobierno que le guste al Parlamento. Ha podido pasar, pues, que presidentes de la República hayan nombrado como jefes del gobierno a personas que no eran parlamentarios, como Lamberto Dini y Carlo Azeglio Ciampi, y como ministros a varios técnicos, e incluso cuando el presidente nombró a Mario Monti, haciéndolo senador un minuto antes, Monti no había sido elegido en absoluto por el pueblo sino nombrado por el presidente.

Lo bueno es que todo esto lo dice, aunque de forma un poco indirecta, el artículo 64 de la Constitución, en el que en un determinado momento se precisa: «Los miembros del Gobierno tendrán derecho, aun en caso de que no formen parte de las Cámaras, y si se les requiere la obligación, de asistir a las sesiones. Deberán ser escuchados cuantas veces lo pidan». ¿Entendido? Para los constituyentes era tan obvio que los miembros del gobierno podían perfectamente ser ajenos al Parlamento que se precisaba de qué manera podían o debían participar en sus reuniones. Para ser honestos, cuando a Berlusconi se le reprochaba que no se dejara ver mucho en el Parlamento, no habría debido censurársele como presidente del gobierno sino como diputado o senador haragán.

[2012]

«Keep a low profile»

Se esperaba una victoria neta del Partido Democrático y una pálida remontada de Berlusconi, y las previsiones no se han cumplido. Hubo un precedente, cuando Occhetto anunció que había puesto en marcha una gozosa máquina de guerra, y luego empezó la época berlusconiana. Igualmente, en el transcurso de la pasada campaña electoral, todo el planteamiento del Partido Democrático adoptó términos triunfalistas. Pier Luigi Bersani daba como segura la propia y decisiva mayoría, afirmaba que el que ganara (es decir, él) gobernaría. Así, mientras a muchos de nosotros nos parecía que el líder del Partido Democrático conducía una campaña de gran señor, sin las groserías de sus contrincantes, su campaña ha resultado floja, porque la desplegaba con la tranquila convicción de que, según los sondeos, el Partido Democrático ya había ganado.

Corolario: cada vez que la izquierda se presenta como segura vencedora, pierde. ¿Pura mala suerte? Ya no recuerdo en qué *talk show* Paolo Mieli dijo que es un dato consolidado, por lo menos desde hace sesenta años, que en Italia el cincuenta por ciento de los votantes no quiere un gobierno de izquierdas o de centroizquierdas. Será (comento yo) el miedo remoto que se remonta a los tiempos del «terrible Estalín, el ogro rojo del Cremlín» de quien nos hablaba semanalmente *Il Balilla*, será el pavor del bolchevique que abreva sus caballos en las pilas de agua bendita de San Pedro (con el cual jugó bien la propaganda de los Comités Cívicos en 1948), será el terror perpetuo de que la izquierda suba los impuestos (algo, por lo demás, que siempre ha anunciado pero luego ha sido la derecha la que lo ha hecho); en sustancia, lo piensa ese pueblo de buenos burgueses de edad madura y avanzada que no leen los periódicos y ven solo las cadenas de televisión de Mediaset, y a quienes se dirige Silvio Berlusconi cuando amenaza con el regreso del comunismo, y el miedo a los gobiernos de izquierdas es un poco como el terror de los turcos, que debe de haber perdurado durante mucho tiempo incluso después de que en Lepanto empezara el ocaso del Imperio otomano.

Así pues, y vuelvo a esas palabras de Mieli, si la mitad de los electores italianos viven con ese temor constante, no podrán sino acudir a quienes les proponen su antídoto: durante cincuenta años la Democracia Cristiana y durante veinte el berlusconismo.

Creo que Mieli hacía este análisis cuando parecía que la bajada al ruedo de Mario Monti podía ofrecer una alternativa; y véase cómo, guiado por ese temor, Berlusconi orientó su batalla contra Monti, indicándolo como criado tonto de la izquierda. Bien, Monti no lo ha conseguido y la defensa contra la izquierda ha vuelto a ser monopolio de Berlusconi. De donde surge una reflexión que me parece obvia: la derecha gana cuando la izquierda convence al electorado moderado de que puede llegar al poder. La izquierda, en cambio, gana cuando, como sucedió con las campañas de Romano Prodi, no exhibía demasiada confianza, comunicaba solo el mensaje subliminal «la que nos va a caer encima», y ha logrado ganar cuando no todos apostaban por ella.

Una dosis de victimismo es indispensable para no galvanizar a los adversarios. Beppe Grillo ha hecho una campaña en plan ganador, pero ha conseguido dar la impresión de que lo excluían de la televisión y que debía refugiarse en las plazas; de este modo ha llenado las pantallas desempeñando el papel de víctima del sistema. También Palmiro Togliatti sabía llorar cuando presentaba a los trabajadores como apartados de la habitación de los botones por las garras de la reacción; sabía llorar Pannella, quien quejándose siempre de que los medios de comunicación ignoraban a los radicales, conseguía monopolizar la atención constante de periódicos y televisiones; sabía llorar Berlusconi, que siempre se ha presentado como perseguido por los periódicos, por los poderes fuertes y por la magistratura, y cuando estaba en el poder se quejaba de que no le dejaran trabajar y le torpedearan. Así pues, es fundamental el principio que tan bien se expresa con el dicho napolitano *chiagne e fotti*, «llora y jode», aunque para no expresarnos de forma demasiado vulgar acudamos al principio del *keep a low profile*, «mantén siempre un perfil bajo».

Solo si no da por segura la avanzada de la izquierda, el señor de mediana edad se abstiene o dispersa sus votos. Si la izquierda se jacta de la victoria, el moderado se refugia en el Ungido por el Señor, el salvífico Silvio.

[2013]

Recelen de quienes les juzgan

Algo por el estilo escribí en una columna de 1995, pero no es culpa mía si dieciocho años más tarde las cosas siguen igual, por lo menos en este país. Por otro lado, en otra columna escribí sobre cuando el diario *La Repubblica*, para celebrar sus veinte años, introdujo en el número de veinte años después un facsímil del número de veinte años antes. Yo tomé distraídamente el segundo por el primero, lo leí con gran interés y solo al final, cuando vi que daban solo los programas de dos canales de televisión, me puse sobre aviso. Por lo demás, las noticias de veinte años antes eran las mismas que me esperaba veinte años después, y no por culpa del periódico, sino de Italia.

Pues asimismo, en 1995, me quejaba de la curiosa trayectoria de algunos periódicos que se decantaban por algunos acusados ilustres pero, en lugar de esforzarse por demostrar su inocencia, publicaban artículos ambiguos y alusivos, cuando no eran deliberadamente acusatorios, con la intención de deslegitimar a los jueces.

Ahora bien, fíjense, demostrar que en un proceso la acusación está prevenida o es desleal debería ser en sí misma una buena demostración de democracia, y ojalá se pudiera hacer en muchos de esos procesos montados por dictaduras de distintos colores. Pero es algo que se debe realizar en situaciones excepcionales. Una sociedad en la cual, siempre y a priori, no solo los fiscales, sino también los jueces sean deslegitimados continuamente, es una sociedad en la que algo no funciona. O no funciona la justicia o no funciona la asistencia letrada.

Pues bien, a esto es a lo que estamos asistiendo desde hace tiempo. El primer paso del inculpado no es probar que las pruebas que presenta la acusación son inconsistentes, sino indicarle a la opinión pública que la acusación tampoco está libre de sospechas. Si el inculpado tiene éxito en esta operación, el desarrollo del proceso es secundario. Porque en los procesos seguidos por la televisión la que decide es la opinión pública, que desconfía del instructor y tiende a convencer a cualquier jurado de que sería impopular darle la razón.

Así pues, el proceso ya no atañe a dos partes que presentan pruebas a favor y en contra: atañe, incluso antes del proceso, a un duelo mediático entre futuros imputados y futuros fiscales y miembros del tribunal a quienes el inculpado contesta su derecho a juzgarlo.

Si consigues demostrar que tu acusador es un adúltero, ha cometido pecados, ligerezas o crímenes —aunque nada tengan que ver con el proceso—, ya has ganado. Y no es necesario demostrar que el juez haya cometido un delito. Basta con sacarle una foto (y esto es historia) mientras tira una colilla al suelo (algo que, obviamente, no debería haber hecho, ni siquiera en un momento de distracción), pero qué digo, basta con sacar una foto (como ha pasado) de sus improbables calcetines de color turquesa, y de inmediato el juzgador se convierte en juzgable, porque se insinúa que es un ser extravagante y de poco fiar, aquejado por taras que lo hacen inadecuado para ejercer su función.

Por lo visto este proceder funciona, ya que se insiste en él desde hace por lo menos veinte años. Y por otra parte, tales insinuaciones cosquillean los peores instintos de la persona media que, si le ponen una multa por haber aparcado en tercera fila, se queja diciendo que ese guardia no era normal, que tenía envidia de los que poseen un BMW, como suele pasarles a los comunistas. En cualquier investigación todos se sienten el K de Kafka, inocente ante una justicia insondablemente paranoica.

Así pues, hace dieciocho años ya les decía yo: recuerden, la próxima vez que los sorprendan con las manos en la masa; en el mismísimo instante en que le están dando el sobre al policía que les ha sorprendido mientras partían el cráneo de la abuela a hachazos, no se preocupen de lavar los restos de sangre, o de demostrar que a esa hora estaban en otro lugar conversando con un cardenal. Es suficiente demostrar que quien les ha sorprendido con las manos en la masa (o con el hacha) no declaró a Hacienda hace diez años un *panettone* navideño regalado por alguna empresa (y mejor aún lo tendrán si el administrador delegado de la empresa donante puede ser sospechoso de haber estado vinculado antaño con quien les inculpa por una afectuosa amistad).

[2013]

Hijo mío, todo esto será tuyo

Mientras escribo (pero vayan ustedes a saber, y pido perdón si mientras tanto alguien ha cambiado de idea, como pasa todos los días), Marina Berlusconi ha afirmado con firmeza que no pretende aceptar la herencia política de su padre, y que considera más sabio seguir con su actividad empresarial, probablemente ciñéndose al popular refrán milanés *ofelé fa el to mesté*, que sugiere que el pastelero se dedique a la repostería y no pastelee.

Ahora bien, excluida Marina, nada impide que Berlusconi pueda buscar a otro miembro de la familia para perpetuar su dinastía, y tiene un montón, entre hijos e hijas y probablemente primos, tanto que este hombre que es un hervidero de ideas podría incluso concebir una bajada al ruedo de Veronica Lario, visto que todo Perón puede tener su Evita. Pero si la señora Berlusconi no se prestara al juego, ¿por qué no pensar en un heredero adoptivo, por ejemplo, en una de sus muchas invitadas a las cenas elegantes, como Nicole Minetti, Ruby u otra de sus mantenidas?

Es inútil objetar que en una democracia no hay dinastías y eso sucede solo con los monarcas, sucedía con los emperadores romanos, cuando no entraban en escena los pretorianos para cambiar las cartas en la mesa, y sucede con los déspotas coreanos. No, ocurre también en las democracias, véase el traspaso de poderes entre Le Pen padre e hija. Insistiendo, se podría hablar de la dinastía de los Kennedy (donde el traspaso de poderes fue impedido por una mano asesina que eliminó a Bob), sucedió con los dos Bush, y no sería imposible que pasara con la señora Clinton.

Es verdad que en Estados Unidos un presidente no puede pasarle el poder a hermanos, mujeres o hijos por iniciativa propia, sino que debe esperar a que un voto popular sancione el regreso de un presidente de la misma familia; en cualquier caso, el poder no se entrega como en un relevo, sino que deben pasar algunos años. Con todo, es indudable que en esos regresos de un apellido a la vida política funciona un sentido de la dinastía, una creencia profunda en que de casta le viene al galgo.

Sin embargo, en el caso de un traspaso de consignas de un Berlusconi a otro, funciona algo más que el sentido dinástico y la referencia a los valores de la sangre. Berlusconi juzga lícito y casi normal que el poder pueda pasar a un descendiente suyo porque concibe el partido político como una de sus propiedades; su legado es transferible porque el capital es suyo, y se porta como los grandes empresarios, para quienes la empresa era un bien de familia y debía pasar a los descendientes por línea hereditaria. Véase el caso ejemplar de los Agnelli: el abuelo Giovanni le pasa el poder al nieto Gianni (con Vittorio Valletta que hace de Mazarino hasta que el heredero tenga la edad apropiada) y, a la muerte de Gianni, a falta de otros Agnelli, se convierte en presidente de la Fiat un nieto con otro nombre pero de su misma sangre. Recordarán ustedes al gran latifundista estadounidense que (en varias películas) le enseña al vástago una enorme extensión de praderas llenas de reses diciéndole: «Hijo mío, algún día todo esto será tuyo».

Ahora bien, ¿es normal que un partido sea un bien de familia como una fábrica de perfiles metálicos o de galletas? Aparte de que ideas de este tipo ni siquiera se le pasaron por la cabeza a Mussolini (cuyo partido, con todo y eso, era verdaderamente suyo, tanto que una vez desaparecido se disolvió), ¿consiguen imaginarse ustedes a un Alcide De Gasperi que pensara traspasar la Democracia Cristiana a Maria Romana, a un Bettino Craxi que dejara el Partido Socialista en herencia a Bobo o a Stefania, a un Enrico Berlinguer que delegara por derecho casi divino la dirección del Partido Comunista Italiano a Bianca? No, porque el partido no lo habían creado ellos, no lo financiaban ellos, debían rendir cuentas a los diferentes comités que los habían elegido, y por lo tanto no podían tener una concepción patrimonial del partido.

Decidir pasar el poder a un descendiente significa saber que el partido ha sido creado por el jefe, que no puede sobrevivir sin el nombre del jefe, que es financiado por el jefe, y que los demás miembros del partido no son los electores del jefe sino sus empleados. En cada partido de propiedad privada cada Tiburón tiene derecho a su propio Delfín.

[2013]

Izquierda y poder

Yo no estaba presente cuando sucedió el hecho, pero me lo contó una persona fidedigna. Pues bien, en 1996 Romano Prodi acababa de ganar las elecciones y por primera vez subía la izquierda al poder. Gran fiesta, creo, en la romana piazza del Popolo, muchedumbre delirante. Mientras Massimo D'Alema se dirigía hacia la tribuna, una mujer lo tomó por el brazo gritando: «¡Compañero Massimo, ahora sí que haremos una oposición fuerte!».

Fin de mi historia pero no de la maldición de la cual era síntoma. La militante había entendido que su partido había ganado pero no que estaba obligado a ir al gobierno, y no podía concebir un partido que estuviera obligado a decir que sí a un montón de cosas, porque siempre lo había pensado como una fuerza heroica y testaruda que a todo le decía que no.

Ahora bien, en ella se resumía una trágica historia de la izquierda europea: durante más de ciento cincuenta años había vivido como fuerza de oposición; revolucionaria, sí, pero sumida en una larga espera, llena de sufrimiento, de que estallara la revolución (y en Rusia y en China, donde la revolución estalló, obligada a gobernar y a no oponerse, poco a poco esa izquierda se fue convirtiendo en una fuerza conservadora).

Por eso la izquierda siempre se ha sentido capaz de decir que no y ha mirado con recelo a esas alas que se aventuraban a decir que sí con la boca chica, expulsándolas como socialdemocráticas; y cuando decían que sí, sus militantes abandonaban el partido para fundar otro más radical. Por esa razón la izquierda siempre ha sido escisionista, condenada a una cariocinesis perpetua, y por supuesto, con tal proceder nunca ha sido lo bastante fuerte para ir a gobernar. Y quisiera añadir, malignamente, por suerte, porque entonces se habría visto obligada a decir que sí, con todos los compromisos que conlleva tomar decisiones de gobierno, y diciendo que sí habría perdido esa pureza moral que la veía siempre derrotada y altivamente capaz de rechazar las seducciones del poder. Se conformaba con pensar que ese poder que rechazaba conseguiría destruirlo algún día.

La historia de esa mujer de la piazza del Popolo explica infinitas cosas que siguen pasando hoy en día.

[2015]

De la estupidez a la locura

No, no es la contaminación.
Son las impurezas del aire

Con los vientos de guerra que soplan, estamos en manos del hombre más poderoso del mundo, que es Bush. Ahora nadie pretende como quería Platón que los estados sean gobernados por filósofos, pero no estaría mal que estuvieran en manos de personas con las ideas claras. Merece la pena consultar en internet los distintos sitios que recopilan frases célebres de Bush. Entre las que figuran sin lugar ni fecha he encontrado: «Si no tenemos éxito, corremos el riesgo de fracasar»; «Es tiempo para la raza humana de entrar en el sistema solar»; «No es la contaminación la que amenaza el medio ambiente, sino las impurezas del aire y del agua».

A los periodistas. «Debería preguntarle al que me hizo la pregunta. No tuve oportunidad de preguntarle al que me hizo la pregunta. ¿De qué pregunta se trata?» (Austin, 8 de enero de 2001). «Pienso que si usted sabe lo que cree, será mucho más fácil responder a su pregunta. No puedo responder a su pregunta» (Reynoldsburg, Ohio, 4 de octubre de 2000). «La mujer que sabía que sufrí dislexia. ¿Cómo lo sabía, si yo nunca me entrevisté con ella?» (Orange, 15 de septiembre de 2000).

Política. «La ilegitimidad es algo de lo que tenemos que hablar en términos de no tenerla» (20 de mayo de 1996). «Creo que estamos en un camino irreversible hacia más libertad y democracia. Pero las cosas pueden cambiar» (22 de mayo de 1998). «Estoy atento no solo a preservar el poder ejecutivo para mí, sino también para mis predecesores» (Washington, 29 de enero de 2001). «Estamos empeñados en trabajar con ambas partes para llevar el nivel de terror a un nivel aceptable para ambas partes» (Washington, 2 de octubre de 2001). «Sé que en Washington hay muchas ambiciones. Es natural. Pero espero que los ambiciosos se den cuenta de que es más fácil triunfar con un éxito que con un fracaso» (entrevista a la Associated Press, 18 de enero de 2001). «La cosa más grande de América es que cada uno debería votar» (Austin, 8 de diciembre de 2000). «Queremos que cualquiera que pueda encontrar un trabajo sea capaz de encontrar un trabajo» (programa *60 Minutes*, 5 de diciembre de 2000). «Uno de los denominadores comunes que he encontrado es que las esperanzas surgen en torno a lo que se espera» (Los Ángeles, 27 de septiembre de 2000). «Es importante entender que hay más intercambios comerciales que comercio» (Cumbre de las Américas, Quebec, 21 de abril de 2001).

Educación. «Francamente, los profesores son la única profesión que enseña a nuestros niños» (18 de septiembre de 1995). «Tendremos a los americanos mejor educados del mundo» (21 de septiembre de 1997). «Quiero que se diga que la Administración de

Bush está orientada al resultado, porque creo en el resultado de focalizar la propia atención y energía en la educación de los niños en la lectura, porque tenemos un sistema educativo atento a los niños y a sus padres, más que mirar a un sistema que rechaza el cambio y que hará de América lo que queremos que sea, un país de gente que sabe leer y que sabe esperar» (Washington, 11 de enero de 2001). «El sistema de educación pública es uno de los fundamentos de nuestra democracia. Después de todo, es donde los niños de América aprenden a ser ciudadanos responsables, y aprenden las habilidades necesarias para aprovechar las ventajas de nuestra fantástica sociedad oportunista» (1 de mayo de 2002).

Ciencia. «Marte está esencialmente en la misma órbita... Marte está más o menos a la misma distancia del Sol, lo que es muy importante. Nosotros tenemos fotos donde existen canales, pensamos, es agua. Si hay agua, eso significa que hay oxígeno. Si hay oxígeno, significa que podemos respirar» (8 de noviembre de 1994). «Para la NASA, el espacio aún es alta prioridad» (5 de septiembre de 1993). «El gas natural es hemisférico. Me gusta llamarle hemisférico en la naturaleza, porque es el producto que podemos encontrar en el vecindario» (Austin, 20 de diciembre de 2000). «Sé que el ser humano y los peces pueden convivir pacíficamente» (Saginaw, 29 de septiembre de 2000).

Asuntos exteriores. «Hemos perdido mucho tiempo hablando de África con justicia. África es una nación que sufre una increíble enfermedad» (rueda de prensa, 14 de junio de 2000). «He hablado con Vicente Fox, el nuevo presidente de México, para tener petróleo que enviar a Estados Unidos. Así no dependeremos del petróleo extranjero» (primer debate presidencial, 10 de marzo de 2000). «El problema de los franceses es que no tienen una palabra para *entrepreneur*» (discutiendo con Blair). «¿Ustedes también tienen negros?» (al presidente brasileño Fernando Cardoso, Sâo Paulo, 28 de abril de 2002). «Después de todo, hace una semana, Yasir Arafat estuvo asediado en su palacio de Ramala, un palacio lleno claramente de pacifistas alemanes y de todo ese tipo de gente. Ahora se han ido. Ahora Arafat es libre de mostrar su liderazgo, de gobernar el mundo» (Washington, 2 de mayo de 2002). «Muchas de nuestras importaciones vienen de ultramar» (*NPR's Morning Editing*, 26 de septiembre de 2000). «Entiendo que la agitación en Oriente Próximo crea agitación en toda la región» (Washington, 13 de marzo de 2002). «Mi viaje a Asia comienza en Japón por una razón importante. Comienza aquí porque desde hace siglo y medio América y Japón han formado una de las mayores y más duraderas alianzas de los tiempos modernos. De esta alianza salió una era de paz en el Pacífico» (Tokio, 18 de febrero de 2002).

[2002]

Cómo enriquecerse con el dolor ajeno

Si su situación económica no les satisface y quieren cambiar de oficio, la del vidente es una de las actividades más rentables y (contrariamente a lo que podrían pensar) una de las más fáciles. Basta tener cierta carga de simpatía, una capacidad mínima de entender a los demás y unos pelitos en el corazón. Pero también sin estas dotes tienen siempre a la estadística que trabaja a su favor.

Intenten hacer este experimento: acérquense a una persona cualquiera, incluso elegida al azar (aunque claro, ayuda que la persona esté bien dispuesta a verificar sus cualidades paranormales). Mírenla a los ojos y díganle: «Siento que alguien está pensando intensamente en usted, es alguien que no ve desde hace muchos años, pero que hace tiempo usted quiso mucho, sufriendo porque no se sentía correspondido... Ahora esta persona se está dando cuenta de lo mucho que le hizo sufrir, y se arrepiente, aunque entiende que es demasiado tarde...». ¿Puede existir una persona en este mundo, que ya no sea precisamente un niño, que en el pasado no haya tenido un amor infeliz o, por lo menos, no suficientemente correspondido? Pues entonces su sujeto será el primero en ayudarles y colaborar con ustedes, diciendo que ha identificado a la persona cuyo pensamiento ustedes captan con tanta nitidez.

También pueden decirle a alguien: «Hay una persona que la subestima, y habla mal de usted por ahí, pero lo hace por envidia». Será muy difícil que su sujeto les conteste que todos lo admiran muchísimo y que no tiene ni la más remota idea de quién puede ser esa persona. Más bien, estará dispuesto a localizarla enseguida y a admirar su capacidad de percepción extrasensorial.

Otra posibilidad: declaren que pueden ver junto a sus sujetos a los fantasmas de sus queridos fallecidos. Acérquense a una persona de cierta edad y díganle que ven a su lado la sombra de una persona mayor que murió por algo en el corazón. Cualquier individuo vivo ha tenido dos padres y cuatro abuelos y, si tienen suerte, algún tío o padrino o madrina muy queridos. Si el individuo tiene ya cierta edad es muy fácil que esos seres queridos ya hayan muerto, y sobre un mínimo de seis difuntos uno muerto por insu-

ficiencia cardíaca. debería haberlo. Si son ustedes realmente desa-
fortunados, puesto que habrán tenido la precaución de abordar al
individuo entre otros igual de interesados en sus capacidades paranormales, dirán ustedes que quizá se hayan equivocado, que
quien están viendo acaso no sea un pariente del interlocutor sino
de alguien que está cerca. Es casi seguro que uno de los presentes
empezará a decir que se trata de su padre o de su madre, y entonces ya están servidos, pueden hablar del calor que esa sombra está
emanando, del amor que siente por aquel o por aquella que a esas
alturas habrá caído rendida a todas sus seducciones...

Los lectores sagaces habrán detectado las técnicas de algunos
personajes harto carismáticos que salen también en programas de
televisión. Nada es más fácil que convencer a un padre que acaba
de perder a su hijo, o al que aún llora la muerte de su madre, o
de su marido, que esa alma bendita no se ha disuelto en la nada
y que sigue mandando mensajes desde el más allá. Repito, hacer
el vidente es fácil, el dolor y la credulidad ajena trabajan para
ustedes.

A menos que, por supuesto, no haya en las inmediaciones alguien del Comité Italiano para el Control de las Afirmaciones
sobre lo Paranormal (CICAP); podrán obtener información del
Comité en el sitio www.cicap.org, o leyendo la revista *Scienza &
Paranormale*. Los investigadores del CICAP van en busca, en efecto, de fenómenos que se pretenden definir como paranormales
(desde los *poltergeists* hasta la levitación, desde los fenómenos espiritistas hasta los círculos en los campos de trigo, desde los ovnis
hasta la rabdomancia, sin omitir fantasmas, premoniciones, do-
blamiento de tenedores mediante la mente, lectura de los tarots,
vírgenes llorosas, etc.) y desmontan su mecanismo, enseñan su

truco, explican científicamente lo que se presenta como milagroso, a menudo repiten el experimento para demostrar que con la debida habilidad todos pueden llegar a ser magos.

Dos sabuesos del CICAP son Massimo Polidoro y Luigi Garlaschelli, que ahora publican juntos (pero recopilando también una antología de textos de otros colaboradores del CICAP) *Investigatori dell'occulto. Dieci anni di indagini sul paranormale*, en el que (si no son ustedes de los que lloran cuando les revelan que Papá Noel no existe) leerán muchas historias divertidas.

Aunque tengo mis dudas acerca de la diversión. El hecho de que el CICAP deba emplearse tanto significa que la credulidad está más extendida de lo que se piensa y, a la postre, de este libro circularán algunos millares de ejemplares, mientras que cuando Rosemary Altea sale en la tele jugando con el dolor ajeno la siguen millones y millones de personas. ¿A quién podemos reprender, porque de esta manera se deseduca a la gente? La audiencia es la audiencia.

[2002]

Misses, fundamentalistas y leprosos

Cuando este número de *L'Espresso* esté en los quioscos es posible que la mayoría de los lectores se hayan olvidado del episodio nigeriano, con sus doscientos y pico muertos asesinados por el concurso de Miss Mundo. Y sería una buena razón para no dejar caer el tema. O la situación habrá empeorado, incluso después de que el concurso de Miss Mundo haya sido desplazado a Londres, porque a todo el mundo le quedó claro que la llegada de las misses a

Nigeria era solo un pretexto para desencadenar tensiones o estimular proyectos subversivos de mucho más alcance. De hecho, no se entiende por qué, para protestar contra un concurso de belleza, había que matar a cristianos y quemar iglesias, visto que no se les puede atribuir la iniciativa del certamen a los obispos. Pero, si los sucesos hubieran seguido adelante, con mayor razón valdría la pena reflexionar sobre ese pretexto que ha llevado a la horrible reacción fundamentalista.

Wole Soyinka, el premio Nobel que en Nigeria ha tenido que padecer incluso la cárcel por haber intentado defender las libertades fundamentales de su desgraciado país, ha escrito un artículo (publicado en *La Repubblica*) en el que, junto a algunas iluminantes reflexiones sobre los conflictos nigerianos, decía (en síntesis) que él no les tiene ninguna simpatía a los concursos de las varias misses nacionales o globales pero que, ante la rabia de los fundamentalistas musulmanes, se sentía en el deber de defender los derechos del cuerpo y de la belleza. Creo que si fuera nigeriano pensaría como él, pero se da el caso de que no lo soy, y quisiera analizar el tema desde el punto de vista de nuestra casa.

No cabe duda de que es injustificable asesinar a más de doscientas personas —que entre otras cosas nada tienen que ver— para reaccionar con espíritu de mojigatería a un concurso que muestra a muchachas en bañador. Es obvio que, si lo planteamos así, todos estamos del lado de las muchachas. Ahora bien, considero que los organizadores de Miss Mundo, al decidir llevar a cabo la exhibición en Nigeria, cometieron una auténtica sinvergüencería. No tanto porque pudieran o debieran prever esas reacciones, sino por hacer una feria de las vanidades (que, entre otras cosas, cuesta una suma que bastaría para dar de comer a algunas tribus durante un mes) en un país deprimido como Nigeria, mientras los niños se mueren de hambre y las adúlteras son condenadas a la lapidación; es como hacer publicidad de cintas de vídeo pornográficas y de películas cómicas en un hospicio para ciegos o ir a regalar productos de belleza a una leprosería, anunciándolos con fotos de Naomi Campbell. Y que no me digan que también un concurso de belleza es una manera de hacer que cambien usos y costumbres ancestrales, porque esos estímulos funcionan, si acaso, con dosis homeopáticas y no con provocaciones tan teatreras.

El episodio, aparte de la reflexión de que se trata de una sinvergonzonería hecha sin duda con fines publicitarios y con absoluto cinismo, nos interesa de cerca, precisamente en estos tiempos, porque tiene que ver con ese grumo de problemas que llamamos globalización. Estoy entre los que piensan que sobre diez fenómenos de globalización, por lo menos cinco pueden tener resultados positivos, pero que si hay un aspecto negativo de la globalización, es justo querer imponer con violencia modelos occidentales a países subdesarrollados para inducir consumos y esperanzas que esos países no pueden concederse... En fin, si te presento a la miss en bañador, es para incentivar la compra de bañadores occidentales —que bien pueden haber sido cosidos por niños hambrientos de Hong Kong—, y para que los compren en Nigeria aquellos que no se mueren de hambre pero que, si tienen dinero para gastarse, lo hacen a cuenta de los que sí se mueren de hambre, y colaboran con los occidentales para explotarlos y mantenerlos en una condición precolonial.

Por eso no me habría disgustado que los más peleones de los antiglobalización se hubieran citado en Nigeria durante el concurso, dividiéndose entre overoles blancos y *black blocs* violentos.

Los de blanco habrían debido darles patadas pacíficamente (pero con cierta energía) a los organizadores del concurso, dejarlos en paños menores (como sus misses), embadurnarlos de miel, rociarlos de plumas de avestruz o de otro volátil a disposición *in situ*, y hacerlos desfilar por las calles, mofándose de ellos como es debido. Y los de negro habrían debido encararse con los fundamentalistas locales, cómplices del colonialismo occidental a quien le va de maravilla que allá sigan siendo subdesarrollados, y usar toda su capacidad de combate para impedirles que realizaran sus matanzas; y quizá todos habríamos aplaudido (por una vez, y solo por una vez) a esos guerrilleros de la paz, entre otras cosas porque, si eres violento, debes tener el valor de medirte con contrincantes dignos de ti.

¿Y las aspirantes a misses? Quizá, convencidas por el ala moderada de los antiglobalización, habrían podido (por una vez solo) reciclarse para menear (vestidas) su hermoso culito por las aldeas distribuyendo latas de carne y pastillas de jabón, con algún antibiótico y tetrabriks de leche. Las habríamos juzgado verdaderamente guapísimas.

[2002]

Disparos con acuse de recibo

Hoy habría que actualizar un viejo adagio que decía que la guerra es demasiado seria para dejar que la hagan los militares, pues el mundo se ha convertido en un asunto demasiado complicado para dejar que sea gobernado por quienes lo gobernaban antes. Como si hubieran encomendado el proyecto Manhattan de la bomba atómica a los expertos del túnel ferroviario del Cenisio-Fréjus. En eso pensaba yo hace dos semanas en Washington, justo mientras estaba en circulación el *sniper*, el famoso francotirador que fulminaba alegremente a las personas que se paraban en la gasolinera o salían del restaurante. El *sniper* estaba arriba, con su fusil telescópico y, desde algún nudo de autopista o colinita tranquila, hacía su trabajo. Con la víctima muerta, y solo tras haber recibido un aviso, la policía llegaba y cortaba las carreteras dos o tres horas, sin encontrar obviamente a nadie porque el francotirador había tenido todo el tiempo de irse a cualquier otro sitio. Por eso, durante días la gente no salía de casa y no mandaba los niños al colegio.

Por supuesto, ha habido quienes nos han advertido que esto sucede porque existe el libre comercio de las armas, pero los *lobbies* de los armadores han contestado que la cuestión no es tener un arma sino usarla bien. Como si usarla para matar no fuera, precisamente, usarla a la perfección. ¿Acaso la gente suele comprarse un fusil para hacerse un enema?

Apresaron al francotirador de Washington solo porque sembró adrede huellas por doquier; a fin de cuentas, la gente de ese tipo solo quiere salir en los periódicos. Pero uno que no hubiera querido que lo cazaran habría podido seguir matando a más personas que las que con tanto esfuerzo mataron en las Torres Gemelas. Por eso Estados Unidos estaba con los nervios de punta y lo sigue estando; porque entendía que si una organización terrorista, en lugar de perder el tiempo secuestrando aviones, hiciera circular por toda la nación a unos treinta francotiradores, podría paralizar el país. No solo eso: desencadenaría una carrera a la imitación por parte de todos aquellos que no son terroristas pero sí locos, y se unirían con alborozo a la fiesta.

¿Qué han propuesto algunos de esos que sin duda ya no son capaces de regir el mundo? Pues fabricar armas que «firman» automáticamente la bala y el casquillo, de manera que al extraer el proyectil del cuerpo del asesinado se tenga casi la dirección del asesino. No han pensado que si quiero matar a alguien no uso mi fusil, sino uno que he robado; de este modo hago que a la cárcel vaya su dueño; y que si soy un terrorista tengo los contactos adecuados para conseguir un arma robada, o con el código alterado, o de fabricación no estadounidense. No entiendo por qué estas cosas se me ocurren a mí y no a los expertos en seguridad.

Ojalá se tratara tan solo de esto. En *La Repubblica* del 8 de noviembre pasado, leo que, preocupados por la deflación (la gente compra poco, los precios bajan, y estamos en una crisis peor que las inflacionistas), los de la Reserva Federal (no unos niñatos cualquiera, pues) proponen el dólar perecedero, es decir, una moneda con una banda magnética que hace que pierda valor si no te la gastas pronto (y pierde valor también si la ingresas en el banco).

Intento imaginarme qué haría el señor Smith, fontanero, que trabajando como un mulo consigue ganar cien dólares al día. Ante todo, disminuiría su productividad. ¿Por qué matarse trabajando para ganar algo que al cabo de cierto tiempo no vale nada, y ni siquiera se puede meter en una cartilla de ahorros para comprarse una casita? Trabajará solo lo indispensable que le permita ganarse esos treinta dólares diarios para comprarse cerveza y filetes. O también podría invertir cada día sus cien dólares en gastos inútiles, camisetas, tarros de mermelada, lápices, después de lo cual empezaría una economía del trueque, tres tarros de mermelada por una camiseta, y al final la gente acumularía en sus casas un montón de cosas inútiles, mientras que la moneda ya casi no circularía. Aún diría más, el señor Smith podría comprarse su casita, pero con unos plazos larguísimos, cada vez que cien dólares le quemaran las manos. Claro que entonces, no solo la casa, con sus intereses y todo, costaría diez veces más, pero ¿por qué el primer propietario debería venderla, visto que se quedaría sin casa y con una lluvia de dólares que debe gastarse completamente a medida que le van llegando? Y entonces parón del mercado inmobiliario, el que tiene una casa se la queda. Y visto que la moneda se devalúa aún ahorrándola, ¿quién irá ya a meter dinero en el banco?

Espero que un economista me diga dónde me estoy equivocando, porque desde luego no soy un experto. Pero en fin, tengo la clara impresión de que muchas iniciativas que se están tomando, incluida la guerra en Irak para mantener a raya a los millares de potenciales francotiradores fundamentalistas que están esperando en los enlaces de las autopistas estadounidenses, entran dentro de la categoría «el mundo se ha convertido en un asunto demasiado complicado para dejar que sea gobernado por quienes lo gobernaban antes»

[2002]

Dennos algún muerto más

Leo en el *Venerdì di Repubblica* la siguiente noticia: el gobierno francés habría aplicado, como también aquí pero antes que nosotros, el carnet de conducir por puntos y al cabo de un año se ha comprobado que los accidentes han disminuido, con el 18,5 por ciento de muertos menos. Es una excelente noticia. Pero el presidente del Groupement National des Carrosiers-Réparateurs, es decir, una asociación de talleres de reparación de carrocería , tras haber dicho que naturalmente como ciudadano se alegra por la disminución de los fallecimientos, ha tenido que admitir que como carrocero no podía dejar de observar que el trabajo de sus asociados había entrado en crisis. Menos accidentes, menos reparaciones. Y parece ser que los carroceros, ante este consistente drama económico, no solo están revueltos y piden ayudas al Estado, sino que algunos de ellos han pedido incluso controles menos severos. En pocas palabras, si la noticia es cierta, han pedido que pongan menos multas para que se estrelle algún coche más.

No llego a pensar que pidan algún muerto más, porque en general los que se mueren en accidente de coche no suelen llevar luego el automóvil al taller, y los herederos lo mandan directamente al desguace; pero en fin, algún buen choque, sin muertos pero con algún herido (sin que no quede más remedio que desguazar el coche, transformado en un ataúd), no estaría mal visto.

La noticia no debe sorprendernos, toda innovación tecnológica, cada paso adelante del progreso, siempre ha producido desocupación, y la historia empezó con los tejedores del siglo XVIII que rompían los telares mecánicos por miedo de quedarse sin trabajo. Me imagino que la llegada del taxi arruinó a los cocheros. Recuerdo al viejo Pietro, que cuando yo era pequeño lo llamaban con su coche de caballos para llevar familia y equipajes a la estación cuando íbamos al campo. En pocos años llegaron los coches públicos y él ya no tenía la edad de sacarse el permiso de conducir y reciclarse como taxista. Claro que por aquel entonces las innovaciones llegaban con un ritmo bastante lento, y Pietro debió de quedarse en paro cuando ya estaba cerca de la jubilación.

Hoy las cosas van más deprisa. Me imagino que el alargamiento de la vida media habría podido poner en crisis a los empresarios de las funerarias y a los operarios de cementerios, si no fuera porque el fenómeno ha sido lento, y cuando nos hemos dado cuenta de que había menos sexagenarios que enterrar, había que enterrar ya a los octogenarios que no se habían muerto a los sesenta. Así pues, el trabajo no debería faltarle nunca a este sector (por vía de la premisa de la gran madre de todos los silogismos, «todos los hombres son mortales»). Pero si mañana se encontrara, no digo el suero de la inmortalidad, sino un fármaco que de golpe alarga la vida hasta una media de ciento veinte años, veríamos al sector de los empresarios de pompas fúnebres manifestarse en las plazas pidiendo ayudas estatales.

La cuestión es que la aceleración de los procesos innovadores dejará en la cuneta cada vez más a sectores enteros. Basta pensar en la crisis, limitada a los años ochenta, de los que arreglaban máquinas de escribir. O eran jóvenes y despiertos para aprender a convertirse en expertos de ordenadores, o se veían desempleados de golpe.

Por lo tanto, el problema es prever una formación profesional que permita rápidos reciclajes. Un tejedor del pasado, si llegaban los telares mecánicos, no podía transformarse deprisa en un constructor de telares mecánicos. En cambio, hoy las máquinas son, por decirlo de alguna manera, universales, su estructura física cuenta mucho menos que el programa que las hace funcionar, de suerte que un especialista capaz de trabajar con el programa que hace funcionar una lavadora podría reciclarse con pocas actualizaciones trabajando con el programa que regula el salpicadero de los coches.

Así pues, para hacer frente a la posibilidad de reciclajes acelerados, la educación profesional deberá convertirse en gran parte en formación intelectual, en adiestramiento al *software* (es decir, a lo que los franceses llaman *logiciel*) más que adiestramiento al *hardware*, a los hierros, a esos componentes físicos de máquinas intercambiables que podrían construirse según otro programa.

De modo que, en lugar de pensar en una escuela que en un determinado punto se bifurca y, por un lado, prepara a la universidad y, por el otro, al trabajo, habría que pensar en una escuela que produce solo bachilleres de humanidades o de ciencias, porque incluso el que vaya a trabajar, qué sé yo, como barrendero del futuro, tendrá que tener una formación intelectual que le permita un día pensar y programar su propio reciclaje.

No se trata de un ideal democrático e igualitario abstracto, es la lógica misma del trabajo en una sociedad informatizada que pide una educación igual para todos, y modelada en el nivel más alto, no en el más bajo. De otro modo, la innovación producirá siempre y solo desocupación.

[2003]

Con licencia de usted

A principios de 1981, hablando de la guerra del Golfo, expliqué que «fuego amigo» es «la bomba que te tira por equivocación un gilipollas que lleva tu mismo uniforme». Quizá hoy, tras el caso Calipari, los lectores serían más sensibles al hecho de que de fuego amigo se muere; pero hace quince años reaccionaron no ante la inmoralidad del fuego amigo sino ante la inmoralidad de la palabra *stronzo*, «gilipollas». Hubo muchas cartas de lectores y, si recuerdo bien, también críticas en otros periódicos, hasta tal punto que me vi obligado a escribir una columna sucesiva en la que recordaba cuántos ilustres autores de nuestra literatura habían usado palabras semejantes.

En quince años las costumbres cambian y la editorial Rizzoli puede permitirse publicar hoy *Stronzate*, de Harry G. Frankfurt, que cuesta seis euros y se lee en una hora. Creo que Frankfurt es profesor emérito de filosofía en Princeton y el italiano *stronzate* traduce, en cuanto a funcionalidad, el título inglés que significa literalmente «mierda de toro», pero se usa en las mismas situaciones en las que en italiano se utilizaría el término que adopté yo hace quince años.

Creo que también se puede definir como *stronzata* («gilipollez») algo por lo que no valía la pena gastarse dinero porque no funciona («Este sacacorchos electrónico es una gilipollez»), pero normalmente se aplica el término a algo que se afirma, dice, comunica: «Has dicho una gilipollez, esa película es una auténtica gilipollez». Y precisamente sobre la gilipollez eminentemente semiótica se demora Frankfurt, partiendo de una definición que otro filósofo, Max Black, dio de «paparrucha» (en el sentido de estupidez o chorrada) como «tergiversación engañosa próxima a la mentira, especialmente mediante palabras o acciones pretenciosas, de las ideas, los sentimientos, las actitudes de alguien».

Deben saber ustedes que los filósofos estadounidenses son muy sensibles al problema de la verdad de nuestros enunciados, tanto que se pasan el tiempo preguntándose si es verdadero o falso decir que Ulises volvió a Ítaca, desde el momento que Ulises no existió jamás. Para Frankfurt se trata, pues, en primer lugar, de definir en qué sentido una gilipollez es algo más fuerte que una estupidez y, en segundo lugar, qué significa dar una representación falsa de algo sin mentir.

Para el último problema no hay sino que recurrir a la amplia literatura sobre el argumento desde Agustín hasta hoy en día: quien miente sabe que lo que dice no es verdadero, y lo dice para engañar. El que dice algo falso sin saber que es una falsedad, pobrecillo, no miente, sencillamente se equivoca, o está loco. Supongo que si alguien, creyéndoselo, dijera que el Sol gira alrededor de la Tierra, nosotros diríamos que ha dicho una tontería, e incluso una gilipollez. Ahora bien, en la definición de Max Black está el hecho de que quien dice una estupidez lo hace para ofrecer una interpretación falsa no solo de la realidad exterior sino también de sus propios pensamientos, sentimientos y actitudes.

Esto le pasa también al que miente: uno que dice que tiene cien euros en el bolsillo (y no es verdad) no solo lo hace para hacer creer que en su bolsillo hay cien euros, sino también para convencernos de que él cree tener cien euros. Frankfurt aclara que, a diferencia de las mentiras, las paparruchas tienen como fin primero no ofrecer una falsa creencia con respecto al estado de cosas de las que se habla, sino más bien una falsa impresión de lo que sucede en la mente del hablante. Al ser esta la finalidad de las estupideces, no alcanzarían el estado de mentira porque, para usar un ejemplo de Frankfurt, un presidente de Estados Unidos puede usar expresiones blandamente retóricas sobre el hecho de que los padres fundadores estaban guiados por Dios, no para difundir creencias que él considera falsas sino para dar la impresión de ser una persona pía y amante de la patria.

Lo que caracteriza a la gilipollez con respecto a la tontería es que aquella es una afirmación sin duda equivocada, pronunciada para hacer creer algo sobre nosotros, pero el hablante no se preocupa mínimamente de saber si dice la verdad o no. «El rasgo de sí mismo que oculta el charlatán [el que dice gilipolleces] [...] es que los valores veritativos de sus enunciados no tienen prácticamente interés para él»; afirmaciones de este tipo nos ponen inmediatamente las orejas de punta, y en efecto Frankfurt confirma nuestras peores sospechas: «Los campos de la publicidad y las relaciones públicas, así como el de la política, hoy en día estrechamente relacionado con los anteriores, están repletos de ejemplos de charlatanería tan descarados que pueden servir como algunos de los paradigmas más clásicos e indiscutibles del concepto». La finalidad de la gilipollez no es ni siquiera engañar sobre el estado de las cosas, es asombrar a oyentes con escasa capacidad para distinguir lo verdadero de lo falso, o también desinteresados por estos matices. Creo que el que pronuncia gilipolleces confía asimismo en la memoria débil de su público, lo cual le permite decir gilipolleces encadenadas que se contradicen entre ellas: «Por muy atenta y conscientemente que proceda el charlatán, sigue siendo verdad que trata de librarse de algo».

[2005]

Los oxímoros conciliadores

Hace aún unos años, cuando se usaba la palabra «oxímoron» había que explicar de qué se trataba. Se recurría a ella para definir expresiones célebres como las «convergencias paralelas» de la política italiana y era oportuno aclarar que se produce un oxímoron cuando se unen dos términos que se contradicen mutuamente, como «fuerte debilidad», «desesperada esperanza», «dulce violencia», «insensato sentido» (Manganelli) y —para no olvidar el latín— *formosa deformitas*, *concordia discors* y *festina lente*.

Ahora todos hablan de los oxímoros: se lee a menudo en la prensa y se lo he oído decir a políticos en la televisión; en fin, o todos se han puesto a leer tratados de retórica o algo oximórico anda suelto. Se podría objetar que el asunto no es síntoma de nada, se forman siempre modas lingüísticas debidas a pereza e imitación, algunas duran el espacio de una mañana y otras sobreviven más; vamos, que en los años cincuenta las chicas decían *bestiale* («brutal») y hace poco decían *assurdo* («absurdo»), sin por ello referirse ni a la zoología ni a Ionesco. Durante un período todos decían *un attimino* («un segundito»), pero no porque el tiempo se hubiera acortado de verdad; o decían *esatto* («exacto») en lugar de «sí» (también cuando se casaban en la iglesia), pero no por minuciosidad matemática sino por el influjo de los concursos de preguntas y respuestas. Persiste aún la insoportable manía del *coniugare* («unir en matrimonio»), y Dios sabe por qué, en estos tiempos en los que no se presenta al marido sino a la pareja.

Sin embargo, mi sospecha es que el oxímoron ha ganado popularidad porque vivimos en un mundo donde, tras desplomarse las ideologías (que intentaban reducir, a veces un poco burdamente, las contradicciones e imponer una visión unívoca de las cosas), nos debatimos ya solo entre situaciones contradictorias. Si quieren un ejemplo arrollador, ahí tienen la Realidad Virtual, que es un poco como una Nada Concreta. Luego están las Bombas Inteligentes, que no parece un oxímoron, pero lo es si se considera que una bomba, por su misma naturaleza, es estúpida y debería caer donde la lanzan, porque si no, si lo hace por propia iniciativa corre el riesgo de convertirse en Fuego Amigo, magnífico oxímoron, si por fuego se entiende algo destinado a perjudicar a quienes no son amigos. Me parece bastante oxímórica la Exportación de la Libertad, si la libertad es por definición algo que un pueblo o un grupo se ganan por decisión personal y no por imposición ajena, pero si nos ponemos a sutilizar hay un oxímoron implícito en el Conflicto de Intereses, porque se puede traducir o como Intereses Privados Obtenidos Mediante Bienes Públicos o como Intereses Colectivos Obtenidos Mediante el Propio Útil Particular.

Quisiera hacer notar cómo son oxímóricos la Movilización Global de los antiglobalización, la Paz Armada y la Intervención Humanitaria (si por intervención se entiende, como se entiende, una serie de acciones bélicas en casa ajena). Si debo dar crédito a los programas electorales de los nuevos aliados de Berlusconi, cada vez veo más a mi alrededor a una Izquierda Fascista, y considero bastante oxímóricos los Ateos Clericales como Marcello Pera o Giuliano Ferrara. No pasaría por alto, aunque estemos acostumbrados, la Inteligencia Artificial e incluso el Cerebro Electrónico (si el cerebro es esa cosa blanda que tenemos en la caja craneal), por no hablar de los Embriones con Alma e incluso de la Variante de Puerto de Montaña —visto que por definición un puerto de montaña es el único punto por donde se puede pasar entre dos montañas—. Para ser *bipartisan* (y díganme si no es oxímoron este Tomar Valerosamente Partido Encendiéndole una Vela a Dios y Otra al Diablo), igual de oxímórica me parece una propuesta ventilada por el Partido del Olivo, de un Voluntariado para el Servicio Civil Obligatorio.

En fin, no sabiendo ya cómo hacer cuadrar decisiones que no pueden estar juntas, se recurre a Oxímoros Conciliadores (ahí tienen otro buen oxímoron) para dar la impresión de que lo que no puede convivir convive, la misión de paz en Irak, las leyes contra los magistrados (que deberían aplicar las leyes), la política en la televisión y las farsas en el Parlamento, la censura de la sátira no autorizada, las profecías retrospectivas como el tercer secreto de Fátima, los kamikazes árabes que serían un poco como unos sarracenos sintoístas, los sesentayocheros que han ido a trabajar para Berlusconi, el populismo liberal. Para acabar con los PACS (Pactos de Convivencia Solidaria) virtuosamente enconados por concubinos divorciados.

[2006]

La humana sed de prefacios

Ahora voy hablar de algo que no me pasa solo a mí, sino en general a todos aquellos que, al haber publicado libros o artículos, disfrutan de cierta notoriedad en un ámbito específico. Y no hay que pensar solo en un gran poeta, en un premio Nobel, en un estudioso emérito. Considero (mejor dicho, sé) que sucesos análogos le pasan también al director de instituto de provincias quien, en el ámbito de la propia comunidad local, ha adquirido fama de ser persona docta, respetable y fidedigna aun sin haber publicado nada. No solo a ellos, les sucede incluso a quienes no son considerados ni doctos ni fidedignos, y quizá ni siquiera respetables, pero que se han vuelto conocidos y famosos porque a lo mejor se han exhibido en paños menores en un *talk show* televisivo.

Así pues, a todos ellos les pasa que se les pida el prefacio de un libro ajeno. A este tipo de peticiones cada uno responde como desea, para algunos la petición suena a reconocimiento muy deseado, pero a otros, y yo estoy entre ellos, les llueven decenas de peticiones de prefacio al mes —sobre cualquier argumento y por parte de cualquiera, desde el colega bueno hasta el poetastro que se autopublica, desde el neonovelista hasta el inventor de una nueva máquina para el movimiento perpetuo.

Yo suelo responder que (aparte de la imposibilidad de leer todos esos manuscritos, y el riesgo de parecer un prologuista a taxímetro), tras decirle que no a amigos muy queridos, decir que sí a otros sonaría como una ofensa. Y el asunto suele acabar ahí. Ahora bien, cuando el que me lo pide es un amigo, pierdo tiempo en escribir una carta más detallada, donde intento explicar lo que muchas décadas de trabajo en el mundo de los libros me han enseñado. Explico, por lo tanto, que mi rechazo intenta salvarlo o salvarla de un desastre editorial.

Hay solo dos casos en los que el prefacio no resulta perjudicial. Uno es cuando el prologado está muerto; en ese caso también un jovencito de veinte años puede permitirse introducir una nueva edición de la *Ilíada*, y Homero no sale perjudicado. El otro es cuando un autor celebérrimo y venerable le hace un prefacio a un jovencísimo debutante. Se trata sin duda de un acto paternalista, pero al debutante no le molesta, es más se enaltece, porque venera y admira al inalcanzable prologuista, y es feliz de que avale su *opera prima*.

El primer caso es el prefacio de Vivo a Difunto, el segundo es el prefacio de Gran Viejo a Muchachito. Todos los demás casos, de Vivo a Vivo y de Adulto a Adulto, asestan un golpe mortal al prologado.

Normalmente el autor o el editor, al pedirle a Fulanito Prologuini un prefacio para el libro de Menganito Autorucci, consideran que la notoriedad de Prologuini puede hacer vender algunos ejemplares más. Es posible que esto suceda, aunque no en proporciones consistentes, pero el efecto que se obtiene entre los lectores sutiles es el siguiente: «Si este Autorucci, de quien no sabía nada, necesita que le sostenga Prologuini, es señal de que era justo que yo no supiera nada, porque se trata evidentemente de un autor de poca monta, ante el cual Prologuini quizá ha cedido por amistad, piedad, solidaridad política o tal vez a cambio de dinero o de favores sexuales».

Si entro en una librería y encuentro un libro de Autorucci, pongamos sobre el memorialismo en la edad posguillermina, mi primera reacción es: «¡Anda que soy ignorante, no sabía nada de este Autorucci, será un gran especialista de la edad posguillermina!» Nótese que el fenómeno es muy natural: si alguien en una conferencia o en la nota de un libro me cita la obra de Menganito Autorucci, que yo no conocía, mi primera reacción (si soy una persona sabia) es sentirme culturalmente en falta, y me propongo consultar cuanto antes este Autorucci. Si, en cambio, veo en la librería la obra de Autorucci y veo que lleva un prefacio de Prologuini, me tranquilizo enseguida: era natural que no conociera a Autorucci, ya que necesita el aval ajeno para que lo tomen en consideración.

Este razonamiento mío me parece obvio, lineal, persuasivo, y cuando se lo comunico a quienes me han pedido un prefacio añado que yo, personalmente (y quizá sea un deplorable exceso de *hybris*, no lo discuto) no quisiera que nadie me hiciera nunca un prefacio; es más, soy contrario incluso al caso del maestro universitario que le escribe el prefacio al alumno, porque constituye la forma más letal (por las razones enumeradas más arriba) de subrayar la juventud e inmadurez del autor.

Pues bien, mi interlocutor no suele quedarse convencido, y considera que mi razonamiento está inspirado en la animadversión. Por eso, a medida que voy envejeciendo, muchas personas a las que he intentado beneficiar con mi negativa se vuelven enemigas.

A menos que se verifique el caso (que, lo juro, se ha producido de verdad) del individuo que publicó su libro pagándolo de su bolsillo y le puso como prefacio mi amabilísima carta de rechazo. Tal es la humana sed de prefacios.

[2006]

Un no compañero que se equivoca

En un sitio de internet que se llama *La storia nascosta* («La historia oculta») encuentro entrecomillada una presunta declaración mía al diario *El País* y ponen en mi boca que «Las Brigadas Rojas tenían una idea justa que era la de combatir a las multinacionales, pero se equivocaron en creer en el terrorismo». De ello se deduce, por lo tanto, que yo sería partidario de la fórmula «compañeros que se equivocan», y no solo eso: sostendría que «las ideas se podían suscribir, eran los métodos los que no funcionaban». Y concluye: «Si transcurridos treinta años del asesinato de Aldo Moro esta es la contribución teórica de la cultura italiana, estamos ante una película ya vista. Desgraciadamente».

Sin embargo, el sitio acoge también los comentarios de los visitantes y encuentro sensata la intervención de un anónimo que escribe: «Tengo mis dudas de que el profesor Eco haya pronunciado unas palabras tan banales. En *El péndulo de Foucault* hay (entre otras mil cosas) una valoración de los años de plomo que desde luego no exalta el mundo del terrorismo. Tengo curiosidad por oír sus palabras exactas y no la versión que llega a través de los periódicos». En cambio, el redactor del sitio no solo no se ha leído ni *El péndulo de Foucault* ni los artículos que yo escribía para el diario *La Repubblica* en los tiempos del secuestro de Aldo Moro y que, posteriormente, publiqué en mi libro *Siete años de deseo* (y está en su derecho, derecho que defenderé a ultranza), sino que tampoco —sospecho— se ha leído mi entrevista a *El País*: sencillamente, se ha basado en los sueltos de los periódicos italianos que reproducían algunas frases. Deducir de premisas incompletas y falaces es un error de lógica, y no se puede reconocer como un derecho.

Con todo, respondo: por respeto a ese prudente anónimo que, en cambio, acostumbra a leer y por otros que podrían ser inducidos (de buena fe) al error tras la visita a ese sitio malicioso.

Lo que dije en el curso de aquella entrevista española era lo mismo que escribí hace treinta años. Decía que los periódicos definían como «delirantes» los comunicados de las Brigadas Rojas cuando sostenían que existía el Estado Imperialista de las Multinacionales (usaban la sigla SIM), mientras que esa era la única idea no delirante de todo el asunto (aunque la expresaran con una fórmula un poco folclórica). Que tampoco era una idea de ellos, sino que la habían tomado prestada de muchas publicaciones europeas y estadounidenses, en especial de la *Monthly Review*. Hablar por aquel entonces de Estado de las Multinacionales significaba considerar que gran parte de la política mundial ya no la decretaban los gobiernos individuales, sino una red de poderes transnacionales que podía decidir incluso las guerras y las paces.

En aquellos tiempos, el ejemplo por excelencia era el de las Siete Hermanas del petróleo, pero hoy en día incluso los niños hablan de globalización, y globalización quiere decir, precisamente, que nosotros comemos lechuga cultivada en Burkina Faso, lavada y empaquetada en Hong Kong y enviada a Rumanía para que luego sea distribuida en Italia o en Francia. Este es el gobierno de las multinacionales, y si el ejemplo les parece banal, piensen en cómo grandes compañías aéreas transnacionales pueden determinar las decisiones de nuestro gobierno sobre el destino de Alitalia.

Las que eran verdaderamente delirantes en el pensamiento de las Brigadas Rojas y de los grupos terroristas afines eran las conclusiones a las que llegaban: primero, que para doblegar a las multinacionales había que hacer una revolución en Italia; segundo, que para ponerlas en crisis hubiera que matar a Aldo Moro y a muchas otras buenas personas; tercero, que sus hazañas empujarían a las masas proletarias a hacer la revolución.

Estas ideas eran delirantes ante todo porque a las multinacionales les habría importado un bledo la revolución en un solo país y, en cualquier caso, la presión internacional volvería a establecer el orden con celeridad; segundo, porque el peso de un político italiano, en este juego de intereses, era completamente irrelevante; y tercero, porque había que saber que, por mucha gente que mataran los terroristas, la clase obrera no haría la revolución. Y para saberlo no era necesario prever el desarrollo de los acontecimientos, bastaba ver lo que había pasado en América Latina con los tupamaros uruguayos y movimientos análogos (que a lo sumo convencieron a los coroneles argentinos no a hacer una revolución sino a dar un golpe de Estado), mientras las masas proletarias no movían un dedo.

Ahora bien, el que saca conclusiones equivocadas de una premisa en resumidas cuentas aceptable no es un compañero que se equivoca. Si un compañero mío de colegio hubiera afirmado que puesto que el Sol sale y se pone, el Sol gira alrededor de la Tierra, no lo habría definido como un compañero que se equivoca sino como un capullo. El hecho de que hoy nos encontremos incluso con un terrorista rojo que se dedica a atentar contra las mezquitas en nombre de la Liga Norte, demuestra, precisamente, que no tenían mucho juicio.

Por lo tanto, el único compañero (pero ¿de quién?) que se equivoca es el señor que administra ese sitio.

[2008]

Bailarrín rruso

La historia de la redacción del examen de reválida de bachillerato sobre Eugenio Montale ya la sabe todo el mundo pero, visto que esta columna saldrá ocho días después de los acontecimientos fatales, la resumo brevemente. Para la redacción del examen de *Maturità*, se les da a los estudiantes una poesía de Montale sobre una misteriosa sonrisa. Todo el razonamiento que sigue no vale si no tenemos a la vista la poesía, por lo cual la transcribo: «Ripenso il tuo sorriso, ed è per me un'acqua limpida / scorta per avventura tra le petraie d'un greto, / esiguo specchio in cui guardi un'ellera i suoi corimbi; / e su tutto l'abbraccio d'un bianco cielo quieto. / Codesto è il mio ricordo; non saprei dire, o lontano, / se dal tuo volto s'esprime libera un'anima ingenua, / o vero tu sei dei raminghi che il male del mondo estenua / e recano il loro soffrire con sé come un talismano. / Ma questo posso dirti, che la tua pensata effigie / sommerge i crucci estrosi in un'ondata di calma, / e che il tuo aspetto s'insinua nella mia memoria grigia / schietto come la cima d'una giovinetta palma».[1]

Francamente, de todas las rimas montalianas, esta es una de las más «rocosas», y me parece exagerado pretender que un chico de bachillerato, a quien tal vez no hayan hecho estudiar a Montale, pueda comentarla. Pero además, como es bien sabido, la comisión ministerial ha hecho algo aún peor; ha dado una «consigna» que (tal como me sucedía a mí en la escuela de antaño) prescribe prácticamente lo que el estudiante debería decir: que la poesía exalta el papel salvífico de la mujer; que el recuerdo de la mujer se condensa en su sonrisa, etcétera. Hasta acabar con la exhortación a hacer observaciones originales; y cuáles serán es un misterio, puesto que las más originales las ha dicho precisamente el ministerio. En efecto, el lado sabroso de todo este asunto, como ya todos saben, se debe al hecho de que el destinatario de esa poesía («a K.») no era una mujer sino un hombre, y por si fuera poco, era un bailarín ruso, y aunque todos consideren que Montale era heterosexual, se sabe que la idea del bailarín ruso suscita invariablemente risotadas pesadas, y siempre salía uno en las películas cómicas de los años cincuenta.

Mi primera reacción, cuando he leído las noticias de los perió-

---

1. «Rememoro tu sonrisa, y es para mí un agua límpia / vista al azar en la pedrera de un arenal / exiguo espejo en que mira una hiena sus corimbos; / y encima el abrazo de un tranquilo cielo blanco. / Ese es mi recuerdo; no sabría decir, tan lejos, / si en tu rostro se expresa libre un alma ingenua; / o si eres de esos errantes que el mal del mundo extenúa / y llevan su sufrir consigo como talismán. Mas esto puedo decirte, que tu evocada efigie / sumerge las extravagantes inquietudes en una oleada de calma, / y que tu imagen se insinúa en mi gris memoria / limpia como la copa de una joven palmera.» Versión de Carlo Frabetti.

dicos, sin recordar bien la poesía (me sé de memoria muchísimas líricas de *Huesos de sepia* pero esta no, señal precisamente de que es menos «cantabile» que las demás), es que deberíamos dejarnos de chismorreos biográficos sobre los autores. Los autores están, como en este caso, difuntos y lo que nos queda es el texto. Y si ese texto habla de una sonrisa, sin especificar de quién, el lector tiene el derecho de atribuirle esa sonrisa a quien quiera, tal y como el que lee los sonetos shakespearianos sobre la Dark Lady no está obligado a sospechar que esa señora era un jovencito. Pero es que, justo mientras rumiaba conmigo mismo sobre los derechos del texto, he ido a leerme la poesía entera y he visto que es el texto precisamente el que sugiere que el destinatario es un hombre, con el uso de una concordancia de género masculino. Por lo tanto, los expertos del ministerio no leyeron el texto, pues podían entender de qué se estaba hablando solo mirándolo, sin necesidad de ir a consultar, como sugiere Mario Baudino en *La Stampa*, la edición crítica de Contini-Bettarini, que pone la poesía en la página 30 y ofrece la información sobre K con cuentagotas en la página 872.

Encuentro también exageradas las acusaciones de homofobia dirigidas a los responsables del ministerio. Si no querían que los estudiantes pensaran que esa poesía estaba dedicada a un hombre, bastaba elegir otra. No, se ha tratado de una lectura insuficiente del texto propuesto.

Pero si intentamos ser severos con los del ministerio, no debemos ser por eso indulgentes con sus críticos. He aquí que en un importante diario nacional un artículo dice que la poesía es de 1975, mientras que se sabe que los *Huesos de sepia* son de los años veinte (y entre otras cosas se refiere en otro lugar de esa misma página), y luego en la página siguiente se dice que la revelación sobre K se la habría hecho Montale a Silvio Ramat tras dirigir su memoria de licenciatura, cosa improbable porque Montale nunca fue profesor universitario (y en efecto, creo que Ramat escribió la tesina «sobre» Montale). Esto para decir que la falta de atención es un vicio generalizado; otro diario online afirmaba, con las prisas del momento, que este K era un compañero de colegio del poeta. ¿Qué decir? Desternillémonos de sonrisa.

[2008]

Pedir perdón

En la pasada columna hablaba yo de la manía reciente y generalizada de «pedir perdón», tomando como pretexto la petición de perdón a Irak por parte de Bush arrepentido. Hacer algo que no se debería y luego limitarse a pedir perdón no es suficiente. Para empezar, hay que prometer no volver a hacerlo nunca más. Bush no volverá a invadir Irak una segunda vez porque los estadounidenses lo han exonerado del encargo amablemente, pero quizá, si pudiera, lo volvería a hacer. Muchos que arrojan la piedra y esconden la mano, piden perdón precisamente para seguir como antes. Es que pedir perdón no cuesta nada.

Un poco como la historia de los arrepentidos de la mafia. Antaño, el que se arrepentía de sus fechorías ofrecía algún tipo de reparación, luego se dedicaba a una vida de penitencia, refugiándose en la Tebaida para golpearse el pecho con guijarros puntiagudos o yéndose a curar leprosos al África Negra. Hoy el arrepentido se limita a denunciar a sus ex compañeros, luego o disfruta de cuidados especiales con una nueva identidad en confortables apartamentos reservados, o sale con antelación de la cárcel y escribe libros, concede entrevistas, se ve con jefes de Estado y recibe cartas apasionadas de muchachas románticas.

Pues que sepan que en http://www.sms-pronti.com/sms_scuse_3. htm encuentran un sitio dedicado a las «frases para pedir perdón». La más lapidaria es *SCUSA. Sono Chiaramente Uno Stronzo Americano* («Perdona: soy claramente un cabrón americano»). En http://news2000.libero.it/noi2000/nc63.html titulado «El arte de pedir perdón» (dedicado solo a los perdones por traición amorosa) se lee: «La regla más importante, la universal, es no sentirse jamás perdedores cuando se pide perdón. Pedir perdón no es sinónimo de debilidad sino de control y fuerza, quiere decir volver enseguida del lado de la razón, cogiendo desprevenida a tu pareja que de ese modo se ve obligada a escuchar. Admitir los propios errores es también un gesto liberador: ayuda a sacar las emociones sin reprimirlas y a vivirlas más intensamente». Como se quería demostrar: pedir perdón es tomar fuerzas para volver a empezar desde el principio.

El problema es que, si el que ha hecho algo malo sigue vivo, pide perdón personalmente. Pero ¿y si ha muerto? Cuando Juan Pablo II pidió perdón por el proceso a Galileo, indicó el camino. Aunque el error lo cometió un predecesor suyo (o el cardenal Bellarmino), el perdón lo pide su legítimo heredero. Pero no siempre está claro quién es el legítimo heredero. Por ejemplo, ¿quién tiene que pedir perdón por la matanza de los inocentes? El culpable fue Herodes, que gobernaba en Jerusalén; por lo tanto, su único legítimo heredero es el gobierno israelí. En cambio, contrariamente a lo que acabó por hacernos creer san Pablo, los verdaderos y directos responsables de la muerte de Jesús no son los infames judíos sino el gobierno romano, y a los pies de la cruz estaban los centuriones, no los fariseos. Tras desaparecer el Sacro Imperio Romano, el único heredero que queda del gobierno romano es el Estado italiano, y por lo tanto será el presidente Giorgio Napolitano quien tendrá que pedir perdón por la crucifixión.

¿Quién pide perdón por Vietnam? No es muy seguro si el próximo presidente de Estados Unidos o alguien de la familia Kennedy, quizá la simpática Kerry. Para la Revolución rusa y el asesinato de los Romanov no hay dudas porque el único verdadero, fiel y legítimo heredero del leninismo y del estalinismo es Putin. ¿Y por la matanza de San Bartolomé? Es la República francesa en cuanto heredera de la monarquía, pero como en aquella época el cerebro de todo el asunto fue una reina, Catalina de Médicis, hoy la tarea de pedir perdón le tocaría a Carla Bruni.

Y habría casos espinosos. ¿Quién pide perdón por los problemas causados por Ptolomeo, verdadero inspirador de la condena de Galileo? Si, como se dice, nació en Ptolemaida que está en Cirenaica, el excusante debería ser Gadafi, pero si nació en Alejandría debería ser el gobierno egipcio. ¿Quién pide perdón por los campos de exterminio? Los únicos herederos vivos del nazismo son los varios movimientos naziskins y estos no tienen precisamente aires de querer pedir perdón, es más, si pudieran, lo volverían a hacer.

¿Y quién pide perdón por el asesinato de Matteotti y de los hermanos Rosselli? El problema es quiénes son hoy los «verdaderos» herederos del fascismo, y confieso que la cuestión me tiene muy apurado.

[2008]

A algunos les da vueltas el Sol

Edoardo Boncinelli ha dictado una serie de clases magistrales en la Universidad de Bolonia sobre la teoría de la evolución (orígenes y desarrollos) y me han llamado la atención no tanto las pruebas a estas alturas indiscutibles del evolucionismo (aun en sus desarrollos neodarwinianos) como el hecho de que circulan muchas ideas ingenuas y confusas al respecto, no solo por parte de quienes se oponen, sino también por parte de quienes las comparten; por ejemplo, la idea de que para el darwinismo el hombre desciende del simio (si acaso, viendo los episodios de racismo de nuestros tiempos, tenemos la tentación de comentar, como hizo Dumas con un joven tradicionalista que ironizaba sobre su mestizaje: «Señor, quizá yo descienda del mono, pero mi familia empieza donde acaba la suya»).

El hecho es que la ciencia se confronta siempre con la opinión común, que suele estar menos evolucionada de lo que se cree. Todos nosotros, personas educadas, sabemos que la Tierra gira alrededor del Sol y no al revés; y aun así, nuestra vida cotidiana gira sobre la base de la así llamada percepción ingenua y decimos tranquilamente que el Sol sale, se pone, está alto en el cielo. Ahora bien, ¿cuántas son las personas «educadas»? En 1982 una encuesta realizada en Francia por la revista *Science et Vie* revelaba que uno de cada tres franceses pensaba que el Sol giraba alrededor de la Tierra.

Tomo la noticia de *Les Cahiers de l'Institut* (4, 2009), donde el *Institut* es un instituto internacional para la investigación y exploración de los *fous littéraires*, es decir, de todos los autores más o menos dementes que sostienen tesis improbables. Francia está a la vanguardia en este tema y en dos columnas de hace tiempo (de

1990 y de 2001) ya hablé de este género bibliográfico, con ocasión, entre otras cosas, de la muerte del máximo experto en el tema, André Blavier. Pero ahora, en este número de los *Cahiers*, Olivier Justafré se concentra en los que niegan el movimiento terrestre y la esfericidad de nuestro planeta.

Que todavía a finales del siglo XVII se negara la hipótesis copernicana, incluso por parte de estudiosos ilustres, no es asombroso, pero la montaña de estudios aparecidos entre los siglos XIX y XX sí que es bastante impresionante. Justafré se limita a obras francesas, pero bastan y sobran: desde el abate Matalène, que demostraba en 1842 que el Sol tenía un diámetro de 32 centímetros (que era una idea que ya sostenía Epicuro unos veintidós siglos antes) hasta Victor Marcucci, para quien la Tierra era plana con Córcega en el centro.

Y pase por el siglo XIX. Lo malo es que son de 1907 el *Essai de rationalisation de la science experimentale* de Léon Max (libro publicado por una seria librería científica) y de 1936 *La terre ne tourne pas*, de un tal Raioviotch, el cual añade que el Sol es más pequeño que la Tierra aunque mayor que la Luna (si bien un tal abate Bouheret sostenía lo contrario en 1815). De 1935 es la obra de Gustave Plaisant (que se define *ancien polytechnicien*) con su dramático título *Tourne-t-elle?* (es decir, ¿la Tierra da vueltas de verdad?) e incluso de 1965 un libro de Maurice Ollivier (también él *ancien élève* de la École Polytechnique) siempre sobre la inmovilidad de la Tierra.

El artículo de Justafré cita como obras no francesas solo la de Samuel Birley Rowbotham, libro en el que se demuestra que la Tierra es un disco con el Polo Norte en su centro y que dista 650 kilómetros del Sol. La obra de Rowbotham se publicó como opúsculo en 1849 con el título *Zetetic Astronomy: Earth Is Not a Globe*, pero a lo largo de treinta años se convirtió en una versión de 430 páginas que originó una Universal Zetetic Society que sobrevivió hasta la Primera Guerra Mundial.

En 1956, un miembro de la Royal Astronomical Society, Samuel Shenton, fundó la Flat Earth Society, precisamente para retomar la herencia de la Universal Zetetic Society. En los años sesenta, la NASA divulgó fotos de la Tierra vista desde el espacio, y ya nadie podía negar que tuviera forma esférica, pero Shenton comentó que fotos de ese tipo podían engañar solo a un ojo inexperto, pues todo el programa espacial era un montaje y el alunizaje en la Luna, una ficción cinematográfica que pretendía engañar a la opinión pública con la falsa idea de una Tierra esférica. El sucesor de Shenton, Charles Kenneth Johnson, siguió denunciando el complot contra la Tierra plana, escribiendo en 1980 que la idea de un globo que daba vueltas era una conspiración contra la que se habían batido Moisés y Colón... Una de las argumentaciones de Johnson era que si la Tierra hubiera sido una esfera, entonces la superficie de una gran masa de agua habría debido ser curva mientras que él había controlado las superficies de los lagos Tahoe y Salton sin encontrar curvatura alguna.

¿Y aún nos sorprende que siga habiendo antievolucionistas?

[2010]

Lo que no se debe hacer

Si alguien expresa una opinión insultante sobre su obra literaria o artística, no recurran a los tribunales, incluso si las expresiones de su enemigo superaran el límite (a veces muy sutil) que puede trazarse entre juicio crítico despiadado e insulto. En 1958 Beniamino Dal Fabbro, crítico musical audaz y muy polémico, en un artículo del *Il Giorno* hizo añicos una ejecución de María Callas, diva que no amaba. No recuerdo exactamente qué escribió, pero recuerdo el epigrama que aquel amable y sarcástico personaje hacía circular entre los amigos del bar Giamaica en Brera: *La cantante di Epidauro – meritava un pomidauro* («la cantante de Epidauro merecía un tomatauro»).

María Callas, todo un carácter, enfurecida, se querelló con él. Recuerdo el relato que Dal Fabbro hacía al respecto en el Giamaica: el día en que tenía que hablar su abogado en el proceso, se presentó completamente vestido de negro para permitir al defensor que indicara esa figura de severo e incorruptible estudioso; pero el día en que tenía que hablar el abogado de María Callas (que quizá usaría, decía Dal Fabbro, ciertas malignas maledicencias que lo pintaban como gafe), se presentó con un airoso traje de lino blanco y panamá color paja.

Por supuesto, el tribunal absolvió a Dal Fabbro reconociendo su derecho a la crítica. Ahora bien, el lado cómico del asunto fue que el gran público, que seguía la polémica por la prensa, y tenía ideas confusas sobre jurisprudencia y derecho constitucional sobre la libre expresión de las propias opiniones, entendió el juicio del tribunal no como un reconocimiento de la libertad del crítico, sino como un reconocimiento de lo que había dicho, es decir, que Callas cantaba mal. Por lo cual, María Callas salió del juicio con una (injusta) patente de pésima cantante firmada por un tribunal de la República italiana.

Ahí está la probada inoportunidad de citar en juicio a quienes hayan dicho pestes de nosotros. Con toda probabilidad, el tribunal reconocerá su derecho a decirlo, pero a los ojos de la zafia muchedumbre y de las masas incultas los jueces togados habrán probado que nosotros nos merecíamos tamañas pestes.

Lo cual sería el corolario de dos antiguos principios por los cuales un desmentido es una noticia que se da dos veces, y cuando estás metido hasta el cuello en una materia viscosa no debes moverte para no levantar olas.

Entonces, ¿qué haces con quien te ha insultado? Lo dejas correr porque, si te has dado a las letras o las artes, habrás aceptado por adelantado que recibirías también juicios negativos y vapuleos, sabiendo que forma parte del oficio, y quedarás a la espera de que millones de futuros lectores desmientan al envidioso enemigo, tal como la historia hizo justicia de Louis Spohr, que definió la *Quinta* de Beethoven como «una orgía de estruendo y vulgaridad»; de Thomas Bailey Albright, que escribió de Emily Dickinson: «La incoherencia y la falta de forma de sus poemillas —no sabría definirlos de otro modo— son espantosas». O del dirigente de la Metro que, tras una audición a Fred Astaire, comentó: «No sabe actuar, no sabe cantar y está calvo. Se defiende un poco con el baile».

Que luego alguien haya expresado un juicio negativo sobre ti mientras estaba o había estado contigo en liza por un premio que no ganó, está igual de mal, por lo menos en el plano del buen gusto. Un escritor conocido y de talento, cuando su mujer estaba participando en una oposición universitaria, escribió una crítica zahiriente del libro de un rival suyo. Es verdad que tampoco Caravaggio era un modelo de virtud y Francis Bacon, gran pensador, fue condenado por corrupción y (como entonces se usaba) privado de todo cargo público; pues bien, el escritor del que hablaba, sin que se desmerecieran sus virtudes literarias, fue considerado por muchos digno de censura moral.

[2012]

El prodigioso Mortalc

Para aliviar algunos dolores de la artrosis, mi médico me ha aconsejado un fármaco que, para evitar aburridas controversias legales, llamaré con un nombre de fantasía, Mortalc.

Como hace cualquier persona sensata, antes de tomarlo me he leído el prospecto, es decir, ese papelito adjunto que te dice en qué casos no debes tomarlo (por ejemplo, si te bebes al mismo tiempo una botella de vodka, si tienes que conducir de noche un camión entre Milán y Cefalù, si tienes la lepra y estás embarazada de trillizos). Pues bien, mi prospecto me avisa de que al tomar Mortalc pueden producirse algunas reacciones alérgicas, hinchazón de la cara, labios y garganta, mareos y somnolencia y (en los ancianos) caídas accidentales, visión borrosa o pérdida de la misma, lesiones en la columna vertebral, insuficiencia cardíaca y/o renal, disminución de la capacidad para orinar. Algunos pacientes han manifestado pensamientos suicidas y autolesivos y se recomienda (imagino, cuando el paciente está intentando tirarse por la ventana) consultar a un médico (yo diría que mejor a los bomberos). Por supuesto, Mortalc puede causar estreñimiento, parálisis intestinal, convulsiones y, si se toma con otros medicamentos, insuficiencia respiratoria y coma.

No hablemos de la prohibición absoluta de conducir coches o

de manejar maquinarias complejas, o emprender actividades potencialmente peligrosas (me imagino accionando una prensa mientras estamos de pie encima de una viga del quincuagésimo piso de un rascacielos). Si además han tomado Mortalc en dosis superiores a las indicadas, prepárense para sentirse confusos, soñolientos, agitados e intranquilos; si toman menos o suspenden de golpe el tratamiento, pueden tener trastornos del sueño, dolor de cabeza, náuseas, ansiedad, diarrea, convulsiones, depresión, sudoración y mareos.

Más de una persona de cada diez notaba un aumento del apetito, euforia, confusión, disminución de la libido, irritabilidad, alteraciones de la atención, torpeza, deterioros de la memoria, temblores, dificultad al hablar, sensación de hormigueo, sedación, letargo e insomnio (¿juntos?), fatiga, visión borrosa, visión doble, vértigo, problemas de equilibrio, sequedad de boca, estreñimiento, vómitos, flatulencia, dificultad en la erección, hinchazón del cuerpo, sensación de embriaguez, alteraciones del modo de andar.

Más de una persona de cada mil notará bajos niveles de azúcar, cambio en la percepción de sí mismo, depresión, cambios del estado de ánimo, dificultad para encontrar palabras, pérdida de memoria, alucinaciones, sueños extraños, crisis de angustia, desgana, sensación anormal, dificultad para llegar al orgasmo, retraso en la eyaculación, dificultad para pensar, entumecimiento, movimientos no habituales de los ojos, reflejos disminuidos, hiperactividad, piel sensible, pérdida del gusto, sensación de quemazón, temblor al moverse, disminución de la consciencia, desmayos, aumento de la sensibilidad a los ruidos, sequedad e hinchazón de ojos, lagrimeo, alteraciones del ritmo cardíaco, aumento del ritmo del corazón, tensión arterial baja, tensión arterial alta, trastornos vasomotores, dificultad al respirar, sequedad nasal, abdomen hin-

chado, aumento de la producción de saliva, ardores, entumecimiento alrededor de la boca, sudoración, escalofríos, espasmos y
calambres musculares, dolor en las articulaciones, dolor de espalda, dolor en las extremidades, dificultad y dolor al orinar, debilidad, caídas, sed, opresión en el pecho, altos niveles de azúcar en
sangre e insuficiencia renal. Lo que le pasa a menos de una persona de cada mil, lo dejo correr: imposible tener tan mala suerte.

He evitado tomar ni una sola pastilla porque estaba seguro de
que me hubiera sentido inmediatamente aquejado (como quería
el inmortal Jerome K. Jerome) por la rodilla de la lavandera, aunque el prospecto no lo registrara. He pensado tirar las pastillas a la
basura, pero si lo hacía corría el riesgo de inducir mutaciones en
colonias de ratones con consecuencias epidémicas. He metido
todo en una caja metálica que he enterrado en un parque a un
metro de profundidad.

Debo decir que mientras tanto se me han pasado los dolores
de la artrosis.

[2012]

Joyce y el Maserati

Hojeando los catálogos de casas de subastas como Christie's o
Sotheby's se ve que, además de obras de arte, libros antiguos y
autógrafos, se subastan los que se denominan *memorabilia*, tipo
qué sé yo, los zapatitos que llevaba la diva tal en la película cual,
un bolígrafo que perteneció a Reagan, y cosas por el estilo. Ahora
bien, hay que distinguir entre coleccionismo extravagante y caza
fetichista del recuerdo. El coleccionista siempre está un poco loco,

incluso cuando se desangra atesorando incunables de la *Divina comedia*, pero su pasión es concebible. Cuando hojeas los boletines de coleccionismo se ve que hay quienes recogen sobres de azúcar, tapones de Coca-Cola o tarjetas de teléfono. Admito que es más noble coleccionar sellos que tapones de cerveza, pero el corazón es soberano.

Distinto es querer a toda costa los zapatitos que llevaba la diva en aquella película. Si coleccionas todos los zapatitos que llevaban divas, de Meliès en adelante, entonces eres un coleccionista y tu locura tiene un sentido; ahora bien, ¿qué haces con un solo par?

En *La Repubblica* del 28 de marzo pasado encontré dos noticias interesantes. La primera, que sale también en otros diarios, concierne a la oferta en eBay de los coches del parque móvil ministerial que el gobierno de Matteo Renzi ha sacado a subasta. Entendería aún que alguien pueda desear un Maserati y aproveche la oportunidad de adquirir uno, aunque esté cargado de kilómetros, a un precio de ganga, aceptando gastarse después un montón de dinero para su mantenimiento. Pero ¿qué sentido tiene pujar millares de euros para hacerse con el Maserati que compró el diputado de extrema derecha Ignazio La Russa (con nuestro dinero), duplicando o triplicando el precio del listín de coches de segunda mano de revistas especializadas como *Quattroruote*? Pues bien, es lo que está pasando con los coches oficiales que salen a subasta. Aquí el fetichismo es evidente, aunque no se consigue entender la satisfacción de quienes podrán apoyar su trasero en los asientos de piel ya calentados por un personaje ilustre. Por no hablar de los que ofrecen cifras exorbitantes para deleitarse allá donde se ha calentado las nalgas un simple subsecretario o un ayudante.

Pero bueno, pasemos ahora a un argumento aparentemente distinto, que sale en el mismo número a doble página. Han salido a subasta cartas de amor que escribió Ian Fleming cuando tenía veintiséis años, con precios que rondan los sesenta mil euros cada una, cartas en las que el joven agente aún no muy secreto escribía: «Quisiera besarte la boca, el pecho, las regiones más bajas». Ahora bien, existe legítimamente un coleccionismo de autógrafos y, autógrafo por autógrafo, puede resultar más divertido uno un poco verde. Es más, incluso un no coleccionista estaría contento de poseer la carta en la que Joyce le escribía a Nora: «Soy tu niño, desearía que me pegaras o incluso que me azotaras. No jugando, sino en el trasero y en mi carne desnuda». O aquella en la que Oscar Wilde le escribía al amado lord Douglas: «Es maravilla que esos labios tuyos, rojos pétalos de rosa, hayan sido hechos tanto para la música del canto como para la locura de los besos». Serían excelentes *conversation pieces* para enseñar a los amigos y así pasar una velada cotilleando sobre las debilidades de los grandes.

En cambio, lo que no me parece sensato es el valor que se suele dar a estas reliquias para la historia de la literatura y para la crítica literaria. Saber que Fleming con veintiséis años escribía cartas típicas de un adolescente cachondo, ¿cambia acaso muestro deleite al leer las historias de James Bond o el juicio crítico que podemos pronunciar sobre el estilo de su autor? Para entender el erotismo de Joyce, como hecho literario, basta leer el *Ulises*, sobre todo el último capítulo (incluso si quien lo escribió hubiera vivido una vida castísima). Visto que para muchos grandes no solo ha sucedido que su página era lasciva y su vida casta, sino que su página era casta y su vida lasciva, ¿cambiaría nuestro juicio sobre *Los novios* si saliera a la luz que Manzoni era un travieso en la cama y que sus dos mujeres murieron agotadas por su satiriasis?

Sé que es distinto querer el Maserati de La Russa y exhibir documentos que prueban que ciertos autores eran física (¿o solo mentalmente?) eréctiles. Pero, a la postre, son dos formas de fetichismo.

[2014]

Napoleón nunca existió

Alguna diversión para debajo del árbol de Navidad. Pero, como se verá, también alguna sugerencia para contrastar a los cazadores de «mysterios». La última aparición de un cazador de misterios la tenemos en estos meses en la televisión con un programa que se titula (cabalísticamente) *Adam Kadmon*, cuyo presentador está enmascarado. No valdría la pena hablar de este programa porque ya se encarga el cómico Maurizio Crozza de hacer justicia de esos programas con su «Kazzenger», pero podemos hacer un homenaje a los Crozza del pasado.

Desde hace tiempo yo poseía una tardía traducción italiana (1914) de un libelo de un tal G. B. Pérès titulado *Napoleone non è mai esistito*, pero precisamente estos días he conseguido dar con la primera edición, de 1835, que se titula *Grand erratum source d'un nombre infini d'errata*. Jean-Baptiste Pérès demuestra que Napoleón es solo un mito solar, y lo argumenta con abundancia de pruebas encontrando analogías entre el Sol, Apolo (y «Napoleo» significaría «en realidad Apolo el exterminador»), nacido también él en una isla mediterránea, mientras que su madre Letizia significaría «la aurora», y Letizia derivaría de Latona, madre de Apolo. Napoleón tuvo tres hermanas que son evidentemente las tres gracias, cuatro hermanos, que simbolizan las cuatro estaciones, y dos mujeres (que son la Luna y la Tierra). Sus doce mariscales eran los signos zodiacales, y como el Sol, Napoleón dominó en el mediodía y fue ofuscado en el norte.

Napoleón puso fin al flagelo de la Revolución y esto recuerda la muerte, por mano de Apolo, del monstruo Pitón. El Sol se alza a oriente y se pone a occidente, y Napoleón llegó de Egipto para dominar Francia y murió en los mares occidentales, tras un reinado de doce años, los cuales no son sino las doce horas del día. «Queda demostrado, por lo tanto, que el pretendido héroe de nuestro siglo no es sino un personaje alegórico, cuyos atributos se toman prestados todos ellos del Sol».

También Pérès sabía que estaba contando sandeces pero lo hacía para parodiar el libro de Charles-François Dupuis *L'origine de tous les cultes* (1794) donde se sostenía que las religiones, fábulas, teogonías y misterios no eran sino alegorías físicas y astronómicas.

Siguiendo a Pérès un tal Aristarchus Newlight (*Historic Certainties*, 1851) cuya edición original no he logrado encontrar, usaba argumentos análogos para polemizar con la *Vida de Jesús* de David Strauss, y con su lectura crítico-racionalista de los Evangelios. Ahora bien, antes de Pérès, Richard Whately había publicado *Historic Doubts Relative to Napoleon Bonaparte*, y también de este he encontrado la primera edición, de 1819. Whately era un teólogo inglés, que fue también arzobispo de Dublín, y escribió obras muy serias tanto sobre argumentos religiosos como filosóficos (un libro suyo de lógica influyó en Charles Sanders Peirce). Whately se las ingenió para refutar a los diversos escritores racionalistas (en especial a Hume) que negaban acontecimientos pseudohistóricos, como los de las Sagradas Escrituras, y las narraciones de milagros, por el hecho de que no se podían encontrar pruebas empíricas. Whately no contesta a Hume y a sus semejantes, sino que lleva sus tesis a sus últimas consecuencias, demostrando que, de seguir esos principios, también las crónicas de la hazañas napoleónicas (que tienen asimismo ellas algo milagroso) no son siempre de primera mano, no muchos de los contemporáneos de Napoleón lo vieron de verdad, y gran parte de lo que se dice de él eran relatos nacidos de otros relatos.

Estas *trouvailles* anticuarias de las que hablo son antojos de coleccionista porque, por suerte de los lectores, de los tres textos que he citado existe una edición de Sellerio, *L'imperatore inesistente*, a cargo de Salvatore Nigro (1989), y esta (por 7 euros) sí que pueden ponerla bajo el árbol de Navidad. Pero, en fin, me divertía desenterrar a estos Kazzengers *ante litteram*. Es verdad que mis tres autores no satirizaban sobre los cazadores de misterios sino sobre los pensadores que intentaban eliminar los misterios, y por lo tanto en el fondo eran unos reaccionarios. Ahora bien, el método sigue siendo instructivo: lleva hasta el extremo las tesis de los demás y una carcajada los enterrará.

[2014]

¿Estamos todos locos?

Las últimas semanas hemos asistido a indudables actos de locura. Demente sin duda el piloto alemán que arrastró a la muerte a todos los pasajeros encomendados a sus cuidados, demente sin duda el emprendedor milanés que cometió una matanza en el Palacio de Justicia. Pero también es preocupante un piloto que se pone a disparar en su casa (y paso por el alto el hecho de que se le atribuyera un accidente de coche debido quizá a un nivel de alcoholemia elevado, algo que podría pasarle a cualquiera, aunque conducir tras haber bebido hace que nazca alguna duda sobre las costumbres de un piloto que había transportado al presidente de la República).

¿Estaban locos los policías acusados de la «carnicería mexicana» de la escuela Díaz durante el G8 de Génova? Hasta un minuto antes eran agentes normales. ¿Qué frenesí les entraría, después, para que se desmadraran de esa forma, como si (dejando de lado toda humanidad) ignoraran que al final alguien se daría cuenta de lo que habían hecho?

De este modo me ha vuelto a la cabeza lo que decía Owen: «Todos en el mundo están locos, excepto tú y yo. Y también tú, bien pensado…». En el fondo, nosotros vivimos con la convicción de que la sabiduría es la normalidad y los locos son excepciones de las cuales antaño se ocupaba el manicomio. ¿Es verdad? ¿No habría que pensar que la condición normal es la locura y la susodicha normalidad un estado transitorio? Saliendo de la paradoja, ¿no será más prudente convencernos de que en todo ser humano hay una dosis de locura, que para muchos permanece latente toda la vida, pero para muchos otros estalla de vez en cuando: estalla de forma no letal y a veces productiva en aquellos que consideramos genios, precursores, utopistas, pero en otros se manifiesta con acciones que nos hacen gritar a la locura criminal?

Si es así, en todas las personas que viven en este mundo (y

somos más de siete mil millones) hay un germen de locura que puede manifestarse de golpe, o solo en determinados momentos de su actividad. Los degolladores del ISIS probablemente son, a ciertas horas de su vida cotidiana, maridos fieles y padres amorosos, y tal vez pasan algunas horas viendo la televisión o llevando a sus hijos a la mezquita. Luego se levantan a las ocho de la mañana, se ponen el Kaláshnikov en bandolera, la mujer les prepara un bocadillo de tortilla y van a decapitar a alguien o a ametrallar a un centenar de niños. En el fondo, ¿no vivía así también Eichmann? Y por otra parte, incluso el más malvado de los asesinos, si hemos de darle crédito a su madre, hasta el día antes era un chico modelo, a lo sumo se presentaba un poco nervioso o melancólico.

Si es así, deberíamos vivir en un estado de desconfianza perpetuo, temiendo en cada instante que nuestra mujer o nuestro marido, nuestro hijo o nuestra hija, nuestro vecino de casa que saludamos todas las mañanas en las escaleras, o nuestro mejor amigo, de repente agarren un hacha y nos partan el cráneo, o nos pongan arsénico en la comida.

Claro que entonces nuestra vida se volvería imposible y, no pudiendo fiarnos ya de nadie (ni siquiera del altavoz de la estación que dice que el tren para Roma sale del andén 5, porque el encargado de los anuncios podría haber enloquecido), viviríamos como paranoicos en servicio permanente efectivo.

Por lo tanto, para sobrevivir, hay que darle confianza al menos a alguien. Lo único es que deberemos convencernos de que no existe confianza absoluta (como sucede a veces en las fases de enamoramiento) sino solo confianza probabilista. Si a lo largo de los años la conducta de mi mejor amigo ha sido digna de confianza, podemos apostar a que es una persona de la que fiarnos. Sería un poco como la apuesta pascaliana: creer que existe una vida eterna es más provechoso que no creer. Pero se trata, precisamente, de una apuesta. Vivir con una apuesta es sin duda arriesgado, pero vivir sin ella (aunque no sea la apuesta sobre la vida eterna, por lo menos la apuesta sobre el amigo) es esencial para nuestra salud mental.

Ahora bien, me parece que Saul Bellow escribió una vez que, en una época de locura, creerse inmunes a la locura es una forma de locura. Entonces no se crean a pies juntillas lo que acaban de leer.

[2015]

Los necios y la prensa responsable

Me he divertido mucho con el tema de los necios de la Web. Para quienes no lo hayan seguido, salió online y en algunos periódicos que en el curso de una denominada *lectio magistralis* en Turín, yo habría dicho que la Web está llena de necios. Es falso. La *lectio* trataba de un argumento completamente distinto, pero eso nos dice cómo entre periódicos e internet las noticias circulan y se deforman.

El asunto de los necios salió en una rueda de prensa sucesiva durante la cual, respondiendo ya no sé a qué pregunta, hice una observación de puro sentido común. Admitiendo que entre los siete mil millones de habitantes del planeta haya una dosis inevitable de necios, muchísimos de ellos antaño comunicaban sus desvaríos a sus íntimos o a sus amigos del bar, y de este modo sus opiniones quedaban limitadas a un círculo restringido. Ahora una consistente cantidad de estas personas tienen la posibilidad de expresar las propias opiniones en las redes sociales. Por lo tanto, esas opiniones alcanzan audiencias altísimas, y se confunden con muchas otras expresadas por personas razonables.

Nótese que en mi noción de necio no había connotaciones racistas. Nadie es necio de profesión (salvo excepciones), pero una persona que es un excelente tendero, un excelente cirujano, un excelente empleado de banco puede decir estupideces sobre argumentos de los cuales no es competente, o sobre los que no ha razonado bastante. Entre otras cosas porque las reacciones en internet se hacen en caliente, sin que dé tiempo de reflexionar.

Es justo que la red permita expresarse también a los que no dicen cosas sensatas, pero el exceso de tonterías atasca las líneas. Y algunas reacciones desmedidas que he visto en la red confirman mi más que razonable tesis. Incluso alguien había referido que yo opinaba que en la red tienen la misma evidencia las opiniones de un tonto y las de un premio Nobel, e inmediatamente se difundió viralmente una inútil discusión sobre si yo había recibido el premio Nobel o no. Sin que nadie fuera a consultar la Wikipedia. Esto para decir lo inclinados que estamos a hablar al tuntún. En cualquier caso, ahora se puede cuantificar el número de los necios: son 300 millones como mínimo. En efecto, parece ser que en los últimos tiempos la Wikipedia ha perdido 300 millones de usuarios. Todos ellos navegantes que ya no usan la Web para encontrar informaciones, sino que prefieren estar en línea para charlar (tal vez al buen tuntún) con sus pares.

Un usuario normal de la red debería ser capaz de distinguir ideas inconexas de ideas bien articuladas, pero no siempre es así, y aquí surge el problema del filtro, que no concierne solo a las opiniones expresadas en los diversos blogs o vía Twitter, sino que es una cuestión dramáticamente urgente para todos los sitios Web, donde (quisiera ver quién protesta ahora negándolo) se pueden encontrar tanto cosas fidedignas e utilísimas, como vaniloquios de todo tipo, denuncias de conspiraciones inexistentes, negacionismos, racismos, o también noticias culturalmente falsas, imprecisas, embarulladas.

¿Cómo filtrar? Cada uno de nosotros es capaz de filtrar cuando consulta sitios que conciernen a temas de su competencia, pero yo, por ejemplo, me vería en un aprieto a la hora de establecer si un sitio sobre la teoría de cuerdas me dice cosas correctas o no. Ni siquiera la escuela puede educar al filtro porque también los profesores se hallan en mis mismas condiciones, y un profesor de griego se puede encontrar indefenso ante un sitio que habla de la teoría de las catástrofes, o incluso tan solo de la guerra de los Treinta Años.

Queda una sola solución. Los periódicos a menudo son víctimas de la red, porque de ella sacan noticias, algunas veces leyendas, dando voz por lo tanto a su mayor competidor, y al hacerlo siempre llevan dos días retraso sobre internet. En cambio, deberían dedicar por lo menos dos páginas al día al análisis de sitios Web (tal y como se hacen reseñas de libros o de películas) indicando los sitios virtuosos y señalando los que transmiten bulos o imprecisiones. Sería un inmenso servicio al público y quizá también un motivo para que muchos navegantes de la red, que han empezado a dejar de lado los periódicos, vuelvan a hojearlos a diario.

Por supuesto, para acometer esta empresa un periódico necesitará un equipo de analistas, muchos de los cuales habrá que ir a buscarlos fuera de la redacción. Se trata de una empresa sin duda cara, pero sería culturalmente preciosa, y marcaría el principio de una nueva función de la prensa.

[2015]

Obras de consulta

Asimov, Isaac, *Con la Tierra nos basta*, Barcelona, Martínez Roca, 1991.

Bayard, Pierre, *Comment parler des livres que l'on n'a pas lus?*, París, Éditions de Minuit, 2007 [trad. cast.: *Cómo hablar de los libros que no se han leído*, Barcelona, Anagrama, 2008].

Belpoliti, Marco, *Il corpo del capo*, Parma, Guanda, 2009.

—, *Senza vergogna*, Parma, Guanda, 2010.

Bettetini, Maria, *Contro le immagini. Le radici dell'iconoclastia*, Roma-Bari, Laterza, 2006.

Buzzola, Anna Lisa, *Letteratura lenta nel tempo della fretta*, Verona, Scripta, 2014.

Charpentier, Louis, *Les* mystères *templiers*, París, R. Laffont, 1967 [trad. cast.: *El misterio de los templarios*, Barcelona, Bruguera, 1970].

Chiesa, Giulietto, y Roberto Vignoli, *Zero. Perché la versione ufficiale sull'11/9 è un falso*, Roma, Piemme, 2007.

Colombo, Furio, *Il Dio d'America*, Mondadori, 1983.

—, *Contro la Lega*, Roma-Bari, Laterza, 2012.

Cosenza, Giovanna, *SpotPolitik*, Roma-Bari, Laterza, 2012.

Demurger, Alain, *Vie et mort de l'ordre du Temple, 1120-1314*, París, Nathan, 1998 [trad. cast.: *Auge y caída de los templarios*, Barcelona, Martínez Roca, 1986].

Eco, Umberto, *Il secondo diario minimo*, Milán, Bompiani, 1992 [trad. cast.: *Segundo diario mínimo*, Barcelona, Lumen, 1995].

—, *A passo di gambero*, Milán, Bompiani, 2006 [trad. cast.: *A paso de cangrejo*, Barcelona, Debate, 2007].

Favier, Jean, *Philippe le Bel*, París, Fayard, 1978.

Ferraris, Maurizio, *Dove sei? Ontologia del telefonino*, Milán, Bompiani, 2011 [trad. cast.: *¿Dónde estás? Ontología del teléfono móvil*, Barcelona, Marbot, 2008].

Frankfurt, Harry G., *On Bullshit*, Princeton, Princeton University Press, 2005 [trad. cast.: *On bullshit. Sobre la manipulación de la verdad*, Barcelona, Paidós, 2006].

Giovannoli, Renato, *La scienza della fantascienza*, Milán, Bompiani, 2001.

—, *Elementare, Wittgenstein!*, Milán, Medusa, 2007.

Hawking, Stephen, y Leonard Mlodinow, *El gran diseño*, Barcelona, Crítica, 2010.

Holt, Jim, *Senti questa. Piccola storia e folosofia della battuta di spirito*, Isbn, 2009 [tit. original: *Stop me if you've heard this*].

Introvigne, Massimo, *Il cappello del mago*, Milán, Sugarco, 1990.

Le Forestier, René, *La franc-maçonnerie templière et occultiste aux XVIIIe et XIXe siècles*, París, Aubier, 1970.

Mandel Khân, Gabriele, *L'Islam*, Milán, Electa, 2006.

Ménage, Gilles, *Histoire des femmes philosophes*, París, Arléa, 2003 [trad. cast.: *Historia de las mujeres filósofas*, Barcelona, Herder, 2009].

Pareyson, Luigi, *Filosofia della libertà*, Génova, Melangolo, 2000.

Partner, Peter, *The Murdered Magicians. The Templars and their Myth*, Oxford, Oxford University Press, 1982 [trad. cast.: *El asesinato de los magos*, Barcelona, Martínez Roca, 1987].

Polidoro, Massimo, *Rivelazioni. Il libro dei segreti e dei complotti*, Roma, Piemme, 2014.

—, ed., *11/9. La cospirazione impossibile*, Roma, Piemme, 2007.

Polidoro, Massimo, y Luigi Garlaschelli, *Investigatori dell'occulto. Dieci anni di indagini sul paranormale*, Roma, Avverbi, 2000.

Read, Piers Paul, *Los templarios: monjes y guerreros*, Barcelona, Vergara, 2000.

Reale, Giovanni, *Storia della filosofia greca e romana*, Milán, Bompiani, 2004.

Turnaturi, Gabriella, *Vergogna. Metamorfosi di un'emozione*, Milán, Feltrinelli, 2012.

Índice

La sociedad líquida 9

A paso de cangrejo 13
Ser vistos 29
Los viejos y los jóvenes 45
Online 69
Sobre los teléfonos móviles 107
Sobre los complots 123
Sobre los medios de comunicación 143
Distintas formas de racismo 203
Del odio y la muerte 245
Entre religión y filosofía 259
La buena educación 315
De libros y otros temas 337
La Cuarta Roma 393
De la estupidez a la locura 441

Obras de consulta 495

Índice

La soledad del indio 9

A pan de chicizo 13

.... 20

Los viejos y los jóvenes 45

Orden 59

Sobre los escándalos y travesuras 107

Sobre los ejemplos 123

Sobre los indignos de compasión 143

Decimo: Escrito del infierno 201

De ladrón a ladrón 249

Entre el juez y el hombre 279

La libertad educa a los jóvenes 315

De la soga y otras venganzas 347

La Casa Rosa 393

De la conquista a la locura 441

Obras de consulta 499